了凡大传

王程强　金伟良 著

华夏出版社
HUAXIA PUBLISHING HOUSE

图书在版编目（CIP）数据

了凡大传 / 王程强，金伟良著. -- 北京 ：华夏出版社有限公司，2025. -- ISBN 978-7-5222-0836-7

Ⅰ．B248.99

中国国家版本馆 CIP 数据核字第 2025MP5720 号

了凡大传

著　　者	王程强　金伟良
责任编辑	张　平
责任印制	周　然
出版发行	华夏出版社有限公司
经　　销	新华书店
印　　装	三河市少明印务有限公司
版　　次	2025 年 3 月北京第 1 版 2025 年 3 月北京第 1 次印刷
开　　本	710mm×1000mm　1/16 开
印　　张	26
字　　数	398 千字
定　　价	79.00 元

华夏出版社有限公司　地址：北京市东直门外香河园北里 4 号　邮编：100028
网址：www.hxph.com.cn　　电话：（010）64618981
若发现本版图书有印装质量问题，请与我社营销中心联系调换。

题　记

再现一位践行致良知的明代圣贤，
再现一位王阳明再传弟子的生命实践，
再现一位努力改造命运的人生典范，
再现学识渊博、著作等身的晚明思想家袁了凡！

他坚信通过自身努力，可以改变命运。
他通过自身努力，确实改变了命运，进而成就了一位圣贤！

他是如何改变自身命运的？
他给我们示范了改造命运的宝典！

创作于 2022.05−2024.09

目 录

序　　幕　积善之家施医药	/ 001	第 十九 章　屡考屡败心头苦 / 095
上　部　坎坷科举路		第 二十 章　绍兴拜师阳明学 / 100
第 一 章　老父临终有嘱托	/ 007	第二十一章　阳明书院听讲学 / 105
第 二 章　书香门第续书香	/ 012	第二十二章　终遇贵人殷宗师 / 110
第 三 章　亲娘剪断梦一场	/ 017	第二十三章　监生暗夜泪双流 / 115
第 四 章　磕头拜师学医术	/ 022	第二十四章　清闲儒生坐枯禅 / 120
第 五 章　望闻问切医道深	/ 026	第二十五章　栖霞山叩问高僧 / 125
第 六 章　寺院偶遇孔半仙	/ 031	第二十六章　禅师传授改命法 / 130
第 七 章　私塾拜师考秀才	/ 036	第二十七章　自号了凡立大志 / 135
第 八 章　半村居双喜临门	/ 041	第二十八章　命运初变做举人 / 139
第 九 章　见识高人唐会元	/ 046	第二十九章　第一次会试落榜 / 144
第 十 章　老师指明大方向	/ 051	第 三十 章　会试再考再落榜 / 149
第十一章　意外出版一本书	/ 056	第三十一章　接二连三又落榜 / 154
第十二章　铁面无私薛宗师	/ 060	第三十二章　礼部衙门听教训 / 159
第十三章　拜师会魁薛应旂	/ 065	第三十三章　名士教书育英才 / 164
第十四章　嘉善筑城做贡献	/ 070	第三十四章　终南山了凡归隐 / 169
第十五章　袁秀才好事成双	/ 075	第三十五章　高手面前露两手 / 174
第十六章　愧对娇妻出新书	/ 080	第三十六章　四十八岁当父亲 / 179
第十七章　乡试再考再失利	/ 085	第三十七章　发心刻印《大藏经》/ 184
第十八章　妙笔生花不结果	/ 090	第三十八章　五十三岁中进士 / 189

下　部　忠诚建功业

第三十九章　为民请命写奏疏 / 197
第 四十 章　苏松调查赋役税 / 202
第四十一章　宝坻宣誓做好官 / 207
第四十二章　带头捐俸救饥荒 / 212
第四十三章　募捐治水谋发展 / 217
第四十四章　六房司吏闹辞职 / 222
第四十五章　违抗长官救囚犯 / 227
第四十六章　监狱传出念佛声 / 232
第四十七章　养马政策逼死人 / 237
第四十八章　不怕处分救民生 / 242
第四十九章　妙计送走潞亲王 / 247
第 五十 章　真诚反省惊天地 / 252
第五十一章　太监仗势欺压人 / 257
第五十二章　骄横太监跪了凡 / 262
第五十三章　送走学僧迎宝僧 / 267
第五十四章　写书劝民种庄稼 / 272
第五十五章　夫妇孕育有秘方 / 277
第五十六章　县学考中双举人 / 282
第五十七章　马知州磕头拜师 / 287
第五十八章　考察边境谋军事 / 292
第五十九章　宝坻万民送了凡 / 297
第 六十 章　朝鲜日本报警讯 / 302
第六十一章　日军屠杀占朝鲜 / 307
第六十二章　将军舌战立军功 / 312
第六十三章　抗倭援朝做高参 / 317
第六十四章　冰天雪地过辽东 / 322
第六十五章　了凡惹怒大将军 / 327
第六十六章　提督坠马碧蹄馆 / 332
第六十七章　和平解放咸镜道 / 337
第六十八章　朝鲜开坛讲圣学 / 342
第六十九章　忍辱负重担使命 / 347
第 七十 章　应邀主编嘉善志 / 352
第七十一章　教育儿子立大志 / 357
第七十二章　辅导考生透秘诀 / 362
第七十三章　洪应明拜师赵田 / 367
第七十四章　指导进士做新官 / 372
第七十五章　安详从容辞世间 / 377
第七十六章　了凡精神永流传 / 382

附录一　了凡四训 / 386
附录二　了凡年谱 / 404
附录三　主要参考书目 / 407

序　幕

积善之家施医药

嘉靖二十五年（1546）夏，大明浙江省嘉兴府嘉善县闹起了瘟疫。陆路上、河道中，随处可见病死的男女老少。

嘉善县衙建在魏塘镇。魏塘镇有县衙，有东西两座城门，没有城墙。在城区偏南区域，自西向东流淌着一条河，叫魏塘市河。在城区偏西区域，伍子塘运河贯通南北。两条河交汇处有座桥，名为卖鱼桥。

桥头有座亭子，朝北一面的匾额上写着"中和[1]四方"，东西两根亭柱上的对联是："嘉泉汇东西润泽百姓春华秋实，善水通南北保佑万户冬温夏凉。"

一根立柱上贴着一张红色招贴，右上角竖写着"施药"两个大字，中间竖写着"连花清瘟汤"，左下角两列小字，前列是"嘉善袁氏"，后列是"魏塘钱家"。

亭下一张方桌后坐着一位花甲老者。老者身旁站着一个少年郎。桌子右侧是一口大缸，缸口冒着热气，飘溢着药香。一个青年秀才坐在缸后照看着。老少三人的口鼻上都罩着白细布。

一个青年妇女捧着盛有连花清瘟汤的瓦罐，弓着身子，说："你们都是大善人！愿老天爷保佑你们！"妇女焦虑的脸上，写满了感激和希望。

一个青年男子，一手拎着一个瓦罐，一手拎着用柳条串起来的两条鱼。他走近亭子，怯生生地问道："老丈，听说这里有人舍药？"

花甲老者看向青年男子，轻轻点下头，对妇女说："赶紧回家吧，别耽搁了，病人等着呢。千万记着，孩子们不要到病人床前。没病的人，早

---

[1] 中和：出自《中庸》，万物和谐的最理想状态。

晚也喝一小碗。"

老者身旁的少年郎招呼道:"进来吧!连花清瘟汤,对治瘟病。有病治病,没病防病。"

妇女退着身子,千恩万谢地离开了亭子。青年男子走到桌前,急切地说:"医生!我娘,我娘,一大早,浑身发烫,浑身大汗,一声接一声地咳嗽。冒肚,冒得来不及下床。家里人说,我娘得了瘟病。街坊有人说,有大善人在卖鱼桥舍药。"

青年男子的一脸汗水,洗不掉满眼的担心和满脸的忧愁。他急切地望着花甲老者。老者说:"是瘟病!"说着指向大药缸,"连花清瘟汤,你提回家,回家服一剂,晚上再服一剂。明天早上再来!"

青年男子抬手把鱼举到胸前,对少年郎说:"这两条鱼,不成谢意,请收下吧!"

少年郎斩钉截铁地说:"我们是施药,不图回报,不收鱼!"少年郎天生聪慧,心高气傲,脸仰得高高的。

青年男子涨红着脸说:"求你们收下巴!拎着鱼,我一只手拿不稳药罐!"

少年郎说:"我再说一遍,我们是施药,不是卖药。鱼,你拿走!"

老者说:"收下吧!"

老者转向青年男子说:"明天来就拿一个药罐,不要拿别的东西。"

秀才给青年男子灌满药汤,嘱咐道:"照顾好病人,这是亲情!疫情,千万别忘了,照顾好自己,注意防疫!"

青年男子说:"谢谢郎中!谢谢大夫!"男子急匆匆地走了。

少年郎叫:"表兄!"听到少年郎叫表兄,花甲老者和青年秀才同时看向少年郎。老者和秀才都是少年郎的表兄。这三人是姑表兄弟,又是舅表兄弟。少年郎姓袁名黄[1],今年十三岁。老者姓钱名昞(bǐng),号简斋[2]。

---

1 袁黄(1533—1606):原名表,字庆远,万历五年(1577)四十四岁时改名黄,改字坤仪。本书为前后一致,直接称呼袁黄。
2 明代称谓规矩多,比较复杂,大体是:大名在正式场合用,比如官方、婚帖、祠堂等处;字,用于尊长称呼晚辈和平辈之间互相称呼;号,用于敬称尊长和平辈,用时后缀"公""先生""子"等。百姓之家,在家谱、祠堂、墓碑等处称呼长辈时,取名中一个字,后缀一个"公"字,或者姓氏与名之间加一个"公"字。对去世的人,只宜称呼号,不宜称呼名字。礼,讲究入乡随俗,因时而变,本书对称谓做简化处理,以适应现代礼节。

秀才姓沈名称，字子德，二十三岁。钱晒是袁黄大姑的大儿子，沈称是袁黄二姑的二儿子。

袁黄说："简斋兄长，刚才这人称呼沈称表兄郎中和大夫，托他的吉言，希望沈称表兄今年浙江秋试[1]考中个举人回来！"袁黄明白，青年人是对着表兄弟三个人说的，三个人中当然包括自己。他心里美滋滋的。他是个童生[2]，等到后年十五岁时就可以考秀才了。从小大家都夸他聪明。有一次路过客厅门口，偶尔听到一个亲戚向父亲夸赞自己，说自己是神童。既然是神童，将来免不了像沈科表兄那样，从秀才到举人到进士，芝麻开花节节高。

郎中，是五品官；大夫，是从五品以上官员才有的荣誉爵位。沈称天天想的就是中举、中进士，听了吉利话心里很舒服。不过他明白，拿药的人出于感激，总是往高里尊称人。本朝太祖爷立法严格，医生不能享用郎中和大夫的官衔，只能用"医士"这个称谓。

沈称抹去脸上的喜色，看着袁黄，摆摆手，一本正经地说："我们兄弟要好好努力！"

钱晒鼓励两个小表弟，说："郎中、大夫，用到咱们家族也不算过分。古人说，不为良相，宁为良医。远的不说，我们姥爷怡杏公[3]既是名医，又是读书人，写有《建文编年》《春秋或问》《彗星占卜》等。姥爷从小聪明过人，六岁那年秋天，有一天，县里敲锣打鼓，给老姥爷恒轩公[4]送一只鹿，表彰恒轩公治病救人的善举。唉！那年和今年一样，闹瘟疫。恒轩公不怕传染，积极参加县里惠民药局的防疫治病。在看热闹的人群中，恒轩公发现了我们姥爷怡杏公，收养怡杏公做了上门女婿。先母十岁时，怡杏公收养了先父木庵公[5]，恒轩公和怡杏公，一起把先父培养成了名医。怡杏公遵守祖训，木庵公传承恒轩公医术，他们没有参加科举。如果他们参加

---

1 秋试：明代省一级举办的科举考试，通过考试的秀才称举人，可以参加第二年在北京举办的更高一级科举考试。因考试在农历秋八月进行，故名"秋试"，又名"乡试"。
2 童生：没有获得秀才身份的读书人。
3 怡杏公：袁黄的爷爷、钱晒的姥爷袁祥（1447—1504），字文瑞，号怡杏。
4 恒轩公：袁祥的岳父殳（shū）珪，字廷肃，号恒轩，嘉善名医。
5 木庵公：钱晒的父亲钱尊，号木庵，嘉善名医。

科举，也不一定做不到郎中和大夫。舅父参坡公[1]遵守祖训，一身医术，一身学问，也没有参加科举。这是上几代人的故事，到我们，应该变了。"

沈称接着说："是呀，变了！嘉靖十六年（1537），表兄家钱贞表侄儿中举，现在做到了抚州通判[2]。前年，家兄沈科考中进士，现在在南京行人司[3]做司副。表兄家钱贺表侄儿和钱湛如表孙，表弟家袁襄表兄和袁黄表弟，我家小侄儿沈道原，这都是举人、进士秧苗，都可能是未来的郎中、大夫。"

听到这里，袁黄的眼睛突然明亮起来。

钱晒说："小儿钱贞和沈科表弟在学业上都受到舅父参坡公的栽培。往前一些说，我们三家三姓，都享受了姥爷怡杏公和舅父参坡公的恩德。这是祖上栽树，后人乘凉。"

沈称说："这招贴上虽说写着袁氏和钱家，其实里面也有殳家的医术。"

钱晒说："这是传承！今天，在这里，我们施药，在家里，舅父和袁裳他们熬药，这正是在传承祖上积德行善、治病救人的家风。这里面包含着医术传承、血脉传承和精神传承。这个连花清瘟汤方子，是我和舅父一起商定的。舅父是名医，我多年来多少也积累了一点心得……"

这时，一个小童气喘吁吁地跑过来，离着亭子远远地，就扯着喉咙喊道："表伯父——表叔父——叔父——爷爷病倒了，奶奶说，让你们快些回家！"

---

1 参坡公：袁黄的父亲袁仁（1479—1546），字良贵，号参坡，嘉善名医，精通诗书画。
2 通判：知府衙门里的正六品官员。
3 行人司：代表朝廷前往各地慰问、传送政令等职责的衙门。司副，衙门二把手，从七品；行人，正八品。

上部

坎坷科举路

第一章

老父临终有嘱托

瘟疫闹了几个月，袁仁医生忙了几个月，忙出诊，忙接诊，忙着指导几个儿子和外甥配药熬药。三十五岁的大儿子袁衷继承父亲衣钵，可以独当一面，但是病人多，忙不过来。三儿子袁裳十三岁跟着文徵明[1]学书法，十六岁开始学医，学了七八年，现在面对疑难杂症还缺乏自信。于是，袁仁和三儿子老少结伴出诊，接诊时，父亲指导儿子，儿子照顾父亲。忙了几个月，老先生累倒了。外人怀疑老先生感染了瘟疫，虽然是名医，却治不了自己的病。袁仁心里清楚，自己的大限到了，到了与这个世界告别的时候了。他还有一项使命需要完成。

在藏书楼大厅，袁仁最后一次召开家庭会议。

一张方桌东西两侧分坐着袁仁和李氏夫妇，四儿子袁黄和五儿子袁衮各站在父母侧后方。大儿子袁衷两口子、二儿子袁襄两口子依序坐在东侧，三儿子袁裳两口子和三个女儿坐在西侧。十几个孙辈，小的在前，大的在后，分坐两排，朝向爷爷奶奶，聆听教诲。

一大家人，几十双眼睛齐刷刷地看向袁仁。儿女们的眼神中，混杂着担忧、焦虑和渴望；孩子们的眼神中，含着疑惑、惊恐与好奇。袁仁仰靠在椅背上，用平静的目光依次打量着李氏、儿子、儿媳、女儿、孙男、孙女，眼神中洋溢着满足和喜悦。六十七年间，自己这棵家族小苗，已经长成了参天大树，儿子们成了顶天立地的树干，孙男孙女是枝繁叶茂的树冠。三个女儿分别嫁给了钱南士、张高标、钱晓，就像李氏来到袁家一

---

[1] 文徵明（1470—1559）：江苏苏州人，著名画家、书法家、文学家、鉴赏家。

样，她们各自到夫家做树根，去繁衍和繁荣各自的树林。这，都是自己生命的延续，是自己生命的繁荣，是自己生命的花朵和果实。这些花朵和果实，丰富着这个世界，帮助着这个世界。大女儿的儿子已经考中秀才，大儿子在魏塘镇已经小有名气。自己这棵树根即便深埋到地下，也无怨无悔。袁仁脸上露出了笑意。

李氏二十八年前嫁入袁家，一个黄花大姑娘，来当三个孩子的后娘，任劳任怨，积德行善，一辈子为别人考虑得多，为自己考虑得少。受母亲影响，李氏从小信佛。李氏信佛不著相，时时刻刻念佛却又不出声，连嘴唇都丝毫不动，只在心里念。有学问的人说，这种念佛叫金刚念。李氏默念着佛，突然心中一动：夫君连着病了几天，少气无力，不能让他坐太长时间。

李氏咳嗽一声，对袁衮说："老大，不敢让你爹长坐呀！"

袁衮起身说："父亲大人，按您的吩咐，大姐、二妹、三妹、五弟，都接回来了。全家人到齐了。"

袁仁缓缓坐直身子，淡淡地笑着，说："好！"袁仁做了几十年医生，几十年间每天坚持静坐，虽然病了，却能定住心神，聚住精气。他身子清瘦，面相清净，声音清亮。

"他娘、衮儿、衮儿家的，襄儿、襄儿家的……"袁仁开始点名，点到谁，他就聚精会神地看向谁。随着一声声应答"他爹""爹""爷"，他开始了一对一的交流。对每个人，先是从上到下打量全身，然后端详面部，最后是四目相对，交流眼神，融会眼神。他要带走对每个人的记忆，留下关切和慈爱。

袁仁说："这几天，我让你们叫来了亲戚朋友，叫来了老街坊、老邻居，见见面，叙叙旧。帮过我们的，说一声谢谢；得罪过的，道一声歉。相处几十年，都要告个别。"

听到这里，大女儿突然哭出了声。这一声哭像药引子一样，招惹得闺女媳妇哭声一片。孙男、孙女虽然不大明白怎么回事儿，但受到感染和启发，也一起"哇哇"地哭将起来。两个小儿子忍不住抽泣，两肩耸动。三个大儿子，掉着泪，强憋着没有哭出声来。

让大家哭了一阵，袁仁轻声招呼道："他娘！"

李氏很平静，很坦然。老两口相敬相爱二十八年，对人生做过深刻的交流，有一致的看法。她"哎"地应了一声，提起中气，连着咳嗽了三声。李氏心地纯净，中气十足，声音清脆响亮。她停了停，看着袁衮，说："好了！都不哭了！"

袁仁一辈子沉浸于钻研医术，沉迷于诗书画，不管家务，家里里里外外都由李氏操持。袁衮成年后，给母亲当帮手。袁衮站起来，学着李氏，使劲儿咳嗽两声，说道："大姐！二妹！三妹！弟妹们，孩子们，都不哭了！听父亲大人教诲！"

袁仁说："我爷爷、我父亲，一辈子钻研医术，熟读四书[1]五经[2]，医术好、修养好，临了时都能提前十天八天，知道自己走的日子。走之前，能够洗洗澡，换换衣服。走的时候，不是卧床不起，不是东倒西歪，而是端端正正地坐着，说走就走。我们家有这个传统。我，这几天也要走了！"

大姐没忍住，哭喊道："爹呀，你不能走呀！你不能撇下我们呀！"她又痛哭起来。袁衮高声喝止道："大姐！听父亲说话！"袁衮吩咐自家媳妇去抚慰大姐。

袁仁说："你们不要哭。我这一辈子很知足，我走也会笑着走。"袁仁说着，真的笑了笑，"我怎么知足？第一，祖上有德有术，我太爷爷舍己救人、担当道义；我爷爷和父亲一辈子治病救人、著书立说；我的两个姥爷家殳家和朱家都是仁义之家。我享受了祖宗的庇护，继承了祖宗的学问和医术。第二，我做了一辈子医生，救活了不少人；写诗，经常与顾璘[3]、文徵明、何良俊[4]、徐祯卿[5]、董沄[6]这些名公雅士比试高下，与历届知府、知

---

1 四书：《大学》《中庸》《论语》《孟子》。各级科举考试中，四书是必考内容。
2 五经：《诗经》《尚书》《礼记》《易经》《春秋》。各级科举考试中，考生从五经中选考一经。
3 顾璘（1476—1545）：江苏苏州人，文学家，弘治九年（1496）进士，官至南京刑部尚书。
4 何良俊（1506—1573）：明代松江（今上海）人，著名学者，藏书四万余册。
5 徐祯卿（1479—1511）：江苏苏州人，弘治十八年（1505）进士，著名诗人。
6 董沄（1458—1534）：浙江海宁人，诗人，王阳明著名弟子。

县唱和；作画，曾得到过沈周[1]老先生的指点和认可，作品多次与唐伯虎[2]他们一起交流；写字，多幅作品被误认为是赵孟頫[3]的真迹，时常与文徵明、王宠[4]评短论长；论道，曾与王阳明[5]、王艮[6]、王畿[7]、黄省曾[8]师徒彻夜长谈。第三，我有郁天民[9]、沈概[10]、谭稷[11]这些知心朋友。第四，我和你们两个母亲前后各生活了二十余年，知冷知热，互相体贴。第五，我有了你们这一大群儿女和孙男孙女。这一辈子，值了！知足了！他娘！衷儿！儿女们！孙男孙女们！"

李氏虽然平静，虽然认命，但还是有些不舍。她说："他爹！你一辈子，有功有德！"

袁衷起身说："爹！人生一世，最难报答的是父母养育之恩！"说着，他招呼袁襄、袁裳、袁黄、袁衮和三个姐妹起身，并排跪下，给父亲磕了三个头。媳妇和孙男孙女，随着姊妹八个，一起磕了三个头。

袁衷说："请父亲大人垂训！"

袁仁说："都起来吧！"

袁衷没有起来，兄弟姐妹都没起来，意思是要跪听教训。

袁仁说："人生都有遗憾。我有三个遗憾：第一个在做人上，在个人

---

[1] 沈周（1427—1509）：江苏苏州人，著名书画家、文学家、医学家，江南才子唐伯虎、文徵明、祝允明的老师。
[2] 唐伯虎（1470—1523）：唐寅，字伯虎，苏州人，著名书画家，弘治十二年会试涉嫌作弊，被剥夺功名，贬为书吏，一生穷困潦倒。
[3] 赵孟頫（1254—1322）：元代著名书画家，宋代皇室后裔。
[4] 王宠（1494—1533）：江苏苏州人，著名书法家，儿子娶了唐伯虎的女儿。
[5] 王阳明（1472—1529）：浙江余姚人，弘治十二年（1499）进士，著名哲学家、教育家、政治家。
[6] 王艮（1483—1541）：江苏泰州人，号心斋，王阳明著名弟子，心学泰州学派创始人。
[7] 王畿（1498—1583）：浙江绍兴人，号龙溪，嘉靖十一年（1532）进士，哲学家，王阳明著名弟子。
[8] 黄省曾（1490—1550）：江苏苏州人，嘉靖十年（1531）举人，学者，王阳明弟子。
[9] 郁天民：浙江嘉善学者，私塾先生，著有《龙池集》等。
[10] 沈概：浙江嘉善学者，著有《四书赘言》《摄生要义》等，以贡生身份被授江西省布政司从七品官员，不愿赴任，其女婿陆杲是进士，外孙陆光祖做到吏部尚书。
[11] 谭稷：浙江嘉善学者，著名私塾先生，著有《西窗吟稿》等，嘉兴民间诗会会长。

修养方面，我有十点不足，多年来，一直没有彻底修正，没有彻底完善。我曾经述说过，裳儿有记录。"袁仁看向袁裳，袁裳哽咽着回答说："爹，儿子有记录。一份记在日记本上，一份记在心中。"

袁裳天生聪明，李氏曾建议丈夫，让裳儿走科举求功名的人生道路。袁仁会看相，他看出来裳儿天赋有余，却享寿不长，于是安排他改学医术，这样起码保障他自己少生病。

袁仁对袁裳微微点下头，表示赞许，继续说道："你们要引以为戒。你们做到了，我就不遗憾了。第二个在做事上，在做医生方面，有些病治不了。我奶奶、我大母、你们大母，走的时候都年纪轻轻。妇科病，需要你们下功夫。还有，眼下这瘟疫，需要钻研治疗办法。"

袁仁看向袁衷。袁衷忍住泪水说："孩儿牢记大人的教诲！"

袁仁继续说："第三个在心愿上，在人生追求上。我爷爷、父亲，先因为朝廷原因，后因为家训限制，都没参加科举。我们姊妹三个，男丁单传我一人，要继承祖宗家业，要传承祖宗医术，不能参加科举。到你们这一代，你大姑家出了举人，二姑家出了进士，连你大姐家也出了秀才。我们家，也要出举人、出进士！这个任务……"

袁仁看了看袁襄，又看了看袁黄。袁襄和沈科一同入私塾，沈科三十五岁中了进士做了官，袁襄还没考中秀才。袁衮过继给袁仁好朋友潘用商，他家没有孙子。袁仁盯住袁黄说："黄儿，我们家一定要出进士！"

袁黄哭着说："爹，孩儿一定牢记大人的嘱托！"

第二章
书香门第续书香

父亲说到做到，七月初四日，大限到时，在母亲的护送下，在袁黄兄弟姐妹的陪伴下，端坐着离开人世。父亲走得很潇洒，临走前，吩咐袁黄拿来纸笔，赋诗一首，作为最后的告别。走时，面相安详，脸上一直挂着笑意。母亲说，一个人能提前几天，或者十几天，知道自己什么时候离开人世，离开时还能不糊涂，能头脑清明，说明这个人修行好、品德好。如果能坐着离开人世，下一世最不好也能托生到人世间，做一个好人，做一个贵人。

十三年来，袁黄最远去过陶庄的祖宅。陶庄在魏塘西北，离魏塘三十里。他见过的人，最厉害的就是父亲。父亲在袁黄心中，像神一样。父亲走了，他的遗嘱却深深地印在袁黄心中。

五七[1]过后，到了秋天，天地清明。瘟疫和酷暑一起消失了。魏塘街上的人多了，往日的欢声笑语回来了。袁家的人脱去孝服，除去孝帽。在中秋节，家里举办了一场赏月大团聚。

在魏塘镇偏东区域，有条小河沟，叫西菖蒲泾，从北向南贯通城区，流入魏塘市河。临近魏塘市河，河沟上有孔小桥，桥名"东亭桥"。桥上有座亭子，亭子名"东亭"。袁家住在东亭桥西的魏塘市河北岸，离魏塘镇东门有一里地。爷爷袁祥六岁入赘殳家，十五岁成婚，大姑十来岁时，奶奶殳氏去世。爷爷招钱尊做上门女婿，把殳家老宅留给女婿，自己净身出户，回到太爷家跟着太爷学习三年，然后迎娶出身书香门第的奶奶朱

---

1 五七：受儒学和佛学综合影响形成的民俗，认为人死后的魂魄在落实归宿前，每七天一变化，家人为协助去世的人的魂魄向上向善提升，每七天举办一次祭祀活动，连续举办五次。

氏。奶奶的父亲朱凤监生[1]出身，在福建兴化[2]府学和邵武[3]府学做了三十年的训导[4]和教授[5]，既有学问，又有家产。奶奶陪嫁丰厚，又善于经营家业，爷爷买下这片宅基地。以前，这里是城区外的乡村，爷爷给新宅子起名"半村居"。

半村居里，规划分明，西边是起居生活区，东边是文化休养区。沿着西菖蒲泾，文化休养区从北到南分布着：爷爷奶奶合葬的墓地、种药圃、藏书楼、名为"云山阁"的假山、半亩池、芙蓉湾、蔷薇架。种药圃是整个半村居的后院，种植着三十多种中药材。藏书楼西有座轩房，名"怡杏轩"。怡杏轩四周是一片杏林，种植了几十棵杏树。怡杏轩是半村居的中心点，西连起居生活区的正屋，东接藏书楼，三者组成了半村居的东西中轴线。

半亩池中开满莲花，莲花中有座廊桥，连通南北。半亩池北、东、西三面，绕池种满芙蓉，池的南岸留出一片空地，起名"芙蓉湾"。芙蓉湾南是一架一架的蔷薇。

袁衷、袁襄各自成家后，半村居住不下，父亲在西菖蒲泾东侧建造两处住宅，名为"东墅"，供两个小家庭居住。袁黄出生后，半村居再次显得狭窄，袁仁把宅子向南一直拓展到魏塘市河岸边。

赏月大团聚，安排在藏书楼前。几张长长的条几上摆满西瓜、杏仁饼、月饼等果品。女人和孩子们，分散在各处，赏月游玩。几个孩子聚在假山前，做智力问答游戏。大孩子问："你们说，咱家园子里有几个月亮？"几个小孩子抢着回答："一个。""两个。"……争吵了一阵儿，大孩

---

[1] 监生：北京国子监或南京国子监的学生。类别有：贡监（各府、州、县学推荐的秀才），举监（会试落第的举人），荫监（三品以上官员的子孙），例监（向朝廷捐献钱粮、军马等用于赈灾和军费的秀才）等。毕业后安排基层官员职位。
[2] 兴化：明代兴化府，治所位于今莆田市。
[3] 邵武：明代邵武府，治所位于今邵武市。
[4] 训导：明代府学、州学、县学中的教职，辅助府学教授、州学学正、县学教谕开展教育工作，由贡生出任。
[5] 教授：各府学和王府府学中的教学和行政职务，相当于兼课的校长，多由举人出任或贡生升任。

子最后给出权威答案。他说："园里有三个月亮,天上一个,半亩池中一个,雪月窝里还有一个。"楼前的假山,由白色的太湖石堆成,每块石头上都有大大小小的孔洞。其中一个圆圆的孔洞特别大,月光透过这个孔洞,在地面上照出一轮圆月。爷爷袁祥当年给这里起名"雪月窝"。大孩子听爷爷袁仁讲过这个故事。

有小孩子不服气,说:"这么说,假山下有好多小月亮。"

再有小孩子说:"你们看,你们看,你们眼里都有两个小月亮。"

又有小孩子说:"爷爷说,我们每个人心里都有一个月亮。"

孩子在月下讲学论道,大人在藏书楼大厅开会。

藏书楼门额上刻着"山水居"三个字,两侧对联是"不是无心向城市,多情鱼鸟解留人",落款是"吴门沈周"。大厅中堂匾额是"元仁良贵","元仁"对应"袁仁","元"意为初心和本源;"良贵",出自《孟子》,意思是极为珍贵。对联是"一生三事一事心善一事言善一事行善,一日三分一分应物一分静坐一分读书",落款是"吴门王宠"。

藏书楼大厅东壁挂着唐伯虎的画,名为《观心印月》。画面中上挂一轮圆月,下有一位盘坐的书生。东厢房门头匾额是"敬静净"。这里曾是父亲的习静斋。西壁挂着文徵明的字,袁氏家训:惟医近仁,习之可以资生而养家,可以施惠而济众。西厢房门头匾额是"诗书画"。这里曾是父亲的书斋。

父亲生前的位子空着,母亲坐在过去坐的位子上。五个儿子分坐在东西两侧。爷爷袁祥、太爷爷袁颢[1]都做过上门女婿。爷爷袁祥、父亲袁仁在世时,一头钻到学问里,一大家子里里外外,先后由奶奶们和母亲们张罗,因此,袁家男女地位比较平等。后娘对继子比对亲生儿女还好,作为继子,袁衷婉拒了母亲让自己当家作主的建议。做主的还是母亲。

母亲说:"今天月圆,是一个团圆的日子。"李氏说得很平静,袁黄和袁衮听了很不平静。袁黄心里想,自己这么聪明,将来一定会考中进士。考中进士可以光宗耀祖,可以增添父亲的荣耀。可是将来考中进士,父亲

---

[1] 袁颢(1414—1494):袁仁的爷爷,字孟常,号菊泉,名医,民间学者,落户和寓居苏州吴江县(今苏州市吴江区),育三子:祯、祥、禧。

却见不到喜报，享用不了这份荣耀，这是自己不孝呀。十岁的袁衮从小过继给父亲的好朋友，在父亲跟前尽孝的时候很少，他心里很愧疚。袁黄和袁衮情不自禁地抽泣起来。

李氏咳嗽了一声，说："两个小的，不哭了！今天都不哭！"袁黄、袁衮安静下来。"你们父亲走了，怎么感恩？怎么孝敬？怎么纪念？把人做好，把事做好，多用心，多动脑子，手脚勤快。当医生，就好好学本事，给人把病治好；当学生，就好好读书，好好写文章，使出吃奶的劲儿。"李氏说着，看了一眼袁黄。袁襄比沈科聪明，因为懒，不愿意吃苦受累，三十四岁了，连个秀才都没考中。李氏说的是袁襄，但怕袁襄脸上挂不住，同时也为了警告袁黄，她没有看袁襄。李氏接着说："考个秀才、举人、进士回来。娘们儿家，照看好家，该纺线纺线[1]，该织布织布，大家一起，把祖宗留下的家业照看好，经管好。"

袁衷、袁裳是医生，李氏给他们找的榜样是袁泽。袁泽是父亲的堂侄儿，是儿科专家，治疗小孩痘疹有绝活儿，在苏州府吴江县享有"神医"称号。袁襄、袁黄是学生，李氏给他们找的榜样是进士表兄沈科和举人表侄儿钱贞。

李氏说："有个事需要急着办，不敢耽搁。二楼这两万多册书，是你们太爷、爷爷、父亲三代人一册一册置办的。他们读书多，写书多。早年，大姑家和二姑家愿意出钱，把爷爷写的书印出来，你们父亲没同意。老四，你说说！"

书籍集中起来便于保管，兄弟们虽然没有分家，但父亲临终前却把二楼的藏书托付给了袁黄。袁黄一心想着读书考进士，这段时间，哭丧之外，就藏在楼上读书和幻想。读书和幻想之外，他对照父亲编制的《山水居书目》，一一核实。嘉善雨水勤，藏书楼漏雨，不少书发生了霉变和虫蛀，其中就包括太爷和爷爷留下的著作。这些书中有四书五经的研究著作，也有治病救人的经验总结。太爷袁颢写有《袁氏春秋》《周易奥义》《袁氏经脉》《痘疹全书》等，爷爷袁祥写有《春秋或问》《天官纪事》《彗

---

[1] 纺线：在纺车上把棉花絮纺成线，用于织布。嘉善商业发达，魏塘妇女有纺线的传统，并形成了产业。

星占卜》《六壬大全》《新唐书折中》等。当年，爷爷为了写建文[1]朝的历史，多次到南京考察走访。这些心血都被书虫和雨漏糟蹋了。父亲写的书更多，有《毛诗或问》《春秋胡传考误》《周易心法》《三礼要旨》《尚书砭蔡编》《历代纪事》《三命要诀》等。幸亏，父亲的书保存完好。这些著作必须尽快刻印出来，免得和太爷爷、爷爷的著作一样残缺不全。

　　袁黄介绍了情况。李氏说："把你们父亲的书印出来，这是尽孝。印书，就一定要印好。这个事，我和老大商量过了，家里襄儿、黄儿参加。叫上大姑家钱晓表兄、二姑家沈称表弟。你们四个人干。襄儿还要准备考试，黄儿多干活儿。"

---

1 建文（1399—1402）：朱元璋孙子朱允炆当皇帝时的年号。朱元璋第四子朱棣篡位后，废除建文年号，销毁不少史料。朱棣称帝后，袁祥的爷爷袁顺资助保皇派，被朱棣抄家。袁祥为填补历史空白，著有《建文编年》《革除私记》《忠臣录》。袁家形成了研究建文历史的传统，袁仁著有《革除编年》，袁黄著有《建文私记》。

第三章

亲娘剪断梦一场

父亲在世时，藏书楼是袁家、钱家、沈家晚辈读书学习的地方。现在，这里成了《一螺集》编辑部，参加编校的有袁襄、袁黄兄弟，还有大姑家的二表兄钱晓、二姑家的二表兄沈称、大姐夫钱南士父子。

编辑部里有两个秀才，还有三个学问很好的童生，负责审核、编校。沈科表兄和钱贞表侄儿在外地做官，伸不上手，他们出钱雇请雕版和印刷师傅，购买纸墨等材料。

大姐夫钱南士的爷爷钱春是成化二十三年（1487）进士，做过监察御史，父亲钱光是卫经历[1]。当年钱家来提亲，父亲觉得门不当户不对，不敢高攀，请大姑父钱蕚当使者，到钱家婉辞这门亲事。大姑父推辞不掉这门亲事，劝父亲说："咱家几辈子治病救人，有功有德。大侄女儿在我眼前长大，孝顺长辈，贤惠灵秀。这门亲事，般配！"

父亲当年为什么不敢高攀大姐夫家？自卑呀！袁家没有科举功名，不是官员家庭。现在，大姐夫做了主簿[2]，大外甥承恩成了秀才，袁家还是光秃秃的平头百姓。

其他人有空才来，袁黄整天泡在藏书楼，他是楼上两万多册图书的主人。两万多册图书，简直是一片知识的海洋。有时候小心翼翼地穿行在书

---

[1] 卫经历：卫，明代军事单位，一卫5600军人。经历，部分衙门的基层官员，负责公文的接收和发放，根据衙门级别，由正五品到正八品不等。卫经历从七品。

[2] 主簿：部分衙门的基层官员，负责文书工作，根据衙门级别，由从七品到正九品不等。经历、主簿这类基层官员多由监生出任，也有通过捐献钱粮充当军费和用于赈灾而获得名誉官员身份的，这类官员不必到任，称为"闲散官员"。

架间，有时候呆呆地望着这些图书，他心里敬佩父亲。父亲一肚子学问，出口成章，下笔成文，写了这么多书，他自卑吗？不，他很自信。有一件事可以作证。传说，王阳明非常非常厉害，可以撒豆成兵，剿匪平叛战无不胜，还可以呼风唤雨，抗旱消灾保佑丰收。上千的举人、进士，成百的知县、知府，下跪磕头，拜他为师。王阳明的弟子董沄、王畿是父亲的好朋友，多次劝父亲拜王阳明为师。父亲坚决不拜，在王阳明面前不称门生，只称友生。

父亲为什么在大姐夫家提亲时自卑呢？书稿中，有父亲多首与嘉善知县、嘉兴知县、嘉兴知府唱和的诗。官老爷们知道父亲诗书画好，写了诗，想请父亲唱和，要么派人送来，要么打发人请父亲过去。名义上是"请"父亲过去，其实是"召唤"父亲过去。袁黄读书七八年了，对"请"字的多重含义辨析得很清楚。人家是官老爷，高高在上；父亲虽然医术好、学问好、品德高、声誉高，但只是一个老百姓，在官老爷眼里，辈分低贱，身份卑微。怎么低贱？怎么卑微？见了七品知县，老百姓要跪在地上，敬呼父母，尊称太爷。见了四品知府，要敬呼祖父母，尊称老太爷。在知县、知府眼里，老百姓和牛羊一样，他们把做官当放牧。

父亲渴望施展自己的才智和抱负，渴望建功立业和享有功名。十五年前，年近半百，父亲竟然不怕路途遥远，跋山涉水，到山西布政司参政[1]赵汉[2]的道署衙门当幕宾[3]。九年前，年近花甲，父亲竟然不远万里，翻山越岭，应邀到广西，给两广提督[4]蔡经[5]当幕宾。听表兄解释，父亲到广西在蔡经剿匪指挥部当参谋，主要是想争取一个军功，给儿子们挣一个衣冠身份。

---

1 布政司参政：布政司，全称"承宣布政使司"，明代省一级行政衙门，首长是从二品布政使。参政，布政司属官，从三品，在省城以外设立道署衙门，分管两三个府。
2 赵汉：浙江平湖人，正德六年（1511）进士，从山西参政任上退休。
3 幕宾：官员的谋士、助手，有某项技能可以帮助官员的民间人士。
4 提督："提督军务"的简称，负责一省、两省或者某一军事区的军务，朝廷赋予便宜行事的专权。
5 蔡经（1492—1555）：又名张经，福建人，嘉靖十六年（1537）以兵部侍郎兼金都御史身份，提督两广军务，平定匪乱。其任嘉兴知县时结识袁仁。

前年，沈科表兄中进士，知县亲自率领报喜队伍，敲锣打鼓，到姑父家报喜。那天，袁黄在姑姑家看热闹。知县老爷坚决不让姑父和姑姑跪下磕头。报喜队伍一律尊称姑父、姑姑老太爷和老太太。几个衙役举起系着红绸布的铁锤、木棒，不由分说，"砰砰砰""咚咚咚"地捣毁了姑姑家正屋的两个窗户。几个木匠一起下手，立即换上漂亮的新窗户，在大门的门头挂上刻有"进士门第"的木匾。这叫"改换门庭"。

县里出钱，在姑姑家大门前建了一座进士牌坊。姑姑家在袁黄家西邻，进士牌坊面对着魏塘市河，很高大，很显眼。路上的行人，河中的船客，路过这里，都情不自禁地流露出羡慕的眼神。有一次，姑姑家举办酒席，父亲、母亲带着袁黄来吃酒，走到牌坊下，父亲、母亲仰着脸，久久地注视着牌坊上题写的"进士"二字。袁黄一心想着吃喝，没有注意到爹娘的眼神。现在想想，爹娘一定是羡慕的眼神。

袁黄理解父亲的苦衷。这种苦是不是和黄连一样，不知道，但是它一定藏在父亲临终的嘱托中。

袁黄暗暗使劲儿，刻苦读书，哪怕读书的滋味像黄连一样苦。很多次读累了，袁黄就静静地坐着，闭着眼，憧憬着中进士后的荣光：自家大门门头挂着"进士门第"的大红木匾，门外矗立着高大的进士牌坊，父亲在天上笑眯眯地看着进士牌坊，自己身穿着进士衣冠跪在北京金銮殿上……

姑表兄弟编校几个月，雕版师傅精雕细刻几个月，最后由印刷师傅印书装订，几百册深蓝封面的《一螺集》摞在了一张桌子上。另一张桌子上码着大姑父钱蕚的几百册《医林会海》。

嘉靖二十六年中秋节，袁家、钱家、沈家三家的成年男人和大姐夫钱南士父子，聚在藏书楼，庆祝父亲和大姑父的著作刻印成书。

完成了母亲安排的任务，袁黄准备开启在心中谋划了一年的人生规划。这个规划的序幕，必须由母亲大人亲自揭开。

勤劳惯了的人闲不住，尽管娶进了三房儿媳妇，母亲还像过去一样每天忙活。在正屋客厅，母亲一个人孤零零地坐着做针线。

袁黄一进门，脱口而出："娘，我想……"袁黄心中的规划像一壶烧得滚烫的开水一样，再不揭盖，壶盖就要被滚水冲开了。

母亲放下手中的针线，像往常一样平静地招呼道："老四，来来，娘正要找你呢。你看看，个子长高了，脚丫子也会长长的。娘要给你做双新鞋，过年时穿。来，脱下鞋。"母亲从针线筐里拿起一张孙子写过作业的纸。

袁黄在母亲跟前坐下来，顺从地脱下一只鞋。脱着鞋，他憋不住，说道："娘，我想……"

母亲把纸贴在袁黄脚底板上，比着脚的大小，剪出了一张鞋样子。母亲一只手拿着新鞋样子，另一只手从针线筐里拿起旧鞋样子，两下比较着，说道："你看看，一年一岁，长长了一指头儿。"

袁黄忍不住，说："娘，我想……"

母亲说："老四，你爹的书印好了，娘心里一块石头落地了。这一年来，娘一直思谋你的事儿。一个男人，一辈子得有一个吃饭门路，得有一个养家糊口的技术。有个技术，才能顶门立户。"

袁黄心里急，抢着说："娘，我想……"

母亲顺着自己的思路说："读书，不见得能当饭吃，不见得能养活老婆孩子。为了考举人、中进士，读书太难了！你看看，去年你沈称表兄举人没考上，今年你二姐夫、你二哥秀才又没考上。一个秀才名分，他们一个考了十几年，一个考了二十几年，有这工夫，学医生早就能开方子了。你三哥，幸亏改学了医，现在反倒能养活老婆孩子。"

袁黄按捺不住，跪到地上。

母亲看了袁黄一眼，接着自己的思路说："你沈概叔叔，考了一辈子，愣是考不中一个举人。来过咱家几次的王宠，你爹说，他是吴县名流，比不少进士还聪明呢，二十四年，考了八次，愣是考不中一个举人。考举人中进士，朝廷当家，自己做不了主。学医生，你聪明，只要能吃苦，自己就能做主。你看看，你袁泽哥，当医生出了名，知县、知府老爷们的儿子、孙子得病，照样求上门来。你大姑父、你爹，医术好，也是知县衙门的贵客。这些年的乡饮酒礼[1]，你大姑父活着时，首席贵宾就是你大姑父。

---

[1] 乡饮酒礼：衙门每年举办的例行宴会，邀请地方德高望重的人做贵宾，目的是敬老尊贤，倡导形成良好的风俗。

你大姑父不在了,你爹成了首席贵宾。你爹……"

袁黄急得满脸涨红,不顾礼貌,打断母亲的话,说:"娘,我想读书!想入学!想拜师!"

母亲很果断,说:"老四,书,当然要读,书中有做人的道理,有做事的道理。听娘的话,读书,跟着你二哥;拜师,就拜你表兄——钱昞。"

长跪着的袁黄一下子愣住了。长跪,是古人一个很好的修养方法,能够帮助静心、促进肠胃消化、疏通上下气路。愣怔之间,袁黄"卟"放了一个屁,随着一声屁响,他准备的一肚子话一下子消失了。

母亲愣怔了一下,停顿了一下,定了下神,找回被儿子屁声冲断的思路,接着说:"一个男人,做人要果断,做事要专注。"母亲做活儿精细,在修剪新鞋样子的边缘。她小心翼翼地剪着鞋样子边缘突出的齿牙,继续道:"专注,就像剪鞋样子,只想如何剪好鞋样子,与鞋样子无关的,都要剪掉,剪得干干净净!"

第四章
磕头拜师学医术

钱晒家也在魏塘镇东南城区，在魏塘市河南岸，离袁黄家不远。殳珪在世时，人丁单薄，传到外孙女婿钱萼时，人丁兴旺起来。钱萼名声大，子孙众，房屋多，这里逐渐有了"钱家汇"这个地名。

袁祥学医有两个师父，一是岳父殳珪，二是父亲袁颢；钱萼学医也有两个师父，一是岳父的岳父殳珪，二是岳父袁祥。传到钱晒已经是第四代。钱晒也有两个师父，一是父亲钱萼，二是姥爷袁祥。钱晒继承了父亲的医术，也继承了父亲的名声。儿子钱贞中举后，钱家汇专门开辟了一个小广场，建起了孝廉[1]牌坊，匾额上刻着"文魁[2]"两个大字。

选了个黄道吉日，在秀才表兄沈称的主持下，袁黄给钱晒表兄磕了头，正式拜师。袁黄不仅给钱晒一个师父磕头，钱晒背后的长条几上还摆放着袁颢、殳珪、袁祥、钱萼、袁仁的牌位。长条几上方的墙壁上还挂着黄帝、扁鹊、华佗、张仲景、孙思邈的画像。

磕过头，袁衷代表家长发言："师父师父，既是老师[3]，又等同父亲。弟子必须孝敬师父、尊敬师父。为什么孝敬师父？师父做了几十年医生，积累了几十年的经验和智慧，毫无保留地传授给我们，就像母亲给我们盛上一碗热腾腾的米饭，我们吃起来香喷喷的，吃了不饿了，很舒服。这碗米饭的背后，藏着做饭的辛苦，藏着耕地、插秧、拔草、捉虫、浇水、收

---

1 孝廉：汉代选拔人才的标准，意为孝顺尊长、品行端正。在明代，"孝廉"成了举人的雅称。
2 文魁："文魁坊"即"举人坊"。
3 老师：在明代是一个尊贵的称谓，比如王阳明的徒孙称呼他为老师。

割、舂米一连串的心血和汗水。我过去跟着大姑父学习医术，现在有了治病救人的本事，有了安身立命的营生，有了养家糊口的门路，我一直以来，像孝敬父亲一样孝敬大姑父。为什么尊敬师父？我们只有对自己尊敬的人，才能做到言听计从。为什么磕头？水往下流，老话说'上善若水'，意思是大智慧像水一样，也是从上往下流的。做弟子的，如果不能把自己的身段放得低低的，不能把师父的位子敬得高高的，师父的智慧就流不进我们的心中。"袁衷盯住袁黄的眼睛，严肃地问道："袁黄，你能做到像孝敬、尊敬父亲一样，孝敬、尊敬师父吗？"

袁黄很虔诚地回答道："我一定像听父亲的话一样听师父的话！"

袁衷说："好！跟着师父好好学！"

钱昞最后训话："以后日子长着呢，我简单说三点：第一，学医讲究传承，我身上这些医术，不仅是我一个人的，往上有着我们家族三代人的传承。再往上，虽然我们不清楚传承和来历，但也不是从石头缝里冒出来的，最终一定会上追到——"钱昞说着，扭头往后向上一指，"我们的老祖宗孙思邈、张仲景、华佗、扁鹊、黄帝那里去。这叫传承有序，这叫水有源、树有根。"钱昞和袁衷分坐主位，沈称坐在东侧，袁黄一个人站着听训。钱昞看着袁黄的眼睛说："这叫绵绵不绝，这叫后继有人。"钱昞、钱晓兄弟两人的分工是，钱昞继承父亲的衣钵，经营家业，巩固钱家的社会地位；钱晓读书考功名，争取朝堂地位。钱昞的两个儿子钱贞、钱贺都挤到了科举考试的路上。花甲之年的钱昞对袁黄有着很高的期望。

钱昞说："第一点用一句话说，我们上有传承，你只要愿意学，我就会尽心尽力、竹筒倒豆子一样地教你。第二点，学医需要眼勤、耳勤、鼻勤、舌勤、嘴勤、手勤、腿勤、意勤，心要懒，要静，要纯，这叫'八勤一懒'。九项功夫，九九归一，一心一意，全身心地投入。第三点，望闻问切，博大精深，奥秘无穷，我们一起不仅要继承，也需要新的探索。"

钱家药铺名为"木庵药铺"，药铺内的诊室名为"简斋"。"木庵"是钱尊的号，"简斋"是钱昞的号。袁黄在木庵药铺学炮制，学碾药，学抓药，学看病，学包扎，记穴位，学扎针，看医书，学着当医生。日复一日，尝遍了几百味草药，品味每味草药香臭、甘苦、温凉、麻辣的药性，体验每味药效在全身经络的走向。他理解了师父当初说的"舌勤"。

这天,木庵药铺来了一个病人,让袁黄见识了师父的又一个本事。

一个读书人打扮的中年人束手束脚地进了木庵药铺内的简斋诊室。他弓着身子,脸上有巴结,眼中有胆怯,小心翼翼地说:"简斋先生,老世伯[1],晚生这厢有礼了。"来人拱手齐眉,鞠了一躬,说道:"老世伯,晚生姓王,小时候和钱孝廉在一个私塾读书,我们是学友。钱孝廉,我们过去好着呢,上学时他还借过我的毛笔呢。"来人眼神中有讨好,有期望,期望钱晒确认自己"钱举人同学"的身份。钱晒眼神中的疑惑化解了。袁黄恍然大悟地"哦"了一声。师徒二人刚才被"老世伯"称呼迷惑住了。

钱晒微笑着点下头,说:"王相公[2],请坐!哪里不舒服?"

来人诡秘地笑笑,不说话,捋捋衣袖,伸出胳膊,放到脉枕上。

钱晒不动声色,二指如剑,按在王相公手脖子上,双目微闭,全神贯注到两根剑指上。过了一会儿,钱晒抬起手指,也不睁眼,说道:"另一只手!"王相公听话地换了一只手。钱晒静静地诊罢脉,意味深长地看了一眼儿子的私塾学友,给出了诊断结论:"脉象:心脉弦急,欺凌肝脉。症状:心慌气馁,头昏脑沉,手脚怕冷,夜晚难入睡,白天少气力。"

王相公赔着笑,点着头,说:"老世伯名不虚传!真神!能治好吗?我怕疼,怕针灸。开汤药吧,几服药能治好?还请老世伯治病救人!就这病,耽误了晚生的功名。过去,我和钱孝廉同学时,钱孝廉还请教过我呢。我们学书法,有一次,先生让仿写《论语》第二章,先生给我写的'孝'字画了红圈,让全班同学观摩学习。钱孝廉还请教过我写字的秘诀哩。"王相公沉浸在回忆中,脸上情不自禁地露出一丝得意。

钱晒说:"王相公,谢谢你对小儿的帮助。你身上的病好治,心上的病需要下功夫。咱们两人都使劲儿,身上的病包在我身上,心上的病必须你下功夫。"

王相公这个自认怀才不遇的聪明人犯了糊涂,不解地看着钱晒。钱晒

---

[1] 世伯:父辈的朋友,年长于父亲。这里为了套近乎,胡乱称呼。

[2] 相公:本来是对内阁大学士的尊称。明代中后期,商品经济发达,社会秩序松懈,许多称呼被乱用,人们对秀才和童生称相公,对县衙六房书吏称相公;小媳妇对丈夫也称相公。

避开王相公的眼神，问道："王相公，令尊、令堂可好？"

王相公下意识的嫌恶在眼神中一闪，抱怨道："老世伯，您老积德行善，保佑得钱孝廉披红挂彩、骑马坐轿，我家老人不知道积德行善，拖累了晚生的前程。上私塾时，钱孝廉可是请教过我呢。同样读书几十年，钱孝廉成了举人，做了官，可我，还是老童生！老童生！刚才走到钱家汇孝廉牌坊前，我直不起腰呀！我没脸见人呀！"

一脸落魄、愤懑的王相公竟然委屈得哭出了眼泪。

钱晒见过世面，静静地坐着。袁黄坐不住，学着母亲提醒人时的样子，连着干咳两声。袁黄年轻，威势不够。王相公还在抽泣哽咽。钱晒提起丹田气，一声干咳像铜锣一样清脆，透人胆魄，沁人心脾。王相公一激灵，愣怔了一下，镇静下来。他定了定神，道歉说："老世伯，晚生失态，晚生失礼，得罪了！见笑了！"

钱晒也不答话，沉思、斟酌了一会儿，写好药方。他说："王相公既然与犬子是私塾同学，老朽也就不客气了，称呼你一声大侄子。大侄子，我给你解释一下脉象：心是身的主宰，心脉代表自身；从五行说，心为火，谁生火呢？大侄子，你说？"

钱晒承认他是钱孝廉的同学，这让王相公得到一些安慰和自信。他抢答道："老世伯，木生火，这是常识嘛！"

钱晒笑着说："好！大侄子说得好。肝，五行属木。肝生血供养心，这意味着什么？心为子，肝为父母。大侄子脉象是，心脉弦急，欺凌肝脉，这是儿子欺凌父母。脉象可是不孝呀！"

王相公满脸通红。钱晒避开王相公的眼神，不让他难堪，继续说道："大侄子，刚才我说了，身上的病，我来治；心上的病，就靠你了。必须尽快治，必须果断治。如果不能痛悔，不能痛改，三天之后……"

王相公紧张地看着钱晒，钱晒干脆地说道："心为火，得不到肝的滋养，必生虚火。虚火旺盛，必生火灾！王相公！"钱晒满眼期待地看着他。

王相公接过袁黄包好的一提三包中药，鞠着躬赔着笑，半信半疑地走了。

第五章
望闻问切医道深

"简斋先生,我们又来沾光了!"药铺一开门,张秀才和李秀才就上门了。这两位是常客,每隔十天半个月就来一趟,来了既不问诊,也不拿药,只是坐一坐。有时候,钱晒忙着接诊,就和他们简单招呼一声,继续忙自己的事儿。

病人还没上门,钱晒亲自接待两位秀才。张秀才说:"认识简斋先生前,我把沾光当成客套话,对《大学》说的'德润身'[1]理解不透,感悟不深。李学兄,你看看,简斋先生的面相多纯净,脸皮透气,眼神清澈。哎哎!你看,头顶上气场的色泽像天色一样蓝。"

李秀才眯起眼,朝钱晒的头顶端详了一会儿,突然一拍大腿,惊喜地说:"张学兄,这次我可看清了,就像你说的,简斋先生头顶上的蓝光像晴天一样,湛蓝湛蓝的。"李秀才说着,起身拱手齐眉,对钱晒深深地鞠了一躬,说:"以前,只听张学兄这样说,我一直看不到。但是每次来,只要一进这间诊室,就能感受到安详、舒适,像进了春暖花开的花园。每次和简斋先生在一起坐上哪怕一会儿,我都如沐春风。有一次,我晚上着凉,早上起来身子发紧,头上像戴一顶铁帽子。来这儿坐了坐,和简斋先生说几句闲话,喝两杯热茶,还没等吃药,就好了。简斋先生,您这可是大德呀,'大德敦化'[2],这间诊室被您同化了,在下和张学兄的身心也跟着被净化了!"

钱晒淡淡地一笑说:"二位秀才客气了!我哪是什么大德呀!"

---

[1] 德润身:一个人的道德能够滋养自己的身心,并且显现在外表和气质中。
[2] 大德敦化:出自《中庸》,意为高尚的道德能够滋养、同化、营造和谐的环境。

张秀才说:"我学识浅薄,二十多年,考不上去,贡不上去,总不能一直占着县学的学位,耽误年轻人入学。钱孝廉入学没多久,我们就离开了县学。如果早点儿认识钱孝廉,早点儿结识简斋先生,也许,我们……"

这时,门外传来一声清咳,紧接着是一声问询:"有人吗?"袁黄迎了上去,回应道:"请进,请进!"

客人站在诊室门口,往里警惕地扫了一眼。张秀才放弃了科举考试,肚里窝藏几十年的那些杂七杂八的酸臭知识都被拉到茅坑里。现在的张秀才肚子轻松,头脑清净,心就变得灵敏起来。张秀才灵敏的心捕捉到了来人警惕的眼光。他说:"李学兄,来病人了。简斋先生,我们告辞!"

袁黄送客,钱晒迎客。在钱晒的示意下,病人和医生同时落座。双方对视了一眼。钱晒相信自己的医术,脸上挂着淡淡的平静的笑意;来人将信将疑,平静的眼神中隐含着一丝谨慎。两人互相微微点下头,也不说话。来人捋起袖子露出手腕,搁在脉枕上;钱晒搂搂衣袖,伸出剑指,轻重适中地按在脉搏上。诊罢一只手,钱晒示意来人伸出另一只手。诊罢脉,钱晒看着来人,说:"脉象:脾脉滚滚,又浮又沉。病症:气满腹胀,上吐下泻,饮食不进;手脚麻痹,恋床贪睡。还有一点,哮喘,严重时喘不上气。"

来人点点头,说道:"确实如此。钱医生,您看……"

钱晒说:"病,有身病,有心病,身心互相影响,治病单打一不行。钱某确有一点祖传医术,但外县一定有我这样水平的医生。先生舍近求远,大老远来嘉善,想必定有隐情,必有……"钱晒扭脸对坐在一侧当学徒的袁黄说,"你回半村居拿一册《一螺集》来,李秀才要。"袁黄出门后,钱晒继续说道:"先生必有心病。"钱晒看着来人的眼睛,观察他的反应,看他是否真诚,是否值得说出他的心病。

钱晒说来人有隐情,有心病,这让来人既警惕,又好奇。为了表示信任,他说:"钱医生说得不错,我从府城来。"

钱晒看着来人说:"心脉既圆又清,心为一身之主。先生身份不一般,您是贵人?"

来人疑惑地问道："此话怎讲？"

钱晌说："人受天地之气而生，有的人生而气清，必是贵人；有的人生而气浊，必是俗人。有的人清中有浊，这是贵人中的俗人；有的人浊中有清，这是俗人中的贵人。"

来人眼神中刚才凝固着的疑惑化开了一些，但并没有消失。

钱晌继续说："人吗，聚而成人，散而为气。人活一口气，人的本质还是气。气清气浊，根源在心性。一个人心性清净，必定步履轻盈，面相干净，眼神清澈，气质纯净，心脉圆清。"

钱晌见来人微微点头，继续说："从您进门，我对您就进行了望诊。望您的气场、气质、步态、气色、眼神。"

来人会意地笑笑，赞许地点头。钱晌受到肯定和鼓励后说："您眉骨棱起，眉目清秀，这是主贵。您一进来，步态轻捷又稳健，气场带着威势。您的眼神、神色，清净中透射着权势。再看先生的法令纹，法令纹深重，显然是个说了算的人。您的贵是权贵。"

来人笑笑说："只听说钱医生诊脉医术好，想不到望诊功夫也好。"

钱晌说："有些病与身份有关，与职业有关。还说这个望诊，先生头顶气场的光泽雪白深厚，雪白中有火红色。火红色既代表权势，又代表欲望。权势廓然大公，红色比较纯净；公权私用，红色就会污浊。"

来人脸有些红。

钱晌撇开让人脸红的话题，说："望闻问切，并不能包括所有的诊病方法，古人还有一个方法，叫体感，简称一个'感'字。病人哪个地方有病，医生身上对应的地方就能感应到。先生您肺部纠紧着痛，是不是？"来人点头。

钱晌说："心性清净的人很敏感，能感受到周围环境的阴阳变化，也能影响身边的环境。"

来人赞许地说："钱先生所言极是！"

钱晌说："咱言归正传：身病好治，心病难医。心病不除，身病也难除根。"

来人犹豫了一下，深深地抽了一口气，缓缓地呼出去，挺直身子，拱手当胸,说:"请钱先生明言!"

钱晊见火候已到,坐直身子,正义凛然地说:"肺,五行属金,金为财。脾,五行属土,土能生金。土生金,本来天经地义,如果金需索太多,太刻薄,要把地皮刮干——,那就会断了金的来路。"

钱晊说到"把地皮刮干"时把声音拖得长长的,来人满脸涨红。钱晊话说到九分,转了话题:"先生天生贵人,头顶的气场色泽应该很纯净,但是已经被污染。一个人出生时气清气浊重要,后天保养一样重要,这与心性的保护和修养有直接关系。有的贵人不知道保养,心性一天天污浊,就会一步步沦落为俗人,堕落为愚人,甚至减损寿命。其自己的福分减损不说,儿孙也会跟着遭殃。"

来人头上冒汗,谨慎地问道:"有这么严重?"

钱晊说:"从先生眉眼看,命中官居三品,两个儿子有进士功名。要保住这个福分,需要壮士断腕一样的决心,剔除贪心,治好心病。否则,不仅自己性命不保,儿孙也会遭受拖累。"

来人眼神由恐慌变得坚定了。他起身,侧着身子,后退两步,拱手齐眉,朝钱晊深深地鞠了两躬,说:"真人面前不说假话。胡某是府里的推官[1],谢谢钱先生指教!既然被先生说中心病,胡某一定壮士断腕,以绝后患。敢有再犯,天打五雷轰!"

袁黄回到药铺,刚把《一螺集》交给师父,王相公就慌里慌张地上门了。

"老世伯!您神医呀!"王相公一路疾跑,一进药铺,就激动地吆喝道。他右手端在胸前,左手像打个伞一样,隔空罩在右手上,快步进入诊室,袍襟一撩,朝着钱晊跪了下来。

"您说三天,就三天,您是神仙!今儿个,王秀才光临寒舍,拜访我一个童生,这是多大的面子呀!贵客上门,我必须亲手煮茶。一不小心,您看!您看!一块儿红彤彤的炭火,把我右手烫成这样。老世伯,这右手伤了,可让我怎么写文章,怎么考秀才!哎呀哎呀!"

---

[1] 推官:府衙里负责审判案子的正七品官员,每府设置一人。

在王相公倾诉的工夫，袁黄备好酒水、药粉和纱布，招呼王相公起身就座，熟练地给他包扎烫伤。

包扎停当，钱晒说："王相公，你好好想想！"

"老世伯，我好好想了，我信了。我以后孝敬爹娘。只是这以后，还会不会，会不会受伤遭灾？"

钱晒说："贤侄儿，《孝经》，你会背，不用我讲。我今天给你讲一段《黄帝内经》，讲一讲孝与经络、情志、身心的关系……"

袁黄见识了医学的神奇。他心里暗暗打定主意，要做一个像师父一样的神医，治病救人。

第六章

寺院偶遇孔半仙

嘉靖二十八年（1549），袁黄十六岁。

正月初四一早，小袁医生就被师父派到慈云寺，回访空明和尚。和尚除夕夜突发急病，寺院派人请来钱晒。钱晒用针灸稳定了和尚的病情，连夜开了三服汤药。这么严重的病，吃三服汤药绝对好不利索。和尚心想，医生忙了一长年，大过年的，也该过几天清静日子，不到万不得已，不好去打扰医生。和尚对身体的看法与儒家不同。儒家认为，身体是爹娘生养的，损坏身体就是不孝；和尚认为，身体是一副臭皮囊，是人生的拖累，如果不是借用这副臭皮囊修炼成佛，连饭都不会给它吃。

袁黄记下和尚病情的变化，好汇报给师父，让师父调整方子。寺院里说，下午派人去木庵药铺取药。时间还早，年轻人玩性大，袁黄决定在慈云寺逛一逛，看一看稀奇。

慈云寺，正月十五日以前一直有香会。善男信女们烧香，许下一年的心愿。很多香客把烧香当成做生意，希望投小钱，得大利。为了招待佛菩萨，烧香许愿的人花钱请来了说书的、唱戏的及各种杂耍。小商小贩们瞅着人多，纷纷聚集到慈云寺前，摆起了货摊，搭起了帐篷，售卖开春用的家用杂货和农用器具。偏居城北的慈云寺，吸引了魏塘半城人。

远远的一队人马勾引住了袁黄的眼睛。一对敲铜锣的走在最前面，鸣锣开道，一个骑马人跟在后面。骑马人后面是"肃静""回避"两块大牌子，两块牌子后跟着一长串队伍：两队举着水火棍的衙役、六房书吏、八抬大轿……袁黄以为是嘉善知县来巡察香会，准备听话地回避。定睛一看，发现人们不仅不回避，也不肃静。看热闹的人拥挤着，跟随着，喧闹着。这是香会上的神像老爷巡街。八抬大轿抬的是一座神像。

这时,一个声音在耳边响起:"小相公,你是不是也想骑马坐轿?"

袁黄心思在神像巡街表演上,头也不回,随口答道:"谁不想骑马坐轿!只有神仙和当官的才能骑马坐轿。"

"神仙是人修炼成的,当官的是读书人考上的。"

"嗯,我表兄就在南京骑马坐轿,我表侄儿也在江西抚州骑马坐轿。"

"小相公,看貌相,你也是骑马坐轿的命哩!"

袁黄一扭脸,猛然间有些恍惚,以为和自己说话的就是一个神仙。说话的人,白须飘飘,面相清净,仙风道骨。在袁黄的想象中,神仙就应该长这个样子。袁黄没见过神仙,心里却相信神仙。不仅相信神仙,连算命的半仙儿也相信。父亲朋友多,活着时家里经常高朋满座。父亲有一个姓王的朋友,是个相士。有一次,王相士来家里,在客厅里与父亲说话,仅凭门外的脚步声就断定,来人将来可以做到三品官[1]。当时表兄只是秀才,连举人还没考上。

袁黄惊奇地问道:"敢问老丈是何方……何方人氏?"他本来想问老者是何方神仙,但在他一转身之际,肩上挎着的药箱摩擦了他的腰,把他带回到现实中。

老者爽朗地一笑说:"我吗,云南省云南县[2]人。有缘千里来相会,我与小相公有很深的缘分哩!"

袁黄疑惑地问道:"老丈,小生确实姓袁,只是不知道和老丈有什么缘分?"

老者说:"你祖上,往上数四代,精通邵康节[3]《皇极经世》数理,后来失传,现在要回归你家,应验在你身上。你知道吗?一般的学问,像你学医,都是弟子找师父。绝学真传,都是师父找弟子。我今天找到你,这既是定数,也是缘分。对不对,小袁相公?"

---

1 三品官:沈科最后做到苑马寺卿,从三品。苑马寺是兵部下属的管理军马饲养的机构。
2 云南县:明代有大理府赵州云南县,治所在今云南祥云县。
3 邵康节(1011—1077):北宋著名理学家、数学家、诗人,谥号"康节",著有《皇极经世》等,与周敦颐、程颢、程颐、张载并称"北宋五子"。《了凡四训》中称"邵子"。

听父亲说过，也看过父亲写的《记先祖菊泉遗事》，袁黄知道太爷爷精通《皇极经世》。太爷爷活了八十一岁，爷爷只活了五十六岁。爷爷醉心于搜集、写作建文朝历史，没有全部继承太爷爷的学问。父亲和师父，只继承了太爷爷这门学问的皮毛。这些陈年旧事，除了袁家人，很少有人知道。老者还真是半个神仙。但是，算命，学一点可以，作为医生的副业可以，凭算命没法安身立命，不能作为正当职业。妇女生孩子难产，男人干活儿摔断腿，单凭算命既救不了命，也治不了病。

袁黄说："谢谢老丈！只是，您看，"袁黄拍了拍胯上的药箱，"俺娘让我学医呢，这也是我们家家训要求的。"

老者说："救死扶伤，有多种方法。学医，是其中一种。医生有几只手？一辈子能救几个人！做官，也是当医生。好官，小则可以救助一个县，大则可以救助一个府、一个省，甚至全国。人，要听从命运的安排，命运让你当医生，你就当医生，命运让你做官，你就做官，千万不能违抗命运。至于《皇极经世》学问，艺不压身，多学一门学问，既继承了绝学，也不让老祖宗学问失传，在关键时刻，既可以指导自己，也可以帮助别人。"

袁黄犹豫不决，说："老丈，您说我是骑马坐轿的命，我爹临终时嘱咐我考科举，我爹不在了，我娘让我学医，这，这可怎么办？"

老丈说："你问问内心，听听内心真实的向往。你自己有了主意，我不妨去见见你娘！我在寺院后面住。你下午来了，问知客[1]，找孔道人。"

袁黄一鞠躬："多谢孔道人！多谢老丈！我得回家问问我娘。"

下午，母亲在藏书楼接待孔道人。

宾主各自落座，袁黄侍立在母亲身旁。母亲打量着孔道人，心里泛起嘀咕：孔道人，从名字判断是道士，从在嘉善的住处看是和尚，观察头发和衣帽又像儒士。她试探着说道："孔道人，您可能不知道，卖鱼桥东有座道观，可以居留道士。"

孔道人朗声一笑说："老嫂子，您误会了，'孔道人'是我的号。我

---

[1] 知客：寺院中负责接待宾客的僧人。

姓杨，大名杨向春[1]，年轻时在县学读书，没有当官的命，现在是花甲老秀才。"

母亲道："杨老秀才来嘉善……"

孔道人说："老嫂子，称呼我'孔道人'吧！'秀才'这个身份，我多年不用了。离开县学后，我在家乡九峰山隐居九年。学佛，我不当和尚；学道，我不当道士。儒释道，我都学。我有家人，有儿孙。虽然学道，但我不能离了人道，为了表明心志，就起了'孔道人'这个号。"

听到这里，母亲"哦"了一声，心里一块石头落了地。她信佛，目的明确，一是保佑儿孙平平安安，二是希望自己来世有个好人生。她可不想儿子出家当和尚、道士。

孔道人说："在山里住久了，名声反而大了。县里、府里、省里的官老爷不怕远、不怕累，他们到山里去找我。我呢，偶然之间得到邵康节《皇极经世》真传。他们为这个找我，说白了，就是找我算命，算前程。有位李中溪[2]御史，见了我写的《格物论》，拍手称奇，认为与你们浙江王阳明的《大学问》[3]见识一样。王爵爷没去过我们云南，我也没来过你们浙江，我们竟然心灵相通，我也很好奇。俗话说，山外有山，人外有人，我就想出来走走，看看，长长见识。一路走来，经过贵州、湖广、江西，就到了浙江。命中注定，要来嘉善，要见袁黄小友。老嫂子！"

母亲摸清来历，放心了，说："孔道人，您说袁黄命里……"

孔道人爽朗一笑说："老嫂子，您正德十三年腊月二十三嫁入袁家，当年十七岁，嘉靖十二年腊月十一日寅时三刻生的袁黄。"

母亲"哦"了一声，心里默默回忆着，然后笑着说："孔道人，我相信您。您说袁黄……"

孔道人说："袁黄命中有功名，有做知县的前程。不仅袁黄有功名，老嫂子，你们家将来要出一群秀才。"

---

1 杨向春（1489—？）：字体仁，号野崖，著有《心易发微》《格物论》。
2 李中溪（1497—1580）：名元阳，字仁甫，号中溪，云南大理人，嘉靖五年进士，阳明学者，文学家。
3《大学问》：王阳明师徒关于儒家经典《大学》的问答。

母亲积德行善几十年，袁家积德行善几辈子，老两口确信子孙中一定会出人才。袁襄迟迟考不中秀才，她想，可能要等到孙子辈了。现在，孔半仙这么肯定，她心里、脸上乐开了花。她说："谢谢孔先生！谢谢孔先生！"

孔道人说得斩钉截铁："秀才喜报明年到家，童生县试第十四名，府试第七十一名，省考[1]第九名。事不宜迟，从现在开始，让袁黄好好准备。"

母亲的笑脸上堆满了阴云。她将信将疑地问："这三年，袁黄一门心思忙着学医，一年时间准备，来得及吗？"

---

[1] 省考：由省按察司提学主考。提学又称提学道。县试由知县主考，府试由知府主考。

第七章
私塾拜师考秀才

准备考学，最好跟着明师。沈称推荐郁天民。郁天民在沈概家族的家塾中当先生。

"恩师，受舅母委托，我把表弟带来了。我舅母说，请恩师费心，把袁黄培养成人才，好给袁家门头上增光添彩。"被称恩师的人请秀才弟子一侧坐下。袁黄侍立在旁。

郁天民打量着袁黄，说："自从参坡兄去世，再也没去过你家，几年不见，你已经长成大人。前年，沈秀才送来《一螺集》，我每次翻阅，睹物思人，总想念你父亲，想念我们过去诗社的诗友们。岁月如流水，诗友谭稷公、董沄公、孙一元公，如今诸公已经与我阴阳两隔。世侄儿，来，来！"郁天民抬手招呼袁黄到跟前来。

"在你脸上，我看到了你父亲的影子。参坡兄学识渊博，诗书画都很精通。年轻人要珍惜光阴，几十年岁月，也就一眨眼的工夫。半村居藏书楼上的书，你看了多少？"

袁黄在家里见过郁天民，郁天民的怀旧感染了他，他刚来时的紧张消失了，人小胆壮，他说："回师父的话，听我母亲的安排，这几年跟着师父学医，没有时间看完藏书楼上的藏书，只看了一小部分。"

郁天民慈爱地笑着说："想看完你父亲留下的两万多册藏书，有志气。多读才能多识，做学问就要多读书。你父亲给你起有表字吗？"

袁黄说："回师父的话，还没有！"

郁天民慈和地笑着说："这一入学，要有个字，同学之间好称呼。我给你起表字'学海'。你明白这个意思吗，学海？"

袁黄会意地笑着说:"师父鼓励我把先父留下的两万册藏书读完,把天下的书读完!"

郁天民欣赏袁黄的志气,谅解孩子的不知天高地厚。他笑了笑,问:"四书学完了吗?"

袁黄自信地说:"回师父的话,四书每一本都能一口气背完,也能复讲。"

郁天民问:"五经,你最熟悉哪一经?"

沈称插话说:"恩师,选哪一经,舅母让征求家兄的意见。顺便插一句,家兄嘱咐我向恩师问安。"郁天民捋着白胡子,满足地笑着点头,安静地听沈称说:"家兄和我过去跟着您修学《书经》[1],家兄意思是,听恩师的安排。"

郁天民说:"嗯嗯!沈大行[2]没忘老夫。沈大行的意见很重要。老夫精研《书经》几十年。学海,你就选考《书经》!"

袁黄说:"弟子一切听从师父教诲!"

沈称张嘴深吸一口气,说:"恩师,明年正好遇上童子试年份,一年时间准备,能有几分把握?"

沈称的话让郁天民有些意外——这是什么意思?怀疑自己吗?不会的!自己桃李满天下,他们兄弟都是自己的弟子。那是什么意思?郁天民不悦地问道:"沈秀才,你这是逼老夫立军令状吗?"

沈称起身,深深一鞠躬,说:"学生岂敢!学生告罪!舅父去世后,舅母总感到人生无常,她老人家心情急迫,多次催问学生,三番五次嘱咐学生问问恩师,袁黄明年有把握吗?"

郁天民不满地"嗯"了一声,说:"真乃妇人之见!这个老嫂子!过去参坡兄在时很通情达理,老夫不与她一般见识。学海小时候,老夫考过他,很好的读书种子,可惜这三年在外晃荡,荒废三年学业。嗯?!"

沈称赔着笑,附和着说:"恩师说的是呀,荒废三年学业!舅母哪里懂这些!"

---

1 《书经》:即《尚书》。
2 大行:对行人司行人的雅称和尊称。

郁天民脸色平和下来，说："子德，你坐下，老夫不生你的气。"

沈称赔着笑说："学生谢罪！"说着落座。

郁天民说："嘉善每届参加童子试的考生近两千人，县试录取百之二三，过关的不超过六十人。府试淘汰一次，院试再淘汰一次，一次比一次规格高，一次比一次严格。三次考试，哪一次失利，都前功尽弃。最终，县学每届录取不过八九个学生。谁敢保证，这八九个里面没有有权有势的人家作弊？！难不难，子德？难不难，学海？"

刚坐下的沈称又站起来："恩师，太难了！"

袁黄一听，失望到极点，来时昂扬的气势一下子泄掉了，刚才如松树一样的站姿松垮下来。

郁天民坐得笔直，精神抖擞起来："考秀才，难，是真难！千军争过独木桥！谁最终能够挤过去？千军相逢勇者胜，千生争考智者胜！智慧从哪里来，子德？学海？"

袁黄茫然地摇头，子德赔着笑说："恩师，记得您老人家说过，每个人心头都有一盏智慧灯，只是很多孩子没有自知之明，需要像恩师您老人家这样的明师来点燃它，拨亮它。我舅父在时，评价咱们嘉善明师，说到第一流人物，就是谭公和您郁公。舅父说，恩师您学富五车，是咱们嘉善的大才子杨慎[1]。"

郁天民得意地捋着白胡子，笑着说："是有这么个说法。诗友们公认，参坡兄是我们诗社的李白，我被诸公谬赞为嘉善的杨慎。当然了，这是夸大其词，我毕竟不是杨状元，参坡兄也不是真李白。"

沈称感激地说："过去，家兄和我有幸拜在恩师名下。今天，表弟也有幸拜在恩师名下。"

郁天民开心地笑着说："经我的手，成就了三十多个秀才。前贤说，没有先师孔子，这个世界万古如长夜。这些学生，虽然心有智慧灯，也需要别人帮助点亮。虽然个个是璞玉，没有老师雕琢，也难以成器！童生考秀才，以我之见，需要四个条件！"郁天民伸出四根手指。

---

[1] 杨慎（1488—1559）：云南人，正德六年（1511）状元，明代三大才子之首，著名文学家。明代对尊长不直呼其名，本书随顺现在习惯，恕以后不再解释。

沈称和袁黄盯住郁天民的四根手指。

郁天民说:"第一,学生聪明,至少不能太笨。学海虽然荒废了三年学业,但他底子好。过去,诗友们称呼他小神童。第二,老师是个明白人,这一点特别特别重要。嗯,子德?"

沈称笑着说:"恩师所言极是!我们难得遇到恩师这样的明白人。"

"第三,学生必须勤奋,单凭聪明不可靠。像——"郁天民想说出袁襄的名字,话到嘴边咽了下去,"有的学生,比秀才聪明,比举人聪明,比进士聪明,一耽误十几年,就是过不了童子试这一关。聪明学生,有被糊涂老师耽误的,有被自己懒惰耽误的。学海,你愿意不愿意全神贯注、一心一意、心无旁骛地准备考试?"

袁黄腿一软,顺着一身的松垮劲儿,就势跪了下来,说:"师父,临出门时,我娘教导我,跟着老师,好好学习,要使出吃奶的劲儿。吃奶的劲儿,我忘记怎么使唤了。我一定拿出碾药的劲儿,拿出熬药的劲儿,使出浑身力气,不考上秀才不罢休!"

郁天民熟悉头悬梁、锥刺股的典故和方法,对碾药和熬药不熟悉。他愣了一下,立刻明白过来,说:"嗯,好!孺子可教!县试、府试、院试,三级考试,形式一样,内容一样,都不出四书一经。四书一经,讲明白说透彻,这是我的责任,也是我毕生的心血之所在。学明白写透彻,这需要聪明和勤奋,这是你的责任和使命,为个人前程,为家庭荣誉。学海?"

袁黄跪着答道:"我一定勤奋,师父!"

郁天民点点头说:"你尽责,一心一意;我尽职,尽心尽力。这既是我的职责,也是要报答参坡兄这位知己。四书一经之外,还要考一篇议论文和一篇时务策[1]。这是考查学生认识问题、分析问题、解决问题的实际能力,既需要头脑聪明,也需要多读多识,还需要技巧。总结一下这三点:一、老师讲清楚,学生学明白;二、老师教会写文章的技巧,学生练熟写文章的方法;三、勤学勤学再勤学,慎思慎思再慎思,练笔练笔再练笔,熟能生巧,水到渠成!这一年多一点时间,大家共同努力,自有瓜熟蒂落

---

[1] 时务策:科举考试中的考题形式,针对当前的实际问题,写出解决问题的措施。

的那一天。学海？"

袁黄信心回来了，立即回答："师父，我一定做到！"

郁天民深深地吐口气，说："第四，也不得不说，世俗称之为运气，即所谓的谋事在人，成事在天。具体到童子试，考场上有马失前蹄的，有超常发挥的；有老师没教到的，有学生没学明白的；有写得很好却不入考官眼的，有写得很臭却正好与考官臭味相投的；还有成绩很好却被有权有势的人家替换掉的。一般人说这是天意。学海，成与不成，到时候就看你的运气，看你袁家的造化了！"

第八章
半村居双喜临门

嘉靖二十八年一整年，袁黄使出碾药的劲儿准备考试。白天在私塾，郁天民老先生使出吃奶的劲儿，用几十年积攒的智慧学识，滋养袁黄。晚上在家里，母亲使出年轻时哄婴儿睡觉的劲儿，走路轻手轻脚，东西轻拿轻放，说话轻声慢语，生怕吵着儿子、惊着儿子。儿子看书熬夜到多晚，母亲做针线活儿陪到多晚。兄弟们争着替袁黄跑腿办事：袁衷熬好滋补汤药；袁襄及时分享学习心得；袁裳有时候甚至想，要是能替弟弟上厕所，那该多好。狗通人性，大黄狗也变得比以前懂事。过去，家里来了生人，它警告、示威，气势汹汹地大声"汪汪"个不停；现在，来了生人，它不吵不叫，而是龇牙咧嘴，眼睛瞪得很凶，通过体态发出警告。

嘉靖二十九年，袁黄在县试中考第十四名，在府试中考第七十一名。

省考再次应验孔道人的预言，袁黄取得第九名的好成绩。浙江十一个府七十五个县，全省第九名，什么概念？放在嘉善县，怎么着也是第一名。郁天民捋着白胡子，很自豪。自豪之余，他心里忍不住抱怨嘉善知县陈道基[1]有眼无珠，对袁黄的锦绣文章看走了眼。如果不是陈道基糊涂官乱定名次，袁黄就是嘉善县试的案首[2]，那样的话，不出嘉善，不用参加府试和省考，就直接成了秀才。

全家人欢天喜地。一个秀才身份可以免去袁家两个男丁的劳役。以前，菊泉公、怡杏公、参坡公，谁不是满肚子学问？祖孙三代写了一摞子书，收藏了一屋子书。参坡公活着时，李氏每次说到袁家是书香门第，参

---

1 陈道基（1519—1593）：福建同安人，嘉靖二十九年进士。
2 案首：县试第一名。案首可以不经府试、省考，直接成为秀才。

坡公总是摇头摆手。每当这时，参坡公总要叹口气，说："他娘，家里有读书人不假，可惜没有功名，缺少官府认定呀。"喜报，就是官府对书香门第的认定。母亲小跑着到客厅的牌位前，把喜讯禀告给参坡公、怡杏公、菊泉公。

袁衷和母亲商量举办庆祝仪式的细节时，母亲提到："沈科考中秀才，你姑父来商量怎么庆祝，你父亲写了一副对联，叫……"母亲仰起脸，从记忆中找寻，突然她两手一拍大腿，笑着说，"我一直记着呢，叫'秀才举人进士步步高升，儿子孙子重孙代代茂盛'。这对联好，你看看，你父亲说得多准，你表弟多听话，可不一步步高升吗！咱家也用这副对联！"

大嫂、二嫂、三嫂各自喜滋滋地来征求婆母娘的意见，三妯娌这次心想到了一块儿，都要给袁黄做一件秀才制服。三个嫂子是真高兴，小叔子吃过自己做的饭菜、喝过自己煮的汤水，能考上秀才，自己是有功劳的。小叔子成了秀才，婆家现在是有身份的人家，自己再回娘家，在兄弟媳妇面前说话，腰杆子会比以前硬气一些。

一次做三套秀才衣裳，没必要。将来县学里还要发一套，有两套衣裳替换着穿，不少了。母亲把三个媳妇召集来，商量分工与合作。

大嫂拿出了大嫂的样子，说："两个弟妹别争，我是大嫂，襕衫[1]裤子，我来做。我都打听清楚了，秀才襕衫用玉色绢料，圆领子，宽袖子，领衿镶青边，袖口镶黑边，扎腰的带子用黑绸布，袖子长过手面，下摆离地一寸。娘？"

母亲点着头，笑眯眯地说："他大嫂想得仔细，好！"

二嫂等母亲话音一落，抢着说："他三婶儿，你别和我争。靴子，我来做。我多少年前就打听清楚了，也准备了好多年，谁知道你二哥不争气……"婆母轻咳了一声。做了多年婆媳，知道婆母清咳的意思，二嫂咽了口气，说："好在他四叔争气，为咱袁家争了光，垫高了门槛。将来孩子说媳妇儿，门当户对，娶到秀才家的女儿不一定，娶到秀才家的孙女、侄女儿，那是肯定的。娘？"

母亲笑眯眯地说："好！"

---

[1] 襕（lán）衫：明代秀才制服。

三嫂心里打着小算盘：秀才全套制服也就差一顶帽子，两口子昨晚在床头做的预算，可以节省出来四顶帽子钱。她心里盘算着，一顶给孩子他爹，一顶给自己娘家爹，一顶给孩子他三舅那个小光棍，还剩一顶帽子钱。三嫂心里小得意，脸上却装出不满意，说："大件都让大嫂、二嫂争去了，我只能做一个秀才方巾。哦，我准备的帽子钱用不完，剩下的给他五叔做一顶。娘？"

母亲笑着说："好好好！说到老五，我多说一句话。咱家是书香门第，他们几个兄弟、侄子一起读书，有个秀才好指点指点。我和老大商量过，这几天就把老五接回家。潘用商家没有读书的地方。他大嫂，给老四做襕衫，可不比从前做衣裳。这里有个窍门儿，我给你说说。"

大嫂没做过襕衫，连摸都没有摸过。她支棱着耳朵听婆母说窍门。

母亲说："沈科中进士后，你姑父、姑姑来咱家走亲戚。我和你父亲送客时，看到个稀罕事儿。过去，咱家有祖传医术，又是书香门第，你姑父家是小地主。他娶到你姑姑，觉得高攀了。你姑父有点儿背锅，平时不显眼。每次来家里，一见你父亲，他背上的锅就大了。这次送客，我咋看咋觉得稀罕，你姑父不背锅了。你父亲数落我说，你们女人呀，会缝衣裳，好裁缝却不多。好裁缝都知道，给走鸿运的人做衣裳，前襟要长，后襟要短；反过来，给走霉运的人做衣裳，前襟要短，后襟要长。他大嫂，你明白了吗？"

大嫂不明白，傻瞪着眼看着娘。

二嫂是明白人，她笑着说："大嫂，他四叔正走鸿运，走路昂首挺胸，做襕衫要前长后短。你看看咱娘，这几天腰杆儿也比以前直溜了。"二嫂笑着笑着，脸色突然阴沉下来，想到了孩子他爹袁襄。袁襄这次县试又名落孙山，好好的壮年人，背锅却越来越明显。

袁家张灯结彩，遍告亲朋，准备好好热闹一番。

县学的入学庆典赶在了袁家的庆祝前面。县学在县衙西邻，庆典由县学教谕郭麟主持，知县陈道基亲临训话。在大成殿[1]，举办了隆重的祭祀仪

---

1 大成殿：文庙中祭祀孔子的殿堂。大成，一个人全面发展、完美无缺的理想状态。

式，名义是释菜礼，由知县主祭，主题是尊师重道，内涵有两个，一是感谢孔子，为自己的人生指明方向，二是向孔子保证，以后沿着孔子指明的道路继续前进。训话安排在明伦堂，陈道基以"学明五伦，知行合一"为主题，发表了既严肃认真又热情洋溢的演讲。新科进士陈道基三十一岁，他演讲中的激情深深地激发了袁黄的人生热情。

袁家双喜临门。趁着热闹劲儿，秀才娘子高氏被娶进家门。秀才袁黄当上新郎官，提前享受到了举人待遇。太祖爷当家时，定下规矩，恩准平头百姓娶亲时，新郎可以穿戴九品官的冠服。这是明代"新郎官"这一称谓的来历。这真是：得意新生员[1]，洞房花烛夜，温柔乡里眠，梦中笑开颜。

秀才娘子姓高。袁黄想："莫非天意让自己步步高升？怎么高升呢？沈称是县学的资深学生，他懂得多。"

新秀才袁黄领着新娘子来拜望姑姑、姑父。说了一会儿家常话，留下小娘子和老姑姑说些家长里短的闲话，袁黄把表兄沈称请到一边，请教新秀才步步高升的秘诀。

沈称去年乡试又没考好，心情有些灰暗。他说："表弟，我分三点说吧。第一，县学里秀才分三六九等。先说这个三。第一等秀才廪膳生，这是官费生，就二十个名额；第二等秀才增广生，这是自费生；第三等秀才附学生，附在廪膳生和增广生末尾。新入学的秀才都是附学生。省里提学官一任三年，三年组织两次考试。第二，根据考试成绩，把学生分为六等。第一、第二等享受官费，有资格参加乡试；第三等是合格，这是大多数；第四等要受体罚；第五等要降一级，官费降为自费，增广生降为附学生，附学生留校察看；第六等，直接开除。第三，县学九年一考核，九年学无所成，由吏部安排到各地当书吏。书吏，秀才哪有愿意当书吏的！这是羞辱斯文！熬了十年，成绩优秀，一直考不中举人，可以获得贡生资格。贡生可以入国子监，可以直接到府学、州学、县学当训导，或者到县学当教谕，就像咱们县学教谕郭麟老师、训导吴一阳老师。"沈称说到"老"字时特意加重语气，"县学一年一个贡生名额，单单贡生资格就能把

---

[1] 生员：县学、州学、府学里的学生，全称"学生员"，俗称"秀才"。

胡子熬白。举人，不好考呀，学海秀才！"

袁黄这些日子热情洋溢的大眼睛有些暗淡。

沈称叹口气说："教谕、训导，他们自己连举人都考不上，哪能指望跟着他们步步高升！"

袁黄回家的脚步不再轻松，而是有些沉重。秀才好考，步步高升太难。

第九章
见识高人唐会元[1]

县学教学的核心内容是四书五经义理[2]和应用文写作。学好四书五经义理和应用文写作，才能考举人、中进士，最不济也能当个贡生，贡入国子监学习深造后，出来做个八品、九品小官，或者不去国子监而直接到各府学、县学当个训导或教谕。

袁黄在县学很用功。但是，他心里不踏实。贡生资格至少要熬够十年。十年是最低年限，有秀才熬了三十年也没贡上去。袁黄看不上这个，他心里拿定主意。

考举人、中进士，最好跟着过来人学习，至少跟着举人吧。魏塘城里知县是进士出身，知县只有初一和十五才来县学训话和讲学。一个月听这么两次，袁黄觉得不过瘾。怎么办？嘉兴府学教授蒋铠是举人出身。嘉兴是京杭大运河的大码头，南来北往的举人、进士像大运河里的大鲤鱼，熙来攘往。

沈称是老秀才，县学里讲的四书五经，他几年来嚼过来嚼过去，像嚼过二十遍的甘蔗渣，没有一点儿滋味。他不喜欢待在县学，常往府城跑。知府刘悫[3]是沈科的进士同年，有这层关系，沈称可以在府学听课。沾表兄的光，袁黄也时不时到府学蹭课。

有一天，沈称神秘兮兮地说："学海，走，去府城，我们去见识一位

---

[1] 会元：通过会试的举人被称为"贡士"，有资格参加皇帝亲自主持的殿试。会试第一名称"会元"，殿试第一名称"状元"。

[2] 义理：儒家经典的哲学内涵。

[3] 刘悫（què，1508—1571）：江西万安人，嘉靖二十三年进士。

高人。"

袁黄问："表兄，见什么高人？"

沈称说："荆川[1]唐先生来府学讲学。荆川先生是嘉靖八年会试的会元，殿试二甲第一名，当过翰林院编修[2]，是八股文[3]名家。"

每届解元、会元、状元的文章都被编成"科举辅导"书，传遍各所学校。唐会元的文章，袁黄读过。

在去嘉兴的船上，沈称说："嘉靖二十年，荆川唐先生得罪朝廷，被削职为民。整整十年时间，荆川先生在山中读书、写书，学问炉火纯青。咱嘉兴府秀水县[4]的沈谧[5]先生和荆川唐先生是同年进士。沈进士为家乡读书人做好事，把他请到闻湖书院来讲学。刘知府、沈先生、荆川先生，他们三人被一个绍兴人介绍到了一起，你猜猜，是谁？"

袁黄睁大眼睛问："能把三个进士介绍到一起，绍兴什么人这么厉害？"

沈称说："我们这位本家进士建有闻湖书院，书院供奉阳明王先生画像，讲授致良知学。沈进士是广东薛侃[6]进士的弟子，荆川先生是当今吏部尚书欧阳德[7]的弟子，刘知府也是欧阳尚书的弟子。薛侃和欧阳德都是王阳明的弟子。他们三个是王阳明的再传弟子。"

袁黄说："明白了。"

沈称说："刘知府听说荆川先生来秀水，就把他邀请到府学。"

荆川先生的讲学在府学明伦堂，乡贤沈谧作陪，刘知府亲自主持。刘知府介绍道："诸位生员，我们有幸邀请到荆川唐太史和乡贤沈少参[8]给我们讲学，主题是'文以载道，道器不二'。秀才要靠文章进步，荆川先生

---

1 荆川（1507—1560）：唐顺之，号荆川，江苏常州武进人，官至凤阳巡抚，明代八股文名家，著名文学家，战死疆场的抗倭英雄。
2 编修：翰林院正七品官员，和修撰等官员统称史官，雅称"太史"，负责编修国家历史。
3 八股文：明代科举中的文章格式，每文分八部分，格式严谨，语言精练。
4 秀水县：县城在嘉兴府城内。
5 沈谧（1501—1553）：浙江秀水人，嘉靖八年进士，官至湖广省布政参议。
6 薛侃（1486—1546）：广东潮安人，正德十二年进士，王阳明著名弟子。
7 欧阳德（1496—1554）：江西泰和人，嘉靖二年进士，官至礼部尚书，王阳明著名弟子。
8 少参：对省布政司参议的雅称。参议与知府同为正四品。

会元出身，是文章名家，我不能耽误唐太史的宝贵时间，有请唐太史给我们讲学传道！"

唐顺之是平民身份，沈谥是乡宦身份，刘知府脱去官服，三人都穿戴着儒冠和儒袍[1]。只有府学教授蒋铠穿着从九品官服，如临大敌，紧张地侍候着三位贵宾。

唐顺之清咳一声，说："承蒙刘府尊[2]盛情邀请，这几天给诸公讲讲唐某几十年来的修学心得。"秀才中既有和他儿子唐鹤征一样的青年才俊，也有和他年龄相仿的饱学之士。在翰林院见过大世面的唐顺之二十二岁高中会元，心高气傲过，经过十年的山中修炼，四十三岁的他心气平和。"唐某二十一年前中会元时的文章，现在拿出来看，让人脸红。诸公知道为什么吗？"明伦堂内一片寂静。过去，明伦堂也很静，那是对教授从九品官服的敬畏，秀才们不敢乱说乱动；今天是对学问的敬服，秀才们不愿乱说乱动，生怕漏掉什么金玉良言。

蹭课的袁黄来晚了，只能坐在后面。算他幸运，更晚的秀才只能扒在窗外听。

鸠占鹊巢的袁黄开始有些拘谨，后来因为专注，忘掉拘谨，心里、眼里只有唐顺之的头部，只关注唐顺之讲学的嘴。

"文以载道，唐某中会元时的文章中道不够深，不够广，不够高，不够精，不够准。为什么？对四书五经理解得不够深、广、高、精、准，做不到知行合一。四书五经是我们古代圣贤对自己身心行为感受的记录，记录的是圣人之道。只有圣贤，才能真切地理解圣贤。唐某那时候身上的圣人之道涵养得不够深、广、高、精、准。举个例子，咱们嘉兴的黄酒很有名，很好喝。唐某过去只是听说，没有尝过。如果让唐某写文章介绍嘉兴黄酒如何好喝，做得到深、广、高、精、准吗？"传统文化讲究沉默是金，秀才们爱面子，怕出丑，教授和训导在课堂上不点名，他们一般不会轻易开口。唐顺之《中庸》学得透彻，身心时刻处在"博学、审问、慎

---

[1] 儒袍：读书人穿的袍子，又叫"道袍"。现在和尚的僧袍继承了明代道袍的特征，名为"海清"。

[2] 府尊：对知府的雅称。

思、明辨、笃行"中，心中、嘴上、文章习惯自问自答。

袁黄太投入、太专注，忘掉了身份，甚至忘掉了身体的存在。听讲时，他用了钱晒师父教给他的两个技巧：第一，看的东西太远时，不要使劲儿往远处看，那样费神累眼，要加一个意念，把远处的东西拉到自己眼前甚至眼中看；第二，观察一个人的学问、德性和生命状况时，看他头顶的气场光泽。袁黄三次不经意间看到唐顺之头顶上有时候是厚实的纯白色，有时候又变成天蓝色。师父说过，纯白色代表道德高尚，天蓝色表示智慧深邃。

他太专注，听到唐顺之问话，不假思索，脱口而出："做不到！"这一声太突然，吸引住了唐顺之的目光，也吸引住了刘知府的目光，自然也吸引住了府学教授蒋镗的目光。今天这么重要的场合，小秀才竟然敢惊扰课堂，蒋镗心里很紧张，扭脸看看知府，看看唐顺之。唐顺之笑看着袁黄。两双眼睛对视的一瞬间，袁黄头顶清凉，浑身一激灵，清凉直达生命深处。他热泪盈眶。

唐顺之继续讲学："嗯，这位秀才说得对！嘉兴黄酒，不喝不知道滋味；四书五经，做不到知行合一，也不算真知。《大学》一个'仁'，做不到，也就知不到；《中庸》一个'诚'，做不到，也就知不到。知不到，自然也就写不到。"袁黄的心稳不下来，他听不清唐顺之在讲什么。他的心飘了起来，融入了幻想中……

最后，袁黄总算捕捉到唐顺之的总结："道，无形无相，奥妙莫测，怎么抓住它，方法很多，《书经》中介绍的方法最古老，就是我们儒家的十六字心法[1]。无形无相的道如何呈现出来？需要借助有形的东西，有形的东西统称为'器'。文章是器的一种。文以载道，道器不二，做到这两点，绝对是好文章，是锦绣文章，下能修身养性，中能开人智慧，上能安邦定国。好，我们明天接着讲！"

讲学结束，坐在前面的秀才们蜂拥着，围住唐顺之，袁黄到不了跟前。一直到很晚，袁黄才在宾馆房间门前等到唐顺之。

---

[1] 十六字心法：即《书经》："人心惟危，道心惟微，惟精惟一，允执厥中。"

他两腿颤抖，声音也颤抖："老……老师，我是嘉善县学来……来的袁黄，今天课堂上冒昧，打扰了老师。我想……我想拜老师为师。"

就着宾馆店小二手中的烛光，唐顺之明白了，说："你是袁黄？！要拜师？"

袁黄激动地说："袁黄要拜老师为师！"说着话，他顺势跪了下来，双手举着几页文章，"今天太晚了，不敢打扰老师。这是学生的几篇习作，请老师过目！"

唐顺之接过文章，平静地说："好，你回去吧。文章我明早看。"

第十章

老师指明大方向

第二天讲学结束时,唐顺之朝坐在前排的袁黄点点头。袁黄跟出明伦堂。唐顺之轻声说,晚饭后到房间来。

晚上,袁黄来到唐顺之房间,一进门,跪倒在地,朝唐顺之磕了三个头。唐顺之和蔼地说:"起来吧!"袁黄侍立在一侧。

唐顺之说:"老师不缺你这三个头,缺的是你这番诚心。几篇习作,我看了,优点是语句顺畅,有灵气。"袁黄忐忑不安的心稍微放了下来。"优点突出,缺点同样明显。你知道缺点在哪里吗?"袁黄摇摇头。"缺点是,文气浮躁,见识浅薄,东拉西扯,根基不牢。"袁黄刚刚被鼓起的心劲儿又松懈下来。"今天课堂上,你坐不稳,听讲总跑神儿,不知道老师收不收你做弟子。昨晚没睡好吧?"

袁黄心思被看穿,红着脸应道:"嗯!"

唐顺之笑笑说:"你要拜师,要学什么?将来要干什么?我很愿意指导年轻人。但是,这是有前提的。你说说?"

袁黄说:"跟老师学习写文章,走科举之路,考举人、中进士,一是光宗耀祖,可以尽孝;二是报效朝廷,可以尽忠。"

唐顺之爷爷唐贵进士出身,父亲唐宝举人出身,他缺少光宗耀祖的体会。这十来年他在山中读书,也没有报效朝廷。他说:"这种漂亮话每个秀才都会说。"

袁黄愣了愣,说:"我也想像老师一样,像《大学》说的一样,修身、齐家、治国、平天下,一身学问,一身本事,当大丈夫,立身世间,行走天下,人活一世,名垂青史。"

这种话、这样的美梦，每个人年轻时都是想得多、说得少，胆小的人、谨慎的人、虚伪的人，一般不敢轻易说出口。

袁黄聪明、真诚，仰望星空的想法多，脚踏实地的方法少，是一个可以塑造的苗子。

唐顺之说："既然你说到《大学》，《大学》是'大人之学'，你怎么理解？"

"大人之学"这句话成了口头禅，识字之人都知道。袁黄正要脱口而出，立即意识到，会元老师问这个问题，一定不是口头禅可以回答的。袁黄想了想，说："学生实在不知道其真实意思。"

这个问题，最笨的读书人也能回答个滔滔不绝，但是真明白真实意思的人没几个。这个问题，只有与大人境界一样的人才能说清楚。唐顺之盯住袁黄的眼睛，问道："你真不知道？"

袁黄说："在见到老师您之前，我以为自己知道，还能滔滔不绝地长篇大论，写几篇文章。听了您讲学，我才知道自己真不知道。"

唐顺之赞许地点点头，说："袁黄，老师答应你，收你当学生！"

袁黄心中惊喜，两腿颤抖，两眼噙泪，使劲儿保持矜持和严肃，马上下跪，举手齐眉，磕了三个头。

唐顺之说："学海，此前，你是小学友，老师对你客气，对你满面笑容；此后，你是学生，是弟子，老师对你会很严厉。"

袁黄说："师父，我父亲说过，打是亲，骂是爱。"

唐顺之说："心中可以有师父，嘴上不必称师父。以后称呼'老师'吧。"

袁黄："嗯，老师。"

唐顺之说："现在给你讲第一课，很可能会成为你的人生纲领。第一，《大学》是我们儒家的人生纲领。《大学》是成就大人的学问。大人，就是圣贤。学海，你愿意把圣贤当成人生榜样吗？"

袁黄答："老师，学生此生立志以圣贤为榜样！"

唐顺之问道："学海，此生敢不敢做圣贤？"

袁黄犹豫了。他认识的人中，老的少的，当老师的、当医生的、当学生的，没有谁敢当圣贤。袁黄心中想过，愿意当圣贤，也敢当圣贤，只是没敢对任何人说过，实际上也没任何人问过。他当圣贤的想法模糊、朦胧，只是几次一闪而过的念头而已。袁黄以为，圣贤在文庙里，在寺院里，在道观里，在金銮殿上，在书中，在天上，在老坟里，现实中好像没亲眼见过。眼前的老师是不是圣贤呢？当老师这样的人，他敢，也有信心。袁黄端详着老师，想从老师脸上寻找圣贤的影子。

唐顺之明白袁黄的心思，说："学海，老师不敢以圣贤自居，只是一直在追求做圣贤。但是，敢不敢做圣贤，这是一种气派，是一种见识，是一个目标，是一种修学方法。"

袁黄果断地说："老师，袁黄愿做圣贤，敢做圣贤，一生以做圣贤为追求！"

唐顺之点点头："大人，就是圣贤。做圣贤，是一门大学问。王阳明老师讲过《大学问》，他说大人最显著的一个标准是有万物一体之仁。《论语》整册书在说这个'仁'，《中庸》整册书在说一个'诚'，'诚'还是'仁'。《孟子》整册书在说一个'义'，'义'也还是'仁'。《大学》说修身，就是要找这个仁，践行这个仁，知行合一这个仁，用生命活出这个仁，最后让自己变成这个仁。这个仁，就是我讲的文以载道的道。知行合一到这个仁，写文章就有了真精神。袁黄，你要跟着老师学文章，我要你跟着老师学仁。知行合一做到仁，胸中自有锦绣文章，这就是俗话说的下笔如有神、文章本天成。袁黄？"

袁黄激动地说："袁黄立志跟着老师学仁、做仁、成仁、写仁。"

唐顺之说："这是写文章的基础和灵魂。怎么学仁？每个人心中与生俱来都有这个仁，它就像一盏灯，没人点燃它不明。谁来点燃？老师不敢说给你点燃，我们请圣贤来给我们点灯。古代圣贤虽然不在了，四书五经还在。想要四书五经给我们点燃心灯，一定要明白它的真义，践行它的真义。学明白四书五经，知行合一，我们的心灯一定会和圣贤一样明亮。这就是《中庸》说的，做到了诚，也就做到了明。写文章，一定能写出明明白白的文章。袁黄？"

袁黄说："请老师教我四书五经的真义！"

唐顺之说:"这两个月,我在三个地方讲学交流,先是嘉兴,后到杭州天真精舍[1],在那里参加为期一个月的会讲。最后半个月到绍兴阳明书院,参加会讲和祭拜阳明老师。这两个月,你给我当书童、当侍者,吃住也有了。我把四书的疑点、难点给你讲明白。好吧?"

袁黄激动地说:"谢谢老师提携和恩典。"

唐顺之说:"老师有会元和翰林院编修的名头,天宁寺方丈请我给寺院写两幅字。明天,你随我去寺院。"

在天宁寺方丈室,品过三道禅茶,应方丈请求,唐顺之写了一对挂屏,内容是"诸恶莫作,众善奉行,自净其意,是诸佛教。——释迦佛""无善无恶心之体,有善有恶意之动,知善知恶是良知,为善去恶是格物。——王阳明"。最后落款"武进荆川唐顺之"。

在场僧俗观摩赞赏一番,品茶三道后,一位财主装扮的人掏出一包银子,敬奉给知客僧,知客僧转手把银子递给袁黄,朝唐顺之说道:"五两银子,小寺略表心意,给唐太史荆川先生润润笔。"唐顺之点点头。袁黄接过银子,遵照老师路上的嘱咐,说道:"五两银子,荆川先生一点心意,助印一些《金刚经》吧。"袁黄把银子敬还知客僧。

回到宾馆,唐顺之说:"寺院为什么要挂王阳明老师的语录?你看出来了,这两条语录内容基本一样。为什么?佛家修行在修心,道家修炼在炼心,儒家修养在养心,三家同样都在人心上做文章。怎么修?怎么炼?怎么养?方法也一样,都是为善去恶。区别在哪里?用心不同。佛家怎么用心?智慧大开,解脱生死,好了,万事大吉,躲到寺院里去,家庭不管,朝廷不要,人事也不做。道家怎么用心?炼出精气神,长生不老,好了,万事大吉,跑到山里去,爹娘不管,朝廷不要,也是不做人事。儒家怎么用心?儒家要经世致用,要把爹娘孝敬好,把儿孙培养好,把家族引领好,把一县一府管理好,帮助朝廷把国家治理好,把所有人都当成爹娘儿女照顾好。袁黄?"

袁黄虽然不十分明白,却觉得老师很厉害,嘴里应道:"嗯,老师!"

---

[1] 天真精舍:王阳明弟子修建的书院,用于阳明学者祭祀和讲学,地址是由王阳明生前选定的。

唐顺之说:"昨天讲了第一,现在讲第二。佛家和道家也有仁,儒家仅仅有仁还不够,还要有智慧和勇气。智仁勇,这是儒家的品德。儒家要经世致用,有一物不认识,是耻辱;有一事不会做,是耻辱。十八般技艺都要学。你看,"唐顺之指向靠墙放着的一杆枪,"我三十八岁学枪术,现在随身带着,每天都要练。天下功夫能学的都要学。这,也是四书五经的真义。"唐顺之顿了顿,"事有缓急,学有先后,你先从四书经文学起。"

袁黄说:"老师指明人生方向,学生敢不从命!"

第十一章
意外出版一本书

学问，在学中问，在问中学。两个月时间，从《大学》到《中庸》，从《论语》到《孟子》，袁黄不懂就问，唐顺之有问就答。学生问题单纯："老师，这句话什么意思？"大儒答案深刻："学海，学习任何一句经典，都要把握一个原则，首先理解它的真实含义，其次践行它的真实含义，即按照经典的指示说话、做人和做事，最后体会和感受它的真实含义。怎么体会和感受？只有你老老实实照着做了，知行合一了，严丝合缝了，你才能真切地、原原本本地体会和感受得到。学经典，在学中做，在做中学，这就是知行合一。记住，经典是用来照着做的，不是用来照着说的。这里有三个递进关系：一、道理上，要真理解；二、事情上，要真做到；三、内心上，要真体会。体会不到，那是没有真做到；没有真做到，那是没有真理解。体会到是最根本的。体会到，它就变成了你的内心感受，这是心得。经典来自圣贤的生命实践，我们用来指导我们的生命实践，最终变成我们的生命实践。学海，下面才说到你最关心的，就是怎么写文章。经典已经变成了你的生命，你的身心已经经典化，写文章就是在写你的生命，这样的文章是从生命中流出来的，是从心底流出来的。任你怎么写，都是经典文章。这是老师几十年的心得。老师的会元文章，说不上心得，说不上经典，即便写对了，也不过是嚼人嚼过的馍。"

袁黄听得很专注，不管懂不懂，先记到心里，就像过去学医时背诵《汤头歌》和记忆全身的穴位一样，先记住再说。

唐顺之说："经典的难点、疑点，我先给你讲透彻。学习经典，你要学会一个技巧。老师只说自己做到的、体会到的，老师说到的其实就是老师此时的生命状态。比如老师给你讲'仁',你不仅要听老师怎么讲,还要端详老师的神态气质,观察老师怎么做,看老师怎么一举手、一抬脚,注意老师的一呼一吸,捕捉老师的每一个眼神。你看似在观察老师,其实是在观察仁,因为老师在讲仁的时候,不仅在用嘴讲,同时也在用生命讲。这是鲜活的有生命的仁。这样的仁有生命力,有感染力,有穿透力,有同化力。老师可能没有孔圣人的大能量,"——作为王阳明的再传弟子,唐顺之相信人人天生有良知,人人天生是做圣人的种子,但是心里可以这样想,在事上可以这样做,在世上却不可以轻易说出来——"但和颜渊、子贡一样的感染力还是有的。学海,你听得懂吗?"

袁黄说:"嗯,老师,我懂!学生和您在一起,感受到了。"

唐顺之说:"经典是从生命中来的,是通过生命传承的,从尧舜禹,到文王周公,再到孔子曾子,祖祖孙孙,代代相传,滋养着我们的生命。这是学问的传承,是文脉的传承,是精神的传承,是智慧的传承,是生命的传承,像黄河、长江一样,源远流长。老师的老师是源流,老师是中介,袁黄,你学会了经典,将来再传给你的学生、孩子,这样就会绵绵不绝。袁黄,学习经典,可不仅仅是为了考举人、中进士。这是我们孔孟子孙的使命担当!这是我们华夏民族的精神血脉!"

袁黄一直觉得老师很高大,老师就是圣贤,自己在老师面前很渺小,多数时候侍立听讲时,不敢挺直胸背,而是刻意弓着一点上身。他觉得在老师面前,这是弟子应有的谦恭。尽管老师多次提醒,袁黄也许是谦虚,一直做不到像院子里竹竿一样地挺拔。听到这里,他感受到了肩上的使命,心中油然升起了浩然正气,这股正气从下到上,拉直了他的身子,他的胸背挺拔起来了。他感受到了神圣、庄严、崇高和伟大,情不自禁地眼含热泪,哽咽道:"老师……"袁黄说不出话来。

唐顺之说:"四书五经都是纸面上的东西,是一堆文字,是死的。我们把它们学到身上,它们才重新有了生命,才重新迸发出智慧的力量。这种智慧,这种力量,可以说是老师传递给你的,也可以说是孔孟先贤传递给你的,也可以说是你自己内心自然生发出来的。记住,文字是死的,文献是活的。我们就是那个活着的文献!用四书五经点亮自己的生命,我们就是文献。只有文献才能为学生、为子孙点亮人生！袁黄，老师希望我们师生一生都要做这样的文献！"

自感庄严和高大起来的袁黄，觉得语言无法表达自己的心情，他抑制住激动，跪了下来，向老师，向四书五经，向孔孟，向尧舜禹，向天地，向世界，磕了三个头，作出了庄严的承诺。

袁黄每天晚上在灯下回顾和总结，力争准确记录下老师的讲学内容。他为自己的记录起名《荆川疑难题意》。

在回嘉兴的船上，袁黄把《荆川疑难题意》敬呈唐顺之，说："老师，学生愚笨，两个月时间，没能真正地理解和践行四书，但是学生已经立下志向，要用三年、五年、十年工夫，践行到、体会到四书的真义，首先照亮自己的内心和生命，做到老师说的文献，力争尽可能地照亮身边的人。这本小册子，就是我以后学习四书的指南。请老师审阅，以免学生记录中出现差错。"

唐顺之接过小册子，说："第一，立志可不容易，阳明老师的《示弟立志说》要与这本小册子一起，作为今后学习的指南；第二，修身养性是一生的功课，修身养性是为了齐家、治国、平天下，齐家、治国、平天下也是在修身养性；第三，立志，要仰望星空，践行，要脚踏实地。"

船到嘉兴，唐顺之把《荆川疑难题意》还给袁黄，上面多了不少涂抹和修改，封面上多了一句勉励的话："知行合一，志在圣贤。"

一回到嘉善，沈称就找上门来。袁黄拿出《荆川疑难题意》，说："表兄，这是荆川老师讲学的内容。"

沈称接过文稿，飞快地翻了一遍，然后随意选定一页，认真地看起来。看完一页，马上又看第二页，看着说："太好了，学海！我真后悔，没有和你一起拜师，真后悔没和你一起去。学海，"沈称看着袁黄，"你收获太大了！看你春风得意的样子，好像又娶了一房新媳妇。"

袁黄得意地笑着说："表兄，老师有涂改，我这两天要誊写一遍。"说着，伸手去要文稿。

沈称两手护住文稿，说："学海，我不等你誊写了，要先睹为快。"见袁黄有些舍不得，他说："记住，是谁把你领到嘉兴的！做人，不能忘本！"

第十一章　意外出版一本书

袁黄有了四书秘笈的消息很快传了出去。大姐的大儿子钱承恩秀才找舅舅要秘笈，师父钱昞的二儿子钱贤领着儿子钱湛如找表叔要秘笈，舅舅王宥代表儿子找外甥要秘笈，县学中的好朋友结伴组团找袁黄要秘笈。

袁黄很兴奋，他从来没感受到过自己这么重要。他很焦急，只有一本文稿，这可怎么办？

母亲也为袁黄着急——亲戚朋友不能得罪。袁黄躲在藏书楼着急时，随手拿起父亲的《一螺集》。《一螺集》的蓝色封面启发了他。焦急中的袁黄笑出了声。难怪钱昞师父说，蓝色代表智慧。这不是吗，一看到蓝色，袁黄就脑洞大开。

他联系以前的雕版师傅、印刷师傅，一打听，刊印秘笈需要五十两银子。小户人家的穷秀才，脸上的得意马上无影无踪。

这几天，袁黄像躲债似的，不敢窝在家里，也不敢去县学，没办法就在路上闲逛，自我安慰是在游学。在县前街，路旁的文魁书铺吸引住了袁黄的目光，他不由自主地走进书铺。铺主人马文魁是个老童生，秀才登门，他格外尊重。听了袁黄诉苦，马文魁心里一合计，眼珠转了两圈，说："袁秀才，我给你出个主意。杭州书店街有位马老板，他家编辑、雕版、印刷、批发一条龙。我这几天去进货时帮你问问。"

杭州马老板答应帮忙刊印，还很慷慨，答应免费给袁黄一百本书，算是稿酬。袁黄听到消息，只顾开心，顾不上多想，满口答应。

一百本《荆川疑难题意》，送给亲朋后还富裕了十本，把袁黄高兴坏了。一夜之间，县学里一百多个秀才几乎人手一册。有一次，沈称从嘉兴回来，高兴地说："学海，府学两百多位秀才，几乎人手一册《荆川疑难题意》！你立大功了！可惜，没有署上你的大名。否则的话，你成名人了！哎，对了，封面的题词变了，成了'知行合一，志在黄榜'。"

有一次路过文魁书铺，马文魁满脸堆笑，恭维着说："袁相公，你编的书在杭州大卖。马老板让捎话给你，再有书稿，他还帮你印，还是免费。"

袁黄心中乐开了花，走路有些飘。如果多一双翅膀，没准儿他真会飞起来。

第十二章
铁面无私薛宗师[1]

嘉靖三十年春，沈称、袁黄、钱承恩、袁衮、钱湛如，聚在半村居藏书楼学习。秀才钱承恩是袁黄大姐的儿子，童生钱湛如是钱晒的孙子。沈称消息灵通，他神秘兮兮地宣布："表弟、表侄儿、表孙儿，我宣布一个重大消息，与我们每个人都关系重大。"大家眼睛离开书本，一齐看向资深秀才沈称。"我们浙江新的提学官方山薛应旂[2]宗师已经从湖州到了嘉兴。薛宗师是带着圣旨来的，圣旨要求他整顿浙江学风。风向往哪里刮？袁黄，你聪明，你猜一猜。"

袁黄沉思了一下，一脸严肃地问："提学官喜欢哪个方向，风就往哪个方向刮？我们不知道这位提学官的喜好是什么。"

沈称说："我讲几个小故事，咱们分析一下。薛宗师中进士后被派到慈溪当知县，因为经常讲学，被知府批评，他干脆要求到府学当教授。放着七品知县不当，要当从九品府学教授，可见他多么喜欢讲学。朝廷改派他到江西九江府学当教授，因为学问好，他被邀请到白鹿洞书院给全省秀才讲学，还被邀请到福建当乡试主考官。后来高升到北京礼部，又被邀请到灵济宫讲学。"

袁黄说："喜欢讲学的人学问一定好，学问好的人自然喜欢好学上进的学生。"

沈称说："嗯，有道理！再讲一个故事。老先生是礼部欧阳尚书的弟

---

1 宗师：明代县学和府学生员对省提学官的尊称。
2 薛应旂（1500—1575）：江苏武进人，号方山，嘉靖十四年进士，明代八股文名家，经学家、史学家，著作丰富。

子，与绍兴龙溪王先生是同门，按辈分应该尊王龙溪一声师叔。虽然有这层关系，但在南京吏部考察南京官员时，他给王龙溪打了不及格，害得王龙溪被罢官。"

袁黄说："看来他是一个不讲情面的人。"

沈称说："何止不讲情面，简直是铁面无私。薛宗师在湖州和嘉兴，出题考秀才，把秀才们骂得狗血喷头。"钱承恩和袁衮等被吓了一跳。"荆川先生与薛宗师是同乡，荆川先生比他小七岁，发达前，曾经拜薛宗师为师。奇怪的是，荆川先生倒比薛宗师早两届考中进士。"听到这里，袁黄脸上掠过一丝得意。

沈称说："薛宗师进京赶考前，把自己的文章拿给荆川先生，荆川先生说，前段时间，南京上元的许谷请我看文章，据我判断，这一届会试，他第一，你第二。袁黄，你猜结果怎么着？荆川先生见识真是高明。你猜，咱们薛宗师怎么说？他说，本该自己是第一名，因为自己选修的是《诗经》，与主考官选修的不是一经。你看，这话说的！好了，袁黄，我们判断一下这位薛宗师的风向，把准了风向，童生可以当秀才，秀才可以在岁考[1]和科考[2]中取得好成绩。"

袁黄快言快语："第一，学问好；第二，不讲情面；第三，自信。"袁黄停顿一下，"咱们在自己家里说，我们认为薛宗师很自信，别人可能认为老先生是自负，甚至是固执。这样的宗师好，要求严，对每个人都很公平。"袁黄心里打定主意，求学求高明，拜师拜明师。

提学官一任三年，既要主持全省秀才的两次岁考和一次科考，又要主持和审定全省童子试的院考，中间还要参加乡试组织工作。浙江全省十一府七十五个县，每个府县都走到，不容易。

欢迎大会在县学明伦堂召开，县学教谕郭麟主持，陈道基知县发表了热情洋溢的欢迎辞。

最后，由提学官薛应旂讲话。

---

[1] 岁考：县学和府学每三年两次的考试，按成绩分六等。
[2] 科考：县学和府学每三年一次的考试，选拔参加乡试的考生。

"陈知县、郭教谕、吴训导、诸位生员，大家热烈欢迎本道[1]，是因为本道带来了圣上的恩典。嘉善县这三年新晋几个生员、几个优秀生员升级、几个优秀生员获得参加乡试的资格，这些都由本道代表圣上最终决定。"大家的眼神中充满了敬畏和巴结。

"本道还肩负着圣上的期望。浙江是科举大省，浙江学风不仅影响浙江士风，也影响全国士风。士风影响政风，也影响世风。一个人，做人好不好、做事好不好，都与学风有关。先说做人。"薛应旂突然提高的音量警醒着思想开小差的学生，"这段时间，本道巡察了衢州、严州、杭州、湖州、嘉兴等浙西府学、县学，在每个地方都遇到了非常恶劣的现象，有的生员不好好读书，不把心思用在读书作文上，一心想着投机钻营，想着逢迎巴结，想着请客送礼。来嘉善这三天，本道再次遇到这种市侩生员。"薛应旂目光严肃，扫视全场。

"学生呈递作文，请本道指点，这是你好学上进。作文里夹带银票，这性质就变了，人品也跟着变了。更恶劣的，直接拎着白花花的银子来！"薛应旂"啪"地一拍桌子，"你把本道看成什么人了！这是侮辱本道！对这样的生员，本道一概是，银子扔出门去，人轰出门去。"薛应旂从袖管里掏出一张纸，两手展开，"这是送银子的九个生员名单，不管你是廪膳生还是增广生，本年岁考一律列入第五等，留学察看，以观后效！这，还要感谢你们陈县尊求情。"

满堂秀才窃窃私语，左右张望，想看看是谁送了礼。知县、教谕两人满脸通红。不知道他们为啥脸红，是为自己也收了礼，还是为自己教育无方。

陈道基红着脸说："谢谢薛道尊对这些生员治病救人、网开一面。"

薛应旂说："本道郑重宣布：为保持公平公正，本道任职浙江学道期间，不接受本省生员的私下拜谒，不接受本省生员的拜师请求。"

袁黄脸红心跳，心里却充满了敬畏。昨晚，他和沈称拿着作文，登门拜师，被坚决拒绝。薛应旂告诉袁黄："孟子没见过孔子，却在内心里把

---

[1] 本道：省按察司内设提学道，由按察司正四品副使或正五品佥事出任，代表提学道时自称本道。

孔子当成老师，一生做孔子的私淑弟子、精神弟子、心灵弟子，甚至做了衣钵传人。"

薛应旂说："既然诸位生员都认本道为宗师，那本道就是全省生员的老师，你拜不拜，那是形式，实质比形式更重要。说了做人，再说做事。学生做事主要体现在作文上。下面结合浙西生员在学风上存在的问题，本道做今天的主题演讲'整顿学风，审明题意，下足功夫，做好文章'。"袁黄眼中只有老师的嘴，耳中只有老师的声音，心中只有老师的讲学。

薛应旂说："浙西学风存在这样四个共性问题：第一，不精研经文，不明白经义。不通经义，怎么审题？审题不明，没有方向，把作文的魂丢了。第二，只看朱子[1]传注，忽视诸儒注解，把作文的丰富性丢了。第三，不读经文，不读注疏，一味地背诵范文，拾人牙慧，人云亦云，陈词滥调，枯燥无味，面目可憎。第四，追求语言华丽，追求语句工整，注重形式，缺乏内涵，实质是用心功夫不够，沉潜功夫不够。郭教谕，咱们嘉善县学有没有这四种现象？"

郭麟怯怯地说："回禀薛道尊，有。请您老指点方略！"

薛应旂说："好！第一，生员学业，重在夯实基础，要把功夫下在研读经义上。经义中重要的不是知识，而是智慧。经义，是作文的灵魂。第二，朱子的传注要看，祖宗编辑的《性理大全》[2]也要看。第三，范文好比别人捕捞的满船鱼虾，你不结好自己的渔网，怎么捕捞自己的鱼虾？研究范文，是精通经义和完成知识储备以后的事。第四，文字功夫需要实打实地做，文字背后的功夫更需要实打实地做。"

秀才的眼神中出现了困惑。有的秀才手头有书，下意识地翻看书本，想看出文字背后到底有什么秘密。

薛应旂说："千万不要被文字拴住，智慧正好在文字背后。这个背后在哪里？这位生员，你说一说。"

前排被指定的秀才尴尬地摇摇头，羞得满脸通红。袁黄脸上露出会心的微笑——唐老师给他讲过。

---

[1] 朱熹（1130—1200）：南宋著名学者，理学集大成者，谥号"文"，后世尊为"朱文公""朱子"。
[2]《性理大全》：宋代儒家的性理学说汇编，是明代官方指定教材。

薛应旂说:"不知道这个背后在哪里,怎么下功夫?这个背后,在我们的心上。心上怎么下功夫?这个要靠各位生员自己悟。唐诗为什么写得好?都是从悟上来的,从心上来的。心上来的,这是先天智慧。想作好文章,一定要做几个月的心上功夫。等到心中豁然开朗时,写文章不用绞尽脑汁遣词造句,信手写来,就是好文章。最后,说一下本道眼中的好文章标准:认题准,语句雅,用词简,出意新。陈知县、郭教谕、吴训导、诸位生员,今天就到这里!"

第十三章
拜师会魁[1] 薛应旂

薛应旂在浙江三年任期结束，被罢官。他回到武进老家，一心读书，著书立说，并随时指点登门求教的学生。嘉靖三十二年，袁黄和沈称沿着大运河，一路坐船来到武进，登门拜师。

磕过头，两人一侧侍立。袁黄说："两年前，学生在嘉善聆听宗师德音，倾心仰慕，奈何尊卑悬殊，不敢奢望亲近。但是，学生一直铭记宗师教诲。宗师教导学生，一在经文上用功，一在文字背后用功。两年多来，学生不敢懈怠。这三篇习作是学生的学习心得，请宗师指点！"

薛应旂赞许地点下头，接过两人的作文，随手搁在桌上，说："'宗师'是过去的称呼，现在称呼'方山先生'吧。你们人站在我眼前，文如其人，看到你们，也就阅览了你们的作文。我做学生时，精心阅读过多位前辈会元、会魁、状元、榜眼、探花[2]的范文，三番五次精读，读的次数多了，作者的气质形象就浮现在脑海中。做官后，有机会见到这些前辈，果然人如其文。这两年你们是怎么用功的？"

袁黄说："回禀方山先生，聆听您的教诲后，我们制订了三年读书计划，组织了读书会，每月聚会四次。五六个同学聚在一起，分享读书、作文和践行心得，互相点评和规劝。读书会把阳明先生《教条示龙场诸生》中的'立志、勤学、改过、责善'八字箴言作为纲领，这样，就把读书、做人、作文、修心结合在一起了。"

---

[1] 会魁：会试中按五经分房评卷，每房第一名称"经魁"，五房第一名合称"会魁"。明代后期，最多分为十八房，第二名到第十八名都称"会魁"。
[2] 榜眼、探花：殿试第二名称"榜眼"，第三名称"探花"。

薛应旂问:"你们选修的是哪一经?"

袁黄说:"读书会同学选修的都是《书经》。我们把十六字心法约定为收心大法。"

薛应旂笑着问:"是怎么把十六字心法约定为收心大法的?"

袁黄说:"最初是沈子德建议的。"薛应旂看向沈称。

沈称说:"学生最初受舅母的启发。学生舅母天天把阿弥陀佛挂在嘴上,搁在心里。有一次,学生问舅父,舅母天天絮叨,他烦不烦。舅父说,这是舅母的心法,是用来收心的。从此,我受到启发,走路时,睡觉前,心乱时,就默诵十六字心法。"

薛应旂笑着说:"你舅父、舅母有学问。阳明先生说,十六字心法是心学的源头,是儒家道统[1]的源头。这几年,心学在浙江传播开来,正在传遍天下。今年,欧阳老师和阁老徐少湖[2]、大司马聂双江[3]、少冢宰程松溪[4],他们四位当盟主,在北京灵济宫定期举办良知讲会,学者云集。我曾从学于欧阳老师,受益匪浅。你们年轻,做人作文,都需要做收心功夫。心学正是一门收心学问。这门学问,仅仅看《传习录》[5]是远远不够的,需要老师指导。书是死的,人是活的。选择老师不慎重不行。阳明老师身后,心学一门分两派,一派以江西欧阳老师、邹守益老师为代表,一派以浙江王龙溪、南直隶[6]王心斋为代表。你们浙江,王龙溪四处讲学,影响最大。"

袁黄说:"老师师从欧阳老师,学生就师从方山老师。"

薛应旂说:"两派都是阳明先生的亲传弟子,没有谁对谁错,区别在于见识不同、方法不同。你们可能听说过,我在南京吏部考察官员时,给

---

1 道统:儒家传道的脉络和系统,最初由孟子提出,韩愈和朱熹发展了这一概念的内涵。
2 徐少湖(1503—1583):徐阶,号少湖,嘉靖二年进士,官至内阁首辅,王阳明再传弟子。内阁大学士雅称"阁老"。
3 大司马聂双江(1487—1563):聂豹,号双江,正德十二年进士,王阳明弟子。大司马,兵部尚书的雅称。
4 少冢宰程松溪(1497—1559):程文德,号松溪,嘉靖八年进士,王阳明弟子。少冢宰,吏部侍郎的雅称。
5《传习录》:王阳明师徒合著的言行录。
6 南直隶:明代南直隶,地域含今江苏、上海和安徽。

王龙溪评为'不称职',王龙溪因此被罢官。为此,唐荆川写信骂我,王门弟子疏远我。这是误解了我的苦心。我是在纠正学风。说得好、做不到,和骗子有什么差别!做不到,好好努力就行了,却不看对象,不分场合,四处大肆宣讲,言行不一,这是自误误人。这事过去十年了,我相信,王龙溪总有明白的一天。"

沈称惋惜地说:"老师,学生听说,因为考察官员,您不愿意徇私舞弊被贬官。这次,听说还是因为陈年旧事,被……学生想请教,《诗经》中说的'明哲保身'怎么理解,怎么践行?"

薛应旂说:"如果以此命题作文,审题时要把握两个字眼,第一个是'明'字,这个'明'是《中庸》中那个'明',是身心至诚[1]时的状态,是我心光明的'明'。这个'明',明白一切做人做事的道理。第二个是'身'字,这个'身'不仅指血肉之'身',也指精神之'身'、道德之'身'、良知之'身'。既然明白了做人做事的道理,该活着时就好好活着,该死时就勇敢地去死,这是杀身成仁,这是明哲保身。我坚持原则,虽然被贬官、被罢官,却做到了明哲保身,保住了我的道德之身。做文章容易,做人难,难就难在知行合一。"

沈称说:"谢谢老师指教!"

薛应旂说:"我侧重于作文,王龙溪侧重于讲学,你们作文现在可以求教于我,学心学要就近求教于王龙溪。记住,求教王龙溪,是将来,不是现在。现在,你们不到火候。"

晚上,薛应旂安排酒席,席上摆设荤素四菜:稻香鸭、太湖银鱼、萝卜干、糯米藕。薛应旂说:"这是武进特色菜。特色是怎么来的?是一代一代传承下来的。特色是它的显著特点,共性才是它的根基。共性是什么?色香味和营养。做人作文的根基是什么?是心。心是一身之主,心能安稳住,就做事有章程,作文有章法。作文有什么章法,学海?"

袁黄起身离席,说:"回禀老师:审题明白,立意准确,言之有物,文字工整,结构适当,条理清晰,首尾照应。"

---

[1] 至诚:诚到极致,诚遍身心,诚彻天地。

薛应旂说:"坐下坐下,不必拘礼。这是好文章的共性。审题明白,明白什么?明白圣贤说话的用意。审题不明,立意不准,下笔千言,可就离题万里了。"袁黄听得专注,把酒杯举在空中。

薛应旂笑着说:"今晚的题目是品酒,学海,你这是举杯空中,离嘴半尺。离题了!你们喝酒!"两人喝了一杯酒,继续听讲。

"品酒,品什么?酒是载体,承载的是老师的情和老师的心。承载老师什么样的情和心,学海?"

袁黄说:"承载老师提携后进的情,承载老师传承圣贤精神的心。"

薛应旂得意地笑着说:"孺子可教!今夜老夫聊发少年狂,哈哈哈!子德、学海,喝酒!"三人碰杯喝酒后,薛应旂自酌自饮,又连喝三杯。

薛应旂带着酒气说:"道统讲究传承,讲究师承。孔子传给曾子,曾子传给子思,子思传给孟子。圣贤文章也讲究师承。我秀才当了十八年,就是跨不过乡试这道门槛,我百思不得其解。最终迈过乡试门槛,得感谢萧山来斐泉[1]。斐泉恩师比我小两岁,比我早两届。斐泉浙江乡试第二名,会试第二名。嘉靖十二年,我拜访斐泉恩师,恩师说,你文章写得好,却不是科举好文章。我听糊涂了。他说,科举文章自有规矩。他给我一本书稿,是董中峰[2]老师批注的历届会试范文[3]。董中峰老师是来斐泉恩师的老师。他说,遵照这里的规矩,一定过关。果然,嘉靖十四年,我会试第二名。这就是师承。"

袁黄、沈称听得眼里放光。

薛应旂说:"好文章的语言共性是,文字要真不要假,要实不要虚,要雅不要俗,要清不要浊,要流畅不要局促,要显明不要晦涩,要准确不要模糊,要高洁不要卑劣,要清新不要陈腐。要把握一个度,实不能拖泥带水,雅不能不加修饰,清不能寡淡无味,流畅不能信口开河,显明不能

---

[1] 来斐泉(1502—1536):来汝贤,号斐泉,浙江萧山人,嘉靖十一年进士。
[2] 董中峰(1483—1546):董玘,号中峰,浙江绍兴人,弘治十八年进士,会试第一,殿试第二。
[3] 会试范文:史称"程文"。在科举考试中,主考官出题后自己写出范文,类似于现在的标准答案。本书把《乡试录》《进士录》中收录的考生优秀作文也叫"范文"。

浅显无奇，准确还要洒脱，高洁还要平和，清新还要有据，不可胡编乱造。这是写文章的光明大道。共性，是历代前贤传承下来的。正如孔门十大弟子，一个老师教出来的，却各有特色。所谓特色，就是某一个或几个方面特别突出。你们薛方山老师的特色是每篇文章都没有一个闲字！"

袁黄和沈称听得入迷，把酒举在空中，又忘记送到嘴边。

薛应旂捋着胡须，朗声笑着说："文章，讲究传承，讲究心法，先有共性，后有特色。没有师承，抓不住要领；没有心法，缺少灵魂；没有共性，成了空中楼阁；没有特色，千人一面。好，喝酒！品酒！"

袁黄和沈称住了三天，辞行时，薛应旂嘱咐道："学海、子德，老僧常说家常话，还是那句话，好好用功，在经典上，在心上。再下一年苦功，文章必有大进。明后年，水到渠成，自有好消息。"

第十四章
嘉善筑城做贡献

嘉靖三十二年，倭寇头子汪直、徐海纠集两万多强盗，突破南直隶、浙江上千里海防，在崇明、松江[1]、苏州、湖州、嘉兴、杭州、绍兴、宁波、台州、温州、处州[2]各地四处烧杀抢掠。嘉善境内的交通枢纽西塘镇被倭寇盘踞。西塘镇距离县城魏塘镇二十二里。魏塘镇只有东西城门，却没有用来防御的城墙，县城形势危急。

朝廷诏令嘉兴府同时修筑嘉善、崇德[3]、桐乡三座县城。嘉兴府通判邓迁督造嘉善县城，他把筑城指挥部安排在嘉善宾馆。第一次筹备会议，到会的有新任知县邓植和县学教谕曾绰。

邓迁，福建闽县人，嘉靖七年举人。邓植，南直隶金坛人，嘉靖十六年举人。曾绰，广东番禺人，贡生出身。邓迁年逾花甲，邓植和曾绰都五十多岁。

邓迁说："大敌当前，县城建筑城墙，刻不容缓。规划、预算、筹款筹粮、招募工人，需要人手。以本官看，人手来源有两处，一处是邓知县的六房书吏，一处是曾教谕的县学。"

邓植说："下官谨遵邓通判安排！"

曾绰说："卑职听从老县尊安排。"教谕没品没级，没有自称下官的资格。

邓迁说："本官和邓知县、曾教谕都不是本地人，我们不熟悉嘉善地

---

1 松江：明代有南直隶松江府，治所在今上海市松江区。
2 处州：明代有浙江省处州府，治所在今丽水市。
3 崇德：明代有嘉兴府崇德县，治所在今崇福镇。

理高低和河流走势，人物风情也不了解。本官翻看嘉善县志，宣德五年嘉善设县，县城选址时，召请地方有见识的父老，父老一致推荐袁杞山。这位袁杞山年老多病，派自己的儿子袁颢协助选址。官府本来选定地处嘉善县中心位置的西塘镇，袁颢说西塘水势不正，土质轻浮，建议选在魏塘镇。经过勘察和称重，魏塘的河流水势比西塘正，土质比西塘重。说起来令人难以置信，袁颢当年不过是一个十六岁的少年。地理水利知识讲究传承，听说袁家后代中有一个叫袁黄的秀才在县学。邓知县、曾教谕，你们县学要挑选一些好用的人手！"

邓植问："曾教谕，县学里课程忙不忙？"

曾绰说："回禀老县尊、邓通守[1]，这两年倭寇猖獗，提学阮道台[2]布置了新课程，现在生员每天习练弓箭和刀枪，卑职和两位训导搜集了当代剿匪的名臣奏议。这个袁黄好学上进，去年岁考，成绩被列为二等，本该升为廪膳生，可惜没有空缺名额。"

邓迁说："邓知县、曾教谕，廪膳生没有空缺，说明贵县向朝廷贡献的人才少，要好好努力。回去把袁黄叫来，再选派十几个生员来。"

邓植说："曾教谕，马上落实邓通判的指示。"

邓迁说："倭寇虎视眈眈，不会等我们建好城墙再来进犯，我们建筑城墙时，一定要做好军事防范。我介绍一下府里掌握的军事情报。巡抚王都宪[3]提督浙江全省和福建四府军务，这次筑城就是奉王都宪的宪令。总督大臣、兵部侍郎张军门[4]总督山东、江北、江南、浙江、福建、湖广军务，专职备倭。张军门征调了两广狼兵[5]和湖广土兵[6]前来杭嘉湖地区围剿倭寇。

---

1 通守：对"通判"的高称和雅称。
2 阮道台：浙江提学副使阮鹗（1509—1567），安徽枞阳人，嘉靖二十三年进士，抗倭英雄，欧阳德弟子。
3 王都宪：王忬（1507—1560），江苏太仓人，嘉靖二十年进士，被严嵩父子陷害致死。"都宪"是对巡抚的雅称。
4 张军门：前文提到的蔡经，穷困之时受恩于妻家，冒用妻家的蔡姓，抗倭功臣，被严嵩和干儿子赵文华迫害致死。军门是对加提督军务衔的巡抚的雅称。
5 狼兵：称两广瑶族和壮族民兵。
6 土兵：称湘西苗族民兵。

省按察司派来兵备佥事[1]罗拱辰驻扎府城。邓知县，筑城和战备要同时进行，嘉善兵备如何？"

邓植说："县里三百民壮，正由县丞[2]率领，在东门外演武场每天加紧训练。魏塘巡检司[3]三十个弓兵，日夜两班，随时在城外巡逻。遵照府衙安排，全县二百零七里[4]，每里选送五人，组建剿倭民兵，正在办理中。"

邓迁说："邓知县、曾教谕，同心协力，办好职事，服务朝廷，这是做臣子的本分。本官告诉你们一个好消息：抗倭英雄罗拱辰和你我一样，也是举人出身。"邓迁看看邓植，又看向曾绰，"和曾教谕一样，也做过教谕。罗佥事有本事，做得好，从教谕升到处州府松阳知县，在松阳抗倭立功，被朝廷从七品知县直接提拔为正五品佥事。过去，教谕没品没级，觉得矮人一截；举人出身，在进士面前自觉气短。哈哈，本官老了，罗佥事为你们作出了榜样。"

县学生员袁黄、沈称、李自华、丁寅被选为城墙选址勘察组成员，跟随邓迁、邓植以及县衙工房、兵房书吏等人，沿着魏塘镇周边考察，选定城墙的走向和地基。这四个生员是一个读书会的成员，学习成绩优秀，丁寅十九岁，李自华十七岁。袁黄有祖传的地理水利学问，又有孔道人传授的绝学，他是勘察组的首席地理师。

勘察组一群人站在卖鱼桥头，听从嘉兴府通判邓迁的动员："邓知县、诸位生员，修筑城墙是当务之急，不能拖延。勘察选定地基又是急务中的急务，选定了地基，才好进行下一步。依本官之见，既然已经有了东城门和西城门，既然诸位生员说这座卖鱼桥是县城的中心，那么现在的任务就是选定北城门和南城门的地址，四个城门一定，城墙的范围和走向也就能框定下来。目前，倭寇盘踞在北面的西塘镇，北方的防御最为吃紧，我们先把北城门地址定下来。今天，让袁黄他们做向导、做地理师，勘察地

---

[1] 佥事：省按察司正五品官，驻扎外地，分管两到三个府。分管司法的称"分巡道"，分管军事的称"兵备道"。
[2] 县丞：负责粮马征收和地方治安的县衙辅助官员，正八品。
[3] 巡检司：驻扎在交通要道的军事组织，从九品巡检由兵部下派，人员和费用由地方承担。兵种分弓兵和打手。
[4] 里：农村基层传统行政组织，每一百一十户为一里，里长按年轮流任职。

势，察看水利，根据民情，结合历史，拿出建议。出发！"

袁黄的表兄沈科是进士，表侄儿钱贞是举人，又有两位磕过头的进士老师，自己还出过书，文章也写得不错，在县学里是个风头人物，这一切给了他自信。他自信地走在邓迁、邓植的右前侧，半侧着身子，陪着两位长官。工房书吏和兵房书吏嘴里喊着"一步、两步、三步……"快步走在大家的前面，丈量着距离。

大家沿着伍子塘路，一路向北。两个书吏停在慈云寺的南边。邓迁、邓植也停了下来。

邓迁问道："诸位，北城门选在这里，是否合适？"

邓植说："城门往北多一步，城墙就要长两步，用钱用工就要多两份。"

邓迁问道："要把慈云寺留在城外？"

邓植说："一群和尚不种田、不织布、不纳粮、不交税、不忠朝廷、不孝父母，天天求佛菩萨保佑，那就让佛菩萨保佑他们吧！"

邓迁沉吟了一下，问道："袁黄，你们几个秀才怎么看？"

邓知县定了调，秀才该怎么说话呢？袁黄沉思了一下，看了看邓植，说道："回禀通守老大人，老县尊为节用爱民考虑，大爱之心，令学生敬佩！学生介绍一下慈云寺的历史和现状。慈云寺建于三国时代，曹丞相当年在这里驻过兵。现在，因为每月初一、十五的庙会带动，这一带成了繁华的商业区。眼下，县里正在征召民兵，听说每里选送五人，县城一下子增加一千零三十五人的吃住。这段时间我们经常去演武场射箭，那里一定住不下，这里正好可以屯兵。正德五年，修建东门和西门时，把商业区遗留在了门外。商业区一旦毁坏，商税就失去了很大一部分来源。老县尊！通守老大人！"

邓迁看着邓植："邓知县的意思呢？"

邓植说："下官的意思，恨不得把全县都圈进城墙内。无奈，嘉善县小，钱少粮少。邓通判，老本家，嘉兴府七个县，这些年一遇灾荒，他们六个县就向嘉善借粮，前年桐乡和海盐借，去年平湖和崇德借，今年嘉兴和秀水借，年年借，都是有借无还，累积起来近四万石。借粮时，府里下文很积极。本县三番五次，申请清查补偿，府里总是推三阻四。现在正是用钱用粮之时，邓通判，下官担心您作难，筑城，您是负总责的。袁黄这个年轻人有见识，说得有道理。本官同意把慈云寺圈在城内。"

邓迁笑着说："比较来说，嘉善富裕一些，做的贡献也大。贵县多次申报清查补偿，现在正是用粮之时，贵县回去马上呈文上来，本官一定为贵县向刘知府争取。城区也不是越大越好，袁黄，北门就选在慈云寺以北，看看哪里合适？"

袁黄说："慈云寺后面有条河，正好可以做护城河。河北是刑场，圈在城外，等于把杀气堵在了城外。"

伍子塘河道只能留作水门，陆路城门要避开伍子塘。大家来到伍子塘西岸，在慈云寺东北停下脚步。几个人议论纷纷，最后由邓迁一锤定音，确定了北门的地址，再由工房书吏用脚步丈量出界线，做出白色标志。

大家跑了一天，根据地势确定了两座城门地址，根据河塘水势选定了五座水门地址，根据水利规划了四周护城濠的循环流向。几个秀才七嘴八舌，商量城门的命名，最后由邓植一言九鼎，定下几座城门的名字。

筹划筑城的消息传到倭寇耳中。嘉靖三十三年五月，三百倭寇侵入魏塘镇，焚烧了四百艘军粮船，烧毁贡粮三万五千石，烧毁了县衙和巡检司衙门。百户[1]赖恩率领的福建援兵进驻嘉善。兵备佥事罗拱辰驻防嘉善，统一指挥。

六月、七月、十月、十一月，倭寇多次侵入嘉善。

十一月，嘉善县城城墙终于动工修筑。嘉靖三十四年四月，城墙修筑完工。在安装护城濠吊桥和城门时，四千倭寇侵入嘉善。五月，县城被倭寇烧毁。

---

1 百户：军官官衔，管辖百户所，一所一百二十人。

第十五章

袁秀才好事成双

嘉靖三十四年是乡试年份，嘉善县学参加乡试的生员名单确定了。县学的考试很多，月有月考，季有季考，还有三年两次的岁考和三年一次的科考。学生最看重岁考和科考。岁考成绩决定着能否从附学生升级到增广生、从增广生升级到廪膳生。两次岁考的成绩决定着能否参加科考。科考是参加乡试的资格考试。

倭乱严重，防守杭州湾两岸的金山卫[1]、海宁卫[2]、观海卫[3]、临山卫[4]形同虚设，丝毫阻挡不住从海上老巢入侵大陆的倭寇。倭寇在南直隶苏州府、松江府和浙江省嘉兴府、湖州府，以及浙江全境横冲直撞，呼啸而来，满载而去。

嘉靖三十三年十一月，倭寇从华亭县[5]柘林入侵湖州，路过嘉善，知县邓植再次望风而逃，被巡按御史胡宗宪[6]问罪。

十二月，倭寇回程洗劫嘉善县城，百户赖恩奋勇杀敌，壮烈牺牲。备倭佥事罗拱辰抗倭无功，被罚一个月俸禄。倭寇侵掠崇德和平湖两县县城，围攻嘉兴府城和杭州省城。

---

1 金山卫：位于南直隶松江府金山（今上海金山）的军事驻防单位。金山卫及以下三卫均属于海防军事单位。
2 海宁卫：位于浙江海盐。
3 观海卫：位于浙江慈溪。
4 临山卫：位于浙江余姚。
5 华亭县：松江府华亭县，今属上海。
6 胡宗宪（1512—1565）：安徽绩溪人，嘉靖十七年进士，剿灭了倭寇头子徐海、陈东，诱降了最大倭寇头子汪直，官至兵部尚书。

嘉靖三十四年三四月间，备倭总督大臣张经和浙江巡抚李天宠[1]部署湘西土兵和两广狼兵联合作战，在嘉兴王江泾取得歼敌一千九百九十八人的辉煌战绩。这一战落水淹死的倭寇不计其数。这是当年抗倭战争的第一次大胜仗。倭寇的嚣张气焰暂时被压制下去。

浙江提学阮鹗及时举办了全省科考。过去，提学官要亲临各府，召集各县选送的生员，在府城统一考试。今年，阮鹗统一出题，制定考试要点和评分标准，恩准各府自行组织考试。

六月，嘉善县学对这次科考进行总结和表彰。

新任知县王察言到会。王知县是山西人，嘉靖二十八年举人，嘉靖三十二年进士。他总结道："今年科考，嘉善县学取得了好成绩。浙省每科乡试录取九十名举人，按二十五取一分配，每科有资格参加乡试的考生一共两千二百五十人。全省十一所府学、一所州学、七十五所县学，每所学校大约分配二十五个考生名额。今年提学道给我们嘉善县学二十八个考生名额。这是对我们嘉善生员的奖励，奖励我们嘉善生员的忠孝。"

明伦堂在座的一百多生员议论纷纷，他们隐约知道今年科考的情况，真正的内幕还需要官方公布。教谕曾绰厉声喝道："肃静！肃静！听王县尊训示！"

王察言说："生员十年寒窗，读书学习，读什么，学什么？读四书五经，学忠君孝亲。忠君孝亲，不能仅仅落实在写文章上，要落实在行动中，要学而时习之，要知行合一。当前最能忠君孝亲的行动是什么？是剿灭倭寇，保境安民，保卫我们的爹娘，保卫我们家乡千千万万的父老乡亲。提学道阮道台为大家作出了榜样，阮道台提学顺天府[2]时，在涿州率领生员登上城墙，协助军民，防备倭寇。今年省城杭州被倭寇围攻，阮道台再次率领生员，登上城头，协助守城。"前任知县邓植、崇德知县蔡本端、嘉兴知府刘悫因抗倭不力被问罪，蔡本端是王察言的进士同年，知县位置还没坐够一年，就被发配到边境充军。王察言压力山大，他看了一眼

---

1 李天宠（？—1555）：河南孟津人，嘉靖十七年进士，抗倭英雄，被严嵩及其干儿子赵文华陷害致死。

2 顺天府：北直隶的首府，治所在今北京。

曾绰，说："我们嘉善县学一百九十个生员，应该是抗倭战争的生力军。生员立功，有重赏。苏州府吴江一个生员，率领家族青壮男人，斩杀倭寇十一人，被保送国子监。前线杀敌是立功，后方支援抗倭也是立功。朝廷有政策，生员捐钱、捐粮支援抗倭，可以保送国子监，可以加分。今年，嘉善县学，有支援修筑城墙的生员，有捐钱、捐粮的生员。今年科考中，提学道有加分，根据贡献大小，今科嘉善县学有五个生员从附学生升为增广生，有一个生员直接保送国子监。诸位生员，锦绣文章，杭州贡院考场上可以写，嘉善抗倭前线也可以写。曾教谕，宣布本科获得参加乡试资格生员的名单！"

袁黄支棱着耳朵，两眼紧盯住曾绰的嘴巴。恍惚之间，他仿佛看见一只黑白相间的花喜鹊站在曾绰肩膀上，"叽叽喳喳"地欢叫。一愣怔，他听到"袁黄"两个字。这两个字清晰锐利，入耳入心，穿透到他生命的深处。袁黄一激灵，意识到这是自己的名字——他获得了参加嘉靖三十四年乡试的资格。

这是生员的大喜事，不仅是荣誉，更是实惠。去杭州的盘缠，县里出；考中举人，省里有庆祝宴会，如果愿意，就可以做官了，从九品官的乌纱帽可以直接戴到头上。

同学们鼓噪着让了凡请客。简单的酒席安排在县学附近的文魁酒馆，参加的有沈称、丁寅、李自华、钱承恩、袁衮等。沈称年长，对袁黄帮助多，被尊为首席。开席前，沈称说："一分辛苦，一分收获。这几年，表弟的成长，我都看在眼里。任何人取得成绩都不容易。我们这次小聚，主题是庆祝表弟获得参加乡试资格。来，第一杯，让我们共同举杯，祝贺袁黄！"大家说着"祝贺"，一饮而尽。沈称说："庆祝只是庆祝过去，在座的都是学弟，我们更应该往前看。怎么往前看，总结好过去才好往前看。我提一个建议，各位学弟互相交流启发，总结出能够取得成绩的经验，检讨出阻碍进步的教训。我带个头，总结袁黄进步的一个经验。大家知道，生员可以住校，也可以不住校。家离县学十里以内，一个月赶在初一和十五去学校两次，交交作业，就算交差。家在十里以外，一个月去学校一次也不算坏学生。袁黄几乎天天住在学校，每七天回家一次。俗话说，少年夫妻你恩我爱，如胶似漆。不少年轻人被红颜娇妻的裤腰带拴在床头上，荒废了学业。"沈称自己脸上有些红，"袁黄天天像棵树一样长在学校，这不是每个年轻人都能做到的。就凭这一点，表弟，表兄敬佩你！来，第二杯，再次祝贺袁黄。"大家一饮而尽。沈称摇摇头，苦笑一声，说："我，整天被老婆孩子拴在家里，惭愧，我自罚一杯。"沈称一杯酒下肚，说："'横看成岭侧成峰，远近高低各不同。不识庐山真面目，只缘身在此山中。'在袁黄自己介绍经验之前，让袁衮先说说，旁观者清。"

童生袁衮在四个秀才面前有些怯场，他搔搔头，斟酌词句后说："家兄七天回家一次，晚上还坚持和我一起读书学习。每次都是家慈[1]看不过去，把他撵回嫂子的房里去。这一点，最让愚弟佩服，各位学兄！"

沈称说："这一点更让愚兄佩服。有舍必有得。来，为这份敬佩，我们敬袁黄一杯。"大家喝过酒，沈称说："三杯酒一过，我们请主角登场。表弟，要说经验，还是你自己体会最深。下面请袁黄给大家说一说。"

袁黄开心地笑着说："也说不上经验，这既不是中举，也不是中进士，只是取得个乡试资格。要说心得体会，有这么两点，一是明师指路，二是勤学多练。"丁寅、李自华、钱承恩眼巴巴地等着他指路呢，袁黄却伸出筷子，夹起一块儿鱼，放在嘴里嚼起来。

丁寅身材瘦削得像根豆芽，身上的襕衫几乎要把他压垮。他是乡下大财主家的儿子，一举一动，谨小慎微，生怕惊吓了别人。他听课一贯认真，刚听个题目，正急着听下文呢。袁黄的嘴被鱼占着，把丁寅急得直吧嗒嘴，恨不得替袁黄嚼两口，赶紧咽下去。

沈称说："大家吃菜，吃菜！袁黄的经验，是压轴戏，最后说也不耽误。丁寅学弟，你可是有学习经验的。嘉靖三十一年童子试，你是陈县尊亲点的案首，如果不是廪膳生缺名额，你直接就是廪膳生了。学校现在廪膳生二十名，增广生二十名，附学生一百五十名，乡试过后，一定会空出廪膳生名额。学校有论资排辈的传统。这次科考，你没有被排在前面，不是成绩不好，而是你资格浅。你介绍介绍自己的经验！"

---

[1] 家慈：雅称自己母亲。

在资深秀才面前，乡下来的丁寅像学生一样，怯怯地说："启禀学长，丁寅不敏，需要向学长您，向袁学兄、李学兄学习之处还多着呢。在这里，丁寅可不敢卖弄自己的浅薄。"丁寅语言柔和，说得慢条斯理。

李自华说："丁学兄，嘉靖三十一年，你被陈县尊点为案首，免去了府试和省考的折腾。当时有传闻说，案首丁寅之所以能成案首，一是聪明，二是勤奋。怎么勤奋呢？听说你每晚睡觉，床下放一只老公鸡，公鸡一打鸣，你就起床读书学习。今天，正好请你亲口证实一下，这个传闻是真是假。"

丁寅红着脸说："在各位学长面前，我不敢隐瞒，传闻是真的。这说不上勤奋，原因是愚弟贪睡。"

"我们为丁寅闻鸡读书干一杯！"袁黄说，"丁寅，表兄说得对，我们先预订下来，乡试过后，你要为升级为廪膳生请客。地方还是这个地方。"

乡试在杭州贡院举办。去杭州时，沈称和袁黄踌躇满志、意气风发，回嘉善时，两人垂头丧气、情绪低落。

回到嘉善，好消息冲淡了袁黄的悲伤，他成了廪膳生。

第十六章
愧对娇妻出新书

乡试三场考试结束，袁黄很自信。他等着参加省里为新举人组织的鹿鸣宴[1]。在等待的日子里，他和朋友结伴游览杭州的人文名胜。交际和游览，花光了盘缠。来杭州参加乡试，衙门发放了盘缠，母亲给了十两银子，妻子拿出了自己的私房钱五两银子。

银子花光了却名落孙山，他心里很懊恼。二哥袁襄教私塾，一年才挣十两银子；妻子纺线，一年才挣十五两银子。自己上学五年来，只花钱不挣钱，没给母亲和妻子买过一件新衣裳。

妻子盼望的是夫贵妻荣，母亲等候的是光耀门庭。去杭州的前夜，他对妻子吹嘘说："嘉善有相公，姓名叫袁黄，胸中有锦绣，写得好文章。此次去杭州，必定一路圆满，马到成功，旗开得胜，文到名来。你袁高氏，秀才娘子，未来的举人娘子，就静候喜报吧！"当时他心潮澎湃，抱起小娇妻，连续旋转了几圈，在兴奋中把妻子抛到了床上。

落榜秀才如何面对小娇娘？他一个二十二岁的大男人，本来可以顶天立地，现在却连自己的背也挺拔不起来。

晚上，妻子在床头劝解道："相公，功名有早有晚，姜太公肚子里有学问，八十岁遇到周文王，照样安邦定国。"这句话一下子点燃了袁黄心中的虚火，他连着几声"呸呸呸"。小娘子吓了一大跳，急着问："咋了，相公？咋了，相公？"袁黄斥责道："你真是乌鸦嘴！我能不能活到八十岁都难说！照你这样说，我这辈子不就完了吗？唉！唉！唉！"坐在床帮

---

[1] 鹿鸣宴：乡试揭榜次日，政府为新举人组织的庆祝宴会。鹿鸣，典出《诗经·小雅·鹿鸣》。

上的袁黄像泄了气的皮球，瘫软着仰躺下去。

妻子道歉道："你看我这张嘴，说得太远了。咱说近的，二姑家沈科表兄，三十二岁中举，三十五岁中进士。相公不用急，你肚子里有学问，就像地里播了种、田里插了秧一样，早晚会发芽结穗的。"娘子用手抚摸着自己的肚子，扭身看向袁黄，"功名急不得！传宗接代，相公，等不得。趁我年轻，带孩子有气力。要是一连生养三五个男儿女儿，趁咱娘年岁不大，也好帮着带一带。"娘子说着俯下身子，贴上袁黄。娘子一则真想要孩子，二则也想用身子安慰自家男人。

袁黄知书达理，遵奉礼尚往来，过去每当这时候，他下身很机敏，会马上立正敬礼。现在，他心里有愧，愧对小娘子的温存。他相信孔道人，孔道人算定他一辈子不会生养儿女，是个绝户头儿。他和母亲一直严守着这个秘密。娘子等着他播种、插秧，却不知道他的种子不会发芽，更不会结果。

五年来，他荒废了自家娘子的肚子。袁黄心里烦躁，没心没力，反转身子，把背留给娘子。他愧疚了一晚上，烦躁了一晚上，心里盘算，如何才对得起自家娘子，如何才能回报自家娘子。

丁寅成了廪膳生，他在文魁酒馆请同学们吃饭庆祝。沈称第四次落榜，心情不好，缺席。丁寅把袁黄推到主座。

丁寅说："今年嘉善县学大丰收，一届出了三个举人，有项珂、卞锡和毛汝贤三位前辈，另外还出了一个贡生朱愚前辈。上一届乡试，也是三个举人，除了薛杲前辈是从南京国子监考取的，薛焕和叶朝阳两位前辈都是从咱们县学考走的。前年，陈子情前辈被贡入国子监。感谢这七位前辈，他们进步，给我们留出了廪膳生的空缺，袁黄兄和我才得以递补为廪膳生。今天我做东，庆祝袁黄兄和我成为廪膳生。这只是一个名分。古代圣贤读书修学，不为养家糊口考虑，我们作为圣人的学生，为了廪膳生每月六斗[1]口粮，就喝酒庆祝，那就……"

丁寅说话慢腾腾的，钱承恩听着着急。钱承恩曾祖父钱春进士出身，

---

[1] 六斗：府学和县学中的廪膳生每月享有政府供应的口粮六斗。斗，古代计量容器，十斗等于一石。

当过监察御史，爷爷钱光当过经历，父亲钱南士是县主簿，家世比丁寅好。他不客气，抢话说："四舅，我替丁学兄说吧。这次丁学兄做东，一是庆祝丁学兄和四舅成为廪膳生，二是请四舅介绍这次乡试情况。四舅，听我娘说，朱贡生还是咱家亲戚呢。"

外甥比舅舅岁数大，入学早。袁黄看一眼外甥，虽然不满他打断丁寅，但也不好批评他。袁黄说："丁寅[1]家良田千亩，他读书当然不是为了廪膳生每月六斗口粮。朱贡生是我舅爷，舅爷家良田千亩，他读书当然也不是为了廪膳生每月六斗口粮。"老秀才朱愚响应衙门号召，为抗倭战争捐了两百石粮食，获得贡生资格。袁黄轻轻叹口气，说："廪膳生这每月六斗口粮，足以让我们兄弟不再靠家里养活了。"他看一眼袁衮，再看丁寅，"丁寅做东庆祝，我心怀感激。成为廪膳生，这是对我们学习成绩的肯定，是一种荣誉。来，第一杯，祝贺丁寅荣升廪膳生！"

丁寅说："第二杯，我们祝贺袁黄兄成为廪膳生！第三杯，我们为袁黄兄这次杭州之行，来回奔波，考场辛苦，接风洗尘。"

连喝两杯后，丁寅说："袁黄兄，你到杭州参加乡试，见过大世面，给我们介绍一些经验和见闻，让我们长长见识。"

袁黄叹口气，说："出师未捷，除了惭愧，真没有经验可以介绍啊。《乡试录》[2]很快就会出来，学习经验、了解情况，最好看《乡试录》。过几天，学校组织举行三个新举人的报告会，我们等着听报告吧。"

李自华说："杭州是首府，乡试上高手云集。学兄游了杭州，见了高人，给我们讲讲见闻和感悟吧，让我们受受启发。"

袁黄说："感悟有三点：一是天外有天，人外有人；二是科举成功，既需要真水平，也需要真运气；三是不能好高骛远，还得脚踏实地。"

丁寅说："袁黄兄，我敬你一杯酒，你说具体些。"

---

[1] 丁寅：明代称呼别人，表示平等和亲近时称呼字，表示尊重时称呼号，除了官方正式场合，不直接称呼对方的名。读书人自己可以称呼自己的名。本书为了适应现代习俗，年轻读书人之间，互相称名。

[2] 乡试录：每届乡试结束后的资料汇编，收录有考题、主考官考前写的范文、考生优秀作文、新科举子名单、参与官员名录，由主考官作序、政府组织出版。

袁黄说："我去了天真山仰止祠。"袁黄接过丁寅递过来的酒杯。钱承恩急着问："四舅，是仰止哪位圣贤的？"

袁黄说："祭祀阳明王先生。由巡按浙江监察御史胡公和提学浙江的阮公主持修建。仰止祠，说是祠堂，实际上是一座书院。要论高人，咱们浙江阳明先生真是第一流人物，真圣贤！"

大家眼中露出敬仰的神色。

袁黄说："你们想想，仰止祠与乡试有什么关系？"

钱承恩说："它们都在杭州。"

袁黄说："嗯！胡公和阮公，是礼部前尚书欧阳的弟子。改建仰止祠，是欧阳尚书生前安排的。欧阳尚书是阳明先生的高等弟子。去年和前年，欧阳尚书定期在北京灵济宫组织良知讲会。你们知道，前后参加报告会的有多少人吗？有说一千人的，有说五千人的。这次的乡试主考官由监察御史胡公聘请，他也是欧阳尚书的弟子。各地考生交流时，大家都说，现在上面出题，逐渐向心学靠近。向心学靠近，远离了谁呢？来，我们干一杯！"袁黄兴奋起来。小时候，他就听父亲和谭稷议论，说宋代大贤朱熹按自己的意思解读四书五经，错误太多。父亲写《尚书砭蔡编》，正是为了纠正朱熹弟子蔡沈[1]《尚书集传》的错误。父亲人微言轻，现在《尚书集传》还是科举考试的官定参考书。

钱承恩端着酒杯问："四舅，是不是远离朱文公的《四书集注》？"

李自华说："阳明心学，在嘉靖二年被朝廷定为'伪学'！"

丁寅说："朱子理学，在南宋庆元二年（1196），也被朝廷定为伪学。这可让我们怎么写文章？"

袁黄说："荆川老师说，学习经典，不能被传注带偏了。薛宗师说，不能只看朱子传注。唐荆川、薛宗师、阮宗师、胡御史，都是真正的高人呀！听他们的没错。"

钱承恩搓着手，说："嘉善城墙修得太低，我就是爬上城头，也望不见这些高人呀！"

---

[1] 蔡沈（1167—1230）：又名蔡沉，福建建阳人，南宋著名学者。

丁寅说："袁黄兄拜师过唐荆川和薛宗师，又在仰止祠见过阮宗师。《荆川疑难题意》很受欢迎。你干脆编写一本新书，用阳明心学，把四书的疑难点梳理清楚。怎么样，各位学兄？"

大家拍手叫好。袁黄心里盘算着，编书可以梳理自己的学问，理清自己的思路，是一个学习和成长的机会，还能帮助别人，又能挣一笔银子。俗话说，嫁汉嫁汉，穿衣吃饭。妻子自从进入袁家，每天没日没夜地纺线养活男人。出书挣的这笔钱要交给妻子，对她而言，多少是个补偿。

袁黄心花怒放，一拍桌子，说："就照你们说的办。我要编写两本书，关于四书的一本，关于《书经》的一本。来，喝酒！"

第二天，袁黄来到文魁书铺，和马文魁一说，没想到马文魁比他还高兴，当即确定了期限和报酬。

编写半年，袁黄收获了一百本样书和六十两银子。

第十七章
乡试再考再失利

嘉靖三十五年三月，嘉善县学门前贴出大红喜报，上书"嘉靖三十五年进士光荣榜"，从右向左依次竖排着三位从嘉善县学考出去的新科进士名单：卞锡，会试第八十九名；毛汝贤，会试第九十七名；钱于邻，会试第一百三十七名。这是嘉善县学的大丰收。此前的嘉靖三十二年、嘉靖二十九年、嘉靖二十六年，连续三届会试，嘉善县学都是零贡献。再往前，从嘉靖二十三年上溯到嘉靖十七年，连续三届总共贡献两个进士。三个新科进士中，卞锡和毛汝贤是去年中举，今年连捷。

喜报前围拢着一群学生，大家兴奋地交流着。袁黄和丁寅在人群后边。袁黄把新出版的《四书便蒙》和《书经详节》递给丁寅，说："丁寅，书印好了，这是给你的两本。我既不是举人，更不是进士，书中一定有不足之处，请你多提意见。"

袁黄满脸兴奋，丁寅一脸惊喜。丁寅说："祝贺学兄！"说着，他开始翻阅新书。浏览几页后，丁寅说："学兄，你真是满肚子学问。今天，我们看三位学长的喜报，希望三年后，在这里能看到你的喜报。"

袁黄说："丁寅，这份喜报鼓舞人心，对你对我，可以有三点启示。"丁寅眼含期待地望着袁黄。袁黄说："第一，我们遇到了一个好老师。曾教谕来嘉善这五年，两届乡试，县学每届考中三个举人，五年之间，输送了三个贡生。这很不简单！过去，我们两眼向外看，认为明师在北京，在南京，在杭州，这是典型的好高骛远。现在看，眼前的曾教谕就是明师。"丁寅点头认可。

袁黄说："第二，遇到了好老师，只要不笨，不怕苦，不怕累，勤奋学习，年纪轻轻就可以科举成名。这三位学长，卞锡二十六岁中举，二十七岁中进士；毛汝贤二十四岁中举，二十五岁中进士；钱于邻十八岁中举，二十八岁中进士。丁寅，后年乡试，我二十五，你二十四，他们在这个年龄能中举，我们为什么不能中举！"丁寅听得两眼放光，嘴里"嗯嗯"着附和。

袁黄说："第三，这三位学长的家世，除了卞锡父亲当过教谕，其他两位和我们两家一样，往上数三代都是布衣百姓。他们两家能够鸡窝里飞出金凤凰，我们两家为啥不能！"

丁寅说："曾教谕实在有功于嘉善县学，前年因为大家挽留，才留任嘉善。第二任明年就要结束，我们要请教，可不敢耽误。这两天，我们一起拜访曾教谕吧！"

袁黄说："好！卞锡学长和我们一样，选修《书经》。去年乡试，他考第二十四名。等他回家探亲时，我们一起去拜访。"

分手时，袁黄与丁寅击掌相约："加油！"

七月和八月，提督南直隶和浙江两省军务的赵文华[1]、浙江巡抚胡宗宪、总兵俞大猷[2]统领三万官兵，在嘉善的南邻平湖县围剿倭寇，先后取得乍浦、沈庄和梁庄大捷。沈庄大捷，歼灭倭寇两千多人。这一战，盘踞在沈庄的倭寇无一漏网，落水淹死的倭寇不计其数。倭寇头子辛五郎、徐海、陈东、麻叶等先后被擒斩，浙江境内的倭乱暂时平息。

中秋夜，袁家几十口子在半亩池边团聚，男人们喝酒赏月，女眷们拜月许愿，孩子们在月下捉迷藏。大家庭团聚活动结束，袁黄和娘子回到房间。袁黄喊道："娘子，今晚咱们高兴，趁着月圆，我们继续喝酒。"

高氏摆上两碟点心，拿出黄酒，把两个酒杯倒满。袁黄找出《浙江嘉靖三十四年乡试录》《皇明嘉靖三十五年进士录》和一摞文稿，放在桌上。

高氏爱怜地柔声说："相公这几年来，天天书不离手，就连做梦都是吟诗作文，今天过节，就歇歇吧！"

袁黄说："秀才手不释卷，娘子天天纺线，都是一样的忙，都是为了

---

1 赵文华（1503—1557）：浙江慈溪人，嘉靖八年进士，奸臣严嵩的干儿子。
2 俞大猷（1503—1580）：福建泉州人，抗倭名将。

这个家，这本来就是做人的本分。多少有一点差别的是，娘子天天纺线，一心挂念的是一家人的吃和穿；秀才手不释卷，满心想着大家庭的光荣和发展，还有，那就是……"

这时，院子里的狗突然"汪汪汪"地叫起来。袁黄停住话头，侧耳倾听院子里的动静。狗不再叫了，院子里恢复了平静。袁黄笑着说："娘子，你看，这就是各守各的本分，各做各的事，娘子纺线，秀才看书，公鸡叫早，黄狗护院。只有这样，才能家庭兴旺、天下太平。小男人，要像狗一样地看家护院，大丈夫要像巡抚胡宗宪一样，保家卫国平天下。眼前有胡都宪扫荡倭寇，平定浙江；过去有于忠肃[1]抗击鞑虏，保卫北疆。这才是大丈夫的事业！来，娘子，我们干一杯！"

高氏敬重读书人，愿意听袁黄高谈阔论。她敬慕地盯住袁黄，心里憧憬着丈夫飞黄腾达和夫贵妻荣，兴奋得小脸泛出红晕，一喝酒，更是一脸潮红。

袁黄说："这几年，倭寇横扫浙江全境，如入无人之境。一股倭寇，七十六人，从绍兴上岸，一路横冲直撞，烧芜湖，抢太平，直逼南京城下，奸淫妇女，抢劫百姓，这是男人的耻辱！"说到这里，袁黄义愤填膺，一仰脖，喝干一杯酒。娘子手疾眼快，给相公满上酒。

倒着酒，娘子说："这几年，男男女女吃尽苦头。"

袁黄说："我只恨自己有心无力，插不上手。"他仰脖再干一杯酒。

娘子安慰说："相公不是武人，只会读书，不会舞枪弄棒。"

袁黄说："会打仗的人，古往今来，都是读书人。于忠肃是读书人，胡都宪也是读书人。嘉兴王江泾大捷，胡都宪用计，用药酒毒杀几百倭寇。平湖沈庄大捷，胡都宪驱赶几百只身上绑着火把的狗，攻破倭寇严防死守的大营。"袁黄一只手掌上下一翻，"这对读书人来说，是雕虫小技，易如反掌！可惜，没有我伸手的机会，唉！娘子，喝酒！"

高氏说："相公一定有机会！"

袁黄说："机会一定会有。浙江倭寇消停了，他们烧杀到江北和福建。

---

[1] 于忠肃（1398—1457）：于谦，浙江杭州人，永乐十九年进士，官至兵部尚书，1449 年指挥京师保卫战。含冤而死，谥号"忠肃"。

北方的强盗常年侵扰边境，北京时常戒严。"袁黄拍拍桌子上的书，"机会，要靠读书，靠考场上去争。"

高氏问道："相公，考场上是不是也像打仗？"

袁黄笑着说："娘子，你这比喻好。考场上真像打仗。浙江读书人多，读书厉害的人多。考场上有几场硬仗，既要与咱们浙江读书人打仗，又要与考题打仗，最终还是与自己打仗。对了，每个读书人都还要与自己娇滴滴的小娘子打仗。"袁黄说着，哈哈大笑起来。

高氏傻傻地笑着，很娇媚。她不明白怎么有这么多仗要打，竟然还要小两口打仗。

袁黄说："在浙江乡试中中举，比在会试中出人头地还难。每届乡试，北直隶一百三十五个名额，其中三十五个名额分给国子监的考生，南直隶一百三十五个名额，其中二十八个分给南国子监的考生。去年，分给两个国子监的六十三个名额中，在国子监读书的浙江考生挣到三十七个。今年前三名进士中，头名状元诸大绶是咱们浙江绍兴人，第二名榜眼陶大临还是咱们浙江绍兴人。过了乡试这场硬仗，就一路顺风顺水了。"

小娘子既兴奋，又疑惑。

袁黄拍拍桌上的一摞书稿说："我研读了这两本试录上的所有范文，好的一定比我现在写的好。我再踏踏实实努力两年，也是可以写到这个水平的。前段时间，新科进士卞锡回家探亲，我和丁寅一起拜访这位学长，请他批评我的作文。这是卞进士给我修改的作文。"袁黄拿起一份文稿，"你看看，卞进士表扬的多，批评的少。"

高氏不识字。她把文稿举在眼前，把文章当成女人的绣活儿，把卞进士的修改当成绣活儿上的绣花，嘴里啧啧地称赞："相公，你这活儿做得真好！"

袁黄说："娘子，有些话只能在家里给你说。卞进士的文章，说实话，也不见得比我好多少。毛汝贤进士，是县学附学生。娘子，你家相公可是堂堂正正的廪膳生。这段时间，我和丁寅拜访曾教谕三次。他一直鼓励我。老师鼓励学生，其实就是表扬。这下，你该明白了，与考题打仗，我也不怕。不过，浙江聪明人多，天外有天，我不敢不勤奋，不敢不努力。

这需要与自己打仗，其实是与自己的懒惰打仗。"

高氏说："相公天天忙着看书作文，你不懒！"

袁黄说："最后，是与自己娇滴滴的小娘子打仗。温柔乡里最容易消磨男人志气，要争得治国平天下的机会，就要好好读书作文，认真准备考试。要一心读书作文，就要远离小娘子的温柔怀抱！哈哈哈！干杯，小娇娘！"

在酒精作用下，小两口脸上发烫，心里发热，两双眼睛互相热辣辣地看着对方，满眼都是柔情蜜意。

袁黄眼中喷火，起身说道："娘子，今天晚上不读书，不作文，只读娘子你这本温柔书。"袁黄一把揽起娘子，双双滚入红罗帐……

袁黄目标明确，意志坚强，踏踏实实用了三年功。

嘉靖三十六年，县学教谕曾绰调离嘉善。

嘉靖三十七年乡试，袁黄再次失利，沈称第五次落榜，自我感觉良好的丁寅名落孙山。嘉善县学考生全军覆没。

第十八章
妙笔生花不结果

嘉靖四十年乡试结束，袁黄和丁寅留在杭州。

明天要放榜，袁黄和丁寅抑制不住内心的兴奋和忐忑，从入住的高升旅馆来到附近的太白酒馆，找了一个雅座，要了两碟小菜和一壶黄酒。

平日话不多的丁寅今天话不少："学兄，往年，我们住高升旅馆，却愧对'高升'两个字；今天，我们在太白酒馆，可不能像李白那样一喝就醉，醉眼昏花，明天看不清举人榜。"

袁黄说："这几天，我们不喝酒也有几分醉。三年来，我们把四书和《书经》当成孔圣人，每天礼拜。我们天天作文，模拟乡试，写的文章摞起来一人高。我们流过汗，吃过苦，受过累。别人我不知道，丁寅，你这三年不仅一点没吃胖，还更瘦了。"

二十七岁的丁寅像一根竹竿一样干巴瘦，瘦弱的身躯中洋溢着亢奋。他说："这三年，我们在一起的时间比和自家娘子在一起的时间都多。学兄，你不比我胖多少。"

袁黄说："这三年，我不怕苦，有苦吃苦，没苦找苦。我向唐荆川老师学习，酷暑再热不扇扇子，严冬再冷不烤火炉，能走路就不坐船，能睁眼就不睡觉，磨炼意志力，锻炼自律性。去年，荆川老师在抗倭前线以身殉职，我去武进祭拜过老师。荆川老师，一个读书人，一个文章名家，会打拳，会耍枪，又能领兵打仗，这是我、我们的人生榜样。"

丁寅说："说起贵老师唐荆川，我想起学兄那本《荆川疑难题意》。这本书竟然还摆在杭州书铺里卖。更没想到的是，《四书便蒙》和《书经详节》在杭州是热销书。唯一有点遗憾的是，这三本书都没署学兄的大名。

否则,学兄就是浙江省的名人了。"

两人喝得脸红耳热。

袁黄说:"没有名,但有实啊。用这几本书做指导,我把五弟和两个侄子送进了县学,我还辅导表孙钱吾德、表侄儿王慎德进了县学。我五弟袁衮、我两个侄子袁俭和袁信、我姑表兄的孙子钱吾德、我大舅的孙子王慎德,这五个童生是从我手里变成秀才的。还有一个秀才,不全算我的功劳。我舅爷的孙子朱廷益[1],读过这三本书,请教过我,他去年考进嘉兴府学。丁寅,你也一样,你把弟弟丁宾辅导进了县学。来,为我们的成就干一杯!"

丁寅说:"辅导弟弟这三年,我自觉进步很大。这次乡试,学友们对我的作文给予了很高的评价。"丁寅说着,从袋子里小心翼翼地掏出自己的文稿。

乡试三天三场,每场一整天时间,时间充裕,考生们上交了誊写卷,把草稿带了回来。他们把草稿重新誊写,互相点评,留作纪念。这是他们的宝贝,承载着他们的前程。袁黄和丁寅已经互相欣赏和点评过对方的作文。

丁寅说:"我已经孤芳自赏过十多遍,意犹未尽。学兄,你再看看!"

袁黄也忍不住掏出自己的文稿,说:"丁寅,你也帮我再看看。"

两人欣赏着,嘴里啧啧称赞"造句好""用词妙""这一句新奇""这一句工整"。

袁黄说:"丁寅,我第十一遍地告诉你,外面的传闻不是空穴来风。《书经》房彭考官已经把你录为第一名。《书经》第一名,至少是经魁,再好的话,就是解元。来,干一杯!"

丁寅说:"学兄,你拜过明师,编写过书,文章妙笔生花!"

两人不知不觉喝完一壶老酒。趁着酒意,袁黄说:"三国时曹操与刘备煮酒论英雄,我借用曹操一句话,今年嘉善新举人,唯你丁寅和我袁黄了!"丁寅喝多了,伸手去夹菜,一哆嗦,筷子掉到地上。

---

[1] 朱廷益(1551—1600):万历五年进士,官至南京通政司参议。

第二天一大早，袁黄和丁寅来到贡院门前。来得更早的考生，手里还举着灯笼。

袁黄说："你的名字肯定在前面，我的名字可能在后面。咱们分头找，你从前往后找，我从后往前看。"

第九十名：钟谷；第八十九名：张一坤；第八十八名：宋良木……

第一名：卢渐；第二名：郑秉厚；第三名：蔡栢龄……

袁黄从第九十名找到第一名，没找到自己的名字。他以为是昨天喝多了眼花，使劲儿揉揉眼睛，又从第一名看到第九十名。两人都没找到自己的名字。

两人自觉无颜见嘉善父老，耷拉着脑袋，腿脚像绑了沙袋一样沉重，趁着夜色，顶着秋风，回到嘉善，各自偷偷摸摸潜入家门。

乡试后的第一次读书会在袁家藏书楼举办，成员袁黄、沈称、钱承恩、丁寅、李自华如数到场，新秀才袁衮、袁俭、袁信、钱贺、钱吾德、王慎德、丁宾、沈大奎是新近加入的。钱贺是钱吾德的叔叔。沈大奎是袁黄父亲的好朋友沈概最小的儿子，他们兄弟五人都是秀才。

沈称六次落榜，袁黄三次落榜，李自华和丁寅二次落榜。读书会的主题是"反省过去，日新又新"，内容是反省乡试为何失败。四位老战士各自宣读自己的书面反省，袁黄的题目是《秋试败回戏言拟罪》。

袁黄主持，沈称总结。沈称说："学友们的共识是：第一，浙江读书人多，文章写得好的多。我们的文章在嘉善数第一、第二、第三，在浙江全省还排不进前九十名。第二，以后认真研读最新的乡试和会试范文，了解与时俱进的文风，掌握审题立意、谋篇布局和遣词造句的规律，多模拟仿写，熟能生巧。第三，几位老学友既自信又谦虚，几位新学友虚心好学，好！第四，作为学长，我对新学友嘱咐几句：用心读懂经典，这是根基。怎么读懂经典？要好学会问，问老师，问学长，问经典。好，今天的读书会结束，愿我们每天都能反省，反省我们的学业和道德；愿我们每天都能做一个新人，学业新，道德新。你们几个新学友可以先走一步。"

新学友走后，沈称说："今天总结，我少说了一句，不是忘了说，而是不能说。我们反省乡试失利，大家最后都归结到命运上。我不反对大家这样总结。袁黄在总结中，把自己比作古代的文学家谢灵运，我也不反对。袁黄抱怨，自己为了拜师，曾像宋代杨时一样程门立雪；抱怨自己学习刻苦，曾像汉代匡衡一样凿壁借光。袁黄，我问你，你什么时候、在哪里凿壁借光过？还好，你没有标榜自己头悬梁、锥刺股。你把反省题目定为《秋试败回戏言拟罪》，一个'戏'字充分说明你没有踏实反省，没有用心反省。一篇短短的反省文章，你还在炫耀自己学习刻苦，炫耀自己文辞华丽。这，在法堂上定不了你的罪，在读书会上还真是罪过。好在，你最后表示了要破釜沉舟、三年后再上考场的决心。"

袁黄脸上火辣辣的，他起身向表兄深深一鞠躬，又向几个学友深深一鞠躬。

沈称说："有没有命运？有！上次乡试，我们看了丁寅的文章，认为不是解元，至少也是经魁。令人意外，他落榜了。这次乡试，大家看了丁寅的文章，认为比上一次写得还好。我们努力了，争取了，使出了吃奶的力气，结果如何，只能听从命运的安排。但是，几个新学友才入学，还没努力过，不能对他们渲染'命运'这个东西。"

丁寅说："听学长这么一说，我反而不再认为是'命运'不公了。是我们功夫不够，时机不到。"

沈称说："今年嘉善县学又剃了光头，两个嘉善新举人中，王俸是从嘉兴府学考走的，罗宗渊冒籍[1]，在贵州考中举人。浙江乡试是个鬼门关。北京国子监每届乡试有三十五个名额，南京国子监每届有二十八个名额。嘉靖三十四年，在两所国子监学习的浙江考生争到其中三十七个名额，嘉靖三十七年，浙江考生争到三十个名额。今年的结果暂时还不知道。我表侄儿钱贞嘉靖十五年入监，嘉靖十六年中举。为什么监生容易中举？监生有四种来源。一是举监生，他们是会试落第举人，不用参加乡试。二是荫监生，出自三品以上官员和立有军功官员的子孙，这些家庭的优秀子弟可以考举人、中进士，送入国子监的多是不会读书的。三是贡监生，由各府学、州学、县学推荐，各省提学道选送，贡生有岁贡，有选贡，有恩

---

[1] 冒籍：假冒他省之籍，即科举移民。

贡，有纳贡。岁贡，靠论资排辈，熬年限，这类贡生年龄偏大，是奔着当教谕、训导去的。恩贡，是一种荣誉奖励，不论学问好坏。选贡，选的是学问好的生员，不是每年都有。纳贡，要缴纳钱粮或者军马，用于朝廷赈灾或者打仗。四是例监生，这类贡生可能不读书，只是花钱或者捐粮、捐马，进入国子监，换一个官员身份。满打满算，北京国子监才有两百监生，其中大头是荫监生。我在浙江落榜六次，家父心疼我，家兄体谅我，家里决定，走例贡的路子，捐献粮食，入国子监，下一届去参加北直隶乡试。丁寅，你家土地比我家多得多，你家就兄弟两人，你和你弟弟回家，禀告令尊，看看令尊有啥想法。"

袁黄家四个秀才，地又不多，他听了表兄的话，只有羡慕的份儿。丁寅动心了，眼中闪现出亮光。

嘉靖四十年冬，老秀才袁黄、李自华、钱承恩，在嘉善码头送别北上的新监生沈称、丁寅和丁宾。

第十九章
屡考屡败心头苦

嘉靖四十三年乡试，三十一岁的袁黄第四次失利。结伴去杭州参加乡试的嘉善同学李自华、支大纶、郁应元中举。支大纶比袁黄小一岁，李自华比袁黄小三岁。郁应元是恩师郁天民的侄子。支大纶的爷爷和父亲都是贡生出身，爷爷支高当过教谕，父亲支禄当过训导。李自华与郁应元两家和袁黄家一样是平民家庭。袁黄出过三本畅销书，是县学里的名人。以前，三个同学看袁黄的眼神中充满了敬慕，他们把袁黄当成半个老师。袁黄心想，以后，他们会怎么看自己？

丁寅的弟弟丁宾，比袁黄小十岁，第一次参加乡试就在北京中举。嘉靖四十年冬，丁宾去北京国子监上学时，随身带着《四书便蒙》和《书经详节》。他把袁黄当成学长和老师。袁黄心想，以后，自己有什么脸面面对丁宾？

袁黄在杭州看榜后，觉得无脸见人，便找借口和新举人分手，一路上孤零零地回嘉善。在魏塘码头下了船，他不敢白天进城，拖到傍晚，趁着夜色，躲着有人的地方，偷偷摸摸地回到家。偷偷摸摸回家可以，总不能趁着夜色偷偷摸摸地去县学吧？自己家在城东，县学在城西，从家去县学这一路上会迎面遇到多少熟人？在县学，自己还有脸像过去一样挺着胸、仰着脸走路吗？同学们会不会背后指指点点地嘲笑自己？过去自己太自负了！太自以为是了！竟然真把自己当老师了！过去，自己把戏台搭得太高，现在下不了台，怨谁？是自己太笨，还是命运捉弄人？

袁黄的心病了。他托弟弟请病假后，窝在家里借酒浇愁。他把自己喝得烂醉，烂醉之中，有时候怨天怨地怨自己，有时候两眼发呆傻坐一天。

两个月来，几乎天天如此。今天，他又醉了，开始了像和尚念经一样的功课：

我袁黄上辈子缺德，这辈子作为读书人，屡考屡败！

我袁黄不孝，作为儿子，无儿无女，成了绝户头！

我袁黄不仁，作为丈夫，考不来功名，不能夫贵妻荣！

我袁黄无用，作为男人，不能养家糊口、孝养爹娘！

我袁黄三十而立，不仅不能立德、立功、立言、立名，现在竟然连脸面也立不起来，我一无是处，只有一身臭皮囊！臭不可闻！

我袁黄，天高地阔，却没有我的立足之地！

老天爷，你睁开眼看看吧，我袁黄是不是一个不尊师的人？

老天爷，你睁开眼看看吧，我袁黄是不是一个不用功的人？

老天爷，你睁开眼看看吧，我袁黄是不是一个自私自利的人？

老天爷，你睁开眼看看吧，我袁黄是不是一个不会写文章的人？

尊师重教，我袁黄程门立过雪；

勤奋好学，我袁黄发辫悬过梁；

助人积德，我袁黄辅导几个童生成了秀才；

妙笔生花，我袁黄的文章经常被同学传阅；

老天爷，你为什么不睁眼看看，我袁黄有多冤枉！

老天爷，你为什么不睁眼看看，我袁黄心里有多苦！

老天爷呀，你难道眼瞎了吗你！！！

……

娘子知道自己劝不住，请来婆婆当救兵。李氏在门口连着清咳两声，进屋坐下后，又清咳两声，也不说话，只在心里默念着阿弥陀佛。

娘子说："相公，咱娘来了！"见袁黄没反应，娘子近前晃了晃袁黄的肩膀，"相公，咱娘来看你了！"

袁黄住了声，愣怔了一会儿，转向母亲，叫了一声"娘"，失声痛哭起来，悲痛得像当年在父亲灵前痛哭一样，委屈得像小时候在外面被欺负回家还被父亲严厉训斥一样。哭声中含着无奈、凄苦和酸楚。娘子忍不住，也小声抽泣。袁黄无儿无女，娘子自责自己肚子不争气。

第十九章　屡考屡败心头苦

李氏说："他嫂子，委屈你了！"娘子叫了一声"娘"，"哇"地哭出了声。娘子使劲憋住声，小声呜咽抽泣，委屈得肩膀上下抽动。

任由袁黄痛哭了一阵儿，李氏清咳两声，说："老四，娘知道你心里苦。痛哭一场，心里的苦水往外倒倒，也好！"

娘子流着泪，不哭了，用手轻轻拍着袁黄的背，安抚着袁黄。袁黄刚才见了母亲，忘了自己读书人的身份，忘了自己的年龄，不管不顾、痛快淋漓地哭了一场，哭得心里干净、头脑清凉。他清醒了。袁黄起身，跪在母亲脚下，说："娘，孩儿不孝！"

李氏平静地说："他嫂子、老四，你们是孝顺媳妇、孝顺儿子。这人呀，生养儿女，有早有晚。娘早替你们想过了，你们还年轻，再过几年，真是缺少一儿半女的，就把老三家的五小子过继给你们当儿子，等你们老了也有个依靠。至于考上考不上举人，这都是命，听老天爷安排吧。你愿意考，就接着考，反正家里还有几十亩田，也饿不着。你不愿意考，现在学医也不晚。不管咋说，日子还要过！"

袁黄不说话，给母亲连着磕了三个头。

丁宾家是大地主，几辈子积德行善，宣德年间[1]嘉善建县衙和县学，他家出人出粮；前几年修筑城墙，丁家独资承建一座水门。丁宾的父亲丁衮小时候也梦想着走科举的路子，读书做官，无奈父亲去世早，他不得不放弃理想，过早地承担起经营家业的重担。现在，小儿子替他完成了初步的心愿。从丁衮往上数五代，丁家是清一色的泥腿子，在县里被哪怕芝麻大一点儿的官吏呼来喝去，在家乡被地痞无赖欺侮。现在，丁家扬眉吐气了。丁宾中举的消息一到家，不等县里下发建牌坊的银子，丁衮就开始了文魁坊的建设。

嘉靖四十四年会试，丁宾落榜。四月，丁寅、丁宾回到嘉善永安乡沉香湖畔的丁栅村，矗立在家门前的一座崭新、气派的文魁坊迎接着他们的归来。丁家举办了一场盛大的文魁坊揭幕仪式和庆祝宴。袁黄、沈称、钱承恩被邀请参加。见了面才知道，在北直隶一百三十五名新举人

---

[1] 宣德年间：1426 年—1435 年。

中，二十一岁的丁宾排名第五十五，丁寅本来排在第七十多名，主考官林火廉和殷士儋[1]认为，好处不能一家独占，亲兄弟最好不要同榜，丁寅因此落榜。

四次落榜的袁黄，七次落榜的沈称，喝着新举人的庆功酒，嘴里香甜，心里酸苦。他们恭喜的笑容很真诚，真诚中混杂着几丝苦涩。

嘉靖四十四年，嘉善出了李自华和叶朝阳两个进士。李自华去年中举，今年中进士。叶朝阳嘉靖三十一年二十二岁时中举。李自华会试时排名第二百三十四名，殿试时逆袭到第二名，被直接分配到翰林院做编修。

秋天，新编修回家省亲。李家牌坊揭幕仪式和庆祝宴比丁家更热闹。李家牌坊的门额一面铭刻着鲜红的"进士"，另一面铭刻着鲜明的"榜眼"。嘉善新任知县许镃[2]和新编修是同年，应邀到场主持揭幕仪式。袁黄、沈称、钱承恩、丁寅、丁宾都受到了邀请。

翰林院编修的工作类似于汉代司马迁的工作，编修被尊称为太史，被雅称为内翰，俗称翰林。春风得意的李翰林和屡考屡败的袁秀才，中间隔着从嘉善到北京四千一百三十里的水路路程。在翰林院工作，在皇帝身边工作，前途无量。李自华来敬酒，他红光满面，额头发亮："沈称学长、袁黄学兄、丁宾孝廉，几位同学好友，谢谢各位学友光临！来，我敬各位学友一杯！"

李翰林过去刻苦学习，身子骨瘦弱，脸颊凹陷，现在脸圆润了，过去刻意内敛的气宇轩昂了起来。他与一桌秀才一一碰杯。秀才们今天都很拘谨，一个个弓着背，有说："祝贺李翰林！"有说："祝贺李太史！"有说："祝贺李进士！"有说："祝贺见亭先生！"李自华号"见亭"。明代读书人一中进士，按习俗，都要启用一个"号"来显示身份。

李自华敬到袁黄跟前，小声说："袁学兄学富五车，功名是早晚的事！一会儿请到主桌来一下，我把你介绍给许知县。"叮嘱袁黄后，李自华说："各位学友，愚弟我分身无术，不能多陪大家。沈称学长，请你代

---

1 儋：音 dàn。
2 许镃（zī，1530—1602）：字国器，号白塘，云南石屏人，嘉靖四十三年云南解元，嘉靖四十四年进士，官至江西按察司副使。

为招呼大家，小弟失陪！"

过去器宇轩昂的袁黄今天在李翰林面前，一直下意识地弓着身子。缩手缩脚的袁黄来到主桌许镟跟前。李自华坐着介绍道："许年兄[1]，这是咱们嘉善名士袁黄袁秀才，出过三本书：《荆川疑难题意》《四书便蒙》《书经详节》。"

许镟笑意中带着欣赏。云南全省在编汉族人口没有半个嘉兴府人口多。他心里清楚，自己这个云南解元，不见得比浙江一个落榜秀才文章写得好。许镟说："我在云南看过《四书便蒙》和《书经详节》，当时还在猜，这是哪位大儒的大手笔。承蒙李太史介绍，今天有幸见到名士作家。"

这话听在袁黄耳朵里像嘲笑，他一脸羞红，背比刚才更弓了，嘴里嘟囔着："都是学生瞎写的，让许县尊见笑，还请许县尊以后多指教！学生敬您老一杯！"

许镟喝过酒，郑重地说："袁秀才，县里要启动一件文教事业的大事，正在物色得力人选。后天上午辰时初刻，你到思贤书院，去见本县。"

---

[1] 年兄：同榜进士又称同年进士，简称"同年"，互相尊称"年兄"。

第二十章
绍兴拜师阳明学

袁黄来到思贤书院时，知县许镃正陪着乡宦盛唐[1]在书院清风楼巡察，两人身后跟着县衙礼房书吏和工房书吏。

"学生袁黄拜见许县尊、盛宪副[2]！"

许镃向盛唐介绍道："南桥先生，这是咱们嘉善后起之秀袁黄袁秀才！袁秀才出版的《四书便蒙》和《书经详节》畅销全国。袁秀才有家学渊源。我查阅过县志，袁家不仅是医生世家，还是学问世家。"

盛唐问："袁秀才，袁参坡是你什么人？"

袁黄说："回禀盛宪副，是晚生先父。"

盛唐说："参坡先生有盛德，给我治过病。袁秀才，以后大家都是同仁，你称呼我'南桥先生'吧。"

许镃说："南桥先生讲《诗经》，袁秀才讲四书，许某讲《周易》，以后在书院你们就称呼许某'白塘'吧。"

盛唐笑着说："这样也好，白塘先生。"

许镃说："到任几个月来，每月初一、十五，我在县学讲过几次学，抽查过一些学生作文，发现不少学生不学经典，只知道抄袭范文。不懂经典，不仅写不好文章，也做不好人。这关系到嘉善的世风民俗。移风易俗，以后就有劳南桥先生和袁秀才。"

盛唐说："谢谢白塘先生费心，造福嘉善父老，我们嘉善人出一份力，

---

[1] 盛唐（1509—1599）：字元陶，号南桥，浙江嘉善人。嘉靖十七年进士，官至湖广按察司副使。

[2] 宪副：对省按察司副使的雅称。

理所应当。"

许镒说:"我马上安排工房加紧修缮,让礼房到县学挑选一些读书苗子。咱们争取下月十六日举办开讲典礼。"

盛唐笑着说:"白塘先生,来书院讲学,老朽答应了。老朽请你为宛在亭写的记文,可曾写好?"盛唐五十五岁申请病退,在家修建了一座聊适园,用于休闲养老。园子里建了一座亭子,名为"宛在亭"。

许镒笑着说:"南桥先生吩咐,白塘敢不从命吗?有请南桥先生和袁秀才到县衙后堂茶叙。"

县衙在思贤书院西邻。三人来到县衙喝茶,盛唐拿到了许镒写的《宛在亭记》,袁黄得到了许镒的承诺:"袁秀才,在书院讲学,县里给你月粮一石四斗,加上廪膳生月粮六斗,每月合起来是两石。"

袁黄的讲课时间定在初六、十六、二十六日,内容有讲经、辩经、歌吟和静坐。教学参考书有《传习录》《王阳明年谱》《阳明文录续》。嘉靖四十五年出版的《阳明文录续》,由嘉兴知府徐必进[1]刻印,当朝内阁首府徐阶作序。

王畿和唐枢[2]在书院讲过学,鹤鸣楼上挂有两人画像。有一次辩论,朱廷益提到王阳明的"四句教":无善无恶心之体,有善有恶意之动,知善知恶是良知,为善去恶是格物。提到"四句教",必然引出王阳明天泉证道[3],朱廷益支持钱德洪[4],王慎德支持王畿。双方争执不下,请求学长兼讲师袁黄裁判。没想到,袁黄糊涂讲师断不了糊涂案。

袁黄觉得心中有愧。要弄清天泉证道,最好当面请教当事人王畿和钱德洪。同学沈大奎的大姐嫁给了平湖陆杲,陆杲[5]的儿子陆光祖[6]和陆光宅[7]

---

[1] 徐必进(生卒不详):安徽六安人,嘉靖三十五年进士。
[2] 唐枢(1497—1574):浙江湖州人,嘉靖五年进士。
[3] 天泉证道:嘉靖六年九月初八日,钱德洪与王畿发生学争,晚上,在绍兴新建伯爵府内的天泉桥上,王阳明做裁判,确立了阳明心学"四句教",史称"天泉证道"。
[4] 钱德洪(1496—1574):号绪山,浙江余姚人,嘉靖十一年进士,王阳明著名弟子。
[5] 陆杲(1506—1578):嘉靖二十年进士。
[6] 陆光祖(1521—1597):嘉靖二十六年进士。
[7] 陆光宅(1530—1580):隆庆四年举人。

是王畿的弟子。

由平湖县学秀才陆光宅介绍，嘉善袁黄、丁寅、丁宾、支大纶、沈大奎、郁应元、钱承恩、钱吾德、王慎德、朱廷益等一行十几个秀才、举人，来到绍兴拜师学道。拜王畿为师后，大家来到王阳明墓前祭拜。

无巧不成书，钱德洪带着弟子从余姚来绍兴秋祭师父。于是，王畿师徒与钱德洪师徒在阳明书院会聚一堂，举办了一次会讲，主题是"天泉证道的回顾与展望"。

王畿六十八岁，钱德洪七十岁，两位老先生像两个下凡的神仙，鹤发童颜，白须飘飘。王畿侧重禅宗，略显清瘦，气质清净；钱德洪忠于儒学，面色红润，气质醇厚。

王畿说："嘉靖六年九月，先师为绪山翁和龙溪子天泉证道，距今已经三十九年。屈指一算，先师离开我们已经整整三十八年。嘉靖二十一年，龙溪子离开官场，从此游走四方，一心弘扬师门学问。嘉靖二十二年，绪山翁辞官，此后奔走四方，专职传播阳明心学。如今，师门弟子和再传弟子遍布朝野，阳明心学传布天下。我们光大了师门学问，无愧于先师。但是，同门弟子七嘴八舌，众说纷纭，出现了争执。争执主要体现在对天泉证道的不同领悟上，简单说，就是如何对待顿悟和渐修。师门不少人指责我，薛方山背后批评我，罗念庵[1]当面质问我。批评我的多，赞成绪山翁的多。这个问题，不说清楚，害处很大。绪山翁讲学二十多年，修学四十六年，组织编辑了《王阳明年谱》《传习录》《文录》等，有功于师门，有功于圣学，有功于天下斯文。我们今天就请绪山翁结合自己几十年来的修学和体悟，对天泉证道作一个回顾和展望。"

钱德洪说："离开官场一晃已经二十三年，这二十三年，绪山子脚忙、手忙、嘴忙，忙着奔走四方，忙着讲明师门学问，忙着整理年谱和文录。先师离开我们已经三十八年，这些年，同门师兄弟都在讲学。讲学的人多了，说得多了，就容易乱。一传十，十传百，传来传去就变了味。必须把天泉证道说清楚，师门学问需要拨乱反正。"

---

[1] 罗念庵（1504—1564）：名洪先，号念庵，江西吉水人，嘉靖八年状元。

弟子递上一杯茶。钱德洪喝过茶，说："师门学问，就像这杯绿茶，同一杯茶，不同的人品出了不同的味道。这与个人的心境等因素有关。天泉证道，源于绪山子与龙溪翁的见识不同。龙溪翁认为，人心本来无善无恶，因此人的意识无善无恶，人的智慧无善无恶，人所接触的事事物物也无善无恶。龙溪翁据此认为，良知是现成的，根本不需要修。绪山子认为，人心本来无善无恶，但是受后天习气熏染，不再纯善无恶，因此需要通过做为善去恶的功夫，恢复到心体本来纯善无恶的状态。先师既印证了龙溪翁的境界，也肯定了绪山子的见识。先师综合龙溪翁和绪山子的境界和见识，确立了师门'四句教'。当年，绪山子三十岁，龙溪翁二十八岁。智慧不在年龄大小，龙溪翁境界高，我当时领悟不了。"

弟子续上茶。钱德洪喝过茶，说："转折出现在嘉靖二十一年，绪山子获罪入狱，当时觉得自己死罪难逃，却又无能为力，万念俱灰。我当时就想，先师坐监狱时是怎么想的？先师被贬到龙场大山里时性命不保，他是怎么做的？先师怎么想、怎么做，绪山子就怎么想、怎么做。先师在龙场修炼两年，绪山子在监狱磨炼两年。有一天深夜，绪山子突然悟到了龙溪翁说的境界，也即先师在龙场悟通的境界。我欣喜万分，第二天就从监狱里给龙溪翁写信，请求龙溪翁谅解绪山子以前对他的误解。"

弟子续上热茶。钱德洪喝过茶说："这杯茶，绪山子终于和龙溪翁品出了一样的味道。这中间经过了整整十六年的岁月。"王畿与钱德洪会意地笑着，互相拱手。

钱德洪说："现在好了，经过同门诸君的共同努力，《传习录》和先师年谱出版了。《传习录》中介绍了天泉证道，年谱中介绍的天泉证道更详细。绪山子今天对天泉证道做一个说明，天泉证道的内容体现在'四句教'里，'四句教'可以针对上、中、下三种悟性的学生。你悟性高，可以先顿悟自己心体本来无善无恶，顿悟后仍然需要日复一日、踏踏实实地修学。龙溪翁悟得早，仍然老老实实地修学了几十年。你们后生中，像绪山子这样悟性不高的人，要树立坚定的信心，锻炼坚定的意志，要做长期的艰苦的为善去恶的功夫。最后，不管你是先悟后修，还是先修后悟，结果都是一样的。但是，先师曾经特别提醒，悟性高的人属于凤毛麟角，就连颜回和程颢[1]两位前贤也不敢承当,他们也做不到'良知现成,不用修为'。先师还特别提醒龙溪翁和绪山子,顿悟这个修学境界和方法,不要轻易对人说,能接受的正人君子少,想接受的狂妄小人多。绪山子最后再叮咛一句:能顿悟的人少之又少,还是老老实实做为善去恶的功夫吧!"

王畿总结道:"今天,绪山翁把天泉证道讲得很清楚、很明白。龙溪子记录的《天泉证道记》,你们拿回去,结合着《传习录》和年谱,认真研读。人心本来无善无恶,建立在此基础上的顿悟,既是修学境界,也是修学方法。这是每个人自己的一颗宝珠,自己要珍惜,不必多夸耀,不要多展示,但是自己一定要清楚明白,要敢于承当、善于利用。"

在袁黄等听众看来,圣贤王阳明不在了,王畿和钱德洪就是王阳明的化身。能亲眼观瞻和亲耳聆听这两个老神仙的音容笑貌,三生有幸。袁黄等人怀着朝圣一样的心情,全神贯注地融入到了神圣庄严的讲堂气氛中。他们没有丝毫的质疑,只有全身心的接受。

出了讲堂,澎湃的热情消失后,冷静下来时,袁黄心中的疑团又渐渐升起。

---

[1] 程颢(1032—1085):北宋理学家。

第二十一章
阳明书院听讲学

师伯钱德洪提倡先渐修后顿悟,师父王畿强调顿悟。王畿甚至说,良知现成,不需要修。听谁的?

袁黄和支大纶,从小被夸为神童。丁寅在童子试中,考了嘉善县第一名。丁宾二十一岁考中举人。四个聪明人一交流发现,他们都不敢承认自己的良知是现成的。

钱德洪第二天回余姚了。王畿不急于讲学,他领着袁黄等弟子进入会稽山,尽情游览秋天的山水。

王畿说:"先师一生寄情山水,留恋山水,最后回归山水。先师弘治十五年在此山中驻山静养,正德三年在贵州龙场山中悟道。你们看,这其中有什么玄机?"

嘉善只有水,没有山,袁黄等人对大山缺少思考。

大家来到若耶溪边。王畿说:"你们静心观察流水,看看有什么感悟?"

眼前是若耶溪的淙淙流水,脚下是一摊小水洼,水洼中的水面像镜子一样,照出袁黄的身影。袁黄看着水面上自己模糊的身影,回想到早上照镜子时,发现鬓角竟然长出两根白头发。他有感而发道:"光阴像这流水一样,一去不再回头。青春岁月像这流水一样,很快就要逝去,这叫人怎么不伤悲!师父,弟子为什么这么悲观?"

王畿笑着说:"你看看这个'悲'字,非心,非什么心?非道心,非良知,非天理。那是什么心呢?是你的人心。明白吗?"袁黄摇摇头。

王畿说:"我问你,先师驻山静养时,曾在这里送别朋友。他六十四年前看到的若耶溪水,与你现在看到的若耶溪水有什么不同?"

袁黄说:"没有不同。"

王畿说:"既没有不同,也有不同。今天我们看到的若耶溪水,绝对不是六十四年前先师看到的若耶溪水。但是,今天我们看到的若耶溪水和六十四年前先师看到的若耶溪水的水性一定是一样的,它既可以灭火,又可以浇田,还可以解渴,还可以洗衣、洗脸。水是流动的,水性是不变的。"

袁黄等人听得一头雾水。

王畿说:"你们师伯王艮,原名叫王银,先师给他改名王艮。艮是什么意思?在八卦中,艮代表山。和流水相比,山的特性是什么,你们说说。"

丁寅说:"岿然不动。"

王畿说:"对。先师给王银改名王艮,给王艮取字汝止。止,就是岿然不动。这个止,你们结合《大学》首章的内容悟一悟。师伯王艮字汝止,取义是不动如山。你们悟一悟,山与水相比,水是流动的,山是静止的。这若耶溪水,水体是流动的,水性是永恒的。"

大家来到一处景观,名为"岩中花树"[1],当年王阳明曾在此讲学,后人为了纪念,在这里立碑刻石。袁黄等人议论纷纷,他们读不懂《传习录》中记载的这个著名故事。支大纶问道:"师父,岩中花树与胸有成竹一个道理吗?"

王畿说:"这个故事讲述了心学中的一个重要定理,即心外无物。心外无物,是不是说心内有物呢,像成语说的胸有成竹?胸有成竹,这个胸指的是人心,指的是人的思维,故事来源是,一个画家,下笔前在胸中打好了腹稿,画好了草图。心外无物中这个心指的是道心,是良知,是天理。你们看,有什么东西在天理之外呢?要领悟心外无物,必须明白人心与道心,即人心与天理的关系。"

---

[1] 岩中花树:正德三年(1508),王阳明龙场悟道后提出"心即理"和"心外无物"。嘉靖(1522—1566)初年,有一天,王阳明到会稽山游览,在深山一个很偏僻的地方,岩石间有一棵开满花朵的树,同行的一个朋友问道:"您说心外无物,这棵花树长在深山中,满树花朵自开自落,与我的心有什么关系?"王阳明说:"你没看这棵花树时,这满树花朵与你的心一样是沉寂的;你来看这棵花树,这满树的花朵一时鲜明起来,由此可知,这棵花树不在你的心外。"(据《传习录》)

袁黄问:"师父,能不能用一句话说清楚人心和天理的关系?"

王畿说:"天理如虚空,满天星辰,不妨碍天理清净明白;人心不能空,总是被喜怒哀乐束缚捆绑着。"

袁黄问:"圣人是不是没有喜怒哀乐呢?"

王畿说:"没有喜怒哀乐还叫人吗!虚空并非拒绝日月星辰的存在。"

大家一个个一脸迷茫。王畿说:"你们看到水,却不能深究水性。为师考考你们,当年,先师也这样考过你们师伯季本[1]。"王畿说着把拳头举在胸前,问道:"你们看到什么了?"

众人回答:"看到师父举在胸前的拳头。"

王畿把拳头藏在背后,问道:"你们看到什么了?"

众人说:"什么也没看到。"

袁黄说:"看到师父把拳头藏到背后了。"

王畿又把拳头举在胸前,说:"你们闭上眼,看看这次看到什么了?"

大家都说:"什么也没看到。"

袁黄说:"看到了朦胧的光。"

这时,附近枝头传来"吱吱喳喳"的鸟叫声。王畿说:"你们听,鸟在叫。"一会儿,几只鸟受到惊吓,一起飞走了。

王畿问:"你们现在听到什么了?"

大家说什么也没听到。

王畿说:"一般人的眼睛和耳朵都被这些看得见的和听得到的拴住了,往往忽视了看不见的和听不到的。睁眼可以看到拳头,闭眼可以'看'到光或者黑暗。耳朵,既可以听到鸟鸣,也可以听到鸟不鸣。拳头在与不在,你的见性一直在。鸟鸣在与不在,你的听性一直在。那个能让你眼睛看得见的,能让你耳朵听得到的,能让你腿走动路的,能让你鼻子闻香闻臭的,能让你舌头尝出咸淡的,能让你嘴巴侃侃而谈的,你看不见、摸不到的,就是天理,就是良知,就是道心。"

大家恍然大悟。

---

[1] 季本(1485—1563):浙江绍兴人,正德十二年进士。

王畿问:"这个,是不是从娘胎里带来的?是不是每个人都有?是不是不需要你们苦修苦练?"

在会稽山游学一天,袁黄一直沐浴在神圣的山水课堂中。王畿的讲学在阳明书院开始了。

"今天,我们讲学的主题是《致良知与致良知于事事物物》。开讲之前,我们静坐三刻钟。静坐时寻觅那个看不见影、听不到声、闻不到味、摸不着边的存在,那个才是你的本来面目,那个才是你真正的自己,那个才是你的良知。"

同样三刻钟,十几个年轻人,有的觉得比一天时间还难熬,有的觉得才几分钟一晃而过。

王畿开讲:"这个天理,这个良知,它就在那里,你为什么找不到?你为什么不敢承当?几千年来,几万年来,它没有增加一丝一毫,也没有减少一丝一毫;它脸上没有一粒灰尘,不需要你给它洗脸;它没有生过,也没有死过。先师离开我们了,那是他的肉身离开我们了,他的良知没有一时一刻离开过我们。就比如现在,先师的良知是与我们同在的。"

袁黄会心地笑了。昨天,他在山中就有这个感觉。

王畿说:"怎么找到良知?我们为什么没找到?问题出在哪里?问题就出在,我们人呀太勤快,闲不住,喜欢六个指头挠痒,喜欢脱了裤子放屁。"

有人忍不住笑出了声,有人吃惊地"啊"出了声。

王畿说:"婴儿出生,不用擦胭脂,脸蛋自然美;老头儿、老太太,一脸皱纹,七横八竖,擦胭脂抹粉,也比不上婴儿的自然美。像为师我,老的是容颜,不老的是良知。良知,可不是一般人认为的魂魄和精神。如果非要说是魂魄和精神,那也是圣人的魂魄和精神。老子说得好,修道的人,要每天减少人为的干扰,心体生来无善无恶,本来无恶可去,说为善去恶也是多余。那怎么办?老子说得好,无为。怎么无为?回归心体的本来状态。无为,就是功夫;无为,就是圣人境界。无为,既是功夫,也是境界。你当下承当,当下就是。这就是顿悟!你这样想,你那样想,都不行。禅家说的一丝不挂,佛家说的没有立足之地,意思是斩断你的思维,打掉你的妄想，显露出一个顶天立地、无依无靠、岿然独立、唯我独尊的天理。这，就是良知。今天上午，我们讲致良知，如何致？方法是无为。效果怎么样？效果是良知显露、智慧开启、解放思想、解脱生死、离苦得乐、精神自由、良知永恒！下午，我们讲如何致良知于事事物物。'无为'两个字的功夫，够你们忙些日子。等你们突然不忙了，那就是了。"

下午开课。

王畿说："我们儒家求学修道，是要齐家、治国、平天下的。齐家、治国、平天下，需要掌握各种本领。各种本领不是天生的，不学不会。怎么学？在我们师门来说，仅仅致我们心上的良知还不行，还要致良知于事事物物。简单说，就比如写文章，谁不学谁不会。同样道理，作为知县，如何治理好一个县，谁不学谁不会；作为将军，如何领兵打仗，谁不学谁不会。先师打仗战无不胜，前提是他钻研兵法几十年，他的军事智慧是学来的，不是单纯坐山洞坐出来的。写文章、做知县、领兵打仗，在致良知的基础上，可以做得更好、更精。这就是致良知于事事物物。它与致良知有何不同？致良知，方法是无为，致良知于事事物物，正好相反，方法是有为。无为，表现在不执着，不妄想；有为，需要孜孜不倦、勤奋思考和刻苦钻研。效果也不一样，致良知，解放的是思想和精神，得到的是精神自由；致良知于事事物物，解放的是眼睛手足，得到的是身体和手足自由。二者是相辅相成的，好比鸟的两个翅膀和人的两条腿，缺了哪一个都不好。"

一天课下来，袁黄听得心花怒放。

第二十二章
终遇贵人殷宗师

许镒事多人忙，盛唐年老体弱，知县把思贤书院的日常事务委托给袁黄具体负责。袁黄请来支大纶，两人共同管理书院。

隆庆元年（1567）五月，朝廷为王阳明恢复名誉，赠爵新建侯，谥号"文成"，重新评价王阳明的学问，说王阳明继承了尧、舜和孔子三位圣人的道统，传承了周敦颐[1]和程颢两位大贤的道学。

思贤书院请来王畿，做书院名誉山长[2]。书院有清风楼、志学堂、养蒙馆、学礼亭、卓然亭、爱山圃等建筑。在志学堂，王畿围绕"志学"两个字展开讲学。他说："孔子十五岁时立志好好学习，学什么、做什么？孔子要学圣人、做圣人。圣人有什么标准呢？圣人是一个觉悟的人。觉悟有什么标准呢？先师在《大学问》中说，觉悟的人能够觉悟自己的心像虚空一样广大，能够觉悟万物是一体的，能够觉悟天下所有人实际上是一个人。这种觉悟不是虚无缥缈的，而是真实的见识，是真实的智慧，可以落实在真实的行为中。这种觉悟需要自信，需要自爱，需要知行合一。知行合一，需要志向坚定，需要有大气派！这是英雄豪杰、仁人志士的大事业！"

王畿在思贤书院讲了三天学。他知道袁黄是好朋友袁仁的儿子后，很高兴，为袁黄写了《袁参坡小传》。告别时，王畿再次叮嘱弟子袁黄、支大纶、丁寅、丁宾等说："你们一定要自信，要踏实用功，要知行合一！"

---

1 周敦颐（1017—1073）：湖南道县人，宋明理学的主要奠基人，著有《太极图说》《爱莲说》等。

2 山长：尊称在山中讲学的人，代指书院院长。

应弟子们请求，王畿为弟子们题写下了"自信良知""良知提醒""良知现成""知行合一"等词。袁黄把"自信良知"做成了座右铭，丁寅把"良知提醒"做成了座右铭。

袁黄自信地参加了隆庆元年的乡试。这是他第五次参加乡试。这次，他自信满满地等候参加省里举办的鹿鸣宴。

三十四岁的袁黄在嘉兴府七个县的秀才中是个名人。考试一结束，秀水县的黄洪宪[1]、屠谦等考生就拿着自己的文章，来请袁黄点评。黄洪宪和屠谦都是世家子弟。黄洪宪的曾祖黄盛是举人，父亲黄琮[2]是进士。屠谦的曾祖屠勋、祖父屠应埈[3]、祖父的大哥应埙[4]和二哥应坤、父亲仲律都是进士出身。屠谦的曾祖是平湖人，祖父屠应埈迁居到府城，落户在秀水县。

两个二十多岁的秀才尊重老秀才。黄洪宪双手递上文章，说："袁黄学兄眼睛明亮，去年愚弟到思贤书院拜访，承蒙袁学兄点评习作，热情鼓励。转眼又是一年，您再看看，愚弟这文章可有长进？"

袁黄接过一叠文章，认真阅读第一页和第二页，对中间几页快速浏览，对最后两页再仔细阅读，嘴里说了一声"好"，抬起头，对黄洪宪说："洪宪学兄好文章！审题准确，立意明白，说理清晰，用词清奇。浙江金榜，定有大名！恭喜洪宪学兄！"

黄洪宪眼里露出喜色，脸上还有意犹未尽的遗憾。

袁黄接过屠谦的文章，一页一页翻看后说："屠谦学兄有家学传承，文笔老到，力透纸背。恭喜屠谦学兄！"袁黄起身把文章还给屠谦，"这一届乡试，咱们嘉兴府要大放异彩。我看过嘉兴府七个县几十个学兄的文章，其中，印象深刻的有你们平湖县马汝贤和孙成泰、我们嘉善县孙朝宗等七八位学兄的文章。愚弟大胆判断，你们平湖的马汝贤今年一定名列前茅，当在前十名以内，至少是一个经魁。"袁黄朝屠谦拱着手，"屠学兄

---

[1] 黄洪宪（1541—1600）：隆庆元年浙江乡试解元，隆庆五年会试第二，授翰林院编修。其弟弟正色、儿子承玄和承昊、侄子承乾四人都是进士。

[2] 琮：音 cóng。

[3] 埈：音 jùn。

[4] 埙：音 xūn。

你，一定不出前四十名。恭喜恭喜！"袁黄朝黄洪宪拱手齐眉，"最该恭喜的还是洪宪学兄你！你不仅是咱们嘉兴府的文魁，一定还是咱浙江省这届乡试的解元。黄解元，恭喜恭喜！"

这下黄洪宪开心了，笑容灿烂。屠谦笑容中含着羡慕。黄洪宪本来自信，他只是想通过袁黄再确认一下。开心过后，才想起来要关心一下袁学兄："承蒙袁学兄吉言！只是，如果解元让愚弟鸠占鹊巢的话，把您这位嘉兴名士往哪里摆呢？袁学兄，您的大作请让愚弟拜读拜读。"

袁黄拿出自己的文章。一叠文章被多人反复传看，纸边已经起毛。黄洪宪拿着文章，见屠谦心急，随手分给屠谦几页。两个秀才读着文章，嘴里不时地赞叹着"妙！""好！"

袁黄评判别人的文章很准确。这届乡试，秀水县的黄洪宪成了解元，平湖县的马汝贤第六名，嘉善县的孙朝宗第十四名，屠谦第二十八名。他对自己文章的自信有些盲目。他第五次落榜。发榜前踌躇满志的袁黄第五次灰溜溜地离开杭州。在北直隶参加乡试的丁寅第四次落榜，沈称第八次落榜。

春风得意的黄洪宪率领八十九个新举人拜谢主考官后，和屠谦一起登门拜谢浙江省提学官殷迈[1]。在浙江省乡试资格选拔考试中，殷迈录取黄洪宪为第一名，这极大地鼓励了年轻的黄洪宪。殷迈是新解元的伯乐，黄洪宪是殷宗师的千里马，师生相见，分外开心。

黄洪宪和屠谦说："学生今天能够榜上有名，感谢宗师栽培和提携之恩！"

殷迈说："祝贺两位贤生乡榜题名。栽培和选拔人才，这是本道的职责。你们的文章，我都看了，名副其实。九十个新举人的文章，我都审查了一遍。今年三月，朝廷批准南直隶耿提学[2]的奏章，为了保证乡试录取工作的公正公平，要求各省提学官审查新举人的考卷，密封后呈递礼部。选拔了举人，接着要选拔贡生。举人选拔，老夫只负责预选和推荐，贡生选拔，老夫责任在肩。这几年，朝廷三番五次，督责各省提学，严格贡生选

---

1 殷迈（1512—1581）：号秋溟，江苏南京人，嘉靖二十进士。
2 耿提学：耿定向（1524—1597），湖北红安人，嘉靖三十五年进士，官至户部尚书。

拔工作。确实如此，每年各府学、州学、县学的岁贡论资排辈，不论学问，论年龄，推荐的人才年老体衰，不堪大用。纳贡和例贡，不论道德学问，论钱粮，推荐的学生只会抄文章，不会写文章。去年六月礼部发文，北京国子监在学监生只有两百人，这两百监生，学识不高，德行浅薄，不读经典，剽窃范文。御史和给事中[1]纷纷上奏，要求停止招收纳贡和例贡，减少岁贡，重点放在选贡上，要选拔学问好、德行高的生员。各府推荐的文章，老夫看得老眼昏花，也没有发现令人眼前一亮的锦绣文章。这也难怪，好学生基本上都在你们这些考生中，好文章基本上都在这些乡试考卷中。为了选拔合格人才，老夫不怕苦、不怕累，今年乡试这近三千名考生的考卷，我都要浏览一遍。你们来看我，这才给了我休息一会儿的理由。唉，人老话多，老夫只顾说话了。你们喝茶！"

黄洪宪和屠谦说："宗师对朝廷尽忠，为学生负责，一片苦心，天地可鉴！更令学生敬佩！"

殷迈有一点没说。朝廷多次下文警告，各省提学官选送的贡生，有五人通不过翰林院的考核，提学官要调离岗位，降级使用。提学，是提督学政的简称，提督意味着专权专责，责任大，失职时所受处罚也重。

一脸疲倦的殷迈喝了几口茶，说："刚才看到几篇文章，考生叫袁黄，是你们嘉兴人，让人眼前一亮。五篇策论，像五篇奏疏，好像出自能臣之手。这样的文章竟然落选，这样的考生竟然漏选，实在可惜！"

袁黄也是黄洪宪的伯乐。在乡试预选考试前，袁黄看过黄洪宪的文章后就断言，黄洪宪是这一届乡试的解元。更可贵的是，在袁黄赞赏之前，几乎没人看好黄洪宪的文章，连黄洪宪本人也对自己没有信心。

黄洪宪说："宗师慧眼识人才。袁黄是我们嘉兴名士，人好，文章也好，正如宗师您说过的，文如其人。"

殷迈点点头，说："向朝廷推荐人才，是本道的职责。再次祝贺洪宪和屠谦两位贤生。年轻人，眼光要长远，抓紧时间，好好准备明春的会试，最好一鼓作气，再接再厉。老夫等着你们的好消息。"

---

[1] 给事中：监察衙门吏、户、礼、兵、刑、工六科中的纪检监察官员。

很快，浙江省提学道下发公文，要求嘉善县呈文，申报袁黄贡入国子监的资料。一接到公文，许镃就派人到思贤书院，把袁黄叫到县衙退思堂。

许镃说："恭喜恭喜！袁秀才，你遇到贵人了。提学道殷宗师慧眼识人，指名把你袁秀才贡入国子监，公文已经到达本县。"

袁黄眼中一亮，马上又平淡下来，说道："老父母才是学生的贵人。多谢老父母提携推荐！"

许镃说："本县可不敢贪天之功！本县一心想提携你，也只能安排你在书院做讲师。一心想推荐你，排在你前面的几个廪膳生已经年近花甲，越过他们，本县也于心不忍。再说，最终决定权还在提学道手里。这下好了，殷宗师好眼力！"

袁黄起身朝许镃一鞠躬，说："老父母，您是学生的贵人！"说着朝杭州方向再鞠躬，说："殷宗师，您也是学生的贵人！"

第二十三章
监生暗夜泪双流

隆庆二年（1568）正月，三十五岁的袁黄入学北京国子监。监生沈称和丁寅领着袁黄熟悉过校园环境后，在校外东来顺涮羊肉火锅店为他接风洗尘。

第一次进京的袁黄满心欢喜，一脸兴奋，两眼放光。他对未来充满向往。朝廷学校分四级两个层次，最低一级是县学，再高一级是州学，再高一级是府学，最高级是国学。国学全称是国子监，又称太学。"太"字比"大"字多一点，意思是比大还要大一点，至高无上。县学、州学和府学的学生只有考中举人，或者升入国学毕业，才能获得做官资格。国子监的学生根据入学途径分举监、贡监、荫监、胄监和例监，统称监生。监生毕业可以做官。袁黄认识的嘉善县县丞李祖光、主簿孙光启都是监生出身。他从《嘉善县志》知道，嘉善县历任县丞、主簿几乎都是监生出身。县衙二把手县丞正八品，三把手主簿正九品，他们虽然品级不高，但也是朝廷命官。

他乡遇故知，沈称和丁寅很高兴。

沈称说："表弟，欢迎你来北京学习。北京地面大，平台高，见的世面也大，可以开阔眼界，提高见识。"

丁寅说："袁黄学兄，我们又能在一起学习了。"

袁黄说："表兄、丁寅学兄，我初来乍到，你们现在是学长，请你们多指点，免得我再走弯路。"

沈称说："表弟，你初来乍到，正在兴头儿上。高兴的事儿，让丁寅给你介绍吧。"

丁寅说:"听从沈学长吩咐。袁学兄,我给你介绍些高兴的事儿。国子监在天子脚下,祭酒[1]都是翰林出身。去年九月上任、十月离任的吕祭酒,去年十一月接任的王祭酒,两位大司成,都是翰林出身,都满腹经纶。两位司业[2]也是翰林出身,都是一肚子学问。监生根据来源分三六九等,第一等是举监。每届会试中落榜的举人,朝廷要求他们入监学习。举监,耻于与其他监生为伍,他们不愿坐监,大都选择顶着一个监生名分,各自回家读书。第二等是贡监,贡监也分三六九等。你是选贡,三五年才选这么一次,凭的是真才实学。除了举监,在这里,你们选贡出身的监生地位最高。祝贺你,袁学兄,在国子监,你会被人高看一眼。"

袁黄脸上笑开了花,沈称则一脸平淡。

丁寅继续说:"这里的岁贡很少,屈指可数。岁贡生,都是熬年头熬出来的,终于熬出了头,大都年过半百。他们各位老学兄不愿再继续苦熬,不愿入监学习,都选择到各府、州、县学当没品没级的训导和教谕。岁贡,在这里没有地位。沈学长和我这样的纳贡,地位比岁贡还低一些。我弟弟虽然考中举人,但也不愿待在这里。他不想顶着一个纳贡的帽子。第三等是荫监和功监,他们是三品以上官员的子孙和立有军功的低级官员的子孙。第四等是胄监,他们是公爵、侯爵、伯爵各爵爷家的子弟。第五等是例监。这十几年倭寇猖獗,军费吃紧,朝廷为了筹措军费,每年拿出上千个监生名额,换取钱粮和军马。例监虽然很多,但他们不是为了读书,不愿坐监学习,只是为了拿到一个监生名分。你在国子监很少能见到他们。一句话,袁黄兄,你在国子监有身份,有地位。"

袁黄高兴得两眼发亮。

丁寅说:"国子监学生从低到高分六堂,依次是正义、崇志、广业、修道、诚心、率性。新生入正义、崇志、广业三堂学习,一年半后升入修道和诚心二堂学习,再一年半后,升入率性堂学习。从率性堂开始积分,积够学分,分派到各大衙门实习,实习满一年,进入吏部候选。监生候选时有了官员身份,名为听选官。举人出身的监生,最高可以做府衙、州衙

---

[1] 祭酒:国子监从四品官员,同今校长,同唐代大司成。明代在非官方场合习惯用古代称谓。
[2] 司业:国子监正六品官员。

的二把手。贡生出身的监生，最高可以做偏僻州县的知州、知县。官员子弟出身的监生，都被分配到北京各衙门做七品以下的京官。袁黄学兄，你选贡出身，将来可以做知州、知县大老爷。来，祝贺未来的知州、知县大老爷！"

三人举杯一饮而尽。

袁黄说："这么说，两位学长已经开始积分了，这就快到各衙门实习了！"

沈称说："袁黄，听了丁寅的介绍，你心花怒放。你就多高兴几天吧，我不想扫你的兴。"

袁黄说："表兄，高兴也得高兴得踏实。知根知底，才好心里踏实。今天，你干脆竹筒倒豆子，一下把话说明白。我高兴不能瞎高兴。高兴的事，你让丁寅说了，不高兴的事，你就直说吧。"

沈称说："袁黄，按你的水平，可以直接进入率性堂学习。但是这里有规矩，要按部就班，不能跳级。国子监里的学生少，但是散布在各地的监生并不少。监生一般要坐监十年，至少也要六七年，才能得到衙门实习的资格。在衙门实习有一年的，有两年的，最低也要实习六个月。实习后到吏部备案，听候选派。吏部积压了上万名听选官，有的听选官十几年得不到任命。平均下来，每个听选官都要等候十年八年。你刚才说，想少走弯路。怎么少走弯路？怎么尽量不走弯路？作为选贡出身的监生，你最好的出路是利用乡试对监生的优惠政策，继续考举人、中进士。丁宾这样成功了，我和丁寅花钱进入国子监，也是这个目的。我们继续努力吧！"

袁黄眼中的亮光黯淡了。

沈称说："还有一个坏消息，乡试中对监生的优惠政策发生了变化。过去，监生试卷上标注一个'皿'字，便于识别身份。每届乡试，北直隶一百三十五个名额，其中有三十五个名额是留给带'皿'字的考生的。在隆庆元年的乡试中，监生的试卷上不再标注'皿'字。"

袁黄心里一合计，自己三十五岁，按最好的结果计算，六年坐监，半年实习，八年听选，选上知县已经五十岁了。踌躇满志的袁黄心里变得像北京的天气一样冷飕飕的。

国子监的课程与县学的课程相比变化不大，还是四书五经及《大明律》和《历代名臣奏议》等。这些内容，袁黄可以倒着背诵。翰林出身的讲课老师也讲不出更新鲜的内容。

晚上，袁黄躺在床上，思绪万千。

来北京前，他把未来想得太美好、太辉煌。现在他不再幻想未来，而是回顾起了自己短暂的三十五年人生。

小时候盼着长大，长大有长大的苦恼。当童生时盼着考上秀才，考上秀才有考上秀才的苦恼。当秀才时盼着考中举人，五考五败后，盼着当贡生，没想到，当了贡生还有当贡生的苦恼。真像母亲说的，人生一世就是来受苦的。更大的苦恼是，自己无论如何努力都挣脱不出命运的捆绑。

难道这就是自己的命？难道不是吗？孔道人的话不由得回响在他的耳边。

认识孔道人之前的十几年人生不知道是不是命中注定的，之后这二十年人生完全被孔道人算定，完全被命运锁定。哪一年考中秀才被孔道人算定，不仅如此，在入学考试中，在县学考第几名、在府学考第几名、在省里考第几名，都被孔道人算得分毫不差。当秀才时，哪一年吃到皇粮也被孔道人算定。孔道人算定，自己吃够九十一石五斗皇粮时就会被选为贡生。没想到，自己刚刚吃到七十多石皇粮时，就被屠羲英宗师选为贡生。当时，自己又惊又喜，惊喜的是自己的努力终于得到承认，自己终于挣脱了命运的枷锁。没想到的是，命运的枷锁不是那么容易挣脱的，屠羲英宗师离开了浙江提学道，临时掌印的杨兆否决了自己的选贡资格。直到遇到殷迈宗师，自己才终于成为贡生。算算自己吃过的皇粮，不多不少，正好九十一石五斗。自己不得不彻底信了孔道人，不得不彻底信命了。

万般不由人，一切都是命！无论你如何努力！无论你如何优秀！无论你如何不优秀！唉！

眼下，又要被孔道人算定：当监生苦熬十五年后，四十九岁当上四川一个县的知县，干上三年半，辞官回家等死，享寿五十二岁，一辈子断子绝孙。

孔道人这人也是，竟然算定了死亡的日子，是五十二岁那年的八月十四日丑时，连十五的月亮都不让看一眼。

唉！袁黄叹了口气，热泪从眼角流出来，冰凉了两颊。他情不自禁地抽噎起来。

命苦！命苦！命苦！

既然一切都是命，那么读那么多书有什么用！听那么多课有什么用！写那么多文章有什么用！认识那么多人有什么用！想那么多事有什么用！活着，又有什么用！干脆，不活了！不活，也不过是睡着了不用再醒来。就这么长睡过去吧，睡死过去吧！睡死过去，一了百了，再也没有苦恼。

想睡死过去？没那么容易！想睡着都很难。流泪却很容易，泪水很快浸湿了枕头，冰凉了两颊，冰凉了枕头，冰凉了袁监生来北京前那颗火热的心。

第二十四章
清闲儒生坐枯禅

　　清晨，袁黄醒了。醒来的袁黄心中一片空白。他心中疑问道，我这是在哪里？心中的意识慢慢活泛起来。哦，身在国子监，我是袁黄，是新来的监生。枕头湿漉漉的，怎么回事？昨晚自己哭了，哭得很伤心，哭得想要去死。我不是要睡死过去吗？没有死成？还要不要死？他在心中多次问自己。

　　不行，自己死了，母亲怎么办？母亲活得好好的，自己却逃避养老送终，这是大不孝。再说，媳妇怎么办？一个黄花大闺女跟了自己，因为自己的原因，连个一男半女也没有，连个娘也没当上，太对不起媳妇。自己活着，她总算有个依靠，有个伴儿，自己死了，她就成了寡妇。寡妇，一个"寡"字，意味着孤苦伶仃、无依无靠、风雨飘摇。这是不负责任！自己这几十年，读书识字，读经明理，究竟要干什么？难道就是为了一个死吗？为了一个死，用得着二十年寒窗苦读吗？不行，要活下去，担起自己的人生责任，活出自己的人生价值，即便命中注定只能做三年半知县，也要施展出自己的抱负，这才不枉费自己几十年的辛苦勤劳，这才不辜负那些对自己寄予殷切期望的老师尊长。最主要的是，不能辜负自己这条聪明、仁厚、充满活力和灵性的生命。天地最大的道德是生育万物、养育万物，人生最大的道德是救人性命。自己要害死自己，这也是杀人害命，这是最大的缺德。

　　活下去！怎么个活法？好死不如赖活着？不行，这是苟且，是敷衍，是不负责任。活就要活个明白。怎么算活明白？谁活明白了？孔子活明白了，老子活明白了。这种榜样太遥远。近一些的榜样有没有？师爷王阳明活明白了。师爷去世四年后，自己才出生，师爷还是显得太遥远。师父王畿活明白了，他四处讲学，讲的就是怎么活得明明白白。师父唐顺之活明白了，他连死也死得明明白白。唐顺之以圣贤的方式活着，以英雄的方式死去，这是杀身成仁，这是舍生取义。仁义道德，唐顺之占全了。

唐顺之的形象在袁黄心中越发真切起来。跟随唐顺之两个月，他那时候青春年少，最看重师父的博学、儒雅和英气，以及到处受人尊敬的排场。年轻人看重结果，注重外在，往往容易忽略掉原因和内在。现在回想起来，师父有两点指示，自己忽略掉了。在跟随师父的两个月时间里，师父每晚像和尚一样打坐。师父说，打坐最容易入静，身静心静才能启发内生智慧。师父随身带着《楞严经》《维摩诘经》《圆觉经》，随时诵读。师父不仅当面教诲袁黄，后来还写信告诫他，要熟读这三部经典。

打坐，自己偶尔坐一坐，没有坚持下来；这三部经典，自己挑了《维摩诘经》带在身边，做做样子，一年也没看上三次。

唐顺之和王畿都受禅宗和老庄影响，都强调启发内生智慧，都倡导学生打坐。现在看，自己不是一个好弟子。这些年来，自己喜欢热闹，不愿意安静；喜欢两眼向外，不习惯关注自己内心；总是在外面跑来跑去，没有坚持打坐；练写文章时间多，诵读经典时间少。

国子监的课程和作业很简单。每天练习书法，写够两百个字就可以了。每月只须写七篇小文章：一篇是解读《尚书》中一句话，不少于五百字；四篇是各解读《大学》《中庸》《论语》《孟子》中一句话，每篇不少于三百字；两篇是模拟写作公文，每篇不少于三百字。

国子监的伙食和津贴很优厚。每个监生每月发放两石皇粮，每月还有零花钱，待遇和嘉善县学教谕一样。

吃穿不愁、日子清闲的袁黄开始打坐。对打坐，袁黄不陌生。小时候好奇，多次扒着门缝偷看父亲打坐。父亲在外出诊或者访客，奔波一天，在家接诊或者读书，忙了一天，晚上都要打坐。

怎么打坐？唐顺之师父具体说过，王畿师父简单介绍过，孔道人师父说得最详细：端身正坐，全身放松；两腿一盘，上下交叉；两眼微闭，面带微笑；舌抵上腭，任督相连；两手结印，安定身心。

怎么处理打坐时的心思？几位师父说得不一样。

孔道人说得通俗易懂。他说，打坐的时候啥也别想，好事不去想，坏事更不去想。

唐顺之师父最有学问，说得最多。他说，庄子讲究"坐忘"，打坐时忘掉烦恼，忘掉喜悦，忘掉一切，忘到无所作为。儒家要读书、修身、齐家、治国、平天下，孔子不说打坐的事儿，但是结合儒家"圣人无私"的特点可以知道，儒家如果打坐，主要是去除自私自利的念头。唐顺之师父说，去除自私自利的念头，佛家说得最彻底，就拿《维摩诘经》这个经名来说，它还叫《净名经》《说无垢经》《不可思议解脱经》等，其中"净名"和"无垢"，顾名思义，就是干干净净、清净无污染；"不可思议"，顾名思义，就是不能思、不能想，用佛家的话说，就是要无欲、无我，要空。唐顺之师父特别强调这个"空"字。

王畿师父避讳说"空"。师爷王阳明在世时，被人攻击，说阳明心学是禅宗，"空"掉了爹娘和朝廷。王畿师父早年也被人攻击，说他只会说空话，不会干实事。王畿师父说，打坐时既不要管"空"，也不要管"有"，"空""有"都不必管它；既不要想善，更不要想恶，怎么办，牢记"四句教"，践行"四句教"，同时还要记住师爷王阳明说过的话——金沙虽然好，眯在眼里一样是祸害。

二月，内阁大学士李春芳[1]任会试主考官。李春芳曾经拜王阳明弟子欧阳德和王艮为师，他在会试范文中引用了庄子语录和王阳明语录。此前，道家和佛家的语录、语义绝对不能进入科举考试中。

三月，朱翊钧[2]被立为皇太子，太子的母亲李妃是虔诚的佛教徒。袁黄在国子监阅读佛经和天天打坐没有任何思想障碍。

解读儒家经典，袁黄写起文章来下笔千言，实际上他这都是笔墨功夫。儒家圣人无我的境界，他连门都没有进入。儒家最基本的追求是修身，修身的实质是修心。从这个意义上说，儒家是身心学问，是生命学问。他对庄子的"坐忘"体验不到，理解不了。对佛学，他是个小学生，

---

1 李春芳（1510—1584）：江苏兴化人，嘉靖二十六年状元，官至内阁首辅兼吏部尚书。
2 朱翊钧（1563—1620）：明朝第十三位皇帝，年号万历，在位四十八年，死后谥号"神宗"。

理解不了佛家的"空"。对阳明心学，他理解不了"无善无恶心之体"。他打坐时追求坐忘，追求空，追求无善无恶，很难很难！心是活的，充满了生生不息的活力和灵性。袁黄千方百计去压制这种活力和灵性，这就像土地上长草，他拔不掉草根，只有用笨办法，用石头去压。

半年下来，袁黄坐出了成绩。他的思绪越来越少，念头越来越净。但是，他的疑虑一点儿都没有减少。

他闭目静坐时，时常会"见到"小小的光明。这个光明从黄豆一般大，慢慢长到芝麻油灯的火头那么大，他不知道，这意味着什么。有时候，他会提前知道次日将要发生的事情，他不知道，这是不是智慧。有时候在闭目静坐中，他会"看见"佛菩萨从寺院墙壁上的绘画中飘来，金光闪闪的，他不知道，这是怎么回事。不少时候，在闭目静坐中或在睡眠中，他会"看见"自己从来没有见过的丑恶人物形象或张牙舞爪的动物模样，这些人物形象或动物模样丑陋无比、肮脏无比，恐怖狰狞。它们个个都是凶神恶煞，让他毛骨悚然，总是把他从静坐中或睡梦中惊醒。在静坐中或在睡梦中，时常有或者丑陋或者美丽的女人来诱惑他。美梦总是太短暂，想留留不住；噩梦总是那么冗长，想压压不住，想空空不掉。他惊恐，不知所措。

李自华在翰林院当编修。

李自华说："咱们嘉兴府在京官员定期有个聚会，下次聚会，我介绍你认识太常寺少卿[1]陆光祖前辈。陆光祖前辈的父亲陆杲老前辈、弟弟陆光祚都是进士出身，都是居士。他们一家人出钱在平湖建寺院，供养寺院，虔诚得很。每次聚会，陆光祖前辈都不忘介绍佛教修心养性的方法。我这几年，受他影响，每天晚上也坐一会儿，身心很受益。"

袁黄认识陆光祖的弟弟陆光宅，他等不及下一次聚会，想早点儿见到陆光祖。李自华领着袁黄去拜访陆光祖。

陆光祖做官公正无私，做人一团和气。

他听了李自华和袁黄的叙述后，和蔼可亲地对袁黄说："你来问打坐，

---

[1] 太常寺少卿：太常寺是礼部下属的二级机构，掌管祭祀礼乐，首长有一位正三品太常寺卿、两位正四品少卿。

我可以给你提一些建议。打坐不是目的，只是一个手段。它不是逃避人事的手段，而是开发内心智慧的手段，也不是唯一的手段。《楞严经》中介绍的白骨观[1]，可以对治你打坐中遇到的烦恼。你读不懂《维摩诘经》，我也不能说全部读懂《维摩诘经》。如果能彻底读懂《维摩诘经》，你所有这些疑问自然也就有答案了，所有烦恼可能也就不是烦恼了。这可不是一朝一夕的功夫。找老师，就找最高明的老师。我推荐一位老师。我在南京礼部时，主管佛教和道教事务，在栖霞寺结识了云谷禅师[2]。他是一位真正的高僧、明僧。"

---

1 白骨观：佛家一种打坐时的观想方法，把身体观想为一架白骨，对治淫欲心。
2 云谷禅师（1500—1575）：号云谷，浙江嘉善人，俗姓怀，得道高僧。

第二十五章
栖霞山叩问高僧

袁黄在北京国子监只当了一年学生，隆庆三年，他转学到南京国子监。

陆光祖的三弟陆光宅是南京国子监监生，和袁黄是王畿门下的师兄弟，年长袁黄三岁。他领着袁黄来到栖霞寺。

在栖霞寺，袁黄没有听到"嗡阿吽"[1]的念经声，却听到儒家经典的诵读声，而且是众人齐声的诵读声。他很意外，很好奇，不由得停下脚步，循声搜寻发出声音的地方。陆光宅说："这是栖霞寺学僧在念诵儒家经典。年轻僧人学习四书，这是栖霞寺的传统。说起来，佛教，正是因为受到儒家影响，才有了小乘和大乘之分。"

袁黄没想到只比自己大三岁的陆光宅这么熟悉佛教，他看着陆光宅，目光中含着探询。陆光宅的父亲陆杲和大哥陆光祖都是大居士，三哥陆光祚也是居士。他们家信奉儒教和佛教二教合一。陆光宅说："学小乘的佛教徒只管自己成就，这是自私自利；学大乘的，受儒家影响，不仅自己要成就，还要帮助更多人成就。"

两人穿过栖霞寺，向后山走去。陆光宅说："云谷禅师不在栖霞寺，他住在远离人烟的后山。二十多年前，云谷禅师栖息在栖霞寺，当时的栖霞寺破败不堪，没法住人，成了野兽的巢穴。当时，我大哥在南京礼部，有一次来这里察看，偶然发现云谷禅师，见他相貌不凡、见地高明，就召集南京一些居士，供养云谷禅师，帮助他重修栖霞寺。栖霞寺建好后，云

---

[1] 嗡阿吽（wēng ā hōng）：佛教的根本咒，佛家认为这是宇宙的根本音。

谷禅师写信从少林寺请来兴善和尚当住持，自己躲进后山，独自修行。除了应邀到南京城内讲经，云谷禅师长年不往城里去。"

听了陆光宅的介绍，袁黄心中对云谷禅师升起无限崇敬。

云谷禅师住在天开岩下一座简陋的茅屋里。他正在盘坐。袁黄随着陆光宅进入茅屋，随着陆光宅跪下磕头，只听陆光宅口中称颂道："老和尚慈悲！平湖弟子陆光宅拜见老师！"袁黄随着陆光宅自报家门："老和尚慈悲！嘉善书生袁黄拜见老师！"

磕罢头，袁黄抬起头来，目光虔诚地打量云谷禅师。只见云谷禅师法相庄严，像大殿里端坐着的大佛一样安详、肃穆、高大。云谷禅师的眼神清澈深邃，四目对视的一瞬间，袁黄浑身一激灵，只觉全身麻酥酥的，这种麻酥酥从头顶贯穿到脚心，从生命的最深处放射到十指指尖，放射到全身的每个毛孔，贯穿和放射的速度极快，像闪电一样。袁黄的原始生命被触动，他眼中涌出热泪，情不自禁地再次俯下身子，磕下头去。

云谷禅师轻声说："陆居士、袁秀才，请坐吧！"云谷禅师的声音清净、清晰、清明、清脆、清悦，饱含生命的磁性和穿透性，富有感染力。

袁黄和陆光宅各自盘坐在蒲团上。

云谷禅师问："陆居士，最近功夫如何？"

陆光宅说："弟子谨遵老师教导，在日常生活中，不说恶言，不做恶行；在起心动念上，不起邪思，不动恶念。每天存好心，说好话，做好事，一心一意做好人。弟子虽然愚笨，但一直在用功。"

云谷禅师说："好！"

陆光宅说："弟子受家兄托付，带嘉善袁监生来拜见老师！"

云谷禅师说："好！"

袁黄提起精神，支棱着耳朵，等着捕捉老禅师讲经说法的金言妙语。云谷禅师不动声色，看了一眼袁黄，说："坐吧！"这一声"坐吧"好像定身咒，一下子定住了袁黄的身心，他心中变得一片空白，见云谷禅师之前准备的满肚子问题，一个也想不起来。他看了一眼陆光宅，发现陆光宅在闭目静坐，面相平静。来之前，陆光宅说过见云谷禅师的规矩。袁黄知道这个规矩，也知道支持这个规矩的道理。李自华在翰林院见的高人多,也讲过这个道理。李自华和陆光宅都说:"去拜见学识高明、道德高尚的尊长时,不要急着问,不要想着听,要清空自己的大脑和心地,放空身心,放松、自然、安静地坐着,感受尊长生命力的清净,接受尊长生命力的清凉,感染尊长生命力的喜悦,沾染尊长生命力的光辉,同化于尊长生命力的智慧和自在。这就像晒太阳,你不用喊,不用叫,不用请,不用求,不用可怜巴巴地说:'太阳老师,你照照我吧,你给我光明吧!'在太阳底下,你就放弃自我意识,敞开胸怀,和太阳融为一体吧。"

袁黄放空身心,全身心进入到打坐的境界中。打坐的时光过得飞快。陆光宅在云谷禅师的生命力营造的春风里坐了一天一夜,第二天精神饱满、身心轻盈地下山回城。袁黄存得住气,他和云谷禅师一起,又连续坐了两天两夜。云谷禅师六十九岁,连续四十年里的每个夜晚,他都把蒲团当作床,把打坐当睡眠,从来没有躺倒过。他睡眠时和醒着时一样清醒,随时随地、时时处处都保持着觉醒、觉知和觉悟。他这叫"睡觉",一般人叫"睡昏"。"睡"字,左偏旁是一个"目"字,右偏旁是一个"垂"字,寓意是眼帘下垂,双目微闭。睡觉,也是打坐时的一种觉醒状态。云谷禅师一天只吃一顿饭,却养得身宽体胖,站着时气象高大像一座塔,坐着时纹丝不动像一座山。他对人说,和尚不胡思乱想,心思清净,所以饭量小。

袁黄受到感染和加持,安静地坐了三天三夜。

第四天,云谷禅师轻启尊口,舌送清音,说:"一般人整天胡思乱想、妄念纷飞,天天被纷纷扰扰的念头缠住、捆住、绑住,所以成不了圣人。袁监生一坐三天三夜,竟然不思不想、心中沉寂,心头不起一个妄念,这是为什么?"

袁黄说:"二十年前,我一生命运都被一位孔道人算定,哪一年考中秀才,在县考中第几名,在府考中第几名,在省考中第几名,哪一年吃到皇粮,吃多少皇粮后被选入国子监读书,都被他算得分毫不差。以后哪一年当上哪省哪县的知县,干多少年知县,哪一年寿终正寝,死的日子和时辰,也都被他算定。他还算定,我这一辈子无儿无女,是个绝户头。既然生死有命、富贵在天,一切都是定数,努力是这样,不努力还是这样,我妄想也妄想不来什么，也改变不了什么！万般不由人，一切都是命！一切都是定数！"

云谷禅师开心爽朗地大笑起来，像婴儿一样真诚，像婴儿一样纯粹。云谷禅师的生命力富有巨大的感染性。这种率性的大笑感染了袁黄，袁黄竟然也笑了起来，虽然笑得有些腼腆。

云谷禅师说："袁监生，我当你是一位英雄豪杰，却原来是一个凡夫俗子！哈哈哈！哈哈哈！"

袁黄脸上的笑容消失了。他说："老师，学生的座右铭是'自信良知'，虽然不敢自认英雄豪杰，却一直在努力，一直很自信。敢问老师，英雄豪杰与凡夫俗子的最大差别在哪里？"

云谷禅师问道："袁监生，自信良知与良知自信的最大差别在哪里？"

袁黄不假思索地说："一个是真自信，一个可能是自负。"袁黄话一出口，马上意识到自己这个"自信良知"就是自负。他以前只是怀疑，不愿意认真思考并承认。

云谷禅师说："英雄豪杰不信命运，反而改造命运，定数定不住他，阴阳五行拴不住他。这是不是良知自信？自信良知，可能是迷信，因为不知道良知什么样。你的命运被孔道人算定，二十年来竟然没有改变一分一毫。你自己说，你是不是凡夫俗子？"

袁黄"嗯"了一声，说："可是，学生一直很用功呀！"

云谷禅师问："你是如何用功的？"

袁黄说："我每天端身正坐，关注身心，驱除杂念，坐忘身心，学习圣贤无思无虑、无善无恶、无为而治，难道这都劳而无功吗？"

云谷禅师哈哈一笑说："袁监生，你吃着朝廷的皇粮，享用着朝廷的供养，却不好好学习，而是天天枯坐，你要干什么？你关注什么样的身心？阳明先生说的万物一体，你关注了没有？心地生生不息，长养万物，你分得清庄稼和野草吗？坐忘身心？你忘得了身心、忘得了'坐忘'这个执着的念头吗？圣贤无思无虑，是真正的无思无虑，还是不执着、不纠缠、不沾染思虑，你知道吗？阳明先生说的无善无恶，是真的无善无恶还是超越善恶，你知道吗？老子说的'无为'，你做到了吗？一入坐就忙着驱除念头、压制念头，忙着无思无虑，忙着无善无恶，忙着无为，你真无为了吗？你身心真的被制伏了吗？"这一连串的发问把袁黄问得心中空白，无话可说。云谷禅师运用心力，突然提高声量，一声断喝："袁黄，无为！什么是无为？"

袁黄整个身心被震慑住，前一个念头逝去，后一个念头未生，进入了真正的无思无虑状态，坐忘了身心，却又明明白白。

云谷禅师平静地说："这才是。"

盘坐着的袁黄，进入无为状态，良知苏醒，脱离了枯坐。

第二十六章
禅师传授改命法

难道这就是无为？这就是坐忘？袁黄既惊奇又疑惑地看着云谷禅师。云谷禅师觉知到袁黄心中的疑问，看着袁黄的眼睛，轻轻点了一下头。

袁黄问道："老师，无思无虑时，如何用心？"

云谷禅师说："无思无虑时正好用心。"

袁黄问道："无为时，如何做事？"

云谷禅师说："无为时正好做事。"

袁黄问道："打坐时能做什么事呢？"

云谷禅师哈哈一笑说："你说打坐是为了什么？"

袁黄说："打坐正是为了无思无虑，为了无为。"

云谷禅师问道："无思无虑为了什么？无为又是为了什么？"

袁黄说："为了开启内生智慧，为了致良知。"

云谷禅师说道："直截了当地说，打坐是为了身心安稳。安稳是为了安静。心彻底安静了，心彻底清净了，意味着人心死了。人心死了，道心就生起来了。道心，就是儒家说的良知，就是我们佛家说的佛性。良知，在儒家来说是大智慧，是先天智慧，是内生智慧，是根本智慧，就是阳明先生说的生天生地的那个智慧。佛性，在佛家，又叫般若，是无穷大的大智慧。打坐，身子坐下来不是目的，目的是要心坐下来。心坐下来有什么标准呢？无思无虑时又明明白白。这就是无为。无为时正好可以无所不为。这时候，人心合于道心，良知觉醒，般若起用，看似人在打坐，实际上是良知在打坐；看似人在走路，实际上是良知在走路；看似人在思考，实际上是良知在思考；看似人在做事，实际上是良知在做事。你说，心能坐下来时，为什么还要天天打坐？你说，无思无虑时，能不能用心？你说，无为时，能不能做事？"

袁黄迟疑着说："学生好像懂了。敢问老师，这样就是英雄豪杰的事业吗？这样就能逃脱定数、改变命运吗？"

云谷禅师问道："你说的这样是哪样？"

袁黄沉思了一会儿，心里理不出一个头绪。他直接问道："老师，定数可以逃脱吗？"

云谷禅师说："圣贤不说假话，各家经典都不骗人。《诗经》《书经》说得明明白白，每个人命运好坏、富贵多少，都是自求多福、自作自受。《道德经》说，圣贤君子的命运是自己创造出来的。《楞严经》说，一个人真心求富贵一定得到富贵，真心求儿女一定得到儿女，真心求长寿一定得到长寿。佛家最忌讳说大话、说假话，佛陀和各位大菩萨能说瞎话骗人吗？"

袁黄说："《孟子》也说过，只要真心争取就能得到，这意味着努力争取的主动权在自己。道德仁义，这些内在的东西可以努力争取；功名富贵，这些外在的东西，怎么能争取呢？"

云谷禅师说："《孟子》说的没错，你理解错了。你读过六祖《坛经》吧？《坛经》说，自己的心田是一块宝地，能够生长和养育万物，只要真心争取和努力创造，一定会心想事成。争取和创造的主动权在你，努力争取道德仁义一定得到道德仁义，努力争取功名富贵一定得到功名富贵。道德仁义和功名富贵，看似一内一外，实际上是一体的。阳明先生说，心无内外，心外无物。《中庸》说，一个人道德高尚、践行仁义，这种高尚的道德和仁义的践行一定会感召和创造出人间的富贵。首先，你必须积极主动，不能消极等待，心田再肥沃，不好好管理，一定会杂草丛生。如何管理心田？如果不反思内省、反观内照，而是一味地两眼向外，费尽心机地去投机钻营，不择手段地去追逐功名富贵，这种追求虽然有方法、有门路、有努力，但是结果如何，要听天由命，很可能既有损于道德仁义，又无益于功名富贵，这是内外双失，没有什么好处。你前二十年被孔道人算定，命运没有分毫改变，过去的已经过去，世上没有后悔药，不用管它。

你以后的功名如何、福寿如何、有无儿女，一切都在你自己手上，一切都在你的心田中。以后的命运，孔道人给你怎么算的？"

袁黄说："孔道人说，我一辈子最高的功名就是贡生，考不中举人、进士，监生毕业后到四川省重庆府江津县做知县，当三年半知县后，要主动辞职回家，在家寿终正寝，享年五十二岁，死在八月十四日丑时，一辈子无儿无女。"

云谷禅师说："你现在反思内省，检讨身心，自己应不应该考中举人、进士？应不应该有儿有女？"

袁黄闭目反省，沉思了一会儿，说："不应该！举人、进士，这类人天生的富贵相貌，有的敦厚纯朴，有的聪明沉静，我福分浅薄，又不能坚持积德行善，培补福报，这是第一。第二，我反应敏捷、动作麻利，却心思粗狂、性情急躁，习惯鲁莽冲动，经常轻举妄动，事前考虑不周详，做事粗枝大叶、不注重细节，干不了细活儿，这样做人、做事难免漏洞百出。第三，我有小聪明，却没有大肚量，心中存不住气，心里容不下人，听到说话慢腾腾的，看到做事磨磨蹭蹭的，听见说话不合我心意的，我急，我生气，我就忍不住批评人、嘲讽人、得罪人。第四，我经常耍小聪明，显摆小聪明，喜欢逞能，目的是压人一头，自高自大。第五，我说话不假思索、信口开河、夸夸其谈，常常说到做不到，结果变得言而无信。"

袁黄摇了摇头，叹了一口气，苦笑着说："深究起来，细想起来，一条条罗列，缺点何止五条，五十条也有。缺点是什么？都是缺德！缺德之人，哪里会有厚福？哪里会有富贵？哪里会有功名？"

袁黄接着说道："大地包容万物，不拒绝污秽，才能生养万物；纯水清净无瑕，缺少营养物，滋养不了鱼虾。我有洁癖，不该有儿有女，这是其一。《中庸》说，和气生养万物，我动不动就发脾气，为了鸡毛蒜皮小事就怒发冲冠，不该有儿有女，这是其二。慈爱是生养万物的根本，残忍是断子绝孙的根由，我过分看重自己的名誉，看到别人身陷苦难时，往往思前想后、患得患失、缩手缩脚，不敢挺身而出，不愿舍己救人，忍心看着别人在苦难中挣扎，不该有儿有女，这是其三。药圣孙思邈说，说话多耗费元气，元气亏损，影响生育。我整天滔滔不绝，废话太多，不该有儿有女,这是其四。酗酒损伤精神,精神不足,耽误生育。我模仿李白,为了写出好文章,天天喝酒,每天都喝得微醉小醺,不该有儿有女,这是其五。我喜欢熬夜,常常整晚上不睡觉,阳气虚弱,阴气湿重,精气神亏损严重,不该有儿有女,这是其六。深挖起来,细数起来,一条条,一件件,还有其七、其八、其九等等,污点太多!邪恶太多!缺德太多!我袁黄不该有儿有女,我袁黄过去明着怨天怨地,暗里抱怨爹娘祖宗,今天我才终于明白,实际上是我袁黄自作自受,罪有应得!呵呵呵!"

袁黄心酸难耐,苦笑起来,笑着笑着哭出了声。袁黄索性号啕大哭起来,啊哈哈哈……

云谷禅师视而不见,听而不闻,只管自己静静地坐着。

云谷禅师的气场让袁黄感受到了小时候母亲怀抱的温暖,他不管不顾、率性自在地痛哭了一阵儿,心中长久以来郁积的酸楚宣泄了出去。他身心轻灵,不哭了。

云谷禅师说:"厚德才能载物,不仅功名要靠道德承载,富贵要靠道德承载,儿孙也要靠道德承载。有百贯家财的道德享用百贯家财的家产,有万贯家财的道德享用万贯家财的家产;有十世儿孙的道德享受十世儿孙的祭祀,有百世儿孙的道德享受百世儿孙的祭祀。有人饿死,有人绝后,那是他们德薄福浅,自己作孽,自作自受,与天地没有什么关系。"

袁黄"嗯!嗯!嗯!"地回应着。

云谷禅师说:"你今天既然明白了是非,清楚了善恶,就要痛改前非。一定要为善去恶,一定要积累功德,一定要大度包容,一定要慈爱和气,一定要爱惜精神。过去的一切是是非非、善善恶恶,就像昨天一样已经过去了,已经死去了,从今天开始,从现在开始,身心的一切都是新生的,像新生的婴儿一样,一切都是崭新的。这个新生的崭新的身心是道德之身。血肉之身,有形有象,受到阴阳五行的局限,受到定数的束缚捆绑,而道德之身感天动地,合于天地道德,定数哪里锁得住!太甲[1]说,上天降下的灾害,还可以逃避,自己惹出的祸端,只能自作自受。《诗经》

---

[1] 太甲:商朝开国君主商汤的孙子,年轻时胡作非为,后来痛改前非。

说，顺应天命，自己创造自己的幸福。孔道人算定你考不中举人进士、无儿无女，这是上天的安排，是可以逃避的。你现在开始扩充心量，真心行善，多积阴德，这是你自己在积攒福报。自己创造的福报，自己当然可以享用。《周易》说，君子谋划人生，可以避开凶险、走向吉祥。如果说天命不可以改变，又怎么能够避开凶险、走向吉祥？《周易》说'积善之家必有余庆'，你信不信？"

袁黄嘴里应着："弟子信经典！弟子信圣贤！弟子信师父！"他下坐，跪倒在地，两手前伸，两掌拄地，然后掌心向上，向云谷禅师三叩首。

第二十七章
自号了凡立大志

云谷禅师说:"俗家弟子有五条戒律,第一条不得杀生害命,第二条不能偷盗别人的东西,第三条不得与妻妾之外的女人发生床笫之事,第四条不能说假话、大话、废话、脏话,第五条不能酗酒。前四条是根本戒,不能违反。第五条是为前四条戒律加一个保险,酒可以喝,不能过量,醉酒迷乱心性,容易犯戒。这五条戒律,袁黄,你能遵守吗?"

袁黄坚定地说:"弟子一定遵守!"

云谷禅师说:"袁居士,你坐吧。当居士,必须了解佛教;当大居士,必须精通佛教。到底什么是佛教?简单说,诸恶莫作,众善奉行,自净其意,这就是佛教。文字简单,通俗易懂。要真懂,非常难;要知行合一,更是难上加难。难在善恶的细分,难在妄念纷飞,难在能说不能行,难在智慧少愚昧多,难在怀疑多信任少,难在傲慢多谦虚少。袁黄?"

袁黄虔诚地说:"师父,确实如此!"

云谷禅师说:"阳明先生传下来的'四句教',文字简单明白,道理奥妙无穷。怎么做?从简单明白入手,奥妙无穷的道理慢慢就简单明白了。"

袁黄拜师王畿后,四年来学得糊里糊涂、不明所以。他问道:"师父,弟子对'四句教'看似明白,其实不明白,请您老人家赐教。"

云谷禅师说:"这里有个关键点,善恶怎么分?在儒家,害人是恶,不害人是善;在佛家,为了自己是恶,为了别人是善。在实际中,有时候善恶很难区分,需要大智慧。明白了善恶,才好为善去恶,才好诸恶莫作、众善奉行。最终,还必须超越善恶。"

袁黄问:"师父,您几十年修行,有没有最简单实用的方法?"

云谷禅师说:"首先要发愿,就是儒家说的立志。改变命运不容易,需要发大愿。第二步,要改过,要积善,就是阳明先生说的'为善去恶',就是我刚才说的'诸恶莫作,众善奉行'。这两者意思一样,说法不一样,做法也有差异。'为善去恶'是先积善,后改过;'诸恶莫作,众善奉行'是先改过,后积善。实际上,改过和积善可以同时做。怎么改过?一个人静坐时,做深刻的反思内省,做深刻的检讨,不要怕丢人,要勇于挖掘,敢于揭露,深挖多年来埋藏在心底的那些丑陋的记忆、丑恶的念头,把这些假恶丑一一揪出来,一一罗列出来,一条一条地写出来,一件一件地暴晒在阳光下。一次静坐、两次静坐、三次静坐,一定会把这些丑恶的东西一一验明正身。把这些内容写成一篇自我批评的保证书,可以请佛菩萨作证,可以请孔子作证,可以请天地作证,可以请信得过的老师、同学作证,最简单的做法是请自己的良知作证,诚心诚意,恭恭敬敬,把这篇保证书读出来,然后烧掉。这是忏悔。要真忏悔!要真改过!要痛改前非!要洗心革面!要脱胎换骨!要焕然一新!"

袁黄说:"弟子一定做到!"

云谷禅师说:"心中起恶念,这是真恶;心中起善念,这只是虚无缥缈的念头,不变成行为、做出结果,就不是真善。这一点一定要明白。"

袁黄之前不明白,他总把虚无的善念当成真实的善行。

云谷禅师说:"人有懒惰、得过且过、自欺欺人的天性,很难做到自觉与自律,很难持之以恒。改变命运的过程不是一天两天的工夫,怎么办?我年轻时用过一个方法,很有用。这个方法,陆光祖三兄弟也在用,他们都说很管用。"

云谷禅师把座下的一本小册子拿起来,递向袁黄,说:"你拿去用吧。"

小册子封面上写着"功过格"。袁黄打开小册子浏览。这是一本每天记录善恶功过的日记本。

袁黄学习阳明心学后,记过类似的日记,起名为《为善去恶日记》。在日记中,每天有什么违反道德的行为、思想,他记录下来;改正了什么缺点、改正的效果如何,他记录下来;做了什么善事、有了什么进步,他也记录下来。在准备秀才考试时和刚考上秀才后,他记录得很认真、很勤快，还制定了赏罚措施，并且赏罚分明，不徇私情，但是只有两三年热度，后来是隔三岔五地记录，再后来是偶尔想起来时记录，再后来就彻底忘到脑后。他已经多年不记日记了。

《为善去恶日记》格式和内容简单。《功过格》画有表格，列有项目，功过分明。它把善恶功过计分量化，大善高分，小善低分。比如，救人一命是大善大功，记一百分；安慰一个人，是小善小功，记一分。比如，夺人妻女，是大恶大过，记负五十分；离间人家亲骨肉，虽然不是大恶大过，但也不是小恶小过，记负三十分；心生嫉妒，记负五分。功，根据大小分别记有一百分、五十分、三十分、十分、五分、三分、一分，具体项目内容明晰，罗列有九十九项名目。过，与此类似，分数为负，罗列有八十一项名目。表格中横排有序号、名目、应得功分、实得功分、行善日期和事情简述等。

《功过格》每日记录，每月结算，分数正负加减，正分意味着进步。

每日记功记过，过去袁黄干过，命运却没有发生丝毫改变，说明它没用，现在难道就有用了？袁黄心中起疑。云谷禅师觉知到了袁黄的疑心，说："术士画符，你见过吧？精于此道的术士常说：'不会画符，被人笑话。'三百六十行，行行有自己的门道绝活儿。画符有画符的秘诀。画符的秘诀就一个字'诚'。术士画符前，必须做诚意正心功夫，心中不敢有一丝一毫杂念，必须做到心中一尘不染、一念不起。心中清清净净时，术士才敢下笔。这一笔下去，可以说是开天辟地。就像伏羲画八卦，一画开天。从下笔到画成，一气呵成，一笔下来，心中没有丝毫杂念，符中没有丝毫停顿，这样画的符一定灵验。读书人不能只会背书，更要学会运用。"

袁黄脱口而出道："《易》无思也，无为也，寂然不动，感而遂通。"

云谷禅师说："经典仅仅会背诵没有用，要用出来，要干出来，要活出来，把经典生命化，把生命经典化。画符要从这个地方入手，写保证书要从这个地方入手，记功过格还要从这个地方入手，改变命运，更要从这个地方入手。为了做成一件大事，心诚的人，要提前三天洗澡换衣服。这三天，一个人闭门静坐，家人外人都不见，每天三顿饭吃素。为什么？为了心地清净。这时候，他一定会有求必应。你现在心不静，杂念多，怎么办？心中默诵《准提咒》[1]。诵咒，是为了心地清净。人心像猴子一样，像野马一样，没有一刻安静。咒语，就像个拴马桩，就像个拴猴桩，通过诵咒，拴住心猿意马，让心安静下来。咒语，是一个口号，是圣贤为了表达一个目的，为了做成一件事，发出的豪言壮语，里面蕴含着圣贤的巨大生命能量和殷切期望。明白了道理，诵四书五经中的圣贤语录，效果一样。我在佛家就说佛家话。无事时，心中随时默诵《准提咒》，不要间断，不要记数，只管诵，让诵咒成为习惯。习惯成自然，诵咒时不觉得在诵咒，不诵时又是在诵咒。这时候，心清净了，不动了。诵咒，好比一服中药，是对治心中的邪念、妄念、私念、杂念。等心中清净时，就不必吃药了。心清净了，心真诚了，心灵明了，这时候一定有求必应。"

袁黄被云谷禅师的气场感染和加持，心思清净。他即听即明白，不由得心开意解，心花怒放，一脸喜色。

云谷禅师说："《孟子》说过如何改变命运。他说，短命和长寿是一回事。按世人的理解，短命和长寿有着天壤之别。圣贤不这么看，圣贤心地清净，不添加个人私念。他只看清事实，不评判事实。你说，在圣贤眼里，什么是短命，什么是长寿？明白这个道理后，可以类推，贫穷和富裕，可以平静地对待；贫贱和尊贵，同样可以平静地对待。明白了短命和长寿没有差别，就可以立定自己的生死命运。人生一世，生死为大。明白了生死，一切顺境、逆境就都明白了。"

袁黄信任师父，接纳师父。云谷禅师这些话融进了他的生命中。

云谷禅师说："明白了生死，就要老老实实地为善去恶，修身养性，行善积德，合于天命。身上有恶，改身上的恶；心上有过，改心上的过。只管行善，只管积德，不去操心结果。行善，是一种生活日常，是一种生命习惯，心上不要沾沾自喜，不要自以为善。心上一尘不染，干干净净，这时候，就超凡入圣了。袁黄，袁居士，这可是实实在在的大学问！"

袁黄在《功过格》的封面上恭恭敬敬地题写了两句话自勉："为善去恶了凡心，脱胎换骨改命运。"

从此，袁黄自号"了凡"。

---

[1]《准提咒》：准提，梵音，意为"清净、明觉"。全咒：南无飒哆喃，三藐三菩陀，俱胝喃，怛侄他，唵，折戾主戾，准提娑婆诃。

第二十八章
命运初变做举人

了凡与陆光宅既是王畿门下的师兄弟,又是云谷座下的师兄弟,两个好朋友都需要尽快考中举人。

陆光宅出身平湖县科举世家,爷爷陆淞二十三岁中举,二十四岁中进士。大伯父陆杰二十五岁中举,二十六岁中进士。二伯父陆棐三十八岁中举。父亲陆杲三十二岁中举,三十五岁中进士。五叔陆集比他父亲陆杲还早一届中举。大哥陆光祖十七岁中举,二十六岁中进士。三哥陆光祚二十岁中举,三十六岁中进士。二哥陆光裕也早在十五年前中举。陆光宅三十九岁,这个年龄,生长在这样的家庭,还没考中举人,压力山大。

了凡三哥袁襄、五弟袁衮和两个侄儿袁俭、袁信,他们一家五个秀才,就缺一个向上突破的举人。监生,带一个"学生"的"生"字,在举人和进士面前,仍被称为某生。三十六岁的了凡,哪怕在二十来岁的知县面前,仍然要自称学生某某。为了光宗耀祖,为了活得有尊严,为了实现自己的抱负,他必须尽快考中举人。

了凡与陆光宅恭恭敬敬地写了各自的《祈愿书》。在《祈愿书》中,两人保证各自做出三千件善事。在《祈愿书》最后,两人祈请让自己尽快考中举人。

向谁祈请呢?

陆光宅说:"佛菩萨无所不能,就像皇帝一样掌管着读书人的功名富贵,但是各省有乡试主考官,能不能考中举人,还是主考官说了算。同样道理,我们考试的内容是孔圣人做人、做事的标准,考得好不好,孔圣人最有权决定,但是最终打分的还是各省主考官。"

了凡说:"这么说来,去年会试中出现了庄子语录和阳明语录,我们也要向庄子和阳明祈请。同样道理,我们也要向曾子、孟子、周敦颐、二程夫子、张载、朱熹这些圣贤祈请。让我说,圣贤的心都是一样的良心和良知。佛陀一个圣人就可以代表,孔圣人一个圣人也可以代表。"

陆光宅说:"我们参考一下朝廷,皇帝君临天下,但是百官各有各的管辖范围,具体管乡试和会试的是礼部。这是阳间的事。阴间管功名利禄的是文昌帝君[1]。文昌帝君,我们一定要祈请。"

了凡说:"文昌帝君是我们儒家的,也是道家的。佛家的文殊菩萨[2]掌管世人的智慧,文殊菩萨也要祈请。我看这样吧,我们就祈请佛菩萨、至圣先师孔子以及历代圣贤,这个历代圣贤可以说无所不包,甚至把先师唐顺之也包括在内了。"

陆光宅说:"这样最好,滴水不漏,谁也不得罪,大家都帮忙。"

两人互相作证,宣读并焚烧了各自的《祈愿书》。

过了半个月,了凡与陆光宅交流感想。了凡说:"我身上发生两大变化,一是发现身心上的过失比过去多得多,二是现在做事、写文章、说话比过去小心谨慎得多。我开始很苦恼,就反复思考,查找原因,昨天突然明白,这是进步,是好事。以前我心粗,脾气急躁,大的错误和过失能够发现,小的和微小的错误和过失根本发现不了。现在我心思细了,心上微小的邪念也能够觉察到。发现的邪念多了,逼着我不得不小心谨慎,几乎每天都战战兢兢。这些天,看着是退步,其实是进步。光宅兄,你呢?"

了凡思维敏捷,反应快,说话快,现在刻意放慢说话速度。陆光宅也是个急性子,他几次急着插话,几次张了张嘴,最终还是把到嘴边的话咽了下去,耐着性子听了凡说完。他也刻意放慢说话速度:"了凡兄,你说的这两点感受我都有。我还有另外两点感受。第一,总是觉得有人在暗中监督着我的一言一行,甚至监督着我的每一个起心动念,哪怕屋子里就我一个人,哪怕是晚上我一个人躺在床上。第二,过去遇到有人说难听话,或者碰上惹人烦的人,我就会忍不住生气,不给他好脸色,现在我不生气

---

[1] 文昌帝君:中国民间传说中掌管人间功名利禄的神仙。

[2] 文殊菩萨:佛经中代表智慧的文学人物形象。

了，能平静地接受了。"

了凡说："我们的心变了，眼光也变了。审读以前的作文，曾经令我沾沾自喜的所谓好文章，用现在的眼光看，也就勉强及格。回想过去唐顺之先师、薛应旂宗师的教诲，我过去领悟得远远不够，老师们教得深，我理解得浅，真是浪费了大好年华。现在，我们学佛拜了明师，学文章还要继续拜明师。我表兄说，他们嘉靖二十三年会试中的会元瞿景淳[1]老师是文章大家，瞿老师现在在家养病，我们找时间去求教吧？"

在苏州府常熟县老家，瞿景淳接收了两个监生各自呈递的三篇习作，并做了详细的点评。了凡和陆光宅请瞿景淳传授作文方法。

瞿景淳说："我过去作文，随心所欲，不讲究方法，作文不好，考试不利。有一天读到《庄子》中的一句话，突然开窍。我把书本装箱，把笔墨纸砚收起来，不再读书，不再作文。我关闭门窗，双腿一盘，两眼微闭，整整静坐了三个多月。这三个多月，我在内心寻觅自己的本来面目[2]。三个多月后，在新春正月，我进入虞山。在虞山，天地做课堂，我重新开始作文。一下笔，就觉得不凡。道家讲究百日筑基，我这一百天静坐功夫没有白费。四月份，我在常熟县学考第一。五月份，南直隶统考，我又考第一。我当年乡试中举，第二年会试再次考第一。你们知道，这是什么道理吗？"

了凡和陆光宅点点头，又摇摇头。

瞿景淳说："科举作文，不怕你见识不高，不怕你道理不透，就怕你心浮气躁，做不到从容大度。我静坐百日后，时刻观照内心，不敢放肆，走路时关注自己的脚步，说话时关注自己的语言，对小孩子、对仆人，也和颜悦色。有一次，有个仇家堵在我家门口骂街，我对家人说：'我们忍气吞声，不与他计较。'这个仇家得寸进尺，越骂越凶。我对家人说：'出去好好说话，劝劝他，他不听的话，我们关上门，等他自己骂累了，就不骂了。'用这样的心态作文，就像大臣在朝堂走路一样，一定会沉静大气、

---

[1] 瞿景淳（1507—1569）：江苏常熟人，嘉靖二十三年会试第一、殿试第二，官至礼部侍郎，《永乐大典》总校官。

[2] 本来面目：禅宗术语，同于阳明心学语境中的良知。

步步分明。"

了凡和陆光宅听着，心生喜悦，情不自禁地像鸡啄米一样地点头。

瞿景淳说："圣贤是在这样的心态下做人、做事并留下经典的。读书要以这样的心态领悟经典。你心态和圣贤一样了，对经典自然而然就懂了。作文，要从心中流出，要小心，要大胆。"

了凡和陆光宅睁大眼睛。

瞿景淳说："既小心又大胆，这是功夫，是火候。庄子说，风不厚，撑不起大帆；水不深，托不起大船。我之前五届会试会元的文章，嘉靖八年的唐顺之、嘉靖十一年的林春、嘉靖十四年的许谷、嘉靖十七年的袁炜、嘉靖二十年的林树声，这五位会元的三十五篇考场作文，我装订成册，对每篇作文，一个字一个字地琢磨，琢磨遣词造句，琢磨谋篇布局。很长一段时间，我就做这一件事，全身心投入，几乎到了废寝忘食的地步。终于有一天，我豁然开朗，一下子学会了作文方法。"

在瞿景淳家，了凡心中当时就决定了两件事，一是闭门静坐一百天，二是精读南直隶乡试最近五届解元的考场作文。

陆光宅家有钱，他出主意说："国子监人多事多。我推荐一个地方，燕子矶那里人少，有住的地方，你静坐期间的吃住等杂事和费用，一切由我负责。"

南京国子监祭酒姜宝[1]早年拜唐顺之为师，又是王阳明再传弟子徐阶的门生。他支持了凡的百日静坐计划。

在燕子矶静坐时，了凡为入静，交替使用两个办法，一是心中默念咒语，二是观照心中的念头。

百日静坐结束，陆光宅陪了凡登临燕子矶最高处。了凡仰望蓝天，俯瞰长江，眺望天地的尽头。他发现世界变了，天地地老天荒一样安详，时间静止了、永恒了，江面上一串串大船小船在移动，移动也那样安静、安详。他心中没有了概念，没有了念头，只有观照。他与世界融为一体，他觉知到万物一体和天人合一。整个世界只剩下他的明明白白。

---

[1] 姜宝（1513—1593），江苏丹阳人，嘉靖三十二年进士，官至礼部尚书。

了凡心中的文字智慧开启了。他作文时，不用再费尽心机，不用再殚精竭虑，文字像泉水一样从心中流淌出来。

　　隆庆四年是乡试年份，南京吏部侍郎会同南京礼部侍郎，在南京国子监举办预考，选拔参加乡试的考生。参加选拔考试的不仅仅有在校学生，还包括分散在南京各衙门和全国各地的实习监生，以及回到家乡读书的监生。了凡在选拔考试中得了第一名。二十年前，孔道人给他算定的名次是第三名。

　　他参加了八月份举办的南直隶乡试，在录取的一百三十五名举人中，他排在第三十六名。

　　陆光宅也中举了。

　　了凡登科了，有了功名，他的命运开始改变了。

第二十九章
第一次会试落榜

隆庆四年初冬，嘉善县十名举人结伴去北京赶考。

当年嘉善县考中五名举人，了凡和钱学宏在南直隶乡试中中举，朱廷益、王应龙和钱吾德三人在浙江省乡试中中举。在北直隶参加乡试的丁寅第五次落榜，沈称第九次落榜。

另外五名举人中，孙朝宗是隆庆元年举人，支大纶、郁应元、费朝宪、丁宾是嘉靖四十三年举人。

腊月，十个举人在北京安顿好住处，一起去拜访李自华。李自华在隆庆二年会试中当过考官。现在他离开翰林院，在国子监做司业。司业是国子监的二把手。会试由礼部组织，翰林院和国子监是重要的参与衙门，翰林院出考官[1]，国子监出誊写员。考生答题时用墨水书写，为防止作弊，考官在收墨卷时把考生的个人信息密封起来。礼部组织在京的国子监、顺天府学、大兴县学、宛平县学四所学校的学生和各大衙门的书吏当誊写员，用红色墨水把墨卷誊写成红卷，供两位主考官和二十位同考官评判。

李自华说："各位乡亲来看我，想打听一些会试方面的消息，这是人之常情。两位主考官一般由内阁大学士和翰林院学士出任，在二月初由皇帝指定。考题历来由其中一位主考官出。现在内阁有四位阁老：李春芳老先生、高拱[2]老先生、张居正老先生和殷士儋老先生。李阁老是首辅，入阁六年，在隆庆二年当次辅时，做过主考官。嘉靖四十四年，高阁老还没入

---

1 翰林院出考官：从嘉靖四十四年开始，会试二十个同考官中，翰林院出十二人，其他衙门出八人。

2 高拱（1513—1578）：河南新郑人，隆庆五年任内阁首辅。

阁时，以吏部侍郎兼翰林院学士又兼詹事府詹事[1]的身份，做过主考官。高阁老第二年就进入内阁，现在是次辅。我们不敢妄猜圣意，根据惯例，除了首辅，主考官一定由三位阁老中的一位出任。高阁老刚做过主考官。出题方向，可以参考张阁老、殷阁老两位老先生近三年的奏疏。"

丁宾听到殷士儋的名字，眼中一亮。这是他乡试时的主考官，是他的座师。

李自华说："张阁老兼吏部尚书，殷阁老兼礼部尚书。吏部主管人事，礼部主管会试。妄猜主考官的出题方向，妄猜考题，都有投机取巧的嫌疑。最好的办法还是踏踏实实地做好准备，尤其是把心态调整好。明年参加会试考生四千三百人，计划录取四百人，照这个比例，咱们嘉善十个举子中一定、至少会考中一个进士。"

十个举人眼中同时亮了一下。

李自华说："浙江是全国的科举重地，咱们嘉兴和绍兴又是浙江的科举重地。你们十个人不要总想着眼前这十个人，要和南方几个省的考生[2]比试高低。说不定，你们十个人中，会出三个、五个进士。作为嘉善人，我希望你们十个人都能金榜题名。"

回到旅馆，十个举人还在讨论，如果真是十中取一，谁最有希望成为那个唯一的幸运儿。十个人在心里各自打着自己的小算盘，虽然都希望自己是那个幸运儿，但那只是希望，最终还要看实力，更要看临场发挥。了凡考虑得更多一些，他考虑了各自的家庭因素和每个人的道德修养。

了凡说："咱们是前后三届的举人，从准备充分方面考虑，你们嘉靖四十三年的举人多准备了六年，你们最有优势。"

支大纶说："我们那一届浙江录取九十名举人，郁应元排第七十六名，我排第二十四名，费朝宪排第七名。丁宾在北直隶一百三十五名举人中排第五十五名。单看排名，费朝宪学兄最有希望。"

---

[1] 詹事府詹事：詹事府是皇太子的教育和辅政衙门。首官詹事正三品，由翰林院出身的礼部尚书或侍郎兼任。

[2] 南方几个省的考生：自洪熙元年（1425）始，在会试录取名额中，北方省份分四成，南方省份分六成。

费朝宪心里欢喜嘴上谦虚道:"这个很难说。李司业头年中举,第二年中进士。中不中进士,与多准备六年还是三年关系不大。你们隆庆四年的举人同样有希望。"

钱吾德说:"我们隆庆四年的举人中,朱廷益表爷排第十三名,王应龙排第二十八名,我排第八十名,我希望最小。了凡表爷在南直隶排第三十六名,钱学宏宗亲,你排多少名?"

钱吾德是了凡姑表兄钱晌的孙子,朱廷益是了凡舅爷朱贤的孙子,三个举人是亲戚。

了凡说:"学宏学兄排名比我靠前,比我有希望。"

钱吾德说:"我们这一届举人中,朱廷益表爷和钱学宏宗亲最有希望。"

钱学宏说:"孙朝宗在隆庆元年排第十四名,也很有希望。"

了凡说:"十五个省,每届录取一千一百三十五名举人,在省里排名第七,综合到全国就要排在第九十名以后。连续三届共录取三千四百零五名举人,浙江省第七名就要排在全国第二百七十名以后。这个名次在四千三百名考生中,真的很有希望。费朝宪学兄,你最有希望!"

费朝宪说:"我们都有希望。嘉靖四十三年举人榜中,李司业排第五十八名,支大纶、丁宾和我,我们三个排名都比李司业高,结果如何?嘉靖四十四年会试中,李司业金榜题名,我们三个落榜。更奇怪的是,会试中李司业排名第二百三十四名,殿试中一下子上蹿到一甲第二名,成了进士榜中的榜眼。你们知道吗?这里面有秘密!"

费朝宪压低声音神秘兮兮地说:"李司业原来是华亭人,与当时的内阁首辅徐阁老是同乡。"

郁应元听到这里,连声轻咳了两下。这涉及他们家族的声誉。郁应元第一次清咳时,了凡也轻咳了一声。这涉及了凡的道德修养。了凡做人有自己的原则,违反道德修养的事情不说、不听、不做、不看。

李自华的父亲李学孟是华亭人,入赘到嘉善郁宠家。李自华小时候姓郁,父亲给他起名自华,姓郁是为了给郁家延续香火,叫自华是让他记住自己来自华亭。李自华考上秀才后改回姓李。郁家在嘉善是名门望族。正德年间和嘉靖年间的两本《嘉善县志》都由郁应元的叔叔郁天民老先生主编。了凡和半个嘉善的读书人都是郁天民的弟子。

费朝宪默认自己最有希望成为那个幸运儿，他主动承担起了组织、领导、照顾、指点大家的责任。他看向丁宾说："丁宾，你年龄最小，为大家服务非你莫属。大家在一起，年龄最小的要有眼色，要学会观察，要给学长端茶递水。了凡、郁应元他们口渴了，快点儿，给两位学兄上茶。"

九个人都是丁宾的学长，有的甚至是叔父辈。他的监生资格是花钱买的，第一次参加乡试就考中举人，有朝廷照顾监生的因素。他上五辈祖宗虽然是地主，但也毕竟是土里刨食的农民。支大纶的曾祖支立在翰林院当过孔目[1]，祖父支高和父亲支禄当过县学的训导和教谕。丁宾认为，支大纶最有希望。费朝宪名次最高，也很有希望。郁家人才辈出，郁应元也有希望。孙朝宗是全县有名的大孝子。王应龙和钱学宏，名次都比自己高。朱廷益的曾祖朱凤、祖父朱贤、父亲朱建侯都当过教谕或教授。了凡学问比自己好。钱吾德的曾祖钱萼、祖父钱晒救死扶伤，伯父钱贞是举人，叔叔钱贺和堂兄钱吾义是监生，钱吾德出身书香门第，比自己有希望。思来想去，九个举人都比自己学问好、家世好、年龄长，自己希望最小，为大家服务是应该的，接受学长的批评和提醒是自己学习和磨炼心性的机会，丁宾为大家服务，心甘情愿。

大家公认，费朝宪、支大纶、钱学宏最有希望。了凡心最静，在静中偶一动念，他觉得丁宾应该是那个幸运儿。

隆庆五年二月，朝廷任命张居正和吕调阳出任主考官。吕调阳是吏部侍郎兼詹事府詹事和翰林院学士。

张居正在隆庆二年八月上奏的《陈六事疏》，了凡他们十个举人已经研究透彻。张阁老隆庆元年二月进入内阁，五年来内阁首辅先后是徐阶和李春芳。张居正是实干家，却一直没机会施展自己的抱负。他反对礼治，主张法治；反对墨守成规，主张与时俱进；反对得过且过，主张积极进取；反对语言华丽，主张语言平实；反对空谈，提倡实干。张阁老要选拔

---

[1] 孔目：在翰林院管理公文的办事员，没有品级。

出志同道合的改革人才，策论题是他选拔人才的标准。

了凡做策论时很犹豫，内心充满了矛盾。第二篇策问题目是：贤明的国君和老百姓都要严格地遵守法制。孟子和荀子都是大儒，一个说要效法古代的圣王，一个说要效法后代的帝王，他们怎么会有这么大的差别？你有什么看法？结合我们当前的时事，深思熟虑后，请做一篇策论。

了凡知道，张居正推崇荀子，不喜欢孟子，但是了凡不愿昧着良心反对孟子。了凡足足犹豫了半炷香的工夫，才下笔作文。他表达了两个观点：第一，孟子说的人性善是指先天的心性，荀子说的人性恶是指后天的习性；第二，不管是效法尧、舜、禹三代圣王，还是效法太祖、成祖、仁宗三代帝王，实质都是效法他们的良知、良政。

五篇策论，了凡不愿旗帜鲜明地赞成张居正的为政主张。先天心性这种看不见、捉不到、说不清的虚无缥缈的东西更是犯了实干家张居正的忌讳。

三月初，会试成绩出榜，丁宾第三百九十一名，其他人全部落榜。

第三十章

会试再考再落榜

第一次会试落榜，没有打击了凡的信心，反而增加了他对下一届会试的信心。支持他信心的因素有两个——他自信自己的作文水平和他自信立志改造命运的前景。

三场会试刚结束，黄洪宪就拿着自己的考场作文底稿请了凡点评。了凡说："一叶知秋。考场文章充分展示了黄学兄的才华。今年会试，学兄你一定是会魁。"

黄洪宪意犹未尽地说："前二十名都是会魁。了凡兄，你看这是第一名会元的水平呢，还是第三名会魁的水平？"

了凡不假思索地说："这既不是今年会元的文章，也不是第三名会魁的水平，尊驾今年是第二名会魁。"

果然，黄洪宪高中会试榜第二名。会试成绩揭榜当天，黄洪宪专门找到了凡，恳请了凡做他弟弟黄正色和儿子黄承玄的老师。

了凡在南京国子监的同学于廷燮[1]也落榜了，他邀请了凡去苏松常镇兵备道[2]当幕宾，兵备道副使蔡国熙是他老师。于廷燮说："在兵备道，我们既是同事，又是同学。蔡老师是学问大家，当苏州知府时建有书院，经常讲学。抽空，还要请你这位文章高手指点指点我弟弟。"

第一次参加会试，了凡对自己的作文自信，对自己的命运不自信。隆庆三年，他立志做够三千件善事，发愿考中举人。结果呢，两年时间，他

---

[1] 于廷燮（xiè）：字调阳。燮：调和、协和。字对名做了解释。
[2] 苏松常镇兵备道：衙门驻太仓，首官是兵备道副使，协调和指挥苏州、松江、常州和镇江四府防务。

连三百件善事也没做够。什么原因呢？心中有妄念，杂念还不少，过失太多。他做的不少善事被自己的过失消耗掉，在《功过格》中，每月综合分数不高。即便这样，他也仅仅用一年多时间，就考中举人。

《辛未会试录》登载了张居正的《辛未会试录序》和他的三篇《辛未会试程策[1]》。对照会试录，反思自己的作文，了凡认识到自己作文的不足之处，清楚了自己做人的努力方向。高拱和张居正都是实干家，在学术上，高拱指责程朱理学不顾人情，张居正反对空谈心性。了凡清醒地意识到，静坐坐得再静，也是为了更好地做事；文章写得再好，也只是做官的敲门砖。为了做官，首先要学会做官的实在本事。

回嘉善看望母亲和妻子后，他回到南京。他现在是举人监生，在国子监有了更多自由。有一次，王畿师父被邀请到位于南京清凉山上的崇正书院讲学，了凡去照顾师父。

讲学结束，一个来自钦天监的年轻人到会客室拜访王畿，倾诉自己工作中的苦恼。他说："王老先生，我是实习官员。这段时间我观察天象，发现历法与实际天象不符，几位前辈同事的记录却与历法严丝合缝。我不由得怀疑自己，难道是我观察不准确？我请教几位前辈，他们要我认真学习，用心观测，慢慢提升观察能力。我一直在认真学习，但具体该怎么用心呢？"

王畿说："做人做事，都需要用心。从这个意义上说，一切学问都是心学。绍兴伯爵府内有座观象台，是一座几丈高的土丘。先师观察天象时，我和钱师兄曾经跟随过几次。那时候，我们年轻，望着满天星星，很好奇，想学习观察天象。先师说：'观察天象用途很大，天灾人祸，上天都有预兆提醒。做官一方，要学会观察天象，预防洪涝和旱灾，做好水利规划和治理。但是，人各有自己的使命。这几年，人们刚刚了解圣贤学问，要让更多的人知道、接受和修学圣贤学问，这需要有人讲学。我对你们的期望就是做一个修学者和讲学者，实际上是做一个传道者。做什么事都要专心，要全心全意。'师门中，传承先师观察天象学问的是顾应祥师

---

[1] 程策：主考官对会试策问写出的范文。

兄，顾师兄传授给唐顺之了。他们虽然不在了，但他们的学问还在。两人都有多部著作传世。这门学问的传人还在。顾师兄是浙江湖州人，湖州近邻苏州吴县有一位陈星川，精通天象观察，有历法著作。现在与我们年轻时不一样了，致良知学已经传遍天下，现在最需要践行，需要学会利国利民的真本事。做官，要学会做水利。做大官，要学会天象观察。年轻人、了凡，这是你们的责任。学问讲究传承，先师观察天象的学问传承自许璋[1]老前辈。许老前辈一辈子没有功名，没有官职。记住，民间有高人。"

王畿七十三岁，见多识广。他知道钦天监的一些秘密。钦天监使用的历法有误差，技术官员做观察记录时，为了与历法相合，会修正记录数据。技术官员代代世袭，技术上不思进取。这个实习官员很可能是父兄突然去世，他仓促接班，上岗时没有长辈传授他修改数据的秘诀。

了凡决定学习天象观察和水利规划。他在国子监查阅了大量资料后，带着心中的疑问，前往苏州府吴县，去拜访民间历法专家陈星川。

陈星川大名陈壤，星川是他的号。陈星川很高兴地说："钦天监沿用元代的《授时历》，误差多。嘉靖年间我上书朝廷，建议采用新历法，官老爷们忙得很，没人回应。历法不准确，影响农业生产。古人观察天象，预判军国大事，这涉及朝廷的秘密，所以，朝廷不允许民间随意观察天象和判断吉凶。观察天象道术的传承仅仅局限于钦天监那些人。我一直担心这门绝学要在我手里失传，难得有你这样的有心人。"

陈星川收了凡做关门弟子，把一生绝学毫无保留地传授给了凡。了凡在吴县跟着陈星川学习两个月，为了安心观察和推算，他躲进了位于嘉善陶庄的老宅子。

陶庄地处嘉兴府嘉善县和苏州府吴江县的分界处，汾湖是两县、两府、两省的界湖，也是吴越文化的交界处。汾湖地处太湖流域，这里既是鱼米之乡，又是湖泊之乡，水网纵横。了凡住在陶庄老宅短短的两个月时间里，遭遇了三次洪水，老宅子被淹了三次。了凡认识到，农业生产和人民安居乐业离不开水利。

---

[1] 许璋：生卒年不详，浙江上虞人，民间学者，通天文地理、奇门遁甲。

了凡在陈星川师父家里结识了休闲在家的治河总督潘季驯[1]。陈星川与潘季驯曾谈论起各自的名字与事业的关系。潘季驯说:"星川先生,大名陈壤,号星川,你这是仰望星空,脚踩大地,正反映了天象与人世生活的关系。我大名季驯,号印川,也是名副其实,每逢雨季汛期,我都要走遍黄河、淮河、运河各地,把我的足迹印在河岸边,为的是世间风调雨顺和国泰民安。袁黄,你大名单字一个黄,字坤仪,号了凡,寓意很好。黄是土的颜色,土的位置五行居中,你是中国人,要执中行道。坤仪,坤代表土地,仪是规范,意思是把水土治理好。这是你将来做官的责任。你把这些人世间的凡事俗事了了分明,做得恰到好处,才是了凡。我说的是不是,了凡?"

几句话把了凡说跪了。了凡过去一心想着修道,想着脱尘出俗,想着不食人间烟火,想着超凡入圣,原来"了凡"还有这层意思——把人世间的事做好。

潘季驯是嘉兴西邻湖州人。了凡去湖州求教潘季驯,请教水利学问,抄录潘季驯多年来的治水奏疏和经验文章。潘季驯说:"治水,看似治理溃口这个点,实际上是治理整条河流一条线,要综合考虑整个流域这个面,即点、线、面通盘考虑。"

了凡开始研究山川河流。他叫上过去在县学的同学沈大奎,一起徒步考察太湖流域的水系,先后写成《历法考》《日食考》《三吴水利考》等文章。他开始推算、考证和编写新历法。

隆庆六年,在位七年的隆庆皇帝三十五岁驾崩,九岁的万历皇帝接班。三十九岁的了凡还没有正式上班,鬓角已经长出白发,他写诗感叹怀才不遇。

万历元年,了凡母亲去世。子孙中培养出一个举人、四个秀才,母亲知足,走得安详。了凡心中很不安宁,他原指望考中进士做了官,接母亲到官署享福。他只恨自己无能,一直没能实现这个心愿。这些年,在外奔波的日子多,在家尽孝的日子少。了凡很痛心,很内疚。他在城东的大

---

[1] 潘季驯(1521—1595):浙江湖州人,嘉靖二十九进士,著名水利专家,官至工部尚书。

胜寺吃斋静坐，为母亲祈福。在寺院，他发现佛经都是折页的，不方便阅读，就和大胜寺幻余禅师商量，发心要把《大藏经》[1]印制成线装册页版式。

万历元年底，了凡再次到北京赶考。嘉善县赶考的队伍中多了沈一德和沈尧中两个新举人。

几年间，内阁政局变化，高拱先后逼退李春芳、殷士儋两位阁老。张居正拉拢太监冯保，依托陈太后和万历生母李太后，逼退高拱。内阁只剩张居正和吕调阳。

多少有点政治觉悟的考生都知道，吕调阳将出任万历二年会试的主考官。吕调阳是王阳明弟子程文德的弟子。了凡不需要打听吕调阳的出题方向。

万历二年三月，会试成绩放榜，这一届只录取二百九十九名考生，四十岁的支大纶位列第一百八十三名。四十一岁的了凡第二次落榜，同时落榜的还有张居正的大儿子张敬修[2]。

---

1 《大藏经》：佛教典籍丛书，是经、律、论的总汇编。
2 张敬修（1552—1584）：万历八年进士。张居正死后，张敬修被严刑拷打后自杀。

第三十一章
接二连三又落榜

在会试录取榜前，不时有幸运儿跳着脚欢呼"我中了！我中了！""老天终于开眼了！考官终于有眼了！"有人干脆就地跪下，磕着头嘴里念念有词："谢列祖列宗！谢主隆恩！谢天谢地！"……

了凡紧张地从头看到尾，生怕漏掉自己的名字，看得眼睛生疼，也没发现自己的名字。要不要再看一遍？不需要。嘉善十几个考生，看到支大纶的名字时，都会情不自禁地高呼："支大纶中了！支大纶中了！"没有谁喊着了凡的名字恭喜了凡。

了凡轻轻叹口气，静静地站了一会儿，平复一下心情。他没有抱怨。张居正的大儿子张敬修同样落榜。张居正既是首辅，又是吕调阳成为内阁大学士的举荐人。

去年母亲去世，了凡在嘉善大胜寺静修三个月。有一天，在静坐中他突然明白了王畿师父的教导。王畿师父说过："良知，根本不用修，它就在那里。"从听王畿师父说这句话，到真正明白这句话，中间整整过去七年。明白这句话，了凡就真知道了。他经常安住于这种宁静的状态，但是还做不到像孔子那样时时刻刻都安住于这种状态。

了凡和嘉善考生会合一处，去酒馆喝酒，庆贺支大纶金榜题名。

上届落榜后，黄洪宪邀请了凡辅导他弟弟和儿子，于廷夔邀请了凡辅导他弟弟和儿子。这一届会试，于廷夔再次落榜，他再次邀请了凡去蔡国熙兵备道当幕宾。了凡志向远大，他不想当私塾先生，不想当幕宾，也不想当州衙、县衙的二把手。

了凡既是举人，又是监生，有资格选择自己的工作。隆庆元年，他被选为贡生后，可以直接到县学、州学当训导。训导是县学和州学的二把手，每月俸禄三石粮食，配有一名勤务员，每年有固定办公经费。隆庆四年他考中举人，可以直接到府学当教授。教授是府学一把手，每月俸禄五石粮食。府学教授从九品，品级最低，但毕竟进入了官员序列。他当了八年监生，已经具备进入吏部候选官员序列资格。一旦被吏部安排官职，最低当个县的县丞和主簿，高一级的当个州的判官，再高一级的当个省布政司、按察司、都司[1]三大衙门里的经历、都事等部门主管，最高可以当偏远州县的知州、知县。县丞正八品，主簿正九品，虽然品级不高，但在县衙里各自分管一摊儿，都有自己施展拳脚的地方。州衙判官从七品，在州衙有自己的一亩三分地，可以发号施令。布政司、按察司和都司三大省级衙门里的经历、都事等部门主管有从七品，有正八品，他们都有自己说了算的领域。偏远州县的知州从五品、知县正七品，和内地富庶州县的知州、知县一样的品级、一样的俸禄。

官场有一条鄙视链，社会有约定俗成的评价标准。科举出身的进士做官，一步一步高升，这叫正途。监生源头多，成分复杂，比着举人、进士，即便做了官，也被人轻视。举人做官起步低，升迁空间有限。中进士、做主官、大展身手，这是了凡的人生追求。

他到黄洪宪家住了几天，辅导黄正色、黄承玄等黄家子弟如何写好作文。于廷㰀带着三个弟弟到了凡家住了一段时间，学习如何读书和作文。了凡多年来整理的备考笔记《群书备考》，被黄家子弟和于家子弟抄录一遍，作为工具书随时参考。在《群书备考》中，了凡摘录各种有关书籍的要点，并做了点评。《群书备考》抄本在学生中间传播开来。

了凡继续做自己要做的事。他继续研究天象和历法，计算和编制《历法新书》。他继续考察河流湖泊，绘制图表，考证和撰写水利文章。

王阳明弟子季本用二十年时间考察北方边境九个军事重镇、黄河故道和海运路线，走访春秋列国故土，游历四川高原和福建山水，探访淮河、黄河流域，得到了大量第一手资料，去世后留下一百二十卷著作。了凡到

---

[1] 都司：全称是都指挥使司，相当于现在的省军区机关。

绍兴拜访季本后人，查阅抄录季本留下的有用资料。

在绍兴，了凡顺便拜访唐顺之的弟子陈述学。陈述学曾跟从唐顺之三年，学习数学和历法，著有十五卷数学书籍和十八卷历法书籍。

隆庆六年（1572），从吏部尚书职位退休在家的吴鹏[1]、太仆寺[2]少卿陆光祖、举人陆光宅和了凡等嘉兴府知名人士共同邀请云谷禅师回到大云寺。

万历三年（1575），七十五岁的云谷禅师在嘉善大云寺圆寂。云谷禅师圆寂的当晚，虹光满天。了凡为云谷禅师写了《云谷禅师碑文》。

万历三年五月，嘉兴府沿海海啸，海水淹没了嘉善农田。庄稼被海水浸泡一个多月，全部枯死。这更激发了了凡研究水利的决心。他研究天文、历法、水利，关心农业生产，想当官做一番事业。

读书人越来越多。万历三年，各地府学、州学、县学大规模扩招。在万历四年乡试中，嘉善县学获得大丰收，叶继美、薛如玉、薛彦卿、盛懋相、沈梦斗和徐一鲸六人中举。嘉善进京赶考的队伍壮大了。

万历四年冬，了凡早早来到北京，准备次年二月的会试。他和钱吾德、冯梦祯[3]避开热闹的旅店，躲进护国寺。冯梦祯和钱吾德是同年举人，冯梦祯崇拜秀水县学霸黄洪宪。黄洪宪在翰林院工作，不能随时指导冯梦祯，便介绍冯梦祯向了凡学习。冯梦祯二十二岁中举，在隆庆四年的浙江乡试中排第二十九名。了凡三十七岁中举，在隆庆四年的南直隶乡试中排第三十六名。初读了凡的文章，冯梦祯不以为意。黄洪宪劝他放下成见，静下心来，认真阅读。冯梦祯做了十次深呼吸，静静心，再读了凡的文章，他改变了看法。来北京赶考的路上，他与了凡形影不离。在护国寺，只有两间空房，怎么住呢？冯梦祯说："吾德学兄，你和了凡学长既是老乡，又是亲戚，在一起学习的时间长，在一起交流的时候多，就让我和了凡同住一室吧！"

---

1 吴鹏（1500—1579）：浙江嘉兴人，嘉靖二年进士，官至工部尚书和吏部尚书。

2 太仆寺：兵部下属二级机构，掌管马政。

3 冯梦祯（1548—1605）：浙江嘉兴秀水人，万历五年会试会元，官至国子监祭酒，与了凡、钱吾德被称为万历初年嘉兴三大文章名家，著有六十四卷《快雪堂集》。

三人一起约定学习计划和作息制度。了凡说："大家一路上手不释卷，梦祯捧着隆庆五年黄洪宪会元的考场作文，吾德捧着万历二年孙月峰[1]会元的考场作文，像大姑娘绣花一样，一个字一个字地研究，都可以倒背如流。叫我说，够了，我们要放下文章，放下书本。干什么？这三个月，我们静坐修养一百天，把王阳明《与徐曰仁》[2]这封信作为我们的修养指南，养精蓄锐，把最好的精气神用到考场上。中间逢三六九的日子练练手，模拟考场作文。"

三人从房间里面锁上门，只留下窗户作为日用品的进出通道。月中和月末两天，出来洗洗澡，透透空气。

三人互相评判作文。了凡说："这些天静坐修养，梦祯的躁气消失了，静气养出来了。古人说，文如其人，人如其文。阳明王先生阅读徐爱的作文，判断徐爱功名成就得早，寿命却不长久；阅读山东穆孔晖[3]的作文，鉴别出他是当世豪杰，把他录取为当年乡试的解元。阳明王先生通过文章鉴别人物，我只是听说，下面讲讲我亲身经历过的。先师云谷禅师也有这个本事。他见人一面，或者听听这个人的说话声，就能断定这个人文章的特点，比如是否清新，是否流畅，是否有大气象，是否小家子气。言为心声。富贵子弟作文，气派高远，做不到深刻含蓄；贫贱子弟作文，细致入微，做不到落落大方。云谷禅师说，文章语句断续不连贯，全文不能一气呵成，字词琐碎神气散乱，这样的作者不是长寿人。贵人文章的特点是，深厚、温雅、正大、平和。这里面的学问大，几句话说不完。这需要修养，就像梦祯现在这样，养出精气神。"

冯梦祯说："谢谢了凡学长鼓励。"

钱吾德说："我从了凡学长的文章中看到了正大和平和之气，从梦祯学兄的文章中看到了深厚和温雅之气。我今天学学阳明王先生和云谷禅师，做一个预言家，这一届会试，了凡和梦祯两位学兄一定名列榜首。"

---

[1] 孙月峰（1543—1613）：浙江慈溪人，万历二年会试会元，官至兵部尚书。
[2]《与徐曰仁》：王阳明指导弟子徐爱在考前如何作息、饮食和修养精神的一封信。
[3] 穆孔晖（1479—1539）：山东东昌人，弘治十七年山东乡试解元，第二年中进士，官至南京太常寺卿。

冯梦祯说："借吾德学兄吉言，希望你的预言成真，了凡学长独占鳌头，我甘愿名列了凡学长名字后面。也祝福吾德学兄，希望我们桃园三结义，金榜同题名。"

万历五年，内阁有三位阁老，首辅张居正，次辅吕调阳，三辅张四维[1]。张四维被任命为会试主考官，吏部侍郎申时行[2]当副主考官。

四十四岁的了凡，考场文章写得好，在四千五百名考生中，被众考官推荐为会试第一名。没想到，了凡的一篇策论却惹恼了主考官张四维，他第三次落榜。

---

1 张四维（1526—1585）：山西芮城人，嘉靖三十二年进士，官至吏部尚书兼内阁首辅。
2 申时行（1535—1614）：江苏苏州人，嘉靖四十一年状元，官至内阁首辅。

第三十二章
礼部衙门听教训

万历五年会试录取三百名，冯梦祯第一名，了凡指导过的黄正色和了凡舅爷的孙子朱廷益金榜题名。嘉善去年刚中举的沈梦斗也金榜题名。

了凡既震惊又气恼，很不服气。朱廷益二十六岁，冯梦祯二十九岁，沈梦斗三十岁，了凡四十四岁。年龄不是了凡震惊和气恼的原因。他不服气的是自己这次考试发挥出色，文章一气呵成如行云流水，气势如虹，观点鲜明，说理透彻。他相信自己这次一定会技压群芳，独占鳌头。万万想不到的是，自己却落榜了。问题出在哪里？

了凡从自身找原因。

二月初九日，第一场，考试一天，写七篇文章。晚上他回到护国寺，把文章朗读给钱吾德听。钱吾德听完说："了凡表爷，恭喜您了，这届会试，会元非您莫属。"

明朝开国两百年来，约定俗成的是，会试考试第一场七篇文章决定出身，这七篇文章写得好，基本保证一个进士功名。但是每年总有考官要个性，与众不同，破坏规矩，拿第二、第三场文章说事。

二月十二日，第二场，考试一天，写一篇论文、一篇模拟公文、五个名词解释。第一场考试考得好，了凡心里踏实，第二场考试他放飞思绪，提笔就写，一挥而就。晚上，他要朗读给钱吾德听，钱吾德说："了凡学长，您不用读了。第一场考试就铁定了您的会元地位。"

开考前冯梦祯搬出护国寺。考过两场，他拿着作文底稿回到护国寺，请了凡和钱吾德评判。冯梦祯走后，钱吾德说："了凡学长，这届会试有您在，冯学兄只能当第二名。"

二月十五日，第三场，考五篇时务策，内容是主考官指出当前朝政中的一些弊端，请考生借鉴古代经验教训，畅所欲言，提出改进意见。了凡学过医，会扎针。医生扎针不能含蓄，不能委婉，不能拐弯抹角，要直刺穴位。他毫不拘束，对考题中提出的朝政弊端，直截了当，批评指责一大串，罗列清楚一二三。主考官让畅所欲言，这不算毛病吧？

究竟是哪里出了问题？他不明白。广大考生也不明白，很震惊，也很气恼。

三月上旬录取结果公布前，了凡的七篇文章传遍京城，国子监、顺天府学、大兴县学、宛平县学的学生已经在当范文背诵。传说，《书经》房考官陈三谟是阳明学者，非常推崇了凡的文章，不仅把了凡选拔为《书经》房第一名，还向副主考官申时行建议，把了凡列为会元。申时行是状元出身，一眼就能判断文章优劣。他赞成选拔了凡为会元。

这些日子，考生见了凡时，眼里都是敬佩和羡慕，嘴里都是恭喜和巴结……

了凡家没权没势，一定是被人陷害了，被人取代了。但是，冯梦祯家也没权没势。了凡被哪个权势子弟挤占了名额呢？

张居正的大儿子张敬修上届会试落榜，他很生气。传说，这届会试前，张居正早早安排，找到当今最负盛名的江南才子，一个是南直隶宣城的沈懋学[1]，另一个是江西省临川的汤显祖[2]。张居正邀请两大才子到府中做客，让三个大儿子与他们交朋友，目的有两个，一是网罗人才，二是给录取榜中的儿子当陪衬。沈懋学登门拜见，汤显祖清高不愿上门。结果，沈懋学高中，汤显祖落榜。又传说，张居正提前暗示主考官张四维，明示考官陈思育，一定要录取大儿子张敬修和二儿子张嗣修。于是，沈懋学和张嗣修成了会魁。

考生有的抱怨屡考屡败，有的抱怨被压低名次，憋着一肚子气。他们发现沈懋学和张嗣修竟然高中会魁，终于找到发泄怨气的对象。他们怒骂陈思育，声讨张四维。有几个落榜考生串联、鼓动大家到礼部衙门讨说

---

[1] 沈懋学（1539—1582）：万历五年状元，王畿弟子，多才多艺。
[2] 汤显祖（1550—1616）：万历十一年进士，明代戏剧家、文学家，著有《牡丹亭》等。

法。学生在皇城根下闹事，这不是小事。

隆庆元年，朝廷取消乡试对监生的政策倾斜，当年国子监考中举人的名额大幅减少。监生群情激愤，在监内摔打桌椅，撕毁课本。南京国子监监生聚集到南京礼部衙门抗议。为安抚监生，朝廷答应恢复乡试对监生的照顾。

张居正为推行改革，收拢六部的部分权力，限制御史和给事中自由弹劾百官的权限，内阁由他一人说了算。御史和给事中也憋着一肚子气。监考的御史和给事中马上上奏，问责陈思育和张四维，追查幕后黑手。

张居正压下奏疏，责成张四维平息事端。

张榜第二天，了凡被召唤到礼部衙门。

礼部尚书马自强[1]竟然在门口迎候了凡。

了凡说："浙江嘉善举子袁黄拜见大宗伯[2]。"正要下跪磕头，马自强一把握住了凡的手，把他拉进尚书办公室。马自强亲切地示意了凡靠近就座。

马自强微笑着说："了凡先生，你现在可是名人呀。听他们说，你是嘉兴名士。嘉兴是个好地方，鱼米之乡，人才辈出，对朝廷贡献很大。这次会试会元就是你们嘉兴人。"

了凡说："大宗伯称呼'了凡'，学生实在不敢当。您就称呼学生'袁黄'吧。"

马自强说："朝廷选拔人才，两位张阁老爱惜人才，老夫尊重人才。人才，分大小，小才小聪明，发家致富可以，光宗耀祖可以；大才大智慧，要安邦定国，要造福天下。小才怎么成长为大才？要培养，要磨炼，要摔打，千锤百炼出好钢，百般磨炼才能造就栋梁之材。一介书生，豪情万丈，激扬文字可以；栋梁之材，心静若水，才好指点江山。考题很简单，朝政很复杂，书生只知道考题，不熟悉朝政；只熟悉书本学问，不知道时时处处都是学问。"

马自强眼含深意地看着了凡。马自强的儿子娶了张四维的闺女。他发

---

[1] 马自强（1513—1578）：陕西渭南人，嘉靖三十二年进士，官至礼部尚书兼内阁大学士。
[2] 大宗伯：礼部尚书在周代被称为"大宗伯"。

现了凡不明其意，接着说："了凡，张阁老托我带话给你。张阁老知道你有学问，有意把你造就成朝廷的栋梁之材，这届会试忍痛割爱，没有录取你。你不要忘了张相公栽培你的好意呀！"

了凡在学做圣贤，心里对任何人都没有恶意邪念。在他眼里，人人都是好人。听到这里，他甚至有些感动地说："谢谢张相公栽培。"

马自强说："了凡，你是一个知道感恩的人。老夫今天把话给你说透，这是人生大学问，书本上学不来。你这次落榜，问题出在第三场的两道策问题上。万历三年，内阁首辅张相公上奏朝廷，要求整顿学风，禁止新建书院，禁止游走讲学，禁止聚众空谈。你第一篇策论，提倡学风自由，鼓吹书院讲学，这是与首辅张相公唱反调。往小处说，这是目无尊长！往大处说，这是诋毁朝政！"

张四维委托马自强为自己开脱，马自强上纲上线，拿张居正吓唬了凡。

马自强说："第五道策问题，你文章的问题更大。整个嘉靖朝，鞑靼人时常骚扰、侵犯边境，烧杀抢劫，惊动朝野。隆庆四年十月以前，一年之内鞑靼人侵犯三次，北京戒严三次。原因是什么？鞑靼人野蛮愚昧是一方面，另一方面，鞑靼人物质缺乏，三番五次请求归顺，请求开放边境贸易，朝廷一直不允许。宣化、大同方巡抚、王总督[1]深明大义，上奏朝廷，请求回应鞑靼人的请求。现在的内阁张相公当时是礼部侍郎，张侍郎联系内外，上奏朝廷，请求恩准鞑靼人的归顺和开放边境贸易的请求。当时内阁意见不一致，朝廷举行廷议，四十四人发表意见，其中二十二人同意，十七人反对，另外五人同意接受鞑靼人归顺，却不同意开放边境贸易。最后，高相公和现在的首辅张相公做主，力排众议，在隆庆五年做出决定，赐封鞑靼首领俺答[2]为顺义王，开放边境贸易。七年来，这一政策给边境带来了和平，给朝廷带来了安宁，化解了圣上的担忧，功德无量的功勋，被你袁黄攻击得一无是处。这要论起真来，你罪过可就大了！"

最先主张这一和平政策的王崇古是张四维的舅父兼姑父。张四维家族和王崇古家族是商人世家，两人老家靠近边境，知道双方贸易的重要性。

---

[1] 王总督（1515—1588）：王崇古，山西永济人，嘉靖二十年进士，官至兵部尚书。

[2] 俺答（1508—1582）：鞑靼人首领，累年侵犯大明边境。隆庆五年，被明廷封为顺义王。

王崇古常年驻守边境，张四维在朝堂积极奔走，两人立下汗马功劳，受到朝廷奖励。王崇古升任兵部尚书，张四维进入内阁。张四维出这样的考题，目的是表功。了凡在文章中从四个方面攻击这一政策，触怒了张四维。

马自强说："张相公宽宏大量，但是满朝文武支持这一政策，穆宗皇帝支持这一政策。攻击这一政策，等于攻击满朝文武，攻击至高无上的圣主。考场上，朝廷鼓励畅所欲言，但是要言之有理、言之有礼，不能随心所欲、信口开河、藐视尊长，甚至藐视圣上。"

问题竟然这么严重！了凡有些吃惊。

马自强说："大家议论纷纷，一致要求，严惩这样的狂妄之徒，剥夺其功名衣冠。张相公爱惜人才，顶住压力，不同意剥夺功名，但是为了堵住众人之口，还是要略示惩罚，国子监要给一个处分。了凡，你这一届接受教训，只当磨炼。要往远处看，下一届好好努力。"

第三十三章
名士教书育英才

农历三月初，春寒照样冻人。马自强一番教训像一盆冰水浇到了凡头上。了凡心里冰冷冰冷的。他火热的功名心被浇凉，建功立业的进取心被剿灭，对大臣的敬仰心被摧残，对美好前景的向往心被斩杀。一瞬间，他失魂落魄，两眼恍惚，头脑昏沉，浑身泄气，多年来一直挺拔的胸背塌陷下来。失态仅仅是一瞬间，多年来的修行起了作用，了凡定心凝神，轻轻做了一次深呼吸，平静心神，恢复常态。

了凡冷静地说："谢谢马尚书教训，也请您转告张相公，袁黄一定铭记张相公的好意。"

心灰意冷的了凡和钱吾德、于廷燮、陆光宅等倒霉蛋结伴离京，冯梦祯、黄正色、朱廷益、沈梦斗等幸运儿前来送行。在惜别亭下，四个幸运儿眼神发亮，四个倒霉蛋眼神黯淡。冯梦祯说："现在世人都知道，了凡才是这届会试的会元，我冯梦祯不过是鸠占鹊巢。了凡学长学问精湛，文章一流，七篇锦绣文章天下传扬，三年后新会试、新考官，是金子总有发光的时候，到时候我们再聚会，喝酒庆祝。"

于廷燮说："了凡第一场七篇文章我熟读成诵，第二场七篇作品我抄写三遍，第三场五篇策论我研读多遍，每篇都是精品。第五篇策论，批评朝廷对鞑靼人的政策，没有什么不对。任何政策都有利弊，不能只让人歌颂好处，不让人指出害处。读书人有气节，心底无私，忠于社稷，报效朝廷，直言不讳，有什么错！世人自有公论。这反而让了凡学兄更是文名天下。"

黄正色说："自古雄才多磨难，陈年老酒香天下。三年后，了凡学长必定一鸣惊人、一飞冲天。"

了凡心中镇静，他说："张相公有意栽培，袁黄身份卑微，不能登门拜谢，我写了一封感谢信。正如廷燮学兄说的，我心底无私，就像一把扫帚，虽然用处不大，也盼着能给朝廷扫扫地，算是物尽其用，人尽其才。但是，这些年读书不成，学艺不精，我这把扫帚一直卖不出去。多年来，我修心养性，多做事，少说话，一直胸怀报效朝廷的心愿，在考场上遇到征询安邦定国的战略国策，勇于出谋划策，虽然语言略显轻狂，但确实是出于一片忠心。但是，你们看……唉！感谢老先生，没有像对待唐伯虎那样，剥夺我的举人、秀才功名，只是让国子监给一个处分。我的黄粱梦醒了。哎，冯会元、三位贡士，你们还要准备殿试，请回吧！"

了凡等四人到了运河边，坐到船上。于廷燮喜欢了凡的文章，他问："了凡学兄，你给张相公的感谢信有底稿没有？"了凡掏出底稿递给于廷燮。

陆光宅续上刚才的话题，问："了凡学兄，你刚才说黄粱梦醒了，是什么意思？"了凡不说话，示意陆光宅看感谢信底稿。

于廷燮看着底稿说："了凡随手一写都是好文章。一封信，句句对偶押韵，句句历史典故。怎么，了凡，你这是要进山当隐士，还是要到湖边当渔翁？"

陆光宅两眼瞄着于廷燮手里的底稿，问："了凡学兄，这是怎么说的？我和廷燮学兄私下里还在争论，在你下届会试中会元之前，我们陆家学塾和他们于家学塾，哪家有幸先请到你去当先生呢。难道你这就要退隐吗？"

了凡说："进士，我不再考了。国子监的处分，取消吏部候选资格，当县丞和主簿的资格也没了。以后，我要离开城市，归隐乡野，看看书，写写书，念念佛，修修道，终老一生。"

钱吾德说："那就可惜你这一身学问了！"

于廷燮说："了凡学兄，你要说清楚，这是为什么？"

了凡说："这还用说吗？"

于廷燮说："我爷爷在你们嘉善当知县三年，我在嘉善读书，这是我们的缘分。二十年后我们在南京国子监重逢,既做同学,又做举人同年。在国子监读过你的文章后,我崇拜你妙笔生花。上届会试后,我领着三个弟弟到嘉善给你当学生,让弟弟以你为榜样。你只比我大九岁,现在就半途而废,不考了,要当隐士,你不说清楚,我怎么向弟弟交代!"

于廷燮的爷爷于业嘉靖二十六年到嘉靖二十八年,在嘉善当知县。

了凡说:"袁黄愧对你们于家兄弟。我以前错了,以为志向可以实现,事业可以成就,人心可以挽回,世道可以改善,现在我明白这都是黄粱一梦。我虽然不聪明,也从不认为考举人、中进士有多难,但是我立志要做的事业,在五篇策论中透露的还不到百分之一,就已经招人憎恨,如果全部说出来,我这血肉之躯怎么挡得住千刀万剐。这是我退隐的第一个原因。第二,虚名招祸,我才能比屈原和苏轼差得远,虚名已经不低于两位前贤。我不想像屈原一样沉江,也不想像苏轼一样又坐牢狱又流放。俗话说,没有过错又没有名誉,日子才平安。第三,老母亲去世后,我开始吃素,现在一闻到肉味就呕吐,没法参加酒肉宴会,这惹人憎恶。第四,官场江湖,四处磕头,交往的是礼物礼节,不愿意交心,这令我反感。第五,我认真率性,忍受不了唯唯诺诺、毫无主见的做派。第六,现在考进士做官不是追求替天行道,而是追求功名富贵,我生活要求很低,有碗饭吃、有口水喝就心满意足。各位学兄,我说清楚了吧?"

陆光宅说:"教书育人总可以吧?"

了凡说:"北京两个大人物邀请我去做私塾先生,我回绝了。"

四人不再言语。

会试后,了凡文名天下,冯梦祯闻名天下,两人都推崇钱吾德,三人成了嘉兴三名士。

了凡把家从嘉善县城搬到陶庄。陶庄在县城西北,离城三十里,位于汾湖南岸。汾湖北岸是苏州府吴江县。

了凡想清闲,却清闲不了。几个侄子和侄孙,大姐的孙子钱天胤,舅舅的孙子王慎德,表哥的儿子沈道原,表哥的孙子钱吾仁、钱吾义等,一群亲戚朋友家的孩子跟到陶庄读书。表侄儿王慎德二十五岁,请了凡辅导乡试。表孙钱天胤才五岁,大姐请了凡给孙子开蒙。

丁寅隆庆四年第五次乡试落榜。第二年，他弟弟丁宾考中进士。有了弟弟光宗耀祖，一直体弱多病的丁寅，终于对乡试死心了。他把儿子丁铉送到了凡门下。

沈称万历二年第十次乡试落榜，对乡试彻底死心，把希望寄托到儿孙身上，也把儿子送到了凡门下。

秀才项德祯的父亲项笃寿嘉靖三十四年与了凡一起参加浙江乡试，嘉靖四十一年考中进士。项家是秀水人，祖上出过吏部尚书，家有万卷楼，藏书八万卷。名门望族尊师重道，项德祯隆重地拜师入门，跟了凡读书。

万历元年南直隶乡试第二名举人顾曾璘也拜师入门。他是吴江人，一生追随了凡。

汾湖北岸的叶重第[1]登门拜访，与了凡成了忘年交。叶重第万历四年十六岁时中举，父亲是秀才，叔伯兄弟中出了十四个秀才。

于廷夔和两位族弟于文熙[2]、于孔兼[3]拜访了凡，坚持邀请了凡去于氏学塾。耐不住三兄弟软磨硬泡，了凡安顿好家事，前往镇江府金坛县。于氏是金坛名门望族，曾祖辈于湛正德六年进士，祖父辈于业嘉靖二十六年进士，族中秀才一大群。于氏学塾在县城，学生几十人。于廷夔、于文熙、于孔兼在准备会试，于仕廉[4]、于玉立[5]和于廷夔的三个弟弟等在准备乡试。于文熙和于孔兼的大哥于照明是举人，其大孙女嫁给了王肯堂[6]。王家也是金坛名门望族，王肯堂的祖父王皋、父亲王樵、堂叔王烨都是进士。

于照明领着孙女婿王肯堂来见了凡，说："了凡先生，我这孙女婿是大孝子，十七岁那年正在县学读书，他母亲得了一场大病，吃药扎针总不见效。孙女婿放下课本，开始学医。二十一岁那年，他妹妹病重，眼看活不成，硬是被孙女婿治好了。这些年，他名气大，病人多，没时间看书作

---

1 叶重第（1559—1599）：字道及，万历十四年进士。

2 于文熙：万历八年进士。

3 于孔兼：万历八年进士。

4 于仕廉：万历十四年进士。

5 于玉立：万历十一年进士。

6 王肯堂（1552—1613）：字宇泰，万历十七年进士，官至福建参政，著名医学家，著作丰富。

文。鸿胪王先生着急，担心耽误科举考试。孙女也着急，盼着夫贵妻荣。烦请了凡先生多指教。"

王樵是南京鸿胪寺卿，被于照明尊为鸿胪王先生。

了凡掐指一算，选定好日子，由于廷燮主持，在于氏学塾举办了隆重的收徒仪式。

了凡在金坛教学一百天，要回嘉善。于廷燮说："了凡学兄，孟夫子说，教育英才是人生的大幸福。学生总不能一直跟着您，再说了，课堂再大，也坐不了几个学生。您能不能把教案整理成书？书本再小，却可以教学天下。"

王肯堂等人满眼热切地看着了凡。了凡说："好吧！"

陆光宅登门，捎来大哥陆光祖的口信，邀请了凡到平湖陆氏学塾。了凡利用课外时间，把多年来收集的考试资料、读书笔记和教案汇总整理，分别编写了《心鹄》《谈文录》《举业彀率[1]》三本书，一本点评和讲解最近六届乡试考题和解元作文，一本点评和讲解最近六届会试考题和会元作文，一本系统讲解作文方法。

陆光宅刻印过薛应旂四十六卷著作《宪章录》。他把三本书刻印出来，留足陆氏学塾和于氏学塾自用部分，其余交由杭州书商发卖。

了凡的名气更大了，他教育的英才更多了。

---

[1] 彀（gòu）率：使劲张开弓箭。彀：箭靶。

第三十四章
终南山了凡归隐

　　万历七年，了凡的妻子高氏因病去世。母亲离世，他成了孤儿；妻子去世，他成了鳏夫；无儿无女，他成了绝户头。四十六岁的了凡活成了老光棍，活成了孤家寡人。他对人世失去了最后一丝留恋。

　　万历六年，李世达[1]到浙江当巡抚。李巡抚上一任职务是朝廷河道总理[2]。浙江河流多，湖泊多，水灾多。李世达一上任就治理河道，兴利除弊。他向两位浙江籍前辈请教治水策略，一位是水利专家潘季驯，一位是前吏部同僚陆光祖。潘季驯是工部侍郎兼河道总督[3]，忙着治理黄河决口。陆光祖是大理寺卿，忙着审理全国大案要案。两人不约而同地推荐自己的学生了凡。了凡考察、考证过浙江每条大河和每座大湖，写过《太湖考》《汾湖考》《古人治河考》《今人治河考》系列文章。

　　李世达邀请了凡到巡抚衙门做幕宾。兴修水利是了凡梦寐以求的事业，他兴冲冲地到杭州报到，规划着要大干一番时，李世达却得了重病，辞职回了陕西老家养病。了凡落寞地回到汾湖岸边，继续过着半隐居的日子。了凡吃素，不吃鱼，守着汾湖，也不钓鱼，日子过得寡淡寡淡的。现在，陪伴自己几十年的妻子撇下自己走了，自己是走还是留？了凡是学佛居士，知道托生成人哪怕一次也很难，自杀是要下地狱的。以后怎么办？出家当和尚？到嘉善大云寺？到嘉兴楞严寺？到杭州灵隐寺？到南京栖霞

---

[1] 李世达（1534—1600）：字子成，号渐庵，晚号廓庵，陕西泾阳人，嘉靖三十五年进士，官至刑部尚书。

[2] 河道总理：相当于今水利部长，只有行政权。

[3] 河道总督：河道总督提督军务，兼有军法处置权。

寺？不行！自己是名士，即便躲到寺院里也躲不开名气和喧闹。

李世达说过，他回老家养病，后半生说不定就落脚归隐到终南山。了凡拿定主意，他要投奔李世达，归隐终南山。

六月，李世达领着了凡进入终南山。途中，李世达说："终南山是道家圣地，老子在这里口述了《道德经》。道家全真派祖师王重阳[1]在这里悟道。当年，重阳真人在终南山挖了一座活人墓，躲在墓中修炼三年，成仙了。"

了凡插话说："老师，唐代大居士王维闭关修炼的地点在哪里？"王维字摩诘，号摩诘居士，被尊为诗佛，唐代状元，做官闲暇时在终南山静修，自称是《维摩诘经》中主人翁维摩诘居士的化身。

李世达说："这里人灵地杰，儒释道三教都有高人在这里隐居过。道士、和尚、儒士在这里互相尊重。这里供奉的神像与别处不同，道观里供奉有佛陀和孔子，寺院里供奉有老子和孔子。"

在嘉善、嘉兴、杭州、南京、北京的寺院、道观里，了凡没有见过这种现象。

李世达说："寿联'福如东海长流水，寿比南山不老松'中的南山在这里，不老松也在这里。不老松，今天我就领你去见见。不老松下有孔不老泉，又叫长寿泉。我在山中修养了几个月，了凡，你看看，我现在的身心状态，是不是与去年大不一样？"

了凡说："老师精神焕发。您这是见过高人了。"

李世达说："真让你说对了。在山里，我认识了几位高人。其中一位，大家不知道他姓甚名谁，也不知道他年龄多大，因为他隐居的洞口有几棵梅花树，大家尊称他'梅翁'。梅翁教会我辟谷不吃饭，教会我呼吸方法。"

了凡问："老师，什么呼吸方法？"

李世达说："太阳呼吸法、月亮呼吸法、清理经络呼吸法、观鼻端白呼吸法。梅翁说，学会呼吸法，就学会了服气养生的方法，可以长生不老。"

---

1 王重阳（1112—1170）：陕西咸阳人，道教全真派创始人。

梅翁住在半山腰的山洞里，山洞旁有一棵大松树，松树下喷涌着一孔泉。泉水源源不断地形成一条水线，"哗哗哗"地淌向沟底。沟底是条小溪。梅翁头发和胡子雪白，两眼炯炯有神，身材精瘦。李世达的随从把供养梅翁的日用品搬进山洞。梅翁在山洞里接待李世达和了凡。

洞外日头火辣辣的，洞内却凉爽宜人。李世达做过介绍，了凡磕罢三个头，敬呈一匹嘉善特产的细绢，作为拜师礼。

晚上，梅翁把课堂安排在洞外。

梅翁说："全真派讲究师承，讲究实修，讲究苦修。这孔山洞，是祖师爷重阳真人悟道的圣地。这棵大松树有灵气，是祖师爷亲手种的。万物都有灵气。"

了凡感受到了大松树散发出来的荫凉。

梅翁说："天地有灵气。天地间也就是这么一股灵气罢了。你看不见，摸不到，却不能说没有。我读书不多，识字不多，这个'炁[1]'字我会写，我明白意思。无中生有，其实就是从这个'炁'中生出来万事万物。人是爹娘生的，却靠炁养着。俗人呼吸的气还不是这个'炁'。俗人练好呼吸，能益寿延年；道人练好呼吸，能长生不老。俗人呼吸的是后天之气，道人修炼的是先天之炁。了凡，你会呼吸吗？"

了凡说："俗人的呼吸我会，重阳真人的呼吸我不会。请梅翁传授给弟子。"

梅翁说："祖师爷传下来的呼吸方法，有脚心呼吸法，有毛孔呼吸法，有乌龟呼吸法。师祖爷当年住在这山洞里，洞口是封上的，里外不通气，号称活人墓，用的就是乌龟呼吸法。我这几天一一传授给你。"

了凡说："师父，弟子有几个疑问。第一，佛家《楞严经》说，即便长生不老，活上一万年，也不一定是圣人；第二，儒家王阳明龙场悟道，只活五十七岁，道家重阳真人终南山悟道，只活五十八岁，他们怎么没能长生不老？第三，修道人长生不老之后干什么？第四，按弟子的理解，长生不老只是修炼命功，如果不修炼性功，怎么成就真人？"

---

[1] 炁：qì。

梅翁愣怔了一会儿，突然起身下跪，向了凡连磕三个头，回座后说："我几十年只读《道德经》《孝经》《心经》，没听说过《楞严经》。你这四个问题我回答不了。我做不了你师父，你磕的头我还给你，拜师礼我还给你。我们只能做朋友，明天我带你拜见我师父。"

梅翁的师父住在更深的山里。路上，梅翁介绍说："我拜师二十多年，只知道师父姓刘，他过去干什么、家在哪里，从没听他讲过。大家都称呼他隐士刘。"

了凡说："梅翁心真大，不知根知底，就敢拜师。"

梅翁说："我是修道人，只管修道。谁有道，我就向谁学。修道人只活在当下这一念，管他过去干什么！管他将来干什么！"

了凡说："有道理。"

看相貌和气质，隐士刘像梅翁他爹或者他爷爷。一样的学问、一样的饮食、一样的环境，滋养着同样的相貌和气质。和尚一个个圆脸阔面、气色红润，道士一个个脸面瘦削、气质高雅，儒士一个个满脸烟火气、满眼江湖气。

了凡感受到了隐士刘祥和而强大的气场，他虔诚地磕了三个头，口称："东吴书生袁黄拜见刘老隐士！"了凡前额磕在地上的一瞬间，一股暖流从百会穴直灌两脚心。他浑身一激灵，感受到无比的愉悦。了凡眼中含泪，换了称呼："东吴弟子袁黄给师父磕头！"

隐士刘笑眯眯地说："坐吧！"

了凡和梅翁一左一右就座。隐士刘问："东南富裕，西北荒凉，你大老远跑到关中来干什么？"

了凡说："江南富裕太喧闹，西北僻静好修行。"

隐士刘问："你修行为了什么？"

了凡说："为了活个明白。"

隐士刘问："活明白后呢？"

了凡没活明白，活明白之后干什么，他更不明白。了凡大脑空白了一会儿，说："弟子愚钝，请师父开示！"

隐士刘说：《易经》特别讲究时间，时是时机，间是空间。时机指节令和机会。春天不到，鲜花开放不了。空间指位置和位子，鲜花再美丽，长错地方，也只能被拔除。时机不到，一身本事的姜子牙也只能在渭河边钓鱼。机会不来，我一肚子兵法也只能烂在肚里。"

听隐士刘说自己一肚子兵法，了凡眼睛突然发亮。

隐士刘说："我是河南人，秀才出身，是威宁伯[1]老爵爷的同乡，年轻时在老爵爷手下当参谋亲随，跟着老爵爷身经百战，凭战功，从百户干到千户，再干到指挥。后来老爵爷落难，我们这些亲随失去依靠，报效无门，我只好归隐到这里。学道人，是为了活个明白。明白人顺应天时，有机会就出来，小则造福一方，大则安定天下；没有机会，就享受天年，潇洒自在，游戏人间。"

了凡和梅翁下意识地"哦"了一声。

隐士刘说："了凡，你的时机还没到，不要急。"

在万历五年会试中，了凡回答第五篇策问时反对议和、主张战争，正是受到威宁伯王越和新建伯王阳明军事战例的启发。成化十六年，王越避实击虚，直捣鞑靼老巢威宁海；正德十四年，王阳明避实击虚，直捣叛军老巢南昌。鞑靼首领俺答率军西征瓦剌部落时，老巢空虚，明军却坐失良机。

隐士刘说："了凡，你是丙戌年进士，这几年处于潜龙勿用状态，好好修学。我把兵法传授给你，将来有你大显身手的时候。"

---

[1] 威宁伯：王越（1426—1498），河南浚县人，景泰二年进士，以宁夏、甘肃、延绥三边总治身份，常年驻守边疆，战功累累，被封威宁伯爵位，被尊为大明西北长城。

第三十五章
高手面前露两手

万历七年冬，了凡进京，准备第四次参加会试，意外结识灵台掌印张太监和内阁首辅张居正，他的才智震惊了张太监和张居正。

李世达病好后被任命为漕运总督兼凤阳巡抚。上任前，与大运河和凤阳有利益关系的在京各色人员纷纷拜访李世达，了凡在李世达下榻的宾馆遇到灵台掌印张太监。

灵台是皇城内掌管天文台兼气象台的太监衙门，职责是观察天象风云，预报季节和时辰，预测灾害异常。了凡多年来观察天象、研究历法，编著有《历法新书》。出于好奇和报效朝廷的用意，了凡问道："张公公，灵台观测天象与《授时历》有没有误差？"

张公公斜着眼，警惕地瞥了凡一眼，然后看向李世达，眼中充满疑问。

北斗七星，被祖先认为是上天的中心。北斗七星像把勺子，祖先根据勺子手柄的不同指向，确定春夏秋冬一年四季；根据北斗七星的不同方位，确定子丑寅卯等一夜的时辰。星象家说，天上众星朝北斗；儒学家说，地上万民拜皇帝；玄学家说，地上皇帝就是天上北斗星的化身。正德皇帝去世前，浙江上虞术士许璋观察天象，发现帝星指向荆楚，就向好朋友王阳明准确地预测说，新皇帝将出自荆楚。果然，接替正德皇帝的嘉靖皇帝正出自湖广安陆的兴献王府。了凡这一问是什么用心？这个问题很有问题。如果被东厂和西厂厂公们听到，一旦上纲上线，问题就严重了。

李世达笑着解释："张公公，袁举人了凡先生是我的好朋友，一个天天吃斋念佛的居士。"

张太监这才露出笑脸，说："既然是李督爷的好朋友，袁举人，我也不拿你当外人。我跟你说句知根知底的交心话，《授时历》记载北斗七星的经纬度，与实际天象有时候竟然相差五六度。每个夜晚每更天，宫里各安排五个人值班观察。我比他们辛苦，他们是五人各值班一更天，我是一个人值班五更天，我得时刻督促他们。这般辛苦，稍不留神，观测记录就与《授时历》数据不一样。真是辛苦呀，李督爷！"

了凡说："张公公，可惜你们辛苦得很冤枉。这不是你们观察松懈，不用心，而是《授时历》本身存在误差。"

张公公有些惊讶，生气地说："李督爷，您这朋友，一个进京赶考的举子，身份不高，口气不小呀！"

李世达笑着解释："张公公，您不妨试验一下，说不定以后就用不着那么辛苦了！"

了凡说："张公公，从今天开始，北斗七星的经纬度，我给您连续预算十天，您拿回去，照着这个数据观察，试试看吧。"

李世达吩咐人拿来笔墨纸砚。了凡当面演算，写下北斗七星十天的运行参数。

张太监等不及十天，仅仅五天后，就带着礼物兴高采烈地来找李世达，说："李督爷，真是人不可貌相，民间有高手。您这好朋友真是高手。宫里连续观察五天，了凡先生预算的数据分毫不差。可惜呀，十天的数据太少。上次，您说了凡先生编制有《历法新书》，希望了凡先生能够出借这本宝典，我让抄手抄录一遍，以备天天对照。这事，就拜托李督爷了！"

了凡精通历法，编制有《历法新书》，这一消息传遍京城，传到了内阁首辅张居正的耳朵里。张居正推行改革，既要改革赋税制度，也要改革朝廷礼乐。他正推动的音律改革遇到了技术障碍。

礼乐改革由礼部负责，其中的音律改革具体由教坊司[1]经办。张居正像诸葛亮一样，大事小事喜欢亲自抓，抓在手里，看在眼里，他才放心。他

---

[1] 教坊司：礼部下属的正九品衙门，承办大型庆典时的乐舞。

从小被称为神童，自认精通音律。他要校正音律，重新制定音律标准。

他指导官员，按照《后汉书·律历志》等古籍传下来的方法，建造三层密室，遵照宋代蔡元定[1]《律吕新书》记载的技术标准，制作十二根竹管。这样的竹管被称为律管，又叫定音器。测定音律标准，有一个专门术语，叫候气。候气，必需的关键设备有三样：一是三层密室，二是律管，三是芦苇内膜烧成的灰。候气的操作规程是：在密室中摆放木桌，在桌上按照一定方位放置律管，律管内填上芦苇内膜灰，节气一到，相应律管内的灰就自然地飞动。据此，可以占验节气变化，可以确定音律。

古乐分十二调，整个操作流程叫十二律管候气。十二调对应十二个月，比如农历十一月对应的是黄钟[2]，冬至时刻，黄钟音孔内的灰就自然地飞动。音律与节气互为标准，十二律管候气是一个涉及天文历法与音律标准的交叉学科。

张居正组织的十二律管候气占验失败了。他派人把了凡请到现场，查找失败原因，提出纠正方法。了凡细心巡察后发现了问题。礼部尚书潘晟[3]带着了凡来给张居正汇报。

了凡说："目前存在五个问题。第一个，密室选址不对。密室应该建在清净空旷的地方，现在这个地方堆满砖头瓦块，地气不清净。第二个，密室墙根深浅不标准。密室里外三层，是为固定地气，最外层墙根要深入地下三尺，第二层木板要深入地下一尺六寸，最里层墙根要深入地下七寸六分。现在三层墙根深浅都不符合标准，这样只能封住地上之气，而封不住地下之气。第三个，三个门的方位不对。最外层的门应该开在正北方，第二层的门应该开在正南方，最里层的门又要开在正北方，这么安排就是为了固定天地之气。现在三个门都开向正南方。第四个，律管大小不一，做工不精。元声和元气有自然的道理。定音律管制作人员必须内心纯净，心境合于天地之道。第五个，密室内律管摆放杂乱。每一节气对应某一方位，天地方位又不完全一致，天的正南方偏东两分五厘，地的正南方偏西

---

1 蔡元定（1135—1198）：南宋理学家、乐律学家，朱熹的高等弟子。
2 黄钟：古乐12律中6种阳律的第一律。
3 潘晟（1517—1589）：浙江新昌人，嘉靖二十年进士，官至礼部尚书。

两分五厘,冬至占验黄钟的律管应该摆在正北方偏西两分五厘的地方。"

了凡说完,掏出一张图纸展开,上面画着建筑设计图和八卦方位图,敬呈给张居正。

张居正赞许地朝了凡点点头,对潘晟说:"潘尚书,就安排袁了凡重新选址、重新建设、重新制作、重新占验吧。"

了凡斋戒三天,沐浴三次,在天坛南边选定新址,制作新律管,重新占验,获得成功。

张居正很高兴,对了凡说:"了凡先生,你好好准备会试。考试结束,我有重要事情安排给你。"

万历八年会试主考官是内阁大学士申时行,副主考官是詹事府詹事兼礼部侍郎余有丁[1]。

二月初九日会试第一场考试,于廷燮在考场上突然发病,没考完,就被护场士兵扶送回旅馆。考前,应于廷燮强烈要求,了凡和于廷燮住到同一房间。于廷燮的族弟于文熙和于孔兼住在隔壁。于廷燮卧床不起。白天,了凡请医生、拿药、煎药、喂药,忙前忙后;晚上,于廷燮又咳嗽又呻吟,要喝水,要吃药,了凡没法睡安稳。于廷燮满眼歉意地说:"了凡学兄,我不能拖累你,你搬出去住吧。"于廷燮言不由衷,眼巴巴地看着了凡,眼中充满渴盼和依赖。为了会试,为了好好睡觉,为了养精蓄锐,了凡真想搬出去。但是,患难之中,道义更重要。了凡坚定地说:"廷燮,我们既然住在一个屋,我就不能撇下你不管。你安心养病,我们一起参加下面的考试。"

于廷燮没能再起床。了凡勉强参加完考试。二月十九日,于廷燮在旅馆房间离开人世。于廷燮,字调阳,号绍城,享年三十八岁。好朋友战死考场,了凡很悲伤。

了凡第四次落榜。他舅舅的孙子王慎德榜上有名。于文熙和于孔兼双双金榜题名。

落榜后,了凡出奇地平静。张居正把了凡请到家中,惋惜地说:"了

---

[1] 余有丁(1526—1584):浙江宁波人,嘉靖四十一年进士,官至内阁大学士兼户部尚书。

凡,上一届会试我就听说了你的文名,没想到这次再次失利。朝廷在筹备一件大事,等有了头绪,我准备委托给你一项重任。这段时间,我想请你给几个犬子当先生,教他们读书作文,不知了凡先生意下如何?"

了凡在张居正家当起了私塾先生。张居正六个儿子,依序是张敬修、张嗣修、张懋修、张简修、张允修、张静修。三个大儿子是进士,三个小儿子是了凡的学生。

一天,张居正把了凡叫到书房,说:"了凡先生,让你当私塾先生,确实是大材小用。朝廷要修正音乐,这是一项大工程。我想推荐你出任这项工程的总裁。你看?"

了凡心心念念盼着朝廷采用自己编制的《历法新书》。对于音律,他只会弹弹古琴,说不上音乐专家。了凡说:"谢谢张相公的眷顾提携!学生恳请您老先生,是否先启动历法改革?现在用的《授时历》误差多,学生编制有《历法新书》。"

张居正说:"你把《历法新书》拿来我看看,可行的话,就安排钦天监采用。"

灵台掌印张太监对了凡说:"真是抱歉,了凡先生!冬至晚上,我查看《历法新书》时不小心,书被蜡烛烧成了灰[1]。"

没了《历法新书》,又不愿参加朝廷修正音乐工程,了凡借口回家养病,离开张居正家,离开北京。

---

1 书被蜡烛烧成了灰:张太监侵占《历法新书》,不愿归还。万历十八年,弟子王肯堂在官员王对沧家见到《历法新书》,抄录一册,还给了凡。

第三十六章
四十八岁当父亲

　　了凡回到嘉善陶庄汾湖岸边，家里空落落的，没有一点儿人气，做伴儿的只有满屋子书籍。亲戚、同学、朋友、弟子，纷纷登门拜访慰问。这天，沈大奎来了。

　　沈大奎与了凡是科举路上的难兄难弟。大奎的父亲沈概当了一辈子秀才，一肚子学问，写了一摞子书，年老才被贡入国子监，被授予江西省布政司从七品都事。都事管理公文收发，活儿倒是不累，但是天天磕头作揖太累人。布政司最大的官是从二品。在布政司，都事几乎见官都要磕头作揖。沈概一个快六十岁的小老头担心膝盖受不了这份折腾，不去上任，一直在家侍候爹娘。大奎兄弟五个都是秀才，他是老五，当了近二十年秀才，一直盼着能有个贡生身份，至少可以当个县学训导，也好有份养家糊口的俸禄。大奎的儿子万钶也是秀才。沈家爷儿几个只会读书，不想种田，不会做工，不愿经商，日子越过越穷，吃不起肉，穿不起绸缎，沈概老年时自号"布菜翁"。了凡不甘心自己的举人身份，他不知道，大奎正羡慕着他的举人身份。

　　两个失意人无须说话，只对视一眼，理解和同情就都已经传达到了。

　　大奎说："了凡兄，这次进京有什么见闻，说来听听，让我长长见识。"

　　了凡说："皇城根下，人多，事多，见闻多。先说这科举吧，成就了不少英雄，害惨了更多豪杰。金坛于廷燮病死在考场，四千多举子长途跋涉，空忙一场，成千上万举子来回奔波多趟，空耗时光。很多读书人，大好年华耗费在科举路上，等到做官时已经年老体衰，心有余而力不足。"

　　了凡和大奎同时叹了口气。

了凡说:"我在相府长了不少见识。张相公有担当,为朝廷尽忠,为百姓谋福利,敢作敢为。这些年,土地兼并严重,富人瞒报土地,偷税漏税,富的富死,穷人少地没地,摊派在头上的赋役越来越重。就说咱们嘉善,一年夏秋两税,把不少人家逼得卖儿卖女。张相公安排重新丈量土地,你看,咱嘉善也开始了。做官好行善呀!张相公有这份爱民的心,张家积德行善,万历五年相府二公子进士第二名,今年相府出了双进士,三公子第一名状元,大公子高居二甲。"

大奎说:"了凡兄,外面传说的与你说的不一样。两届殿试,相府出了三个进士,一个第一名状元,一个第二名榜眼,大家传说这是徇私舞弊。"

了凡说:"我们没有证据,只能从好的方面来理解。我离开北京与此多少有些关系。圣上年轻,重臣专权,物极必反,盛极必衰。北京灵济宫良知讲会,我参加了几次,结识了不少豪杰。有一次杨起元[1]翰林主讲《周易》乾坤二卦,大家分享时都强调君子要自强不息,我分享时却强调君子要厚德载物,杨翰林大加赞赏。"

大奎说:"受你影响,我每天也在做功过格,积德行善,只求能挣一个贡生出身。听说,你做够了三千善事,下一步怎么办?"

了凡说:"三千善事,整整做了十年多。三千六百五十日,竟然没能做到日行一善,说起来很惭愧。去年底终于做够了,只是一直没有顾上做回向[2]。过些日子,我准备到大胜寺,请僧人做回向法事。"

大奎说:"了凡兄,这次来,一则是看看你老兄,二则也是受叔父和家父托付,来给你做媒。你看看,这家里冷锅凉灶的,没个女人真不行。年岁大了,跟前没个知冷知热的人不行。将来老了,床前没个养老送终的人不行。你这一身学问,没个传承衣钵的不行。人生一辈子,身后坟前,清明节没个烧纸的不行。我堂妹二十二岁,说大不大,说小不小,吃斋念佛,守了几年望门寡[3]。家里人劝了几年,我妹妹终于回心转意。咱们是通家之好,家父第一个就想到你。一说条件,妹妹愿意。了凡兄,等你到大

---

[1] 杨起元(1547—1599):字贞复,号复所,广东惠州人,万历五年进士,官至吏部侍郎。
[2] 回向:佛教用语,意思是把行善的功德奉献给谁,或者交换某一期盼的结果。
[3] 望门寡:订婚未出嫁,死了未婚夫。

胜寺办法事时,我带上妹妹去拜佛,你们看看眼缘如何?"

去年离开终南山时,李世达劝了凡再娶个女人。于廷燮、陆光宅等朋友都劝过了凡。三哥不在了,大哥、二哥、五弟都劝过了凡。了凡动心了,说:"谢谢两位长辈关心!"

农历十五日,了凡在大雄宝殿举办回向法事。法事开始前,大奎领着妹妹拜过佛,介绍妹妹和了凡认识。

了凡天天修心养性,很多时候内心是宁静的。今天与大奎妹妹一照面,四目相对的一瞬间,心竟然"嘣嘣"紧跳了几下,连带着小肚子有些燥热。燥热辐射到下身,绵软的下身瞬间硬了起来。了凡内心羞愧和窘迫,脸上发热。他马上聚集精神,试图镇静下来。这时只听沈家妹妹称呼道:"小妹红莲拜见兄长了凡先生!"温雅清润的叫声叫得了凡浑身酥麻。他心里既庆幸又羞愧,庆幸的是意外遇到意中人,羞愧的是自己的修行功夫还差得远。

四目相对的一瞬间,红莲竟然吃了一惊,惊讶得差点叫出声来。五年前,未婚夫得了重病,婆家人迷信,打算提前迎娶红莲,用喜事给未婚夫消灾祛病。人算不如天算,未婚夫没能坚持到大喜日子,在迎娶的前一天晚上去世。在内心里,红莲已经把自己嫁了出去。她在佛前发过誓,要做节妇,吃斋念佛,一辈子侍候爹娘,守一辈子寡,年老时挣一个"节妇"美名,把名字刻到《嘉善县志》上,给爹娘挣一份荣誉,不辜负爹娘养活自己一场。有一天晚上,红莲做了一个梦,梦见菩萨给她领来一位郎君,告诉她,让她与郎君相亲相爱,养儿育女,传宗接代,积德行善,助人为乐。今天见了了凡,了凡竟然和梦中的郎君一模一样。红莲的小心脏"咚咚"直跳。她忍住了惊讶的叫声,却没忍住脸上的潮红。为了掩饰脸上的羞红,她向了凡行万福礼时,腰探得很深,脸埋得很低,鞠躬急,起身缓。

了凡和红莲再次四目相对时,两人还都红着脸。了凡心里自责,以前自我感觉功夫很深,谁知道还是英雄难过美人关。红莲心里既庆幸又踏实,庆幸的是一生有了鲜活的归宿,踏实的是自己走在菩萨指引的道路上。

红莲恨不得马上进入女主人的角色。她向大奎轻声请求道:"五兄,你问问了凡兄长,这里需要我们帮忙吗?"

大奎笑着,眼中含着探询,问:"了凡兄,法事需要我妹妹帮忙吗?"

今天的法事是对三千善事画句号的,本来只有这一项内容。见到红莲后,了凡突然有了新想法:句号要画漂亮,新的愿望也要许下来。他要在佛前许愿,再做三千善事,请求佛菩萨保佑他和红莲生个大胖小子。生个大胖小子,没有红莲帮忙怎么行!许这样的愿,没有红莲在场怎么行!

了凡真怕大奎和红莲有事走掉,忙不迭地说:"需要需要!有劳大奎兄和红莲小妹。"了凡笑着说着,向大奎和红莲拱拱手,笑中含着一丝丝的卑微、巴结、讨好和祈求。

法事由云谷禅师的弟子幻余主持。幻余安排性空和慧空两个僧人敲敲打打,"嗡阿吽"地唱诵起经咒。了凡和红莲像一对夫妻一样,按照幻余的安排,该磕头时一起磕头,该许愿时一起许愿。并排站立时,两人都感受到了对方对自己的吸引,了凡身子不由自主地向红莲倾斜,红莲身子情不自禁地朝了凡倾倒。法事还没结束,这一男一女已经形成默契,心与心紧紧连在一起了。

这就是缘分,一眼定终身。热媒,不能拖,容易拖凉、拖黄。袁家与沈家交好几十年,两家知根知底。了凡不愿拖,红莲爹娘也不想拖。筹备一个多月,不怕六月天热,了凡把红莲娶回了家。了凡老牛吃嫩草,上下内外焕发第二春;沈氏粉荷逢雨露,点点滴滴滋润在心头。一对新人,恩恩爱爱,开始了刺激、幸福和平淡的生活。

了凡是名人,来贺喜的多。王肯堂、项德祯、顾曾璘、杨士范等弟子约在同一天来贺喜。王肯堂说:"先生,我们几个师兄弟有一个共同的请求,您以前写的书,有解读四书的,有解析乡试和会试考题的,有赏析优秀作文的,有讲解作文技巧的,这些书帮助了不少读书人。您说过,要想写好作文,必须真正读懂经典。我们代表天下读书人,恳请先生可否把《诗经》《尚书》《礼记》《周易》《春秋》这五经一一注解出来?"

项德祯说:"注解五经,首先帮助我们师兄弟,其次是帮助天下读书人。先生这一善举,必将功德无量。"

了凡说:"二十年前,我立定一个志向,这一生一定要写一部《袁氏通史》,内容包含天文星象、河湖地理、兵刑礼乐、艺文官制、儒释道法、帝王将相、隐士贤达、百工技术等等。这些年读书,越发觉得读书人需要这部《袁氏通史》。你们现在提出这个请求,我就把自己的心愿放一放,先满足你们的心愿,写五经注解。"

于是,了凡整理以前的笔记,写出新的见解,先后写出《袁氏易传》《诗经袁注》《尚书大旨》《春秋义例》《礼记略说》《周礼正经解义》等书。

万历九年春,了凡和红莲共同的著作问世,他们的儿子来到人间。四十八岁的了凡给儿子起名天启[1]。

---

[1] 袁天启(1581—1627):字若思,号素水,天启五年进士,避天启年号,改名俨。

第三十七章
发心刻印《大藏经》

红莲给了凡的生活注入了青春活力，天启给了凡的生命带来了美好希望。

万历十年六月，张居正去世，张四维接任内阁首辅。万历十一年，内阁大学士余有丁和吏部侍郎许国出任会试主考官，了凡第五次落榜。状元朱国祚[1]是嘉兴府秀水县人，才二十四岁。嘉善县新科进士叶继美才二十七岁。两个后起之秀都读过科举名师了凡的辅导书，都当面请教过了凡，算是了凡的半个学生。五十岁的了凡为什么又落榜了？有人说，了凡名气太大，招人嫉妒；有人说，内阁首辅张四维还在记恨了凡，考官不敢录取了凡。

会试成绩张榜公布前，了凡的七篇考场作文就已经传遍北京。了凡回乡走到山东德州时，德州知州拿出了凡的作文，连声赞赏。当时，会元李廷机[2]的文章还没传到德州。

了凡不再像年轻时那样怨天怨地、怨恨考官。一个人的时候，他暗自落泪，只恨自己命苦，只恨自己德薄。他坚信《周易》上说的，积德行善不够的话，难以成就功名。他相信老话说的，善有善报，儿子的到来就是最好的证明。

红莲善解人意，她知道丈夫的心病。儿子出生后，红莲给了凡出主意说："夫君，我有个想法，您看行不行？"

了凡说："你说说看。"

---

1 朱国祚（1559—1624）：字兆隆，号养淳。
2 李廷机（1542—1616）：字尔张，号九我，福建晋江人，万历十一年会元，进士第二名。

红莲说:"隆庆三年,您许愿做三千善事,天天记录功过格,积德行善,隆庆四年您就中了举。三千善事直到万历七年才做够。万历八年,我们在佛前许愿做三千善事,万历九年我们就有了儿子,到今天三千善事还没做够。我们赶在您进京赶考前一年许愿,祈请老天爷、佛菩萨、孔圣人、太上老君许多许多圣贤,保佑您在万历十一年中进士。您说过,做官好行善。这样,您就可以早中进士、早做官。"

了凡一本正经地说:"祈求儿子的三千善事还没做够,就盼着中进士,这是贪心。这样做人不虔诚,做事不踏实。一码事归一码事,一件事做完,再开始下一件事,这样每一步才都走得稳。自从你进门后,我们夫妻携手,功过格上的黑叉越来越少,红圈越来越多,积分越来越快,家道越来越兴旺,我们要知足。我倒是有个想法,需要与你商量。"

红莲说:"我不识字,生怕打叉、画红圈打错地方、画错地方,拖夫君的后腿。夫君您有啥想法只管说,只管做就行,我听夫君的。"

了凡说:"你已经做得很好。打发上门要饭的,你从没让人空手走过。每十天一次买鱼放生,你没有间断过。我天天写书,一心想着劝人行善。这还不够。祖上留给我们的家业、我们挣来的家业,身后也带不走,留给儿孙财产,不如留给他们道德。我想把每年的田租拿出来三分之一,接济家族、亲戚和乡邻中那些读书人,那些没钱娶亲和安葬亲人的,那些孤寡老人,那些穷得吃不上饭的,布施给嘉兴、苏州附近寺院里的僧人穿衣、吃饭和看病,帮助附近村镇修桥铺路。这样积德行善,为我们自己、为儿孙培补福报,也净化我们的心灵。"

红莲听着,开始是一脸惊讶,后来是一脸惊喜,她说:"夫君,我听您的。"

到万历十一年八月,三千善事做完,这次只用了四年时间。九月,了凡和红莲到大胜寺做回向,并许下新愿望,要做一万善事,祈求考中进士。办完法事,幻余法师陪了凡和红莲到后院禅室喝茶。在禅室里,达观[1]法师正等候着了凡。

---

[1] 达观(1543—1603):明末四大高僧之一,俗姓沈,字达观,江苏吴江人。

幻余法师介绍说："了凡居士，这是达观法师，嘉靖末年在大胜寺闭关三年。云谷先师圆寂后，我和性空拜到达观师父脚下，做了弟子。师父，了凡居士是寺院的护法，您和他直接说吧。"

达观说："了凡居士，多年前就听幻余说，您发过宏大誓愿，要刻印《大藏经》。有这样的誓愿，贫僧敬佩。贫僧在这里闭关三年，阅读佛经，发现有两大不便，一是藏书太少，想看的经律论看不到，二是佛经有折页的，有卷轴的，不方便阅读。这十几年行脚天下，发现这两个问题是普遍性的。后来知道，世间只有两副《大藏经》刻版，一副收藏在北京皇城内，归天子御用，不外借；一副收藏在南京大报恩寺，归南京礼部，可以租借刻印，但是一百多年来，刻版磨损严重，不能用。要刻印《大藏经》，首先要收集、整理、编辑新的佛教论著，然后刻制《大藏经》印版。云谷先师在时，我们预算过，收集、编辑、校对、刻版、印刷、装订成方册，这是一项大工程，没有三万两银子干不成。这些年，贫僧游走四方，一直留心这件事。有识之士，像金坛王家、于家，丹阳贺家、孙家，吴江沈家、周家，平湖陆公、吴县管公[1]、秀水冯公、常熟瞿公[2]，众居士都愿意出一份力。这件事最早由您发心和倡议，贫僧的意思是，最好还由您召集和主持。不知了凡居士意下如何？"

了凡说："万历元年，就在这里，袁黄与幻余法师一起发愿，要刻印《大藏经》。无奈工程浩大，袁黄德行浅薄，力量有限，感召力不足。幻余法师当时年轻，有心愿，没胆量，不敢牵头。十多年来，袁黄和幻余法师都没敢忘记自己发过的誓愿。今天达观法师愿意登高一呼，这算有了主心骨。既然一起做事，知根知底非常重要。袁黄想请教达观法师的出家和悟道因缘。"

达观笑眯眯地说："贫僧是北邻吴江人，俗姓沈，年轻时幻想着仗剑走天涯，除暴安良，做一世英雄。十七岁那年，贫僧背上宝剑，揣着银子，要到塞外闯荡。走到虎丘，遇上大雨。年轻时冒冒失失，出远门连把伞也没准备，被淋成落汤鸡。"达观哈哈大笑起来，声音洪亮，率性而天

---

1 管公：管志道（1536—1608），隆庆五年进士，阳明学者，主张三教合一。
2 瞿公：瞿汝稷（1548—1610），瞿景淳的儿子。

真,"雨中遇到打着伞的虎丘寺明觉和尚,我跟着和尚到虎丘寺避雨。晚上,出家人唱诵《大悲咒》,贫僧听得泪流满面,心中有个声音说,不要再四处去流浪,这里就是你的故乡。第二天不等天亮,贫僧就从腰里掏出全部十两银子,拜明觉和尚为师,当晚就跟着和尚打坐,从此二十多年来,每晚都是打坐,再也没有躺下睡过觉。二十岁时,到这里闭关三年。出关后,行走四方,游学五台山、峨眉山、嵩山、武夷山,走遍半个国家。有一天,在路上听到一个僧人边走边念念有词。僧人念道:'断除妄想也是病,追求成佛又是邪。'贫僧好心好意给他纠正,这僧人不仅不感谢,还嘲笑贫僧,告诫贫僧好好参悟。从此,贫僧走路时参悟,吃饭时参悟,打坐时参悟,只要醒着时,就时时刻刻参悟这两句。有一天用过斋饭,饭钵脱手掉到地下,"咣"的一声响,贫僧一下子心开意解,明明白白。了凡居士,这就是贫僧的因缘。"

了凡听罢起身,给达观磕了三个头。达观马上起身下跪,与了凡头对头,回磕三个头。

了凡回到座位,说:"达观师父磕头,袁黄实在不敢承当。刻印《大藏经》这项工程,虽由袁黄最初倡议,实际上一直在等待达观师父的出现,这一等就整整等了十一年。现在有高僧牵头,了凡愿意尽心竭力,为刻印《大藏经》奔走,感召人员,筹募资金。"

达观入座后说:"了凡居士,您有这样的大愿,已经是大菩萨的心量,承受得起贫僧的顶礼。刻印《大藏经》,看似为了僧家利益,其实更是为了俗世利益。贫僧出家二十四年来,除了闭关的三年,一直在世间行走,不求自己得安乐,只愿世间少疾苦。怎么化解世间疾苦,佛家有佛家智慧,儒家有儒家药方。世人追求名利,追求富贵,佛家一空化万有,这个空慧,一般人理解不了,接受不了。儒家圣人是如何解脱人生烦恼的,贫僧想把这一课补上。贫僧发心,用三年时间,读尽儒家经典。了凡居士,您看哪里有这样的道场?"

了凡略一沉思,说:"舍下有藏书两万多册,儒家经典基本无缺。袁黄愿供养达观法师三年读书期间的食宿。这三年时间,也好一起商量刻印《大藏经》的事情。"

达观说:"谢谢了凡居士。三年时间,僧俗混居,多有不便!"

了凡说:"舍下在汾湖岸边,两面临水。袁黄在湖中给达观法师建造一座茅棚,安排人每天用船运送日常用品。"

达观说:"这样最好!"

了凡安排停当,邀请达观入住汾湖中的茅棚。了凡和达观商量后,写信请示过陆光祖,成立了《大藏经》刻印筹备会。陆光祖从南京兵部转任北京吏部侍郎,影响力大。了凡任召集人。万历二年,了凡的恩师殷迈出任南京礼部侍郎时,嘱咐了凡拜栖霞寺和尚真节[1]为师。了凡邀请真节参与《大藏经》编校。僧家具体经办人是达观的弟子幻余和密藏[2],居士经办人是了凡和陆光宅。

了凡沐浴更衣,斋戒三天,刺血成墨,写成《刻藏发愿文》和《刻藏募捐文》。刻印《大藏经》工程启动[3]了。

---

1 真节(1519—1593):俗姓钟,湖北襄阳人,秀才出身,李太后赐袈裟一领。

2 密藏(生卒不详):名道开,号密藏,江西南昌人,秀才出身。

3 启动:开始资金募化、筹备等活动。明万历十七年开始刻印,清康熙十六年完工,先后在五台山、嘉兴、吴江、金坛刻印,共2090部,12600卷,史称《嘉兴藏》,又名《径山藏》《方册藏》。

第三十八章
五十三岁中进士

万历十四年，五十三岁的了凡第六次参加会试。第六次会试，会不会是六六大顺呢？只有老天爷知道。唐代考试诗歌录取进士，被后世尊为诗圣的杜甫，一辈子都没能考中进士。苏州府昆山县的归有光[1]乡试考了六次，会试考了九次，终于在五十八岁时考中进士。归有光著有《三吴水利录》，了凡创作《三吴水利考》时拜访过他。

原内阁首辅张四维在万历十三年去世，这对张四维家而言是不幸，对了凡而言是好消息。

现内阁首辅是申时行，在他的坚持下，王阳明的神主牌于万历十二年被请进孔庙配享祭祀。这次的两位主考官，一位是内阁大学士兼礼部尚书王锡爵[2]，一位是吏部侍郎兼詹事府詹事周子义[3]。王锡爵是太仓人，周子义是无锡人。太仓、无锡与嘉善，在古代同属东吴，三个地方的人互有地理上的亲近感。

考前制定评卷标准时，王锡爵提倡百花齐放，允许考生运用包括儒释道三家在内的诸子百家的语言和思想。这对了凡而言又是个好消息。

弟子项德祯、表孙钱吾德、朋友陈于王[4]和叶重第，与了凡住在一起。按辈分，项德祯和钱吾德是晚辈；按年龄，陈于王和叶重第是晚辈；按

---

1 归有光（1507—1571）：江苏昆山人，嘉靖四十四年进士，官至南京太仆寺寺丞。

2 王锡爵（1534—1611）：江苏太仓人，嘉靖四十一年会元，殿试第二名。官至内阁首辅兼吏部尚书。

3 周子义（1529—1586）：江苏无锡人，嘉靖十四年进士，官至吏部侍郎兼詹事府詹事。

4 陈于王（生卒不详）：浙江嘉善人，万历十四年进士，官至福建按察使，了凡儿子的岳父。

学识，四人都是学生。项德祯万历十三年中举，陈于王万历十年中举，叶重第万历四年中举。中举十年的叶重第今年才二十六岁。四人请求科举名师和会试老战士了凡做考前辅导。了凡说："随着时代不同，文风会有演变；根据地域不同，文风各不相同；随着主考官不同，录取标准也会变化。过去，政风从严苛到严谨，文风平正、朴实而典雅；现在政风从宽容到宽松，文风险奇、清新而放逸。地域上，北京和南京文章侧重于理论和逻辑，浙江文章侧重于遣词造句；两京文章营造意境，浙江文章塑造气韵；两京文章出奇制胜，浙江文章和风细雨。多年来，主考官年龄大、做官久，年轻时背诵的那些道理大多淡忘了，只喜欢浅显的道理。今年两位主考官都是咱们东吴人，文风既受南京影响，也受浙江影响。主考官又受家族多年来积淀的家风和文风影响。王相公是嘉靖四十一年会元，进士第二名。王相公十三岁成秀才，十八岁时的作文就被苏州读书人当作范文传诵。大才子一般来说都很狂傲。王相公出身大富人家，穿着却很朴素。这反映在文风上，既清新险奇，又朴实平正。隆庆三年，我在南京国子监时，王相公当南京国子监司业，我听过王相公讲学，观瞻过王相公的音容笑貌，读过王相公的文章。这段时间，我们拜读了王相公的多篇奏疏。可以说，我们已经熟悉王相公的文风。综合当下政风、主考官地域和王相公文风，我大胆预测，今年会试的录取格调应该是，不看重典雅而看重新奇，不看重浅显而看重深刻，遣词造句不能陈词滥调，分析说理不能肤浅庸俗，再背诵抄写往年的范文不行了。王相公和张相公一样，都主张改革。"

钱吾德说："了凡先生，能不能给我一些具体的建议？"

了凡说："这十年，吾德、梦祯和我，号称嘉兴文章三名家。名声可以鼓励我们继续努力，也容易蒙蔽我们的双眼，让我们故步自封。吾德文章好，却不一定符合今年会试录取标准。要考中，文风要从'平正'改为'新奇'。"

钱吾德嘴里说着"谢谢了凡先生指教"，心里却不服气。

叶重第说："也请了凡学长对小弟指教一二。"

了凡说："重第少年得志，文风本就新奇。吴江地处吴越交界，融会江浙文风。今年正常发挥就好。"

叶重第说:"承您吉言!"

考试结束,五人互相传阅各自的考场作文。

叶重第说:"了凡学长,您对我的文章做个预测吧!"

了凡说:"你这是才子作文,遇到欣赏它的考官,你必定是会魁。"

叶重第说:"会魁不去想它,只求别让我又空跑一趟就烧高香了。您自己呢?"

了凡说:"我这次作文,道理深刻,语言浅显;说理细致,语气平和;用词新奇,结构正大。不管遇到什么样的考官,都会被选中。"

钱吾德说:"您连续三科都应该被选中,可惜名声太大,遭人嫉妒。今年两位主考官,王公慧眼识人,周公公正无私,您必中无疑。"

好消息接二连三。了凡幸运地遇到考官杨起元。会试评卷按《诗经》《书经》《礼记》《易经》《春秋》五经分房阅卷,四千多考生的卷子分到二十个评卷房,杨起元是《书经》第二评卷房的考官。杨起元和了凡是一路人。他二十岁中举,连续三届会试落榜,为考中进士,在佛前忏悔并许愿积德行善。万历五年,杨启元考中进士,了凡因得罪主考官张四维而落榜。杨起元读过了凡落榜时的文章,十分赞赏。万历八年,杨起元在灵济宫讲学时结识了凡,很欣赏了凡的见识。杨起元是一个非常虔诚的阳明后学,他把阳明学者罗汝芳[1]尊奉为圣人,家里挂着罗汝芳画像,出门和进门都要对着画像禀告:"师父,我出去了!""师父,我回来了!"他和了凡一样,都是王畿的入门弟子。

每个评卷房都有权选录十八人。杨起元选定后,巡考官陆可教[2]来巡视。陆可教万历五年殿试时被主考官选为进士第二名,张居正安插儿子做榜眼,把他排挤到第五名。他在翰林院负责起草朝廷政令,和杨起元既是翰林院同僚,又是进士同年,还是同龄人,关系亲近。他浏览十八人的考卷后说:"杨年兄,我走遍二十房,在你这里发现了问题。"

杨起元一拱手,说:"请陆年兄赐教!"

---

[1] 罗汝芳(1515—1588):江西南城人,嘉靖三十二年进士,著名哲学家、教育家。
[2] 陆可教(1547—1598):浙江兰溪人,万历五年进士,官至南京礼部侍郎。

陆可教问:"你评选的主要标准是什么？"

杨起元说:"第一是'平正'，第二还是'平正'。"

陆可教说:"今年众考官的共识是'新奇'，具体说，新是创新，奇是清奇。为朝廷选拔人才，必须选拔那些格局宏大、见识高远的栋梁之材，宁愿选拔那些有瑕疵的宝玉，也不能选拔那些没有缺点的石头。你选拔的这些文章，平淡无奇，恐怕难入主考官的法眼。今年与往年不同，对各房选送的文章，主考官王公每篇文章都要审阅。走，我领你去各房参观取经。"

杨起元与陆可教一起走访其他十九房后，回来重新审阅十八人的文章。他看着排名第一的文章，爱不释手。第一篇文章，他批写道：认题真切，说理精明，不仅仅是本房第一，也是本科第一。第二篇文章，他批写道：说理透彻，不能改动一字，看过这篇文章，其他文章简直没法看。第三篇文章，他批写道：气象高大，可作文章法则，大儒手笔，一个"大"字没有人能够发挥得这么精透。

读这个考生的第一场七篇文章，杨起元就怀疑是了凡所作。读过第三场五篇策论，他确定这就是了凡的文章。了凡的文章，按'平正'标准录取是第一名，按'新奇'标准录取也绝对是第一名。

他小心翼翼地放好了凡的文章，重新检阅其他十七人的文章，从中又留下一人的文章，其他十六人的文章被放弃了。从第一次落选的两百人的文章中，他以'新奇'为标准，重新选定十六人的文章。

一般来说，主考官尊重各房考官的选送，不出意外的话，每房第一名都是会试的会魁，由主考官排定从一到二十的名次。

会试成绩张榜公布的前一天晚上，了凡做了一个梦，梦到黄榜上第一名的名字是"袁黄"，把他高兴得从梦中笑着醒来。

第二天一大早，了凡、叶重第、陈于王、项德祯、钱吾德结伴来看榜。第一名是袁宗道，第二名是黄汝良。"袁黄"两个字被拆分在第一名和第二名的名字中。名字是竖排的，横着从右到左读起来是"袁黄"。了凡轻轻地叹了口气，往下看去，叶重第排在第十五名，果真是会魁。在录取的三百五十人中，了凡排在第二百八十五名。陈于王和项德祯都榜上有

第三十八章 五十三岁中进士

名，钱吾德落榜。

殿试后，在进士榜上，了凡排在三甲第一百九十三名，叶重第排在三甲第五十四名。

了凡和叶重第来拜谢房师杨起元。

寒暄过后，杨起元笑着说："了凡，委屈你了。你的文章不仅在本房是第一，即便在所有二十房中也必定是第一，其他人没有这样的学识。但是，我没敢把你录在前三名。你连续几科遭人嫉妒，我不能再耽误你，就把你的名字混在十八人中间，一起送了上去。"

房师杨起元，比了凡小十四岁，他尊重了凡有学识，破例用号尊称自己录取的门生。

了凡说："谢谢杨座师成全。"明代进士尊称评卷的考官为房师，尊称主考官为座师。到万历年间，朝政宽松，礼制松弛，经济发展，社会浮躁，尊称夸张。

杨起元说："本房录取十八人，第一次按'平正'标准录取有了凡，第二次按'新奇'标准录取还有了凡。既符合'平正'又符合'新奇'这样条件的，只有了凡和闵文卿两人。重第，你真幸运！了凡，委屈你了，你本来应该是会元！"

下部

忠诚建功业

第三十九章
为民请命写奏疏

了凡终于中进士了！他登上了治国安民的大舞台。

了凡有会元水平而没有会元名分，他多少有一点遗憾。遗憾是短暂的，很快就随风飘散。他很知足。五十三岁的老举人，主考官不会选拔他做会元，皇帝更不会选拔他做状元。会试第一天一大清早，考生进场点名时，四千多举子拥挤踩踏，余姚举子陈希伊、定海举子吴国宾被踩死。与他们相比，了凡心中只有庆幸。

了凡喜悦而平静地享受着进士的荣光。三月十九日，到礼部参加皇帝赏赐的招待酒宴，酒足饭饱后，到鸿胪寺学习做官礼仪。二十一日，收到皇帝赏赐的进士宝钞[1]。二十二日，由状元领衔，随同三百五十名[2]进士向皇帝上表谢恩。二十三日，随同各位进士到文庙向孔子行礼。走完例行程序，进士前三名唐文献、杨道宾、舒弘志被直接任命为翰林院修撰和编修。其他进士被分派到各部、院、寺、司、监等衙门见习。了凡被分到礼部，身份是办事进士。

六月，朝廷从办事进士中选拔二十名庶吉士，安排到翰林院继续深造三年，培养栋梁之材。选拔条件是品学兼优，年龄四十岁以下。五十三岁的了凡，已经失去被培养将来做高官的年龄优势。他一个办事进士，能做的，只有观摩、打杂和等待。

前年、去年、今年，北京连续大旱，南京和北京连续地震。万历皇帝

---

[1] 进士宝钞：专门赏赐新科进士的货币。
[2] 三百五十名：万历十四年，进士比贡士多一名。上一届贡士因故没参加当年殿试，这一届补考补录。

二十三岁，正是积极进取的年龄。皇帝相信汉代董仲舒提出的天人感应，他做了深刻的自我批评，要求天下百官在做自我批评的同时，检讨天下政策是否坑民害民，并提出改善建议。

　　了凡动心了。这些年，他住在陶庄乡下，眼睁睁地看着民间的疾苦。《一螺集》中收录有父亲的一首五言律诗《伤农家》。诗中说，织女们穿的裤子破破烂烂。为父亲编印《一螺集》时，了凡年龄小，他不懂，嘉善家家户户纺纱织布，为啥织女们竟穿不起囫囵裤子。长大后，他终于明白，赋税太重。陶庄北邻的苏州府吴江县，赋税和嘉善一样沉重。每逢衙门征收夏粮和秋税时，嘉善和吴江农村，不少人家卖儿卖女。没有儿女可卖的贫穷人家只有逃离家园，流亡四方。逃亡人家的赋税被分摊，留下的人家负担更加沉重。这样恶性循环，有的地方几乎到了十室九空的地步。嘉善和吴江河流湖泊多，水灾频繁，每逢灾荒年景，河沟里堆满死尸。鱼米之乡，缺米吃，饿死人！多年来，了凡看在眼里，痛在心里。以前，他没权没势，干着急，使不上劲儿，只能用笔墨记录灾难和抒发痛苦。这几年他写了《农父叹》和《农父篇》，还把农民生活困苦的原因写在七言律诗《催租吏》中。

　　狭义的江南指太湖周边六府，包括苏州、松江、常州、嘉兴、湖州、杭州。六府赋税占全国赋税的三成。苏州府下辖一州七县，耕地总面积九万六千顷，仅占全国的百分之一，而赋税二百八十万石，占全国赋税的一成。六府物产丰富，白米、丝绸等贡品要解送北京，因运费和途中损耗，还要加增赋税的五成。隆庆年间，清官海瑞到当地视察后，叹息着说："到当地才知道，江南顶着一个'富甲天下'的虚名，百姓生活比别的地方还困苦。"

　　万历元年到万历十年，内阁首辅张居正推行改革，加强对官员的考核，重新丈量土地，推行"一条鞭法"[1]。改革清理出过去隐瞒不报的耕地一百八十万顷，朝廷收的赋税多了，发财了，米满仓，钱满库，仓库中堆积的钱粮足足够用十年。农民还是照样穷。张居正万历十年去世，万历

---

[1] 一条鞭法：明代在16世纪推行的一种赋税征收制度，把人头税等一切赋税合并到田赋中。

十二年被抄家。改革政策被废除，农民继续穷。

建文末年，了凡的高祖袁顺隐居到吴江县。景泰[1]四年，祖父袁祥迁回嘉善。现在，了凡把家又搬到吴江县。吴江和嘉善同属历史地理上的东吴，了凡经常自称"东吴了凡"。如今，他考中进士，有了向皇帝请命的资格。他与吴江三个同年进士叶重第、毛寿南和沈瓒互称同县同年，与苏州府同年进士互称同乡同年。他自认有责任为减轻东吴百姓的疾苦而呼吁。

一个办事进士，人微言轻。好朋友黄洪宪在翰林院当皇帝的讲课老师，正五品官，说话比自己有分量。黄洪宪的儿子黄承玄今年考中进士。了凡做过黄承玄的辅导老师，有功于黄家。了凡拜访黄洪宪。黄洪宪说："了凡，我给你介绍詹事府左庶子[2]赵公用贤[3]。赵公和我既是同僚，又是进士同年。万历五年，我们座师张相公夺情[4]，赵公不畏权势，上奏弹劾张相公贪恋权位、不守孝道，惹怒皇帝，在午门被廷杖六十，屁股被打烂，烂肉掉下一大块。赵公因此被罢官，却也因此名扬天下。赵公回到家乡苏州府常熟县，几年时间，走遍县境，察访民情，询问疾苦，了解实情。他正要上奏，为民请命呢。赵公与首辅申相公是苏州同乡，他们关系亲近。"

了凡拜访赵用贤。赵用贤说："我没做过地方官，但是曾在家守孝三年，又被罢官三年，对家乡常熟县的情况比较熟悉，对苏州府的情况比较了解，对江南六府的情况有所耳闻。常熟的赋税重，苏州农村的负担重，江南六府农村的日子苦。良知不允许我们沉默，我们要为民请命。你在县乡时间长，比我更熟悉情况，对嘉兴、湖州、杭州的情况，比我更了解。我起草有《议平江南赋役疏》大纲，你看看，把你了解的情况加进来，我们一起商量，要确保条理清晰和真实准确，并提出切实可行的建议。"

了凡浏览过大纲，说："赵宫庶[5]仗义执言，江南百姓有指望了。容我

---

[1] 景泰（1450—1456）：明代第七任皇帝的年号。

[2] 左庶子：詹事府属官，职责是辅助太子。

[3] 赵用贤（1535—1596）：江苏常熟人，隆庆五年进士。

[4] 夺情：明代官员父母去世后，要辞官回家守孝二十七个月。如因工作需要，不必辞职，称为"夺情"。

[5] 宫庶：对庶子的雅称。

回去慢慢拜读大纲，根据大纲，整理我搜集到的资料。后天，我再来请教赵宫庶。"

了凡再次拜访赵用贤。赵用贤翻阅资料后说："了凡，你整理的资料历史脉络清晰，数据具体详细。江南赋税沉重，有历史原因，最初源于太祖皇帝对东吴地区追随张士诚[1]的惩罚。两百多年来，虽经先后四次改良，税率仍然远远高于其他地区。第一次，宣德五年，周文襄[2]联合苏州知府况钟、松江知府赵豫、常州知府莫愚，调查研究，摸清情况，改革税法，减轻了江南的负担。第二次，嘉靖十七年，苏州知府王肃斋[3]改进耗米[4]标准。第三次，隆庆四年，海巡抚瑞公清理江南土地，减轻农民负担。第四次，万历九年，张首辅推行'一条鞭法'。这些改良和改革各有成效，但是时过境迁，有的老问题一直在，新问题又层出不穷。我所知道的老问题有三个：嘉靖年间，为应对鞑靼常年入侵加派军费，到了隆庆年间，鞑靼首领俺答归顺朝廷，双方言和，但是这项加派至今还在征收；嘉靖年间，为应对倭乱加派军费，现在朝廷开放福建月港作为贸易港，倭人有了贸易机会，倭乱平息，但是这项加派还在征收；嘉靖皇帝拜天征收的黄蜡，直到万历十年，我们常熟县还在征收。我万历十一年来京，这几年变化不十分清楚。你把这几年的变化补上了。"

了凡说："我这些年搜集了南直隶和浙江部分府、州、县的《赋役全书》[5]，发现江南六府的赋税整体比其他地区高出五到十倍。两省赋税征收标准细分到八百五十五级。最大的问题，还不在于赋税标准，而在于各县总书办[6]混淆是非、浑水摸鱼。"

赵用贤插话道："了凡，你把总书办混淆是非的情况细说一下。"

了凡说："各县知县都是外省人，一任三年，吴侬软语学不会、听不明白，政事委托给各房书吏经办，赋税委托给户房总书办。总书办向下一

---

1 张士诚（1321—1367）：元末割据势力首领，占据江浙地区。
2 周文襄（1381—1453）：周忱，永乐二年进士，宣德五年出任江南巡抚，谥号"文襄"。
3 王肃斋（生卒不详）：王仪，嘉靖二年进士，谥号"肃斋"。
4 耗米：征收和运输税粮时产生的损耗。
5 《赋役全书》：各级衙门发放的赋役清单。
6 总书办：县衙主管税收的书吏头目。

级一级委托,这就给了他们浑水摸鱼的机会。"

赵用贤说:"奏疏是大事,有一点疏漏,有一点虚假,就犯了欺君之罪。这样吧,我们用十天时间,一条条研究,一字字琢磨,精益求精,要做到万无一失。这十天,你就吃住在这里,不要拘束,不要客气!"

忙了十天十夜,由赵用贤领衔、袁黄执笔的《议平江南赋役疏》成稿。奏疏揭露了十四项政策弊病,提出十四项改良建议。

赵用贤上奏前,拜访内阁首辅申时行。申时行说:"赵公,钱粮征收是朝廷大事,里面很多细节,外人很难知道。为苏州人争取利益,我们苏州人要避嫌。我建议,把奏稿交给应天巡抚[1]和巡按御史,由他们责成各府、州、县,查清问明,然后再上奏,这样最稳妥。"

---

[1] 应天巡抚:应天府,统辖八县,其中上元和江宁两县与南京同城。巡抚应天府等十一府州的巡抚,简称应天巡抚。

第四十章
苏松调查赋役税

赵用贤不听申时行劝阻，上奏《议平江南赋役疏》。内阁首先替皇帝审阅奏疏，并提出处理建议。内阁四位大学士中，首辅申时行和三辅王锡爵都是苏州人。他们认为，出身于当地的官员要避嫌，不要妄议当地政策。七月十六日，皇帝批示说，当地人为当地争取利益，不是出于公心，而是为了骗取名誉。

赵用贤性格耿直。他对了凡说："我为你争取到一次进都察院[1]到苏州府和松江府做调查的机会。你是浙江人，上奏苏州和松江的事，名正言顺。"

苏州是朝廷总理粮储、提督军务兼巡抚应天、常州、镇江、苏州、松江等十一府州的衙门所在地。巡按苏州、松江、常州和镇江四府的监察御史常年在当地督促逃欠赋税的清缴。

了凡拜访了巡抚衙门和巡按监察御史衙门。苏州和松江两府是朝廷非常倚重的赋税征收大户，也是累年逃欠赋税的大户。新任巡抚佘立[2]刚上任，正想详细了解苏州和松江的赋税实情，他鼓励了凡大胆调查。

巡按监察御史邓炼[3]因为清缴成果不显著，刚刚受到停发两个月俸禄的处罚。邓炼说："袁进士，我们读圣贤书，出来做官，一方面希望为民造福，让百姓少交税、少纳粮，盼着百姓能安居乐业，另一方面为朝廷尽忠，为朝廷多收税、多征粮，让朝廷有充足的钱粮，加强边防，保卫地

---

1 都察院：中央监察衙门，巡按御史和巡抚派出单位。
2 佘立（1537—1599）：广西柳江人，嘉靖四十一年进士，官至兵部侍郎。
3 邓炼（1552—1599）：江西抚州人，万历五年进士。

方，兴修水利，赈济灾荒，目的还是为天下百姓造福。苏松富甲天下，拿出一部分税粮支援灾荒地区，既合情，又合理。天下一家，万物一体，对朝廷来说，东西南北都是朝廷的百姓。既然富甲天下，为什么竟然有那么多的百姓拖欠赋税，有那么多的百姓逃离家园？我这苏松巡按，一年一任，有的地方走不到，有的地方看不到，有的细节不能深入了解，正好有劳你深入下去，详细调查。我这里汇总有两府的赋税资料。你可以抄录，作为参考。"

苏州知府一直空缺。原苏州府同知胡峻德[1]万历十年升任松江知府，胡峻德非常熟悉苏松两府的赋税情况。

胡峻德说："苏松两府，富甲天下，开国以来重税重赋，逃欠数目巨大，历年来难以足额征收。什么原因呢？第一，苏松亩产天下最高，赋税也天下最重。第二，从嘉靖以来，历年加派多，而且几乎只增不减，往往加派原因早已消失，加派任务还在。第三，读书人多，做官人多，势家豪族多，朝廷优免人士多，吞并多，隐瞒多，逃欠多。第四，土地兼并多，流失多，逃户多。第五，纺织业发达，朝廷下达的专项征收任务重，苏州还驻有织造太监衙门。第六，水灾多。第七，夏税、秋粮和马草，这是正赋；驿站人力物力、力役河工、军卫民壮，这是正役。此外，宫廷、衙门杂料等临时加派多。这些年实行'一条鞭法'，把田赋、力役、户口混合到田赋中，等于把正赋、正役和杂派混合为一。混有混的好处，混也有混的毛病。我这里有资料。苏州府下辖一州七县，耕地九万六千顷，嘉靖四年，全府杂派是八万七千三百两，今年杂派是二十四万二千三百两。松江府下辖三县，耕地四万六千六百一十二顷，嘉靖四年，杂派四万八千五百两，今年杂派十六万二千五百六十两。这是通政司[2]下发的《邸报》，去年和今年，苏州府征收纱布任务是四千三百二十套，成本是八万零八百四十八两，缺口近六万两，苏州府请求挪用商税银，朝廷不批准。你说怎么办？只能向百姓摊派。"

---

[1] 同知胡峻德（1541—？）：河南潢川人，隆庆二年进士。同知，正五品，知府的副职。
[2] 通政司：收受天下奏疏、传递官民诉求、传达朝廷政令、追求政通人和的中央衙门。

了凡大传

　　了凡重点调查常熟县。在常熟县积善乡[1]境内，小船停靠在码头，上来一伙三名乘客：两名公差手提水火棍，一个老农双手被铁链锁着。老农头发灰白，一脸沧桑和麻木。岸上，一个老太太和一个年轻媳妇，满眼焦虑和担忧，一脸委屈和无奈。她们哭干了眼泪，哭哑了嗓音。老太太声音嘶哑地喊着："他爹，你不敢想不开呀！"年轻媳妇勉强喊出声音："爹，你放宽心，我和富根一定再想办法！"

　　老农回望着岸上的家人，眼神悲戚，想抬手回应一下，被锁着的双手最终没抬起来。他张了张口，却无话可说。老农不言不语、神情悲怆地进了船舱。

　　了凡问公差："犯的什么事儿？"

　　公差打量了凡，见了凡穿戴和气质是官场中人，恭敬地说："回老爷，老家伙抗税不缴！"

　　了凡问农夫："老丈，为什么抗税不缴？"

　　农夫使劲眨了眨泪眼，看清楚了凡的穿戴，猜想着是个官老爷，有可能遇到了救星，他本来在地上蹲着，这下立马跪了下来，说道："老爷，小老儿冤枉呀！我不是抗税不缴，是没有粮食缴呀！家里就六亩水田，被大水冲走五亩，收的粮食不吃不喝，都缴完也不够呀！"

　　了凡问："你家水田在湖边、河边？"

　　农夫说："在承湖西岸。"

　　了凡说："你不要急，到县里，给邓知县说明白。老丈，你住哪乡哪里？姓甚名谁呀？"

　　农夫说："小老儿家住积善乡洪泾里，我姓贾，大名有粮。大家都叫我外号'真胖子'。老爷认识邓知县，求老爷为小老儿求求情！求求老爷您了！"

　　身材瘦小的"真胖子"两手撑地，"梆梆梆"地连续磕头。

　　了凡说："老丈，如果你说的是实情，我见邓知县时，一定替你说话。"

　　了凡下船，问清路程，雇船去积善乡洪泾里，察看贾有粮家被大水冲

---

1 乡：明代的"乡"属于虚设，用于赋税公粮的统计。

走的水田。贾有粮没说瞎话，他家的五亩水田被承湖深深地淹没在水下，剩下的一亩水田也没法耕种。贾有粮的儿子富根承担徭役，被派到往北京押送贡粮的船上当船夫。

当晚，了凡入住寅宾馆。第二天一早，他前往县衙拜访知县邓炳[1]。在县衙仪门外西边的申明亭[2]前，一排站着九个农夫，双手都被铁链锁着，各自脖子上挂着一张纸牌，上写"某某乡某某某，抗税不缴"。申明亭下的石碑上张贴着一张白纸，上写八个大字"抗税不缴，站街示众"。

邓炳很客气，他说："积善乡洪泾里的贾有粮，水田被大水冲毁，缴不上税粮，情有可原。但是，了凡进士，你看，"邓炳随手拿起《常熟县赋役全书》，递给了凡，"上面有贾有粮的田地亩数、交税标准和应缴数额。抗税不缴，违犯王法，必须惩罚。全县9个乡抗税不缴的典型，各有各的不缴理由，按情与理，都令人同情，但是，督促逃欠赋税的御史不会同情各县的知县。夏粮征收八月结束，常熟县只完成六成。本县我被停发两个月俸禄了。"

了凡浏览过《常熟县赋役全书》，说道："邓知县的心情，我理解。这次因为天灾，皇上征求忠言，圣意是想了解和改善弊政。请邓知县详细介绍县里的情况。"

邓炳说："常熟全境，人户七万三千六百四十四，人口三十八万三千九百九十，各类耕地一万七千五百四十三顷，应纳平米[3]四十一万八千三百五十七石。按亩数，分上户、中户和下户。按肥沃程度，从每税亩[4]两斗半到一升，分十六个征收标准。赋税高而重，标准多而乱。供应单位多，输送地点散。运输有远近，损耗标准有高低。接收要求有差别，有的必须要实物，有的可以折成银子。接收单位，北京十几家，南京十几家，各地王府、公主府十几家，临清有，淮安有，苏州有，太仓有，宝山有。多的上

---

1 邓炳（生卒不详）：湖北监利人，万历八年进士。
2 申明亭：始于朱元璋时代，在县衙仪门外的街上，左右建造两座亭子，一名旌善亭，宣传好人好事，一名申明亭，批评坏人坏事。
3 平米：综合计算各种规则后形成的赋税征收计量标准。"平米法"也叫作"加耗均征法"。
4 税亩：土地收税单位，综合计算各种规则后形成的赋税征收计量标准。

千石，少的就几石。"

邓炳说的，《常熟县赋役全书》上都有。

了凡说："请说说改良建议。"

邓炳说："加派一直在增加，从海巡抚隆庆年间改良后，杂派已经增加了五千多两。明明都可以折成银子征收，但是许多接收单位坚决不同意，"邓炳看向了凡，眼含深意地说，"这里有利益。"

了凡在常熟调查半个月，走访九个抗税不缴的典型，采访户房等六房的十几个书吏，摸清了情况。然后到吴江县再深入调查。整个冬天，了凡走遍苏松两府的一州十县，访查苏州、太仓、镇海和金山等军事卫所，又下海走访驻扎在海上的民兵。

万历十五年正月，了凡写出近六千字的《苏松赋役议》，指出五大问题，提出五项改良建议，并罗列了需要免除的十四项不合理加派。

二月，北京传来三个消息：一是赵用贤升任南京国子监祭酒。二是朝廷批复总理粮储、提督军务兼巡抚应天等府的上一任巡抚王元敬的《加派、勘荒二事议》，批驳减免苏松等府加派的申请，批准勘察丈量苏松荒地的建议。三是户部批驳了原吴江县知县、现都察院陕西道御史徐元的《免除苏松常杭嘉湖历年逃赋议》。

了凡知道，自己的奏疏不必上奏了。他心情苦闷，以《江南清税还朝》为题，连续写了四首长诗，宣泄心中的悲伤。

第四十一章
宝坻宣誓做好官

万历十六年六月，了凡被派到北直隶顺天府通州宝坻县[1]任知县。

办事进士的实习期从半年到三年，每个人时间长短不一。三年内按进士榜排名，七人一组，抽签候选官职。办事进士没有实职实权，按正八品官领取俸禄，每年七十石粮食。

新官上任接印前，按惯例要斋戒一天，晚上住在城隍庙，第二天在城隍前宣誓。宣誓仪式由礼房组织。县丞黄维中、主簿冉梦龙、典史祝良显陪同祭祀城隍。参加观礼的有：县学教谕吴璋，训导刘廷桂、郑一贵，县学秀才代表王好善、刘邦谟等，县里贤达名流牛拱室、苑因、芮伯纶等代表，城郊的里长、甲长[2]代表。遵照了凡安排，礼房特意找来种田户、养马户和煮盐户代表参加观礼。

祭祀过城隍，了凡宣读誓言：

"万历十六年六月初九日，进士袁黄接受任命，来宝坻做知县。袁黄德行浅薄，曾经多次犯错，一心想少犯些错，都没能做到。"

年过半百的黄维中，在北京做了十多年监生，在宝坻做了五年县丞，见过不少世面。知县新官上任，在城隍庙宣誓，都是宣读流传了两百多年的陈词滥调。了凡与众不同，他竟然自己写誓词。黄县丞眼中闪过一丝惊讶。

---

1 顺天府通州宝坻县：顺天府是北直隶的首府。宝坻县，境域含今天津市宝坻区和宁河区全境，以及滨海新区小部分。
2 里长、甲长：里甲制度是明代最基层民政组织形式。一里110户，分十甲。里长、甲长由各户按年轮流出任，义务负责赋税缴纳和徭役安排。

"几十年来,袁黄一直心怀忠君爱民志向,苦学忠君爱民本领,今天终于要实践忠君爱民的志向和本领。在此,敬请城隍监督,袁黄誓言如下:

"第一,对待上级,恭顺服从。如果傲慢无礼,神灵诛杀我!

"第二,祭祀神灵,祭品纯净。如果敷衍欺蒙,神灵诛杀我!

"第三,虚怀若谷,敬重乡贤。如果自高自大,神灵诛杀我!"

这样的毒咒,黄维中以前没听过。对于退休的乡官,尤其是有进士和举人功名的退休乡官,黄维中很尊重、很客气,对于没有功名的乡贤,他总是不自觉地摆谱、端架子。在黄维中眼中,身材清瘦、面容清净的了凡,形象一下子高大起来。

"第四,生活简朴,移风易俗。如果铺张浪费,神灵诛杀我!

"第五,愚民犯法,挽救性命。如果不能救命,神灵诛杀我!"

杀人偿命,这是天经地义的律条。怎么,新知县要赦免杀人犯吗?他是皇帝老子吗?黄维中眼中露出惊讶的神色。

县内吃皇粮的大小官员站在左面,排序是八品县丞、九品主簿和没级没品的典史、教谕、训导。典史祝良显主管全县治安工作,监狱里十四个死刑犯都是他组织抓捕归案的。祝典史吏员出身,骑马射箭功夫好,静气欠缺,听到这里,他大吃一惊,惊讶地"啊"出了声。前任知县管应凤今年二月离任,这段时间由县丞主持工作。黄县丞扭头不满地瞪了祝良显一眼。

"第六,开荒种田,让农民吃饱穿暖。如果只说不做,神灵诛杀我!

"第七,兴修水利,防涝抗旱,保一方平安。如果只说不做,神灵诛杀我!

"第八,坐堂判案,不仅要明断是非,更要让原告、被告心服气平,无冤无怨。如果做不到,神灵诛杀我!"

这可能吗,这是新来的知县吗,不会是城隍爷显灵吧?在场的人都有些吃惊。祝典史又情不自禁地"啊"了一声。黄维中也差点"啊"出了声。这一次,黄县丞原谅了祝典史这个粗人,没有瞪他。

古稀之年的牛拱室贡生出身,从开封府学教授任上退休。老爷子站在右面乡贤队列第一位。他眼神不好，听到这里，伸着脖子，想看得真切些，看看新知县是不是长着一般人看不到的另外两头四臂。平常在知县面前大气不敢出的秀才们，竟然小声议论起来。

"第九，动用刑罚，既要惩治恶霸，更要启发犯人的良心良知，激发、培养和增长犯人的羞耻心。如果做不到，神灵诛杀我！

"第十，赋税，不但不额外加增，还要统筹安排，逐渐减少。如果做不到，神灵诛杀我！

"第十一，徭役，既要爱惜民力，减少摊派，不误农时，又要想方设法，形成制度，保证县民安居乐业。如果做不到，神灵诛杀我！"

里长、甲长代表和种田户、养马户、煮盐户代表，站在最后面。里长和甲长代表不相信自己的耳朵。善良的人家一轮到出任甲长、里长，就天天担惊受怕，生怕哪一天就倾家荡产、家破人亡。里长疑惑地问甲长："大老爷说不加增赋税徭役，还要减少赋税徭役，我耳朵不好，是不是我听错了？"

甲长说："大老爷就是这样说的！"

种田户、养马户、煮盐户代表，听到甲长代表说的话后，相信了自己的耳朵。三人一嘀咕，一同跪了下来。养马户代表说："城隍爷显灵了，我们遇到了海青天！"

"第十二，做事，自己不仅要尽心尽力，更要尊重风俗人情，周全考虑所有人的利益。如果做不到，神灵诛杀我！

"第十三，爱护子民，保护种田的安心种田，养马的安心养马，煮盐的安心煮盐，当兵的安心当兵；保护来宝坻旅行、经商者的安全。如果做不到，神灵诛杀我！"

种田户、养马户、煮盐户三个代表听到这里，不约而同地磕下头去。

"第十四，至于收受贿赂、残害人命、陷害同事、欺凌读书人，这些罪恶勾当，一旦触犯，请神灵不必吝惜、不必迟疑，立即诛杀我！

"城隍爷！旱涝不生、瘟疫远离、风调雨顺，这一切要仰仗您来安排。人间的事，我来治理；自然界的事，我无能为力。祈请神灵，大发神威，垂爱保佑，在袁黄做不到的地方，暗中提携帮助。

"此誓言，敬请全县神灵，共同见证、监督和审判！

"恭请全县各路神灵享用祭品！"

了凡下跪，向城隍爷、城隍奶奶以及全县各路神灵磕头行礼。在场的人都跟着下跪磕头行礼。

了凡接印后，在大堂接受了各官和六房书吏的祝贺和礼拜。

下午，了凡换上便服，不带随从，不带仪仗，巡视南街、东街，暗访县城市面。

第二天上午，县丞、主簿、典史、教谕、六房书吏，按事前布置，各自送来述职报告。

宝坻有四大家族，分别是苑家、牛家、芮家和邝家，各家上下几代人中，都有做官的。了凡先后拜访了苑囿和牛夐[1]。

苑囿进士出身，从刑部郎中任上退休，儿子苑时番是举人。大弟苑固贡生出身，从光禄寺署正任上退休。小弟苑因是个老秀才，主编过《宝坻县志》。侄子苑时葵是万历八年进士。苑家大门前矗立着三座牌坊。

年过八旬的苑囿从大门外把新知县迎进客厅。苑囿浏览过了凡赠送的《诗外别传》，放下书册说："老父母文名天下，今天拜读大作，果然名不虚传。老朽敬佩得很！《诗外别传》，这个'别'字用得好，让人想起禅宗的教外别传[2]。老朽对作诗也有一点心得。评判一首诗的优劣，不在于文字，而在于意境。意境来自见识，见识来自心境，心境的最高境界在于心净，即禅意。让老父母见笑了！"

了凡拱手说："苑老先生见识高明！"

苑囿说："老朽人老没用，在家也学着修一修禅。"

了凡说："人老见识多！下官新来初到，如何治理宝坻，还请苑郎中赐教！"

苑囿说："诗外别传，传的是什么？传的是一颗心。老父母在城隍庙

---

1 夐：①长远、高尚，音 xiòng；②音 xuàn。

2 教外别传：禅宗术语，全文是"不立文字，教外别传"，意思是，禅宗师徒之间传授的不是有形的文字和仪式，而是无形的生命意识和生命智慧，重在以心传心和心心相印，简称"传心"或"心传"。

的誓言已经传开了，传的是什么？传的是一颗关爱儿女的父母心。有这颗心，就能办事。事情有轻重缓急，有果有因。当前闹饥荒，必须急救。闹饥荒，原因是什么？连续四年发洪水，庄稼年年遭灾，富户变穷人。穷人要么饿死，要么背井离乡去逃荒。宝坻地势低洼，东南临着大海，北面蓟州、西北密云、西面北京，三面来水都从宝坻流入大海。上游山洪暴发，宝坻就成了汪洋。上有河水下泄，下有海潮上涌，逢上海啸，海水一直倒灌到城北的三岔口。如果山洪、海潮一起暴发，全县除了城西北一小块地方，整个县境都成了海洋，民众就成了鱼鳖。治理宝坻，根本在于治水。"

了凡说："晚生多谢老先生指教！如今县里仓库空虚，如何救荒，请老先生明示！"

苑囿略一沉思说："救荒，不外乎向上求告和向下募集。富户总还有一些余粮，可募可借。治水，有急有缓，治理得早，还能补种些晚熟庄稼，多少总会有些收成。"

了凡起身下跪，说道："晚生感谢老先生赐教！"

牛夐八十七岁，贡生出身，从太原府学教授任上退休。大哥牛鲁是进士，二哥牛逸是举人，儿子牛拱室和侄子牛拱奎，孙子牛如登和侄孙牛如海、牛如钰、牛如盘都是贡生。牛家大门前耸立着三座大牌坊。

在牛拱室陪同下，了凡与老教授进行了亲切的交谈。拜访结束，老教授坚持把了凡送到大门外。了凡已经走远了，老教授由儿子搀扶着，仍然颤巍巍地站着，一手托着《诗外别传》，一手竖着大拇指，嘴里念叨："这老父母，好官！好官！"

第四十二章
带头捐俸救饥荒

　　大清早，刚点过卯[1]升堂，就来了一位报灾的里长和一位报灾的甲长。

　　新官到任，全县三十个里的里长都要来参拜祝贺。祝贺有贺礼，叫见面礼。这是知县的常例收入之一。常例，即约定俗成、习以为常。朱元璋穷人出身，知道民间疾苦，给各级官员定的俸禄很低。知县一年九十石粮食，主簿一年六十六石，典史一年三十六石，六房司吏一年十二石。好年景，一石大米只值两钱半银子，赶上灾荒，一石大米值一两银子。

　　除了去年去世的海瑞，没有当官的拒绝常例。了凡上任前放出告示，免除里长来县参拜。

　　里长和甲长弯腰下跪，惊动了怀里抱着的老公鸡和老母鸡。两只鸡"咯咯咯"地叫起来。了凡一拍惊堂木，"啪"的一声，鸡受到更大惊吓，叫声变得尖锐而凄厉。里长吓得浑身哆嗦。刚才赶路出了一身热汗，现在受惊出了一身冷汗，冷汗和热汗把衣服弄得湿漉漉的。额头的汗水淌下来，迷住双眼，汗水中的盐分刺痛了双眼。里长腾不出手擦泪，心里紧张得不行，只好把额头伏在地上，干脆不再抬头。

　　了凡怒声喝问："大堂鸡叫，成何体统？！班头，把两只鸡拴到外面去！"

　　里长像捣蒜一样地磕头，结巴着说："大老爷，这是……这是……这是小老儿孝敬大老爷的见面……见面贺……贺礼！"

　　甲长外号王大胆，是被里长拉来壮胆的。王大胆说："大老爷，草民

---

[1] 点卯：衙门官吏在卯时（早5：00—7：00）签到点名。

是海滨乡居仁里人氏，家住黑狼口，在城南三十里。这是轮年里长王庸。两只鸡是王里长孝敬您老人家的。芦花老母鸡下蛋勤快，一季儿能下一百个蛋，送给大老爷，放在县衙里给大老爷下蛋吃。老公鸡，整天咕咕叫，只打鸣，不下蛋，送给大老爷，让老奶奶给大老爷炖了补补身子。"

了凡厉声喝问："王庸，本县明令，不准里长来县参拜送礼。大胆里长，你，为什么明知故犯？"

王庸带着哭腔，可怜巴巴地说："大老爷，小老儿，哪敢来呀！小老儿，哪敢来呀！"

王大胆说："大老爷，王里长哪敢来呀！大老爷不让他来，他家老太婆更不让他来。一家人都指望老母鸡下蛋换盐吃。这不是没办法吗！一年接着一年闹大水，大前年庄稼让水泡了，前年庄稼又让水泡了，去年庄稼还是让水泡了，今年五月眼看着小麦就要结穗，谁也想不到，又让水祸害了。这几年，年轻人能逃的都逃了，庄里剩下老的老、小的小，差不多家家断粮。说句难听的，小民命贱，活得像牲口一样，都天天吃草，一天天挨日子，不知道啥时候是个头！前天，庄里有老两口饿死了，这不是，昨天才埋葬。可怜呀！呜呜呜！大老爷，衙门再不管，我一家人也撑不了几天了！呜呜呜！"

口舌利索的王大胆被饥饿和死亡吓破了胆。了凡菩萨心肠，听不得人哭，他想起了父亲和母亲临终时的模样，一脸威严消失了，心中泛起酸楚。了凡说："班头，送两碗凉开水过去！"

王大胆脖子一仰，咕嘟咕嘟灌下一碗水，稳稳神，说："大老爷，十几个庄子没办法，老人央求甲长，甲长央求里长，里长只好来央求大老爷，请大老爷放粮！求大老爷救命呀！大老爷！"

了凡说："王里长、王甲长，县民挨饿，本官心痛，本官有愧！你们回去告诉父老，知县知道你们灾情重大，绝不会不管！值班司吏，安排王里长、王甲长吃饱饭，把两只鸡送还给他们。"

第一次全县工作会议在县衙二堂召开。二堂门额挂上了新匾，褐底蓝字，刻着"后乐"。堂内正面墙上挂着一块新匾，褐底蓝字，刻着"清慎勤"。八品县丞、九品主簿、从九品巡检和副巡检东面就座，无品无级的教谕、训导、典史、递运铺大使西边陪坐。大书案西边，斜摆着一张书桌，吏房司吏就座记录。巡检司和递运铺是兵部下属机构，由县里供应物资和人役，巡检和大使应邀出席会议。

随着一声清咳，了凡脚步轻盈地迈向书案后。各官起身，拱手胸前，等了凡坐稳，齐声说道："下官（卑职）某某某拜见袁堂（县）尊！"了凡拱手左右一晃，说道："各位同僚辛苦，请坐！"

县丞主管涉军政务和盐户、渔户、匠户；主簿主管钱粮和马户；巡检把守险要路口，巡检司衙门在县东南的芦台；递运铺负责军用物资转运；教谕和训导管理县学，教书育人、表率民风。

各官汇报了各自的工作。

最后，了凡做总结：

"这次会议，本打算深入调查后再召开，再部署工作，现在看，时间不等人。很多人在饿肚子，不少人面临着饿死的困境，形势严峻。全县的情况大致如下：

"第一，面积大，耕地少，人口少。宝坻一个县的面积抵得上浙江杭州和嘉兴两个府，耕地却只有六千八百六十顷，只相当于本县家乡一个嘉善县的耕地面积。在编人口六万一千二百三十二人，另有两千多户属于侨居，加起来有七万多人口。

"第二，濒临大海，地势低洼，夏秋水灾频发；春旱秋涝，土壤盐分高，碱性大，不养庄稼。宝坻号称'九河下游'，上游山洪暴发，宝坻就成了大海；东南海潮上涌，尤其是遇上海啸，整个县境就成了汪洋。春季十天不下雨，土壤就板结，就出现旱情。

"第三，土地贫瘠，朝廷体恤，夏税秋粮税额不高。但是四年连续水灾，再低的税额也成了负担。胥吏、里甲层层加码，逃亡多，抛荒多，逃亡和抛荒的份额分摊到没有逃亡和抛荒的户头上，这样一算，赋税也不轻。

"第四，宝坻离北京近，离大运河近，离边境近，徭役繁重。

"第五，寄养太仆寺军马多，负担沉重。这几年水灾多，马吃了带泥带水的草，倒毙的多，追责多，追赔多。

"第六，连年水灾，日子艰难，偷盗多，抢劫多。

"第七，县境内高门头多，不利于协调。东南有皇家农庄，南部有某爵爷农庄、太仆寺农庄、光禄寺[1]农庄，东北有工部农庄。有人仗势欺压小民，藐视县衙。

"这是总体情况。水灾多，土壤盐碱多，要想办法治理水土，要做长远打算。水多，有害也有利。吴越大地号称水乡泽国，却物产富庶。本县这两年在礼部，利用业余时间，巡察、考证了京郊河流水系，踏访、考察了京郊荒野之地，写有《皇都水利考》，对京郊治水和开荒提出了具体建议。本县近期会抓紧时间，把宝坻水系考察一遍，与同僚们一起想办法，尽快出台宝坻治水措施。水土治理好了，就可以鼓励开荒种田，就可以发展生产，就可以兴旺百业。赋税重、徭役重、养马任务艰难，农庄内外有人仗势欺人，不用怕，不用急，我们一起面对！

"当前火烧眉毛的任务，是救灾，是救命。连年水灾，今年是第四年。五、六两月，南部和东南部洪涝严重，夏粮绝收。几天来，报灾的络绎不绝。县库一百多两商税银，用来救灾，需要层层报请。县衙一年办公经费一百两，今年二月已经归零。县仓存粮五百一十四石，扣除孤老户、宫女户、囚犯口粮等日常必备，只能动用一百一十四石。现在青壮年逃亡多，无依无靠的孤寡老人多，到底有多少，要挨家挨户查清楚，不能饿死人，这是做官的底线。救命，需要粮食。县城里要饭的多，卖儿卖女的多。只有卖的，没有买的。如果一直饿肚子，要饭的最终会变成抢劫犯、杀人犯。

"救命，分两部分：一、在东大寺[2]门前垒锅熬粥，每天两顿，按一千人头供应，期限三个月，要熬到秋粮成熟。保守计算，需要四百五十石粮食。二、全县无依无靠的老人，需要摸清人数，筹备粮食。

"工作分配如下：典史祝良显负责东大寺粥棚组织工作，明天下午开工。无依无靠老人的调查救济工作，县衙、县丞衙、主簿衙分别负责海滨乡、广川乡、望都乡。县北渠阳乡，灾患轻微，由典史衙负责。县学组织

---

[1] 光禄寺：礼部二级机构，负责宫廷宴请操办、官方祭祀用品供应等。
[2] 东大寺：相对坐落在西街的广济寺，坐落在东街的大觉寺俗称"东大寺"。

四十名生员，每乡十名，听从各衙安排。原则是：一、挨家挨户，不漏一位老人；二、有亲戚的，说服亲戚暂时收养；三、有劳动能力的，动员大户人家收雇；四、无处投靠的，暂时由里甲负责；五、摸清人数，进行分类；六、十天为期，刻不容缓。

"本县上任，各位同僚、六房书吏、县里乡绅，各自馈赠本县一些零碎贺礼银两，情分我收下，银子本县拿出来，共计二十三两五钱，算作诸君共同捐献的救灾银。今天，本县捐出两月俸粮十五石，用作东大寺煮粥。"

吏房司吏举起清单，展示给众人。

了凡说："袁黄与诸公相聚宝坻，这是缘分。同僚同事同仁，多者四五年，少者不过一两年，不能不珍惜。袁黄花甲之年，不求升官发财，只求做官一任、造福一方。袁黄起草了一份《和睦同僚自勉书》，制定了十四条做人、做官、做事的行为规范。袁黄愿与诸公亲如兄弟，共勉共修，尽心尽力，尽职尽责，做好宝坻的官事民政。"

值班司吏给每人发一份《和睦同僚自勉书》。

当场募集粮食一百石、银子三十二两。

第二天，东大寺粥棚下，几口大锅里飘出救命的米香。东街上，排满人，人们的眼中升起了希望的亮光。

第四十三章
募捐治水谋发展

全县官吏、秀才、里长、甲长，十天时间，冒着炎热，坐船蹚水，奔波在全县三十个里的八百零一个村庄，一共清查出孤寡老人一千三百零一名。县丞、主簿、典史、六房司吏，现场办公，发现老人，立即安置。其中，张臣等六百六十四名，托付给亲戚和宗族收养；李美等四百六十五名，有劳动能力，责令邻居雇养；骆敖等一百七十二名，既没亲戚和宗族收养，又没劳动能力，城内养老院只有八间房子，只能接纳十六人，剩下的一百五十六人，怎么办？在清查中，发现了一个更大的问题，水灾严重地区，积水一个多月不退，许多家庭已经断粮，急需救济、救命。

全县第二次工作会议在文庙大成殿前召开。到会的有：退休乡宦苑囿、苑固、芮伯伦、芮质文、牛拱室、邱赞等；老举人、老监生、老贡生、老秀才；乡贤代表苑禄、刘富贵等；皇家农庄庄头、某爵爷农庄庄头、工部农庄庄头、光禄寺农庄庄头、太仆寺农庄庄头；县僧会司僧会[1]、县道会司道会；土地在五百亩以上的地主；没有遭受水灾的渠阳乡八个里的里长和县学五十四名生员。出席会议的还有后军都督府[2]驻宝坻梁城千户所[3]的副千户杨刚，以及都转运盐使司[4]沧州分司驻芦台盐场、三岔口盐场、丰财盐场的三个大使。

---

1 僧会司僧会：僧会司，同今县佛教协会；僧会，同今会长。
2 后军都督府：相当于今北部战区。兵部下属左、右、前、后、中五个都督府，分领全国各省都司和行都司。
3 千户所：明代军事单位，满额编制1120人，首长是正五品千户。
4 都转运盐使司：朝廷盐业专卖衙门，首官是都转运使，从三品。

苑囲正五品郎中退休，杨刚从五品副千户在任，苑固从六品光禄寺署正退休，高修德、陈以奎、陈以敬三人是退休的从六品布政司经历，邳赞是退休知县。会议开始前，了凡陪着苑囲、杨刚、苑固、高修德、陈以奎、陈以敬、邳赞，率领众人先后在文庙名宦祠、乡贤祠和大成殿进行祭拜。

县丞黄维中介绍当前的水涝灾害和孤寡老人救助情况后，说："如何救灾，如何治水，如何开荒种田，如何发展生产，如何创造宝坻安居乐业局面，下面请袁知县做具体介绍和部署。"

了凡说："尊敬的苑郎中、杨千户、苑光禄、高经历、两位陈经历、邳县侯[1]，各位乡贤，各位生员，各位上差，各位乡亲，现在本县向诸公介绍宝坻当前面临的任务和未来发展规划。诸公可能知道，这些年来，本县虚名传遍天下。读书人都知道，本县是文章名家，是科举辅导名家，其实这是虚名。本县在科举路上，一路坎坷，屡考屡败，当学生的时间很长很长。这么长时间，本县用心学习了不少实际学问，磕头参拜过不少名家，考察过不少山川河流。本县走遍吴越大地，著有《三吴水利考》《两浙水利考》。为了考察长江，本县去过岳阳，去过武昌，去过九江，去过崇明，看过长江入海口。本县考察过京郊大河小河，著有《皇都水利考》，其中就包括发源于北京、从宝坻入海的潮河和白河。"了凡说着，拿起桌面上的《三吴水利考》《皇都水利考》，向大家展示。

了凡说："为学习水利知识，本县拜师过水利专家潘季驯督抚和李世达督抚。"潘季驯是当朝最有名的治水专家，他和李世达都做过总理河漕兼提督军务都御史。听到这里，苑囲朝弟弟苑固伸出大拇指，低声说："水利专家！"

了凡从《皇都水利考》中抽出一个信封，说："黄河今年再次决口，恩师潘督抚季驯老先生第四次出任总理河漕兼提督军务都御史。承蒙恩师抬举，不耻下问，询问治理河道的要诀，本县诚惶诚恐，但是恩师有问，学生必须回答。本县昨晚写了回信。"了凡举起潘季驯寄来的信封，把印

---

1 县侯：汉代爵位。明代以此称知县，显得古雅。

有朱红色"总理河漕兼提督军务都御史衙门"的一面展示给大家。他放下信封，拿起几张信纸举着说："这是本县回信的底稿，标题是《答潘尚书问治水揭》。会议结束，请诸公传阅，希望抛砖引玉，能激发出诸公治理宝坻水灾的宝贵建议。"

潘季驯当过工部尚书、南京兵部尚书、刑部尚书，三次成功封堵黄河决口，万历八年被皇帝封为太子太保[1]。潘太保竟然向了凡请教治水要诀，不可思议，却又证据确凿。苑囿对苑固说："治水大专家！宝坻治水有希望了！"会场里的人三三两两地嘀咕着，许多人啧啧称赞，不少人频频点头。众人眼神中充满了崇敬。

了凡稍微停顿后，轻咳一声，言归正题："近二十天来，本县从西北到东南，巡视了流经宝坻入海的沟[2]河、蓟运河、渠河等河道，考察了蓄洪、泄洪的苏子淀、商王淀、游香淀等洼地，走访了七里海等几处湖泊，察看了几条河流的入海口。宝坻号称九河下游，上有县外山洪下泄，下有境外海潮侵袭。宝坻腹地像一口大铁锅，中间洼，四面高，连年发生洪涝。今年县境南部、东南部广大地区，水灾严重，庄稼绝收，许多人吃不上饭，急需救济救命。救济救命要抓紧。救济救命，只能解决一时困难，却不能救穷，不能致富。怎么办？洪水一个多月不退，秋粮无法下种。如果秋粮再无收成，怎么办？水，尽管危害宝坻，但也可以造福宝坻。这，就需要治水。县里初步制订了治水规划，决心把水害转化成水利。怎么治水？第一，修筑加固县北沟河、蓟运河三岔口段大堤，确保县北和县城安全。第二，疏通渠河，开挖渠河新河道，让渠河向东汇入蓟运河入海，既可以保障县南和县东南安全，又可以让渠河为种田灌溉、开荒生产、改良土壤提供水源。第三，挖沽修渠，围土造田。第四，治理海潮上涌，也有办法，虽然不能保证海潮不上涌，却可以减缓、减轻海潮上涌，减轻海潮对河道、对农田、对生命的危害。具体怎么办？在河道入海口安装木闸，一排排木闸可以阻挡、减缓和减少海潮上涌。第五，改良土壤，让土地排泄和释放盐分碱性。土壤改良后，宝坻为什么不能像江南一样，种植高产

---

[1] 太子太保：从一品荣誉爵位。

[2] 沟：音 jū。

水稻？第六，开垦荒地，增加良田。宝坻抛荒地太多，太可惜，为什么不好好种粮、种菜、种水果？水土治理好了，宝坻完全可以变成北疆江南！水土治理好了，千户所屯田、皇家庄田、工部庄田等各家都会受益，都会多收粮食。"

听众情绪高昂，会场中议论纷纷。

了凡说："六项规划，最根本和最亟须做的，是修堤和挖河。沟河和蓟运河在三岔口合流的地方，每年溃堤决口，这段河堤需要加高加固。渠河流到口东后，主河道常年淤积不畅，上游山洪暴发，东南就成了汪洋。县里规划，从口东，沿着林亭口的南在沽、小侯庄、葫芦窝，直到杨岗庄，为渠河开挖一条新河道，让渠河汇入蓟运河，从蓟运河入海。修河堤，挖新河，需要人力，需要钱粮。目前县南和东南洪涝严重，洪水滞留，不能下泄入海，夏粮绝收，秋粮无法下种，许多人家吃不上饭。劳动力需要有活干，有活干就能活命。本着谁受益谁出钱出粮、谁干活谁吃粮的原则，现在本县呼吁，全县有识之士，有良心的人家，家有余钱余粮的人家，有钱出钱，有粮出粮，有力出力，捐献钱粮，修筑三岔口河堤，开挖渠河新河。五钱银子，能雇一个河工，就等于救了一条人命，救了一家人的命；三斗小米，能养一个河工，就能开挖一段新河。捐出五钱银子，奉献三斗小米，为自己积德，为子孙造福，为宝坻谋发展，功德无量！"

户房司吏和牛拱室共同坐到募捐台后。

了凡第一个捐献，他捐出五两银子。黄维中是南直隶徽州府歙[1]县人，出身大商人、大地主家庭，不靠俸禄吃饭。他宣布，捐出十个月俸禄。

苑囿被邀请上台讲话。他说："诸位大贤，为我们自己家乡救灾，为我们自己家乡发展，我们有钱出钱，有粮出粮，义不容辞。老朽认捐小米五十石。"苑囿在认捐簿上，写上认捐内容，按上手印。

这时，牛夐在家人搀扶下，赶到会场。了凡赶紧迎上去，把老先生搀扶上台阶。牛夐颤巍巍地从怀里掏出钱袋，小心翼翼地解开，倒出一把碎银子。他说："儿孙孝敬我，我孝敬给生我养我的宝坻，孝敬给宝坻的父

---

1 歙：音 shè。

老乡亲！"牛夐说着，手托银子，递给户房司吏。户房司吏慌忙起身，伸出双手捧住银子。

募捐台前排起长队。

当场募集现银三十两五钱四分，登记在册的认捐银子六百二十一两五钱七分、小米和大豆六百三十一石五斗一升。

洵河三岔口段修堤和渠河从口东向东开挖新河，两项工程很快开工。受灾地区的劳动力有活干，家庭有粮吃，全县人民看到了治水的希望。

一百五十六名孤寡老人有了吃饭的地方。洵河和蓟运河是宝坻县和北邻蓟州的界河，蓟运河又是宝坻和东邻玉田县的界河。上游山洪暴发、中游河水暴涨时，蓟州和玉田的地痞无赖总要偷偷扒开宝坻这边的河堤，让洪水泄入宝坻。一百五十六名孤寡老人被安排看护大堤。孤寡老人，打不得，骂不得，碰不得，地痞无赖们怕闹出人命官司，再也不敢偷扒宝坻这边的河堤。

第四十四章
六房司吏闹辞职

每逢三、六、九，是县衙放告的日子。这一天，知县忙，六房司吏忙，全县书吏几乎都跟着忙，连县衙所在的宣化街上的几家饭店都很忙。大家都围绕着告状而奔忙。

前任知县管应凤做官谨慎，得知离任消息后，不再审理新案。县衙里遗留了一堆案件。二月到六月，没有知县，民间滞留了大批案件。新知县上任，许多人等着告状。打输官司的，想翻案；递上诉状的，催结果；无理纠缠多年的，就是要告状；利用新官不熟悉民情的恶棍，想趁机讹人钱财。

第一个放告日，告状的有上千人。

第二个放告日，了凡规定：一、一份诉状只能申诉一件事；二、每状正文不得超过三百字；三、民事案件，公差不下乡，原被告相约自行到县。

两个放告日，接收诉状一千五百多份，加上前任遗留的，登记在册的诉状近两千份。这几天审理案卷，了凡从大早上忙到大晚上，从大晚上忙到大清早。

初十早上点卯后，吏房司吏田清明、户房司吏钱得正、礼房司吏严谨、兵房司吏武文辉、刑房司吏包正和工房司吏娄高到二堂，一起拜见了凡。六人磕过头起身，田清明说："启禀袁大老爷，听巡风吏[1]说，这些日子每天晚上，三堂里灯烛长明。大老爷连续熬夜办公，小的们担心大老爷

---

1 巡风吏：县衙内夜间领班巡逻的书吏。

累坏身子。"田清明说完，六个司吏齐声说："恭请大老爷保重身体！小的们愿为大老爷分担烦劳！"

三堂连接二堂和知县内宅，是知县接待上级领导和亲戚的地方，也被用作书房。

了凡笑着说："此话怎么说？"

包正说："大老爷，两千份诉状，您老一个人没日没夜地审理，小的们担心您老累坏眼睛，累坏身体。田司吏和小的们，多的历练了二十多年，少的也历练了八九年，钱粮、刑名不敢说精通，也算熟练。恳请大老爷给小的们每人发放些诉状，恩准小的们替大老爷分担哪怕一半的诉状审理。等小的们问清楚、查明白，再呈递给大老爷最后审判。恳请大老爷恩典！"

六人齐声重复道："恳请大老爷恩典！"

了凡心领神会。

六房中，户房分管钱粮，刑房分管刑名，技术含量高。包正和钱得正是绍兴人，读书多年，考不中秀才，不远千里，来宝坻当书吏。包正三十五岁刚入职时，对未来充满希望，想着好好干，从七品官衙门的典史到司吏，再到从五品官衙门的司吏到三四品官衙门的司令吏，再到一二品官衙门的都吏，步步高升，中间运气好的话，九年就能转成做官身份，或从九品官，或从八品官，最高可以做到从七品官。如果祖坟冒青烟，说不定可以像况钟[1]一样做到知府。理想很丰满，现实是读书人多如牛毛，贡生多，举人多，进士多，从书吏熬到做官，像兔子头上长角一样，非常稀有。典史祝良显干了一辈子书吏，最终做了首领官，名义上当了官，却没品没级。既然做官指望不上，那就指望发财吧。县衙司吏一个月一石粮食，典史一个月六斗粮食，养家可以，但没多余的银子花，没钱在老家盖房子买地，没钱娶媳妇嫁闺女，没钱娶个年轻貌美的小老婆。包正只能从工作中寻找挣钱机会。利用权力，他在宣化街上的京东第一楼饭店入了干股。别小瞧司吏，虽然不是官，手里却有权。当初，包正买这个职位时花

---

[1] 况钟（1383—1443）：江西靖安人，书吏出身，连任三任苏州知府。

了三十两银子，将来不干时，至少可以原价转让出去。六房司吏有约定俗成的转让价码，俗称"顶头银"，吏房和礼房司吏十两银子，户房、兵房和工房司吏三十两银子。

前晚，京东第一楼饭店老板屠富深夜拜访包正。他诉苦说："包相公，这位袁大老爷新官上任三把火，要烧断咱们的财路呀。本想着他袁大老爷上任，要大摆筵席，饭店提前买了两头猪、四只羊、二十只鸡、二十坛老酒，整整花了二十两银子。没想到，整整两个月，县衙的宴席，一场也没接到。四扇猪肉淹在水井里，井水已经飘出臭味了。原想着，趁袁大老爷新官上任，投资二十两银子，可以挣四十两。这四十两赚头，可有您老整整八两白花花的银子。我替您心痛呀！包相公，您得想想办法，救救我的本钱，救救您的分红呀！"

包正说："屠老板，不要急！咱人活几十岁，什么人没见过，什么官没见过！初来乍到，谁不会穿着戏装、涂着油彩、装模作样地表演一番。可人不能总活在戏台上，总有卸妆的时候，总有原形毕露的时候。现在县衙的宴席在衙门食堂操办，大老爷规定，每次宴会三荤二素，时令水果，不得超过两样。过去县衙、县丞衙、主簿衙和典史衙，四衙日用蔬菜由县里统一供应，现在大老爷规定，各衙家属在房前屋后，自己动手，自己种菜。衙门解除与各铺行的供应合约，采买办公用品，现银现货，价格要高于市场，不让商户吃亏。"

屠富惊喜地一拍大腿说："这是个好官呀！"

包正瞪了屠富一眼，说："袁大老爷好得很！他写了一份《和睦同僚自勉书》，每衙一份，倡导官老爷为善去恶做好官！大老爷制作一份《做官功过格》，每天早上放到书案上，做了好事，画个对号，做了恶事、起个恶念，打个叉。现在，四衙四位老爷每人桌案上都放着一份《做官功过格》，四位老爷每月的月底都在一起互相点评《做官功过格》。"

屠富情不自禁地感叹道："这么说，袁大老爷真是个好官！"

包正"呸"了一声说："好官坏官不敢说，你的猪肉、羊肉怕是要放坏了，放臭了，放烂了！"

屠富脸上的笑意瞬间消失，哭丧着脸恳求："包相公，求您老想想办法，救救我的、咱们的银子吧！"

为了救银子，为了挣银子，包正串联和策划了这次六房司吏联手要活儿的行动。

了凡笑着说："谢谢诸位司吏！包司吏，你来分配，每房一百五十份诉状。"

六位司吏同声说："谢谢大老爷恩准！为大老爷分担烦劳，在所不辞！"

整个七月，包正每天敞开房门，坐等有人上门求情。他让屠富放出口风。但是，没人求情，没人送礼。包正急得肚子里起火，为了灭火，每天捏着鼻子灌上两碗黄连汤。听说五位司吏都憋了一肚子火，包正嘱咐屠富代表民意，每天两次上门慰问，给六房分头送上黄连泻心汤。

这天，包正刚刚灌下一碗泻心汤，苦得龇牙咧嘴，苦出两眼泪。泪眼婆娑中，有人影堵门。终于有人来了！黄连是苦的，银子是甜的、是香的。包正一想到银子，嘴里虽然苦，心里却泛起一丝甜甜的蜜意。包正揉揉眼，正擦着泪，只听来人称呼道："包司吏，监狱提牢[1]铁钢前来拜见。"

包正有些失望，不悦地问："什么事儿？"

铁钢顺手关上门，从怀里掏出一包碎银子，双手托给包正，脸上堆着巴结和歉意。铁钢说："包司吏，这是监狱孝敬您的月例。"

包正掂量、估摸着银子，问道："这么少？"

铁钢说："包司吏，袁大老爷来了，许多老规矩不让用。过去，强盗不给饭吃，这个钱省了；过去，犯人有病，小病熬成大病，大病熬到死，看病吃药的钱省了。现在这个钱，不仅没有余钱，还根本不够用。犯人家属送钱，兄弟们现在不敢办事，不敢收钱。"

这时，有人敲门后怯声问道："包司吏在吗？"

铁钢说："包司吏，您有事，我先告退！"

铁钢走了，皂隶[2]班头徐三来了。徐三苦笑着说："包司吏，徐三给包相公请安！"

---

[1] 提牢：监狱长。
[2] 皂隶：县衙站堂值班的衙役，由劳役轮换充任。三班衙役归兵房管理，本书为写作需要，将其划归刑房。

包正不悦地说:"前天就让你来,怎么拖到今天?"

徐三哭丧着脸说:"前天来了只能空着手,今天来了起码能孝敬您老十二个烧饼钱。"徐三说着把十二文钱递给包正,"大老爷审案规矩变了,小人们挣不来钱。夹棍不让用,不让夹腿,不让夹手指头,不让轻易打人。打不打人,不知道;打多少,不知道;打轻打重,没把握。大老爷临时吩咐,随时叫停。兄弟们心中没谱,不敢收钱。一个多月,就没打过几个人。这大老爷也真怪,不打人,不骂人,劝和的多,审案子利索,结案子快。一到审案的日子,告状的、被告状的,来来往往,来得多,走得快。好多人都欢欢喜喜、服服气气。"

听到这里,包正哼了一声说:"坏人不打,上房揭瓦。对坏人,就应该罚钱,要罚得他肉痛。"

徐三无奈地说:"包司吏,这十二文钱,不是罚坏人罚来的,是我们皂班十二个好人,每人从牙缝里省出一个烧饼钱。"

苦笑着的徐三,露出满嘴大黄牙,口气中飘着浓浓的腐臭。包正有些恶心,把十二文钱扔还给徐三。

八月,六房司吏一起拜见了凡,各自原封退还诉状,并递上辞呈。先后递上辞呈的还有儒学司吏、四衙司吏,以及看门的、打更的等书吏和衙役。

第四十五章
违抗长官救囚犯

六房司吏来递辞呈时，了凡正忙着救人。监狱拘押着十四名死刑犯。这些犯人已经密云道[1]衙门和巡按北直隶监察御史衙门复核。他巡视监狱时，对死刑犯一一询问，结果发现，十四个死刑犯，只有两人铁证如山，其他十二人，罪不该死。他翻来覆去地思考，是否向长官抗辩，为了慎重起见，是否再审一遍。

了凡浏览过辞呈，说："诸位司吏工作辛苦，待遇微薄；宝坻地方贫瘠，各位生活清苦。官吏待遇，是开国时太祖皇帝规定的，祖宗的规矩不好改；宝坻地势低洼，财源不足，不过总可以想办法。本县一直在想，宝坻这么多荒地，不开垦利用起来太可惜。城西两百六十亩官田，原是县衙的亲耕田，荒芜这么多年，很可惜。如果县衙官吏自己动手，开荒种菜、种粮、种果树，不是可以丰衣足食吗！农夫开荒三年免税。官吏开荒，照样三年免税。诸位司吏，可以考虑考虑。"

六房司吏联手辞职，本意想要挟了凡，争取一些权利。听到让他们开荒种地，一个个一脸的不屑和委屈，包正和钱得正更是愤愤不平。

了凡说："如果执意辞职，本县不好阻拦。县衙有原则：一、书手辞职，不再补缺；二、衙役辞职，由里长选送新人；三、南方人和年龄大的，由县衙按规定选择去留；四、全县三十八个书吏，一律不准私自转让

---

[1] 密云道：全称密云兵备道，主管通州、密云、三河、宝坻、平谷五个州县和密云中卫、密云后卫、梁城所，以及石塘岭和古北口等处司法、民政和军政。兵备道是省按察司派出机构，北直隶下辖八府、十八州、一百一十六县，却无省级衙门，密云道由河南省布政司与按察司代管。

岗位，不准收受'顶头银'。具体如何规定和处理，后天出通告。"

打发走六房司吏，了凡继续思考如何救人。要救人，至少有三道关口：一、自己要找到救人的铁证；二、密云道郭四维[1]审核通过；三、巡按北直隶监察御史孙旬审核通过。巡按监察御史一事一任，任期最长不超过一年，孙旬刚到任，没经手这些案件，不会抱有成见。郭四维这一关不好过，这些案件是他亲手复核的。推翻原判决，等于推翻郭四维的复核。如果郭四维心胸不够宽广，就等于打了他的脸。郭四维是从三品的省级上司，比自己高了整整六级。得罪郭四维，轻则丢人，重则丢官。

要不要重审，了凡考虑了一个多月。囚犯的命也是命。十二个囚犯无辜丢命，与自己丢人和丢官，哪个轻，哪个重？丢人与丢官总比丢了做人良心好。没有良心，怎么见人，怎么做人？了凡豁出去了，救命要紧，重审！

包正提醒了凡说："袁大老爷，在宝坻，您是知县大老爷，是官，小人是吏，官吏两重天，您老高高在上，小人我卑躬屈膝。在浙江，大老爷和小人可是亲老乡，嘉兴和绍兴，中间就隔着一个杭州湾。俗话说，出省见老乡，两眼泪汪汪。小人一见了凡先生，如同见了家父一样，心中的敬爱之情油然而生。作为老乡，作为晚辈，小人有句话不得不说给我的家君大人听。这些案子是前任管大老爷审定的，管大老爷高升到兵部做主事。管主事是咱浙江绍兴人，翻他的案，念着老乡情分，他还不至于生气。这些案子也是密云道郭参政复核审定的，一旦翻案，小人担心郭参政找您老人家的麻烦。"

了凡不动声色，静静地听着。

包正说："郭参政身兼布政司参政和按察司副使之职，脾气大得很。三河县前任大老爷惹了他，丢了官。平谷县大老爷惹了他，被罚两个月俸禄。大老爷，不是亲老乡，小人不会说这些掏心话！"

了凡说："包司吏，谢谢你这位老乡的提醒。人命关天，生死事大。十二件命案，一律重审。这几天，刑房整理案卷，排好次序，做好准备，通告下去，七天后，准时开审。"

---

[1] 郭四维（1533—1602）：山东夏津人，隆庆二年进士。

第四十五章 违抗长官救囚犯

第一起，强奸逼死人命案，罪犯萧大银被判斩刑。案由：海滨乡孝行里齐各庄[1]年轻妇人王某，与邻居萧应奎通奸。萧应奎在酒桌上，炫耀与王某的奸情，被萧大银知道。萧大银出三十文钱，托妇女吴京儿转交王某，求买通奸。吴京儿与王某交钱传话时，被王某的婆婆看到和听到。王某冲出院子，在街上指名大骂萧大银。萧大银恼羞成怒，大骂王某是与人通奸的淫妇。王某丈夫齐天福殴打逼问老婆。王某羞愤难当，上吊自杀。

大堂上，当事人萧大银、齐天福、萧应奎当堂陈述和对质，齐各庄甲长齐天赐、齐天福家邻居齐拱臣和鞑靼庄甲长莫学儒当堂作证，案情清楚：一、萧大银没钱没势，没拿凶器，不存在威胁；萧大银与王某对骂，两人相距两丈开外，无手打脚踢，不存在逼迫。二、萧大银母亲是鞑靼人，父亲是齐各庄的汉族，萧大银是汉族，不存在野蛮人威逼汉人。三、王某自杀身亡，是因奸情败露而羞愧。四、萧大银花钱买奸，并公开王某与萧应奎的奸情，间接引发王某自杀身亡。

《大明律》与《问刑条例》规定：一、因强奸或抢劫，逼死人命，判斩刑。二、强奸，判绞刑；强奸未遂，杖一百，流放三千里。三、如果女人不是良家妇女，男女奸情，一律按通奸论处；如果通奸未遂，出了人命，不能判为通奸致死人命罪。四、妇女与人通奸，奸情败露，羞愧自杀，是自己寻死，与别人无关。

结案：王某有错在先，奸情败露，被丈夫责骂殴打，羞愧自杀，咎由自取；萧大银通奸未遂，当街辱骂妇女，处以笞刑[2]二十，罚款五两，给予警戒。五两罚银，赔偿齐天福。萧应奎奸污人妻，罚银五两，赔补齐天福。

审判结束，萧大银当堂痛哭，连声高喊："青天大老爷！青天大老爷……"萧大银像捣蒜一样不住地磕头，把前额磕得血肉模糊。

第二起，杨黑毛打死人命案，原判斩刑，重审后改判正当防卫，无罪释放。

---

1 齐各庄：明永乐年间，朝廷把江浙移民搬迁到北京周边。齐各庄，即江浙地区"齐家庄"。
2 笞（chī）刑：明代笞、杖、徒、流、死五刑之一，用竹板或藤条抽打犯人的背部、臀部或大腿。

第三起，群殴致死人命案，犯人李银原判绞刑，重审后改判无罪释放。

第四起，斗殴致死人命案，犯人连春原判绞刑，重审后改判过失杀人，缴银赎罪……

了凡一一审问明白，派人把结果呈送密云道和巡按监察御史衙门。密云道批驳："无故推翻定谳[1]，重审证据不明，所依律例牵强，审理过程不清。原审层层把关，引用律例准确，量刑处罚适中，维持原判。"

了凡要亲自拜访郭四维，当面抗辩。

大官要见小官，一句话的事；小官求见大官，往往要磨破嘴皮子。在门房通报后，了凡足足等候了一整天，第二天，才见到郭四维。

"宝坻知县袁黄拜见钦差整饬[2]密云等处兵备、河南布政司右参政兼按察司副使郭参政、郭兵宪[3]！"了凡道。

郭四维是河南的官，被皇帝派到密云，所以是"钦差"。郭四维端坐高堂，闭目养神，任凭了凡在下面跪着。了凡磕过头，行过礼，跪等郭长官喊"请起，看坐"，左等右等，没人喊他"请起"。了凡心里明白，自己是来翻案的，是来抗辩的，是来吵架的，这样的待遇不意外。了凡把长跪当静坐，心中默念三遍《准提咒》，马上进入静定状态。过了半炷香工夫，郭四维见了凡跪得气定神闲、静若处子、稳如泰山，脸上竟然浮现出淡淡的喜悦，他心中暗暗称奇。下面跪着的七品官与自己同岁，身体要比自己健康得多。今天这样待人，是不是过分了？心一软，恍惚之间，郭四维看到了凡头顶冒出一柱白气，直贯屋顶。白色气柱散发着慈悲、安详和清凉。

一股清凉沁入郭四维的身心。他心脑轻松了、清凉了、清醒了，心中对了凡的恨意融化了。

郭四维轻咳一声，说道："袁知县，快快请起，请坐请坐！本道昨晚处理公务，就寝晚，睡眠少，不知不觉打了个盹儿。袁知县来见本道，有

---

[1] 定谳（yàn）：司法上的定案。
[2] 整饬（chì）：整顿。
[3] 兵宪：按察司全称为"提刑按察使司"，副使在按察司被尊称为"副宪"，在兵备道被尊称为"兵宪"。

什么新证据吗？"

了凡入座后说："启禀郭参政、郭兵宪，下官有四条理由陈述：一、生命至上；二、亲情重要；三、德治天下；四、文字蒙蔽真相。结合案例，下官……"

郭四维在密云道五年，再干一年，满两任，就要升迁。从三品是大官，正三品是大臣。在这节骨眼上，如果自己审定的十二件案子被推翻，那将是为官生涯中大大的污点，别说升官了，不丢官就是万幸。袁知县说的没错，案卷中能把黑的说成白的，文字不可全信。但是，自己负责这么多个州县卫所，一年那么多案子，自己不可能一一当面审问。复核，只能依靠文字。请问，天下哪个大官不是这样复核的？我可能被蒙蔽，大家都可能被蒙蔽。再说了，恶人死了，人世间就干净了。

郭四维拿定主意，说："袁知县，十二件命案，你要汇报清楚，恐怕需要几天时间。本道公务繁忙，不能因为一个宝坻县，就不处理其他州县卫所的公务。你说的四条理由，本道知道了。卷宗留下，本道细细复核。你先回去，七天内等候批复。"

第四十六章
监狱传出念佛声[1]

一大早,了凡来到监狱。萧大银等十二名犯人在提牢厅集合。值班书吏在门前高声吆喝:"知县袁大老爷到!"了凡健步进入提牢厅就座。十二个犯人齐刷刷地跪倒在地,"梆梆梆"地磕了三个头。

犯人戴着木枷,头磕不到地上,他们把木枷在地上磕了三次。犯人高呼:"青天大老爷!""救命恩人!""我的亲祖宗!"

了凡轻咳一声,说:"本县不是青天大老爷,更不是你们的亲祖宗。但是,青天大老爷是本县的榜样。本县是宝坻父母官,我在竭尽全力地挽救你们的性命。"

萧大银哭着说:"大老爷就是我们的亲爹亲娘!"犯人们纷纷念叨:"大老爷就是我们的亲爹亲娘!"

五年来,宝坻连年水灾。监狱外,不少人吃不上饭;监狱内,强盗不给饭吃,轻罪犯人口粮减半。了凡来后,所有犯人才不至于饿死。

在管知县任内,发生过越狱事件。监狱加强了防范,重罪犯人被换上九十斤重的木枷,个别犯人被戴上一百斤重的木枷。木枷太重,有的犯人脖子磨烂了,感染了,病死了。戴着重木枷,屙屎撒尿不方便,牢房里比茅房还脏,犯人身上比猪身上还臭。监狱闹瘟疫,有几个犯人病死了。了凡一到任就立即命令换上合乎律法规定的木枷,并雇用专人打扫卫生。现在,重刑犯戴二十斤重的木枷,监狱卫生一天一打扫,犯人还能每半个月洗一次澡。

---
[1] 本章故事均出自《袁了凡文集》中的《宝坻政书》。

有一次巡察，了凡看到那些被换掉的重木枷靠墙放着，就吩咐提牢："把这些木枷搬到厨房当劈柴吧！"提牢安排人搬运时，发现两株灵芝，一株长在木枷缝里，一株长在木枷下的地面上。提牢说："灵芝是仙草！这是大老爷感召来的！"

苑囿郎中、牛拱臣教授专门写诗歌颂了凡。犯人们相信，大老爷就是神仙派来的。

了凡说："善有善报，恶有恶报，这是老天爷定下的律条。宣布一个好消息，经巡按北直隶监察御史衙门批准，原斩刑犯人萧大银，今天无罪释放。"

郭四维再次驳回了凡的改判申请。了凡到巡按北直隶监察御史衙门，多番请求，终于救出萧大银，但也只救出萧大银一人。

萧大银号啕大哭起来。提牢高声喊道："萧大银，出去办手续。"被卸下木枷的萧大银，快步小跑到门口，又折转回来，给了凡连着磕九个响头。

了凡说："萧大银悔罪心真诚，念佛功夫实在，天天老老实实，默念《准提咒》。好心必定得好报，萧大银出去了。我想让你们都出去，但是上级衙门不批准。抱怨上级衙门没有仁爱吗？要抱怨，只能抱怨你们自己！你们忏悔的心还不深刻，你们罪恶的心还没洗刷干净。心不干净，心不真诚，不能感天动地。我今天与你们约定：如果你们真能痛悔罪恶、洗心革面、重新做人、做个好人，我一定坚持不懈，解救你们的性命。如果你们不痛改前非、不好好做人，这是你们罪有应得，是你们自己不愿意活命！我提议：一、你们每天早上忏悔罪恶后，念佛，每天晚上持诵《准提咒》一百零八遍后，回向；二、白天做工，能织网的织网，会编席的编席，要自己养活自己，还要力所能及地帮助别人，这样的话，你们就不再是一个只吃饭不干活的废人。你们愿不愿做，能不能做到？"

犯人齐声说："回禀大老爷，小人愿做！小人能做到！"

离开提牢厅，了凡说："铁提牢，要想教育犯人，首先要关心犯人。要立下规矩，发现犯人生病，立即禀告。如果按照老习惯，不管不问，拖成重病，重责十板。新收犯人，三日内立即禀报。逾期不报，重责五板。

马桶、茅房，及时清理，预防瘟疫。提高警惕，细心巡察，锁具、门窗、墙壁、地面，必须每天察看。"

铁钢说："小人牢记大老爷的训示！"

了凡刚在二堂坐下，就被登闻鼓[1]的声音召唤到大堂。

城东五里铺的保甲戴高帽领着村民戴天乐来报案。戴高帽说："启禀大老爷，俺们铺死人了，泡在芦苇甸里，脸胖得像瓦盆，分不清眉毛眼睛，看不清是谁。小老儿一家一家问过了，五里铺总共三十户，没有谁家丢人，没有谁家死人，也没有谁家害人。"

了凡问："谁最早看到的，什么时候看到的？"

戴高帽指着跪在一旁的戴天乐说："戴天乐最早看到的。"

了凡问："戴天乐，你什么时候看到的，都看到了什么？"

戴天乐说："天黑前，俺家少了一只羊，我到处找羊，到处'咩咩咩'喊羊，一直找到西芦苇甸。我想，俺家的羊会不会陷到芦苇甸里？我往芦苇甸里找呀找呀，突然一股恶臭，差点把我熏倒。我赶紧捂住鼻子，往前一看，我的亲娘耶，是个死人。差点把我吓死！我一哆嗦，浑身发冷，上牙和下牙不停地打架。我胆小，从小怕死人。我想跑，腿抬不起来……"

戴高帽插嘴说："天乐，这是大老爷家的大堂，你少啰唆！拣要紧的说。"

戴天乐说："出了芦苇甸，我怕死人追上我，一路疯跑，总算回到家。俺爹知道后，领着我到高帽大爷家……"

戴高帽说："大老爷，天乐和他爹到俺家，天就落黑了，俺担心看不清楚，就没去看。今儿个一大早，我叫上两个胆大的，到芦苇甸一看，真有个死人。这不，我不敢耽搁，赶紧来县里禀报。"

了凡带上刑房书吏、仵作和十个捕快，立即赶往现场。

来到芦苇甸，仵作和了凡，用白细布包裹住鼻子。一番察看后，仵作得出结论：死亡三十六个时辰，死因是钝器击打后脑；从穿着看，死者属于苦力。

---

[1] 登闻鼓：衙门前设置的一面大鼓，有紧急案情时击鼓，求见知县。

了凡派人到周边查找失踪人口，在县城草场街零工市场找到了线索。死者的朋友从衣服认出，这是流民王右，靠打零工活命。凶手是谁呢？侦察七天，没有一点儿头绪。

晚上，奔波一天的了凡，冲过澡，漱过口，换上干净衣裳，准备做晚课。做晚课前，他记录《做官功过格》。回顾一天的作为，《做官功过格》中开列的过失他没有触犯，开列的功德他也没有做到。无功就是过呀！破不了案，死人没法埋葬，不能入土为安，这是过失！杀人犯逍遥法外，得不到惩罚，很可能会继续作恶，这是过失！不能尽快破案，附近村庄人心惶惶，不能安居乐业，这不仅是过失，还是自己不称职，甚至是渎职。了凡心生羞愧。他在《做官功过格》中新开列了以上三条"过格"，并扣下十四过。

怎么破案？孔子做过鲁国大司寇[1]，有破案经验。孔子遇到疑难，就祈请周公托梦指点。了凡有了主意，他跪下来，闭上眼，开始祈祷："杀人害命，这是天大的事，而且就发生在城郊。这是我袁黄德行浅薄，做知县不称职。几天来，我四处奔波，没有一点办法。祈请孔大司寇在天之灵，垂念袁黄不图名利，一心只想为民除害，开我智慧，指点迷津。"

晚上，了凡梦见弟兄两人，一起行走在街上，旁边有人指着弟弟说："这是杀人犯！"

早上，在南北街集市上，了凡按照梦中指示的地点、长相和衣帽，抓到了杀人犯。原来，王右在集市游逛时，趁着人多，浑水摸鱼，抓摸凶手嫂子的屁股，惹怒了凶手。

了凡做梦破案的事传了出去。密云道把三河县一桩拖了二十多年的陈年老案批转宝坻县审理。案由：三河县王绅年轻时与戴洪合伙经商，并认戴洪做女儿的干爹。王绅赔了本钱，戴洪发了大财。王绅状告戴洪毒杀女儿。三河县抓了戴洪。王绅的女儿，活不见人，死不见尸。找不到毒杀证据，遇到隆庆皇帝登基大赦，三河县释放了戴洪。王绅一心报仇，每年赶在女儿"忌日"，就到衙门击鼓喊冤。王绅死后，儿子大本和大化，继承

---

[1] 大司寇：鲁国司法领域的最高长官。

父亲的遗志，继续告状。

开审这天，大本有病，不能到场。大化一进大堂，就受到热烈的迎接。两排衙役拖着长音，齐声吆喝"恶无""无恶"。衙役吆喝着，同时用水火棍击打地板，做伴奏。大化头脑一片空白，像个木偶一样，听从衙役的命令，跪了下来。一声清脆的惊堂木声响起，大化受惊，浑身一哆嗦。

"下跪的，可是三河县王大化？"

"大老爷，俺是王大化。"

"王大化，抬起头来！"

大化抬起头，往堂上一看，恍惚之间，看见大堂上坐着过去在戏台上见过的包大人。

"王大化，你要说实话，你妹妹现在是死是活？活着，人在哪里？死了，埋在哪里？"

"回大老爷，俺妹子活着，现在蓟州卫李指挥家，当老妈子。"

回到三河，大本抱怨弟弟："咱爹告了二十多年，大仇没报，你怎么就说了实话呢？我们不孝呀！"

大化委屈地说："那县太爷坐在堂上，端端正正，我自己不当自己的家，管不住这张嘴。我这嘴咋就这么贱呢！我这嘴咋就这么贱呢！"大化连着扇了自己几个耳刮子。

万历十七年七月十七日夜，刮狂风，下暴雨，雨水泡塌牢房，冲毁监狱围墙。犯人互相告诫："我们遇到袁大老爷，他是救苦救难的佛菩萨。我们不能逃跑，不能连累大老爷！我们念佛吧！祈请佛菩萨来救我们。"

夜幕下，暴雨浇头，大水围腰，在监狱废墟中，响起了抑扬顿挫的念佛声："阿弥陀佛！阿弥陀佛……"

第四十七章
养马政策逼死人

秋八月，一大早，了凡在主簿冉梦龙、兵房司吏武文辉陪同下，从广川门出城，察看被养马户遗弃的马匹。站在河边，一眼望去，护城河外的一排垂杨柳树下，拴着一排不同毛色的马匹。顺着河堤，一路察看，了凡发现，这些马瘦骨嶙峋，毛色杂乱，大小不一。每棵拴马的柳树都被啃光了树皮。一匹公马啃光树皮，有了马力，两条后腿间钻出黑不溜秋的长长的硬邦邦的"棒槌"，"砰砰砰"地敲打着肚皮。公马一边使劲挣拽缰绳，一边朝着旁边的母马咴咴嘶鸣，大唱着只有马儿才懂的情歌。公马咴咴嘶鸣，母马咴咴应和，此起彼伏，马声喧哗。

每匹马的屁股上都烙着编号，脖子上都系着小布兜。一匹马脖子上的布兜比其他马脖子上的布兜大。了凡停下脚步。武文辉走近马前。马儿见到人，以为要牵它上槽开饭，很激动，很热情，喷着响鼻儿，用嘴凑近武文辉。武文辉把手放到马脖子上，轻轻摩挲马毛。等马安静下来，武文辉解下布兜，从布兜里掏出几页黄纸，扫一眼后，双手递给了凡。

禀告县衙老爷

连年灾荒，庄稼不收，马在泥水中吃草，生病多，死亡多。养不起马，赔不起钱，活不起人，住不起家。马交回衙门，小民远逃异乡。

慈恩、嘉善等里马头[1]单忍高、张兔子等

---

[1] 马头：养马户五家编为一组，组长称马头。

在这份告示上按指头印的有四十一人。被遗弃的马儿有五十一匹。

了凡看完，叹口气，递给冉梦龙，说："百姓逃离家乡，这是做官的耻辱！马上拿出办法，先解燃眉之急，再定安民之策。"

冉梦龙看过告示说："袁堂尊[1]，要解燃眉之急，最快的办法是，由兵房安排十名捕快，骑马赶往慈恩、嘉善等里，督责里长，安排人手，天黑前必须把马牵回去，暂时安排妥善的地方，不能把马丢了，更不能把马饿死。要制定长久之策，可以通知各里马医明天来开会。全县三十里，每里都有专职马医。马医熟悉情况。"

了凡对武文辉说："武司吏，你马上去安排。另外，通告下去，各里马医后天到县衙开会。"打发走武文辉，了凡说："冉主簿，今明两天，我们分头走访单忍高、张兔子等逃亡马户。马户逃走了，贴户[2]、邻居和甲长还在。更要走访那些没逃走的养马户。事不宜迟，我们走！"

嘉善里离城很近，一个里二十二个村庄。张兔子家住大张各庄。里长张廷玺带路。张兔子家大门紧锁，门框上贴着白色门联"悲声难挽慈云住，泪水易随仙鹤飞"。横联是"音容宛在"。对联是新的。

了凡问："张兔子的什么人最近去世了？"

邻居张大良说："兔子哥家老母亲。唉，可怜呀！"

了凡对里长说："走，到张大良家坐坐。张里长，你安排人，把四个贴户都叫过来。"

调研会在张大良家院子里召开。了凡说："张大良，你说说张兔子的情况。"

张大良说："这几年，兔子哥走霉运，母马有病，配不上种，三年没下一匹马驹。完不成缴马任务，一匹马赔偿十二两银子，三年要赔二十四两。这几年连年发水，庄稼没收成，哪有钱赔？兔子哥家也就四顷地，每亩每年交税两分三厘一毫五丝[3]，收的粮食不够交税。兔子哥家去年十二两

---

[1] 堂尊：同堂为官，知县雅称"堂尊"，县丞雅称"佐堂"或"二尹"，主簿雅称"三尹"。
[2] 贴户：太仆寺把种马寄养在民户，另外安排四户辅助饲养，该四户被称为"贴户"，意为"贴补户"。
[3] 明代银子的计量单位从高到低是两、钱、分、厘、毫、丝、忽、微、纤。

税银还欠着，今年又要交十二两，收税的已经上门催逼过几回。除了地税，这摊派那摊派，这差役那差役，加在一起，每亩地每年要交税三分九厘一毫五丝。大老爷，我们都后悔，家里有地不如没地。三分银子买一亩地，每年交税就要三分九厘一毫五丝。唉！"

张廷玺趁了凡不备，偷偷用眼瞪张大良。了凡明白了宝坻为什么这么多撂荒地。他看着一个贴户，盼咐："你说一说。"

贴户张大头说："兔子哥是马头，下面管着四家马户，有两户种马病死了。死了种马要赔钱，一匹二十两，他负连带责任，要帮赔一部分。"

了凡问："马医不会治病吗？"

张大头说："马医只会传个话、跑个腿，只会收钱，不会治病。要不是马医天天逼债，兔子哥也不会想着逃走，也不会逼死俺大娘。啊哈哈哈，我可怜的大娘呀！"张大头哭了起来。

了凡问："怎么就逼死你大娘了？"

另一贴户张铁锁说："兔子叔交不上马，缴不上钱，缴不上税，就想逃走。想逃走，又放心不下老奶奶。老奶奶岁数大，一身病，走不动路，天天在床上躺着。老奶奶知道兔子叔的心事后，这不是吗，就几天前，有一天半夜，老奶奶用裹脚布，在床头上吊了。真可怜！"

张大良哽咽着说："兔子哥一家人逃走了，俺大娘死了。谁逼走了兔子哥一大家人？谁逼死了俺大娘？是马！是马医！是清军书手[1]！是税钱！是每年交不完的钱，是每天干不完的差役。"

在二堂，了凡主持会议，县丞黄维中、主簿冉梦龙、典史祝良显参加会议，司吏武文辉担任书记。

冉梦龙说："现状是：太仆寺下达的养马任务是一千零四十三匹，现存寄养马九百四十二匹。缺少一百零一匹，其中死亡八十九匹，其余十二匹被变卖。目前，病马一百二十一匹，逃户七十一家。一百零一匹缺额，要赔偿银子两千零二十两。这三年，完不成交马任务的马户有九十四户，欠缴罚金两千二百五十六两。纪逢春等十一户，当事人去世，现在是向他

---

[1] 清军书手：衙门雇用的督责军人家庭按时补充兵役的识字人员。明代军人世袭，父死子替，兄亡弟补。男丁死绝，由贴户服役。

们儿子追债，儿子又太穷。史孟春等九人，家庭破败，无力赔偿。张守德等七十一户，家门落锁，找不到人。

"原因有四个：一、五年的灾荒，富变穷，穷变无产。二、最初，七顷二十亩地养一匹马；现在，六顷五十亩地养一匹马。当初，把全县粮田和盐地[1]一起统计，共七千四百五十一顷，被太仆寺寄养种马一千零四十三匹。后来，盐户于登利到巡盐监察御史衙门告状，七百一十六顷盐地不再养马。逃亡人家抛荒地六十三顷六十五亩。现在地少了，养马任务却没有减。连年灾荒，每三年上缴两匹马的任务没有丝毫减少。三、每里设置一个马医，负责治病和协助管理马户。这些马医，大多滥竽充数，不会治病，只会勒索。每个马医一年工食银十四两，加重了马户负担。四、不少养马户家业破败，普遍缺乏信心。

"下官建议：一、申请政策，要么减少养马数量，要么增加养马用地，照旧执行七顷二十亩地养一匹马的标准。二、精简马医，留用两个技术精湛的马医，足够了。三、豁免一部分马户的赔偿金。袁堂尊！"

了凡说："冉主簿调查得很深入，情况很熟悉。黄县丞，说说你的看法。"

黄维中说："管知县在时，曾向密云道、巡抚衙门、巡按御史衙门、太仆寺申请，减少养马任务，但是被太仆寺驳回。下官认为，县衙能做的：一、继续申诉，减少养马任务；二、积极申请，减免马户赔偿，争取豁免没有家产马户的赔偿；三、精简马医，减轻马户负担；四、开垦荒地，补充养马田。其中，县衙能做主的也就一个，即精简马医，立即革除二十八个马医。下官主管清军[2]和匠籍[3]，全县二十五个里有军户，共设置二十五个清军书手。县里明文规定，每个书手一年工食银十二两，暗地里他们勒索十八两。这些书手多是无赖，天天蹭吃蹭喝，到处伸手要钱。军户，每年变化不大，统计一次，清查明白，资料可用五年、十年。这些清

---

1 盐地：盐户煮盐用地，史称"灶地"。盐户，煮盐的人户，职业世袭。
2 清军：明初军人没有文化，朝廷派文官协助整顿和清理军政事务，后来成了制度。巡按御史和按察司负有清军职责。
3 匠籍：手工业者登记户口时被列为匠籍，职业世袭。

军书手,建议一律革除。袁堂尊,下官在宝坻五年多,类似清军书手和马医这样搜刮银子的差役还不少,建议彻底清查,大大精简,最大限度地减轻百姓负担。"

了凡说:"黄县丞说得好!百姓就指望几十亩地,一年收几十石粮食,卖不了几两银子。马医伸手要,清军书手伸手要,里甲伸手要,还有说不清、道不明的张三、李四、王二麻子,个个伸手逼着要钱。正是这些人,逼走了张兔子,逼死了张兔子他娘。养马政策,要调整,按冉主簿说的,从精减马医入手。减轻任务和减免赔偿金,我们一步步申诉和争取。黄县丞说的清军书手,尽快精减。类似的公差要清查,要精减。各衙各官负责清查自己主管范围内的,下月初十日统一上报。各位同僚,渠河穿城而过,在城北入城时的关口被称为'开源关',在城南出城时的关口被称为'节流关'。本县多次在渠河边沉思,要让老百姓安居乐业、长治久安,仅仅节流还不够,更要开源。具体到宝坻,要开荒,要增加粮田面积,要种高产作物,比如水稻,要种经济作物,比如莲藕、菱角。即便是盐碱地,也可以种芦苇。芦苇可以编席,可以换钱。我们……"

这时,值班书吏快步来到书案前,双手托着一封公函,向了凡禀报:"大老爷,巡抚衙门公文!"

了凡打开公函一看,不由得长吸一口气。

第四十八章
不怕处分救民生

　　北直隶被分成东西两个巡抚区，东巡抚区下辖顺天府和永平府[1]，衙门驻遵化县，全称：巡抚顺天等府地方兼整饬蓟州等处边备衙门。密云县既驻有密云兵备道衙门，又驻有总督蓟辽、保定等处军务兼理粮饷衙门。总督衙门下辖北直隶东西两个巡抚衙门和辽东巡抚衙门。

　　宝坻县的夏税、秋粮、马草[2]直接运往密云，供应边境部队。秋八月是缴纳夏税的截止期，宝坻万历十五年的公粮和税银拖欠很大一部分，万历十六年只完成两成一。总督衙门把催缴公函下发给巡抚衙门，巡抚衙门不仅下发自己的催缴公函，还转发了总督衙门的催缴公函。巡抚在公函中说，按规定，八月底前夏税完纳不到三成的州县，要上奏朝廷，请求处分州县主官。考虑到了凡道德学问名满天下，不忍心处分，只是责成了凡尽快完成税粮征缴任务。

　　巡抚为什么转发总督衙门的催缴公函？了凡为什么看了公函倒吸一口气？总督提督军务，有军法处罚权，对三品以下武官和五品以下文官，可以先斩后奏。逾期不交军粮，这个罪名不轻。

　　黄维中、冉梦龙、祝良显传看公函后，吃惊得合不拢嘴。冉梦龙主管钱粮和寄养马。了凡问："冉主簿，你怎么看？"

　　冉梦龙说："老堂尊，渠阳乡地势高，受灾轻，基本完成了夏税征收任务。其他乡水灾严重，不少地方洪水到现在还没退尽。上个月，收到从通州运来的七百五十石赈济粮，立即发放了下去。加上挖河修堤、以工代

---

[1] 永平府：地域含今唐山、秦皇岛和辽宁西南部分地区。
[2] 马草：明代正税包括夏税、秋粮、马草。马草最初是交实物，后来变成税收名目。

赈发放救济粮，有这两项粮食支撑，全县饥民才勉强活命。这时候催征公粮？这不是催粮，分明是催命。"

黄维中和祝良显说："真是催命呀！"

冉梦龙说："宝坻推行'一条鞭法'，不彻底。总督衙门愿意接收粮食，不愿接收税银。从宝坻到密云两百里地，骡马驮运来回四天。一匹骡子驮运一石豆子，运费是三钱三分，运费几乎与豆子同价。粮长[1]们怨声载道，百姓宁愿缴银子。总督衙门同意收银子，每石豆子按一两五钱银子折算，后来体恤百姓不容易，又按一两二钱折算。按税额，百姓只需缴纳一石豆子，这样一折算，实际上要缴纳三石二斗五升[2]豆子。粮长一摊上差事，很少不倾家荡产。"

了凡轻轻叹口气。

冉梦龙说："按黄册[3]登记的数目，全县民地一共六千六百八十四顷五十亩二分九厘[4]，这里面包含刘、黄两家禀报过的抛荒地二十四顷五十亩。总督衙门按黄册上的地亩征收，等于地少了税没少，抛荒的二十四顷五十亩应收公粮被分摊。这对其他百姓，属于无辜加增。"

了凡问："目前征收任务有多少？"

冉梦龙看着手中的账册说："每季夏税应征收本色[5]小麦九百六十一石九斗八升九合五勺四抄八撮四圭三粟七粒，折色[6]银九百八十一两二钱五分二厘四毫一丝九忽三微九纤。每季秋粮应征收本色豆一千五百三十二石七升，折色银一千六百三十四两四钱四分六毫三丝七忽四微三纤。每年马草应征收本色豆四千五百一十石六斗六升二合五勺，折色银两千一百零四两二钱六分五厘。除了民地，全县官地[7]一千九百四十七顷，每年税银六千零三十五两。除了夏税、秋粮、马草三项正税，随正税一起征收的人头税

---

[1] 粮长：公粮大户，把自家和各小户应缴的公粮，解送至朝廷太仓并自负运杂费和损耗费。
[2] 明代粮食计量单位从高到低依次是石、斗、升、合、勺、抄、撮、圭、粟、粒，十进位。
[3] 黄册：官方土地证，每十年登记一次。
[4] 亩：土地计量单位从高到低依次是顷、亩、分、厘。
[5] 本色：粮食本身。
[6] 折色：由粮食折算成银子。
[7] 官地：地权归朝廷，赋税略高于民地。

每年是九千四百零七两二钱五分七厘一毫八丝，里甲经费两千六百七十八两四钱九分一厘五毫。还有，通州是进出北京的交通要道，衙门多，接待任务重，宝坻每年补贴通州粮银四千四百一十两九钱九分八厘。还有不少大小项目，每年每季随正税一起征收。闰六月有圣旨，免除万历十三年以前逃欠的税粮。万历十四年和十五年，大荒之年，逃欠更多。今年夏粮只完成两成一，加上前两年拖欠，我们没有三头六臂，这个任务绝对没法完成。老堂尊！"

了凡说："催征粮饷，是总督的职责。催征公粮，是巡抚的职责。保护百姓，不让百姓饿死，这是州县的使命担当。该争取的，我们必须竭尽全力地争取，需要说明解释的，一定要说清楚，要解释明白。首先，我们自己要清楚，要明白。黄县丞，你深入望都乡。冉主簿，你下到海滨乡。祝典史，你负责广川乡。本县往南两百里，去调查沿海里甲。各位同僚，七天时间，走访要全面，抽查抓重点，摸清实际灾情，掌握受灾数据。九月初十日，在二堂汇总情况。调查清楚，解释明白，这是我们应该做的！对我们是否动用军法，那是张军门[1]的事情。"

了凡仰慕张国彦，他们有着共同的战略构想。张国彦巡抚顺天府和永平府时，在蓟州、玉田、丰润、永平等地修筑水利、开荒种地、储备军粮、巩固边防。

了凡在户房司吏陪同下，带着一个捕快，向东南沿海出发。儒林里俵口村南临七里海，村里和田里积水淹没膝盖，村民大都逃荒去了。走不了的十几个村民，靠吃一种野草活命。宝坻地势像口大铁锅，中间凹陷，四周略高。了凡走访的崇仁里于家铺在海边，反而积水不多。于家铺村民能活下来，也是靠吃这种野草。野草的秆儿和根都能吃，味道发甜，晒干后磨成面儿，可以煮粥，被村民尊称为"仙草"。了凡带的干粮分给了灾民，这几天，他和灾民一样，靠仙草安慰肚子。

了凡一路内疚，一路落泪，一路祈祷。不少灾民给他磕头，感谢他这位大老爷感召来了仙草。这让他越发羞愧。

---

1 张军门：时任总督张国彦（1525—1598），河北邯郸人，嘉靖四十一年进士，官至兵部、刑部尚书。

第四十八章 不怕处分救民生

初十日的会议开始前，四位老爷不约而同地拿出一把仙草，互相展示。不谋而合的默契，让四位老爷禁不住开怀大笑起来。笑着笑着，了凡转喜为悲，突然痛哭起来。二堂里笑声戛然而止。大家静静地看着了凡。了凡不管不顾地哭了一会儿，果断地平静下来。他说："我们哭，应该；我们笑，值得。我们做父母官的，竟然让百姓吃草，于心何忍呀！我们又该庆幸呀，幸亏有这种野草。本县也尊称它一声"仙草"。不是我们官老爷，而是这种仙草救了全县百姓的命呀！"

了凡擦干泪，说："百姓靠吃草活命，我们能忍心逼迫老百姓缴粮吗？！现在开会，内容有两项：一、理清灾情清单，上报各级衙门，请求豁免税粮和申请赈济；二、清算乱摊派、乱收费。下面……"

最后，值班司吏把清单交给了凡。了凡说："各位同僚仁心仁义，尽心尽力。为了节约经费，各衙主动辞退门卫、书吏、书童、厨子、仪仗等勤杂人员，以后公文要自己亲手写，喝茶要自己亲手倒，厨房也要自己内人忙活了。本县谢谢诸位！"了凡朝三位同僚拱手三次，"清单内，县衙能做主的，要清退清军书手二十五名、马医二十八名、箭手[1]九十名，撤销每年里甲经费两千六百七十八两四钱九分一厘五毫。以上几项，为全县百姓减轻负担四千三百七十两四钱九分一厘五毫。县衙不能做主的，本县尽力去争取。晚上，本县将撰写公文，向通州、密云道、顺天府、户部驻通州分司、顺天巡抚衙门、太仆寺、巡按北直隶监察御史衙门，再次上报灾情，申请豁免以往的逃欠和今年的夏税、秋粮、马草。本县还准备越级上报总督衙门，还要直接上奏天子。"

十月，御史孙旬[2]巡察到宝坻。了凡陪同御史先后察看广川乡宁海里的大杨家庄、小杨家庄，海滨乡兴保里的葫芦沽庄、唐家庄等地。一路走来，孙旬看到，洪水彻底退去，田里竟然长满庄稼。

孙旬指向地里蹲着身子收摘谷穗的农夫，不解地问："袁知县，这满地庄稼……"

---

[1] 箭手：即弓箭手，典史衙雇用的联防队员。
[2] 孙旬（生卒不详）：山东莱阳人，万历二年进士。

了凡说:"孙道长¹,您仔细看,这哪里是庄稼,满地都是野谷子,高不过一拃²,谷穗儿长不过一指头。这几年,皇恩浩荡,诏狱³几年不动刑罚,天子盛德感天动地,感召来了这种祥瑞!孙道长代天出巡,做了见证。"

几个农夫围上来,跪地感谢说:"大水无情,大老爷恩德感天动地。多亏有了野谷子,小人才没有饿死。谢谢大老爷的大恩大德!……"

了凡马上阻止说:"这是皇恩浩荡!这是天子圣德!"

每到一处,都有农夫感谢了凡的救命之恩。

孙旬问:"袁知县,你解救重犯,减少摊派,深得民心。你废除里甲经费,后果想过吗?"

了凡说:"想过,有配套措施……"

十二月初,孙旬奏报密云、昌平、蓟州、永平四道所属府州县灾情,请求免除当年应缴钱粮,抚恤灾民。皇帝御笔恩准,宝坻百姓免交万历十六年税粮。

应了凡奏请,朝廷免除当年宝坻补贴通州驿站的接待银三千八百八十四两。

---

1 道长:对御史的尊称。
2 一拃(zhǎ):张开手掌后,大拇指尖与中指尖的距离。
3 诏狱:根据皇帝诏书收押犯人的监狱,由锦衣卫掌控,不受司法部门管辖。

第四十九章
妙计送走潞亲王

万历十七年三月，潞亲王[1]从北京出发，走水路前往自己位于河南省卫辉府城的潞王府。京城传说，潞亲王是天下第一藩王。仗着太后溺爱和皇帝宠爱，潞亲王的权势和财富仅次于皇帝。潞亲王四岁封王，十三岁结婚。结婚时，花费黄金三千八百六十九两、白银十万两，使用宝石八千七百多颗、珍珠两万四千余颗，买空了整座京城的珠宝店。他结婚和建造王府，挪用军费九十万两，费用远远超过朱元璋定下的标准。按祖宗规矩，亲王娶正妃后，要离开北京，常驻自己的藩国王府。李太后舍不得他离开身边，让他在北京一直住到二十一岁。万历皇帝十岁即位，太后垂帘听政多年。万历八年，有一次，十七岁的皇帝耍酒疯，太后很生气，扬言要废掉万历，换潞亲王当皇帝。潞亲王每年俸禄一万石精米。此外，他在北京繁华地段拥有多家商铺，在北京郊区拥有多处田庄，在河南、湖广两省九府二十五个县中拥有四万顷土地和矿坑。皇帝每次出城拜谒皇陵，都安排潞亲王监国摄政。

三月十九日，皇帝率领百官在皇极门，流着泪亲自送行，赏赐弟弟安家费白银十五万两、路费白银二十万两，并派兵部侍郎萧大亨[2]和锦衣卫指挥同知[3]凌玄德一路护送。亲王离京基本上是永别，一辈子不可能再来北京。离京时，能带走的都要带走。潞亲王家属、王府官员、亲兵护卫，加上护送官员和部队，押送着一船船金银财宝，浩浩荡荡，组成连绵五百艘

---

1 潞亲王：穆宗皇帝的第四子朱翊镠（1568—1614），万历皇帝唯一的同母弟。
2 萧大亨（1532—1612）：山东泰安人，嘉靖四十一年进士。
3 锦衣卫指挥同知：锦衣卫，皇帝直接领导的警卫部队。指挥同知，从三品。

的船队，在运河排成三十里长的一字长蛇阵。

没想到出师不利，天旱少雨，北运河水浅，没法行船。潞亲王的庞大船队滞留在通州张家湾。护送团正钦差萧大亨和副钦差凌玄德小心侍候，清早要向潞亲王请安，傍晚要向潞亲王汇报。凌玄德的指挥船在前头开路，萧大亨的指挥船在后面压阵。

这天一大清早，两人来到潞亲王的三层楼船磕头。

"护送潞亲王就藩使团正钦差、兵部右侍郎萧大亨（副钦差、锦衣卫指挥同知凌玄德）参拜亲王殿下！"两个钦差磕罢头，低眉顺眼，小心问候，"敢问亲王殿下，夜梦是否香甜？"亲王金枝玉叶，没有明确指示，参拜的人不敢直视亲王脸面。

潞亲王一脸烦恼，昨晚他没睡好。离京时，太后送他一个宫女，姓赵，漂亮聪明，贤惠温柔。太后说："心肝宝贝儿，赵珠儿是我看着长大的，以后就让珠儿替娘亲照看你吧。"昨晚，潞亲王与赵珠儿彻夜缠绵，很晚才睡。没想到，一大早，几只乌鸦就在窗外"哀呀！哀呀！哀呀！"地傻叫，把赵珠儿气得捂紧耳朵，娇声抗议："讨厌！讨厌！真讨厌！该死的乌鸦！"

不懂人事的乌鸦胆儿挺大，惹了祸，不逃跑，竟然继续在窗外扯着破嗓子"哀呀！哀呀！"地吵闹。

潞亲王忽地坐起身，生气地喝叫："来人！窗外的乌鸦，就地处死！守护寝宫的侍卫，每人赏二十棍。"

潞亲王心头的怒气还没撒尽。他瞅瞅萧大亨，望望凌玄德，凌玄德直接负有保护他的责任。冤有头，债有主，潞亲王端起茶杯，朝着凌玄德的官服泼了过去。凌玄德官服的补子[1]上绣着一头虎。平日威风凛凛的老虎，今天遇到真龙，歇了威。

"两位差官，兄皇派你们护送本王，为何连续三天，无故不前？是藐视本王吗？本王现在发布宪令，着护送使团两位差官，两日之内，必须发船，不得拖延！下去吧！"

---

[1] 补子：补在官服胸背部位、绣有表示官员品级的走兽、飞禽图案的布块。文官绣飞禽，武官绣走兽。

第四十九章 妙计送走潞亲王

下了楼船,踏上河岸,凌玄德擦去满脸、满脖子的冷汗,感叹说:"好险呀!"

萧大亨说:"今天就庆幸吧!去年十月,潞亲王到昌平马场选马,一匹烈马不听话,被活活打死。马场官员上前劝阻,被告御状,说马场官员藐视亲王,欺诈王府差役。七个官员被罚在大理寺门前戴枷站街,示众一个月,最后被无故发配边境充军。凌挥使[1],您安排好巡哨,千万小心谨慎,不留漏洞,不落把柄。咱们诸葛一生唯谨慎,避免街亭斩马谡。我去召集顺天府和工部官员开会,集思广益,尽快把这位潞亲王送走。"

萧大亨的船头飘扬着杏黄旗,上书"钦差护送潞亲王就藩使团正使、兵部侍郎萧"。顺天府丞孙旬、总理河漕兼提督军务都御史衙门管理北运河的陆郎中和通州知州陈登被叫到船舱。

萧大亨说:"护送潞亲王尽快离开通州,尽快离开大运河,意义重大。第一,关系到北京和整个北部边军的粮食和物资供应。北运河冬季结冰,河运时间仅限于每年三月初一到十月初一。每年有两万艘粮船和三万艘商船,从南方运来粮食和各类物资。潞亲王船队占用运河,一切粮船和商船被驱离,中断了正常运输。北京和边军越冬储备消耗殆尽,急需补充。第二,恢复地方百姓的正常生活。为了迎送潞亲王,临河五里以内的村庄被清空,百姓被撵离家园,他们只能投亲靠友。沿河岸边,为了保密,用芦苇席搭起了隔离墙。为了方便潞亲王在岸上行走,也为了方便观瞻,河岸统一铺设了地毯。百姓牺牲巨大,这种局面不能拖延。第三,尽快遣散官员、军人和农民,让官员回衙门办公,让军人回到训练场、回到哨位,让农民回归田园。孙府丞、陆郎中,还有陈知州,船队在你们地界滞留两天,你们必须尽快拿出办法。本钦差现在宣布宪令,限顺天府、工部驻通州分司,两天之内,拿出方案,开行潞亲王就藩船队,不得拖延!准备去吧!"

船队滞留一天,顺天府就要供应一天,费用浩大。孙旬、陆郎中、陈登下船商量对策。

---

[1] 挥使:指挥使的简称。锦衣卫监视、侦察百官。高称"指挥同知"为"指挥使",有巴结和晚明礼制混乱两层意思。

从七品御史升任正四品顺天府丞的孙旬问陈登："陈知州，人手够用吧？"

陈登是山西人，贡生出身，今年刚到任。他说："本州下属四县，各自包段，人手足够用。实在不行的话，就用人力硬拉、硬拖、硬拽、硬推，总能拖出通州地界。"

陆郎中不屑地说："那样只会把木船拉散架，万一颠着、碰着、磕着、伤着潞亲王，会连累一大片，轻则丢官，重则……还是想想办法吧！"

郎中正五品，知州从五品，孙旬下沉通州正是为了协调通州与工部分司的关系。孙旬说："陆郎中，人手我们地方出，运河行船的事还得你们工部水利专家想办法。"

潘季驯兼工部侍郎，他指示工部都水司和屯田司的官员阅读《皇都水利考》和《皇明经世略》中的《水利略》。

陆郎中说："你们顺天府通州正好有一个水利专家。他应该就在运河上督工呢。"

孙旬喜出望外，说："宝坻知县袁了凡就是水利专家。走，我们去找他。"

宝坻承包的河段在河西务，距离张家湾八十里地。从去年十二月开始，各级衙门层层下发通知，要求宝坻派出一千五百名民工，负责挖河和拉纤，同时供应毛毯、食盒、围屏、漆器、绢布若干。经过一级一级求告，宝坻的物资供应被豁免。

了凡正在指挥一千五百名民工挖河，被陈登派人叫了上去。

"袁知县，你看，这样挖河行不行？"陆郎中问。

了凡说："水下挖泥，费工费时，再深一点就没法挖。我这两天沿河上下，勘察了一遍，萌生了一个想法，正要找您这位管河郎中、我们的陈知州、孙府丞贡献锦囊呢。"

三人充满好奇，齐声督促："袁知县，什么锦囊妙计？快拿出来！"

了凡说："我有八字诀，浅水可行船：分段筑坝，蓄水行船。工部分司常年备有沙袋，现在各县民工聚集，人手充足。可用沙袋每三十里筑起一道大坝，截断流水，积水行船。船顺流而下，拉纤用不了多少人，也根本用不着挖河。从张家湾到直沽寨，一百六十里地，前后筑上五道大坝，可以顺利欢送潞亲王出境。"

陆郎中惊喜中夹杂着懊恼——这么简单的妙计，自己怎么就没想出来？他拱着手说："好一个了凡先生！袁诸葛不摇羽毛扇，八字妙计献帐前。孙少府[1]，你看？"

孙旬笑着说："这次潞亲王过境，没想到，人手是我们顺天府出，妙计也是我们顺天府出。最后拍板，留给你们工部吧。"

第二天，船队通过河西务，萧大亨在船上接见了凡，转交潞亲王赠送的宝扇。扇面上题写着："了凡有妙计，化解亲藩难。忠贞勤王心，日月光可鉴。"

向陆郎中辞行时，了凡说："敝县五年灾荒，百姓穷困潦倒，逃亡多，劳力少，在各级衙门、北运河沿岸、蓟运河沿岸长年服役的民工有五百人。您看北运河可以筑坝行船，蓟运河可以建闸行船，道理一样。恳请工部分司体恤宝坻灾情，把河西务一百二十名护堤民工减为六十名，把春季蓟运河河工从一千人减为七百人。袁黄代表宝坻百姓，忘不了陆郎中的大恩大德！"

陆郎中沉吟一会儿说："了凡先生，陆某一定向部堂汇报。你一条妙计，帮了工部大忙，工部一定尽可能地满足你的愿望。"

---

[1] 少府：对府丞的雅称。

第五十章
真诚反省惊天地[1]

送走潞亲王，了凡回宝坻，沿途察看田间墒情和庄稼长势。庄稼缺墒，土地裂缝；小麦卷叶，茎秆枯黄；大麦缺水，无精打采。天旱生虫，禾苗叶片被咬得千疮百孔，根茎被啃得残缺不全。农民三五成群，顶着烈日，在龙王庙里、土地祠前，上供磕头，祈求下雨。

走到广孝里萧家口，一路结伴同行的五个民工看到自家田里的庄稼，感到绝望，他们拦在了凡面前，跪下来，哭诉说："大老爷，宝坻人都知道，您是好官。您得救救我们萧家口！您得救救我们一家老小！连年遭灾，指望今年有个好收成，指望有钱给老大不小的孩子娶房媳妇，指望有钱给孩儿他娘把病看好，指望……大老爷，现在啥也不敢指望了，就指望能填饱肚子。我们小百姓能指望谁呀？只能指望大老爷您呀！"

了凡眼噙热泪，扶起民工，语气坚定地说："我一定想办法，一定救你们！"

回到县衙，值班司吏呈上一份公函，是上级衙门转发的圣旨。皇帝说，北京和京郊地区旱灾严重，他日夜焦虑，吃不好，睡不好。皇帝说，久旱缺雨，主要原因是自己德行浅薄，次要原因是天下百官贪污腐败、盘剥百姓。皇帝在深刻反省，他要求各级、各地掌印主官，深刻反省自己的道德、认真反思国家的政策，用一颗反省后的纯粹的爱民之心，向上天求雨。

公函附有皇帝求雨事迹。万历十二年八月到万历十三年二月，北京地

---

[1] 故事选自《袁了凡文集·宝坻政书》，至少有四个理解维度：①了凡精通天文气象；②王阳明说，人心即天理；③瞎猫撞上死老鼠，巧了；④迷信。

区没下一滴雨，河水断流，井水干涸，大量牲畜被渴死。二月三十日、三月十三日、四月初五日，礼部举行三次大型祭天求雨仪式，却没求来一滴雨。二十二岁的皇帝着急上火，决定亲自出面，以天子身份，请求老天爷，降下甘霖，拯救百姓。求雨三天前，皇帝从日常居住的乾清宫搬到武英殿，远离女色，不吃酒肉，断绝腥荤，持守清净，滋养诚心。求雨当天，皇帝穿上褐色衣服，撤去仪仗，不愿铺张；拒绝车马，坚持步行；撤去华盖，头顶烈日；不让黄土铺地，不让净水洒街，不让驱离百姓，不让百姓跪拜迎接。他放下尊贵，以罪人的心态，反省自己，洗刷自己的内心，净化自己的心灵。从皇宫大明门出发，文武百官排成两列纵队，加上护卫部队，一共四千人，跟着皇帝，一律步行，走了一个时辰，来到南郊天坛。皇帝自称臣子，净手上香，三跪四叩，请求老天爷宽宏大量，原谅包括他在内的天下人的无知愚昧，尽快敕令东海龙王、南海龙王、北海龙王，天上、地上各路龙王，大发龙威，普降甘霖。

回宫的十里路程，皇帝仍然坚持步行。回宫后，皇帝下旨，免除灾区一年税粮，停止秋后处决死刑犯，平反冤狱，释放轻罪犯人。四月十七日求雨，五月初六日开始，大雨连下两天。

向皇帝学习！了凡搬出卧室，住到三堂书房，关闭门窗，斋戒三天。三天静坐中，了凡深刻反省两年来的一言一行，深挖内心每一个念头，用良知观照这些言行和念头是善是恶，还是不善不恶。善念、善言、善行，不自喜，不执着，不留意，一一放过；邪念和言行过失，不管多么细微，都要验明正身，捉住不放，随手记录下来。

在南门外的风云雷雨山川坛前，祭过天，了凡开始求雨：

"小子袁黄，志大才疏，修养不精，一身罪过。禾苗生长，遭遇春旱，惊动天子，心生忧念，诏令四方，求雨祈天。久旱不雨，阴阳失和，罪在知县，袁黄一个。今做反省，坦陈罪过，祈请上帝，诸位神灵，纤细秋毫，明察明鉴：

"一、这些年，我修养心性，白天想了什么、说了什么、做了什么，晚上一定焚香禀告上帝，却仍免不了有闲思杂念、言差语错和行为失当，错了马上后悔，后悔了还免不了再犯。我心性不纯！

"二、我想通过道德树立威信，每天衣冠楚楚，非常注重形象，三伏天汗流浃背，我照样衣帽整齐，三九天滴水成冰，我丝毫不敢随便，但是退堂回家后，一家人相处、一个人独处时，我就原形毕露，不再注意穿戴，不再注意形象。

"三、我可怜里甲劳役繁重，免除了许多杂役，但是没有完善的配套措施，而是挖东墙补西墙，临时挪借、雇用、招募，不能持续发展。

"四、我同情定点供应商铺被压级压价、被强买强卖、被长期拖欠货款，特意规定，官吏采购商品，要买卖公平，但是管理不严，难保个别官吏不继续欺压商户。

"五、为了减轻百姓负担，我废除箭手巡逻乡村和马医监管马户制度，但是因为管理不当，做事人员不愿尽心尽力。

"六、我明察秋毫，整顿书吏法纪，结果书吏、衙役、狱卒纷纷辞职。即便如此，也总免不了有人徇私舞弊，贪赃枉法。

"七、我想帮助贫苦百姓，在征缴税粮时，困难重重，上有国法悬在头上，我畏惧参奏弹劾，下有百姓困苦看在眼里，我良心难安，上下逼迫，心情沉重，因此不敢一切从宽。

"八、我采用无为而治的思想，放宽尺度，容忍奸猾，但是前怕国法禁令，后怕谗言讥讽，不敢彻底放开政策。

"九、我重视道德建设，慎用刑罚，尽量不用体罚，但是教育措施跟不上，民智未开，又不敢彻底放弃刑罚。

"十、我怜悯犯法百姓愚昧无知，想尽办法为他们辩护，但是自己德行不纯粹，仁心不周全，没法让百姓做到自尊自爱。

"十一、我做官清廉，拒绝任何礼物，家庭生活清苦，做人显得清高，不能建立融洽的人际关系。

"十二、我去年进京述职，没拿宝坻一文钱，两袖清风，废弃了官员交往的礼仪，合法理却不合情理。

"十三、我怜悯无依无靠的老人和儿童，定期救济他们，但是穷人太多，财力有限，照顾不到所有人。

"十四、我用自己的俸禄，埋葬饿死的人，赎买被卖的孩子，但是杯水车薪，帮助不了几个人。

"十五、为了让百姓敬畏官吏，接待下属和百姓时，我神情庄重，但是因为修养功夫不到，有时候难免脸难看、话难听。

"十六、每月初一、十五，我到县学讲学，苦口婆心，希望学生人人知行合一，因为自己说到做不到，学生的进步很有限。

"十七、为了方便百姓，我审案快，结案快，但是有时候上班迟到，也耽误过公事。

"十八、审案时，我注重劝和，但是自己见识有限，道德不高，百姓不信任我。

"十九、我推荐同僚，提携下属，因为我的推荐，黄维中高升到宛平做知县，但是人微言轻，祝良显只被平调到外县。

"二十、为了惩一儆百，我曾严惩恶霸，但是恶霸远没有绝迹。

"二十一、去年，我申请免除了对石匠和大车的征召；今年，上级再次征召，我却不敢再次申请豁免。

"二十二、我申请豁免了迎送潞亲王的物资供应，爱民之心尽到了，恭顺长官的心却没尽到。

"二十三、我考察河流，兴修水利，但是水患并没根除，水利还没全部建成。

"二十四、我相信，夫妻是家风建设的根本，但是我意志薄弱，情欲浓厚，夫妻生活难免有放纵放逸的时候。

"二十五、我怜悯贫苦百姓担负消防员的劳役，急切地豁免了他们，但是现在防火缺人，万一失火，救火缺人。

"二十六、我在乡村推行保甲联防，总有坏人找漏洞、钻空子，因此还免不了有盗贼出没。

"二十七、我遣散了各里甲的清军书吏，但是相关措施没有跟上，军户还在遭受苦害。

"二十八、为了扶助养马户，我申请减免过去逃欠的税款，减轻罚款，平时不打扰，收马时不苛责，但却没能恢复最初的七顷二十亩耕地养一匹马的标准。

"二十九、我斋戒时能够做到觉知，祭祀时能够处处诚心，但是觉知难以持久，诚心难以坚固，对待神灵还有懈怠的时候。

"三十、我发过大愿，要全心全意服务社会，尽心尽力利益他人，上利益皇帝阁老，中利益师友、同志、亲戚，下利益昆虫鸟兽，每晚磕头祝福一切众生，但是愿心满满，愿力不足，总是利益不到他们。

"三十一、我崇尚生活简朴、礼仪简便、道德纯粹、民风淳朴，但是因自己德行不纯、诚心不足，宝坻风俗并没彻底好转。

"三十二、我严厉禁止阉割男孩，但是对被阉割的男人，却没能教他们做人的礼义和做事的技能。

"三十三、违犯世间王法、违背人间道德、触动上天律条、触犯冥间禁忌的无知无畏的百姓，数不胜数，这一切的罪过都归到我头上，要罚就罚我袁黄一人吧，不必惩罚这一方百姓。祈请上帝，谅解我袁黄坚定的志向和诚挚的心灵，原谅我袁黄才智不足、能力有限，您大恩大量，赐降甘霖，把灾年变成丰年吧！我袁黄向您发愿，愿做善事一万件，回报天地养育百姓的天恩天德。"

这时，围观的群众中，有眼尖的惊讶地叫了起来："快看！快看！龙王现身了！龙王现身了！"

百姓纷纷仰望。一团龙形的乌云遮蔽住烈日，天空乌云滚滚，黑云翻腾，四面合围，天穹被蒙上黑幕。大雨倾盆而下。了凡和围观百姓，一个个被浇成落汤鸡。

大雨连下两天。雨过天晴，了凡到南门外察看墒情。麦田里的虫害消失了，被啃噬过的麦根爆发出新的生命力，原来一株一茎的竟然增殖到五茎、十茎。

喜悦的百姓看见了凡，纷纷跪到泥水中，朝着了凡磕头。

第五十一章
太监仗势欺压人

万历十七年，宝坻夏粮大丰收，种地的农民欢天喜地，收租的地主兴高采烈。御马监[1]监督太监王铭来到宝坻，不仅要收缴今年的地租，还要追缴佃户拖欠的往年地租。

御马监在宝坻占有养马地三千四百五十八顷六十六亩，替太后管理仁寿宫田庄一千九百四十七顷二十九亩。另外，宝坻还有定国公[2]田庄、永福公主[3]田庄、永淳公主[4]田庄，三家合计占地一千三百二十五顷七十八亩二分。这些土地主要分布在宝坻东南地区。为了管理这些土地，太监衙门建设一座城堡，名为皇庄[5]。皇庄开有四门，内设衙门、监狱、粮仓、集市、佛寺、道观、马王庙、火神庙等，城外驻有护卫部队。采办芦苇的御用监[6]、采办银鱼的内膳监[7]在皇庄派驻有办事太监。公主府、定国公府在皇庄派驻有常设机构。

御马监派出各马房管理各地草场。各皇家田庄网罗强悍的庄头，管理各地庄田和佃户。御马监养马数量有限，大量土地用来出租，收取芦苇

---

1 御马监：太监二十四个衙门中权力仅次于司礼监的重要衙门，主管：①皇宫马匹；②监管武骧左卫、右卫和腾骧左卫、右卫四个卫的皇帝护卫部队；③管理京郊多处养马场；④经营皇庄、皇店等皇家产业；⑤与兵部分管派遣作战军队的兵符；⑥大型军事行动时做监军；⑦领导特务机关东厂。
2 定国公：明朝开国功勋徐达（1332—1385）获封的爵号，子孙世袭。
3 永福公主：嘉靖皇帝的姐姐，万历皇帝的姑奶。
4 永淳公主：嘉靖皇帝的妹妹，万历皇帝的姑奶。
5 皇庄：位于今宝坻黄庄镇。今黄庄即明代皇庄。
6 御用监：太监二十四衙之一。
7 内膳监：负责皇宫日常饮食和宴席。

税。说芦苇税，是为了少交税，实际上还是收粮食和银子。御马监收取的地租，七成上缴户部，三成自己留用。太后、驸马、定国公各家田庄，免交国税，自收自用。

收缴地租这种小事，根本用不着监督太监王铭亲自出马，但是王铭不这样认为。太监二十四个衙门，其中十二个衙门号称"监"。御马监配置一个掌印太监、一个监督太监、一个提督太监，都是正四品。宫中许多阉人盯着这些太监的位子。太监根据皇帝、太后和司礼监太监的喜好，有的可以长期掌印，有的屁股还没坐稳就被撤职。有权，利益就大。像王铭，虽然只是四品太监，却监管着四个卫两万二千四百人的皇帝护卫部队，这四个卫的指挥使都是正三品武官。御马监太监兼任特务机关东厂的厂公，东厂可以秘密侦察文武百官。侍候好皇帝和太后，才能坐稳位子，掌握权力，抓紧荣华富贵。王铭不怕骑马颠簸，不怕坐轿枯燥，一路辛苦，来到皇庄，要为太后多收地租，讨太后的欢心。

过去，皇庄地租比照朝廷夏粮、秋税、马草标准征收。今年，了凡废除不少杂役赋税，赋税标准降了下来，但皇庄还按过去的标准征缴。朝廷免除了宝坻万历十六年的赋税和以前的逃欠，皇庄还在追缴去年的地租和以前的拖欠。五年灾荒后，才有这么一季丰收，把这一季的收成全部交给皇庄，也堵不上以前欠债的窟窿。许多佃户被抓进皇庄私设的监狱，有的被光着身子吊在树上，有的被割去耳朵，有的被剁去手指头，有的妻女被庄头等狗腿子强奸。

过去经常发生这种事，遭受迫害的人告到县衙，最后都是不了了之。一个七品芝麻官，谁敢管大太监作恶？

溺水的人出于本能，总要抓住一根稻草。一群佃户走投无路，他们喝下血酒，请人写下一份诉状，指头蘸血，按上手印，拿着诉状，告到宝坻县衙。

状告御马监太监王铭？了凡看着诉状，心里犯了难。传唤大太监来大堂受审？王铭地位尊贵，在北京，二品兵部尚书要尊称他"老先生"；在外省，从二品布政使和三品按察使见太监都要甘居下位。一个七品知县，见王铭要跪称"下官"。这怎么传唤他，怎么审判他？

主簿冉梦龙说："老堂尊，这位王太监，受宠于司礼监掌印太监张公公，这次出京是为皇太后办事，权势显赫。大前年，梁城所杨千户与御马监义和马场发生纠纷，杨千户被几个阉人活活打死。杨家进京告御状，最后马场赔了五十两银子。御马监太监，咱县里惹不起！"

了凡说："百姓有难，知县惹不起，也躲不起。这事儿不能不管。"

了凡带上兵房司吏、户房司吏、刑房司吏，赶往皇庄，要去劝和，最低要求是释放被非法拘押的佃户。御马监是军事重地，有印信可以进，了凡这种"闲人"免进。了凡在皇庄住了一晚，第二天仍然进不去御马监衙门，没办法，只好打道回县。

路上，了凡有了主意。

在二堂，了凡召开工作会议，到会的有主簿冉梦龙、新任县丞丁金榜、新任典史谭华。

了凡说："今年施行'一条鞭法'税收政策，从夏粮征收开始，实行新税额，每亩夏粮、秋税、马草合计一分四厘八毫，往年是二分三厘二毫；今年各项杂税一律废除，往年仅由各项摊派构成的杂税一项，每年每亩征缴一钱有余。百姓看到了利益和希望，县衙的工作获得了百姓信任。经过调研摸底，百姓愿意种地，愿意开荒。下面愿意，上面也支持。本县座师王阁老[1]、大司寇李老师[2]、河道潘老师[3]，经常被召进宫，回答天子对国是国策的咨询。各位老师都知道本县著有四百卷《皇明经世略》、一千卷《袁氏通史》和《皇都水利考》，其中《水利略》《天文略》《九边略》各卷被各位老师传阅。承蒙各位老师信任，时常来信询问一些事情。去年底，张军门索要《皇明经世略·九边略》，今年初，特意邀请本县去密云，当面征求守卫边境的战略战术。万历十三年，尚宝卿徐少卿[4]受命在京郊地区推广水稻种植，时任顺天巡抚的张军门，在蓟州、玉田、丰润、永平组织

---

1 座师王阁老：王锡爵。

2 李老师：刑部尚书李世达。

3 河道潘老师：潘季驯。

4 尚宝卿徐少卿：徐贞明（1530—1590），江西贵溪人，隆庆五年进士。著名水利专家，倡导兴修北方水利，开荒屯田，寓兵于农。

水稻种植，卓有成效。有这层关系，张军门支持宝坻开荒屯田、种植水稻和实行'一条鞭法'。"

丁金榜、冉梦龙和谭华眼神坚定起来。

了凡说："目前要做的工作有以下几项：

"一、选择葫芦窝村做试验田，种植三百亩水稻。本县去年在城西亲自耕田，试种一亩晚稻，收获近一石米，产量没有南方高，但总比北方的谷子、豆子、高粱产量高。试验田由本县直接督办。

"二、潮河边的司家陀芦苇甸，既有碱水，又有潮河流入的淡水，地力薄弱的地方，种芦苇，多少总有收益；地力肥沃的地方，打造水田，种植水稻，这样收益更高。这项工作由丁县丞督办。

"三、东门外近郊，上百顷洼地被抛荒，很可惜，要修渠，要挖沟，要排水，要去碱，要开荒，要改造成良田。东郊洼地开荒由谭典史督办。

"四、全县水域，推广莲藕、菱角等水生作物，增加百姓收入；全境闲地，推广枣、栗、梨、杏等经济作物，丰富百姓生活。谁劳动，谁受益。此项工作由本县督办。

"五、居安思危，丰年饱想着荒年饥，县里要建总社仓[1]，由旧监狱改造。全县各里都要建社仓。冉主簿愿意捐献俸禄，把旧监狱改造成总社仓。这不是长久办法。本县认为，可以预支今年总社仓的利息。建设社仓，由冉主簿督办。

"六、新开垦土地，前三年免税，三年后按每税亩[2]一分收税，每亩为一税亩。原有耕地，每一百小亩，允许开荒五十小亩，补足大亩，永不增税。过去，有钱人动脑筋，投机钻营，按大亩登记交税；穷人被按小亩征税，这次不能再让穷人吃亏。

"七、鼓励养马户开荒，按七顷三十亩耕地养一匹马的标准，而且统一按大亩计算，这样养马标准就成了十顷耕地养一匹马。

---

1 社仓：政府组织的民间互助仓，丰年储粮备荒，支持农业生产。每季按两至三成的利息计息。
2 税亩：土地收税单位。一亩面积是六十平方丈，宝坻土地贫瘠，有一百二十平方丈算一税亩的，称为小亩；有一百八十平方丈算一税亩的，称为大亩。

"诸位想一想,过去每亩地收税二分三厘二毫,按大亩后,每亩收税不超过一分。三年内,朝廷没有减少丝毫收入,百姓却大大增加收入;三年后,朝廷大大增加收入,百姓却没有减少丝毫收入。

"新规划,一年起步,两年见效,三五年卓有成效。各官要广泛宣传,多方动员,立即开展工作。千万不要遗漏御马监各田庄、皇庄各田庄、各爵爷田庄,要深入宣传。"

利益诱人,前景光明,宝坻全县形成了大开荒热潮。御马监各马场、皇庄各田庄、公主田庄、定国公田庄的佃户纷纷退租,投入到热火朝天的开荒运动中。各田庄的秋粮没人播种,急坏了各庄的庄头。误了农时,耽误一季收成,惹怒了皇太后怎么办!

王铭闻报,勃然大怒,气急败坏,立即召集一队五十人的护卫部队,拍马来到县城。五十人呈扇形列队,围堵在县衙大门外,齐声高喊:"芝麻官,滚出来!芝麻官,滚出来!"

喊了一阵子,县衙四个朝廷命官,没有一个滚出来。王铭吩咐:"擂打登闻鼓!"

两个卫兵擂了一通鼓后,齐声喝叫"杀",随着喊杀声,两杆枪尖戳透了蒙鼓的牛皮。

王铭带着十二个护兵,气势汹汹地闯进大堂。

第五十二章
骄横太监跪了凡

"御马监太监王公公到!"随着一声报号,八个亲兵闯入大堂,疾步穿插到两排衙役身后,手按悬挂在腰间的刀柄,挺身伫立。

王铭趾高气扬地跨过门槛,迈入大堂。

八个衙役,胆子吓丢了,一个个两腿发抖,牙齿打战。最外边的一个衙役站立不稳,身子后仰,蹭到亲兵身上。亲兵是练武出身,突然受到侵犯,出于本能,胸部向前一挺。再次受惊的衙役,手一松,两腿一趔趄,身子向前扑去。衙役手中的水火棍脱手而出,"咣啷"一声,砸到地砖上,翻滚到王铭脚下。王铭两眼正在向前、向上搜寻、打量。他胸中一团怒气、一腔躁火,脚下不稳,被水火棍一绊,一个前扑,向前栽去。亲兵胸部轻轻地一挺,对衙役来说就是重重的一击。衙役栽向地板,摔了一个狗吃屎,一下崩断两颗门牙。王铭正好扑在衙役身上,把衙役当了肉垫。

王铭又气、又怒、又羞,扯着嗓子喝叫:"给我打死这狗东西!"

"且慢!"了凡看向离衙役最近的亲兵,沉静而果断地阻止,"且慢!正是本县衙役保护了王公公!"

了凡快步走向王铭,俯身下跪,说道:"宝坻知县袁黄拜见御马监王公公。"

小太监[1]扶起王铭。王铭脸憋得通红,咆哮道:"袁黄,你……你……一个芝麻官,好大的狗胆!你知罪吗?"

了凡起身,也不答话,快步回到公案后,稳稳坐下。

---

[1] 小太监:太监是一个尊贵的称谓。低级阉人被称为内使、火者。史上没有"小太监"称谓,这里从俗。

王铭近前几步，逼近公案，手指了凡，咆哮道："好你个狗官，竟敢藐视咱家！谁给你的狗胆？咱家为皇太后老千岁办事，你这分明是藐视皇太后她老人家！"

了凡刚才坐下后，凝定心神，施加意念，用自己清净的气场罩住整个大堂。现在他平和地看着王铭，施加意念，把王铭整个身心融摄进自己清凉的气场。

太监侍候皇帝和皇太后。伴君如伴虎，在皇帝面前，不小心放个臭屁，熏到皇帝，或者没憋住放个响屁，打扰皇帝，随时都会丢命。王铭几十年来，做人小心，做事专注，心思比较纯净。刚才头热脑涨的王铭突然觉得浑身清凉，怒火消停了，燥火熄灭了。他突然安静下来[1]。刚才进入大堂，外面亮，里面暗，王铭本想用自己的气势震慑了凡，并没看清了凡长什么模样。了凡给他磕头时，他正摔倒在地上，没顾得上看了凡一眼。突然安静下来的王铭定睛一看，只见一尊庄严的普贤菩萨[2]安居在公堂上。

皇太后当裕王[3]妃时，王铭就侍候她。皇太后宫女出身，经过奋斗，一步步高升。王铭把皇太后作为人生榜样，从一个穷小子一步步走上权力舞台。皇太后是虔诚的佛教徒，王铭有样学样，也是一个虔诚的佛教徒。现在见了普贤菩萨，王铭习惯性地两腿一软，顺势跪了下来。

了凡说："值堂司吏，快给王公公看座！王公公，快快请起！"

了凡修炼多年，身心清净，声音平和、清脆、纯净。他说话是整个生命在发声，这声音具有锐利的穿透力，具有强大的感染力，直透王铭生命的最深处。在王铭听来，这声音是母亲从遥远遥远的天边，从遥远遥远的天堂，发出的深情呼唤。王铭不觉流出泪来。他仿佛回到了婴儿时期，重新感受到了母爱的温馨和安详。

小太监搀起王铭。王铭头脑清凉，心中却一片空白，一下子不明白自己身在何处，误以为自己在皇太后的佛堂。

了凡起身，把用黄绸布包裹着的知县大印捧在胸前，朗声说道："王

---

[1] 他突然安静下来：经典依据是《道德经》"静为躁君"和《中庸》"大德敦化"。
[2] 普贤菩萨：佛教四大菩萨之一。
[3] 裕王：隆庆皇帝登基前的封号。

公公深明大义，虽然官居四品，贵为御马监监督太监，来到七品知县的法堂，却尊重王法，见到朝廷颁赐的宝印，能够下跪行礼，实在令本县敬佩！"

了凡的话把王铭拉回到现实中。他顺从地被小太监搀扶到椅子上坐下。

"敢问，王公公光临本县法堂，有何指教？"了凡声音平和，不亢不卑。

王铭回忆起兴师问罪的本意："袁黄，袁知县，你官不大，胆子不小，竟敢诱骗皇庄佃户。现在正是秋粮下种时节，皇庄佃户全被你这狗官拐骗走了。一旦误了农时，耽误皇太后一季收成，你罪过大了！你这是藐视皇太后！你鼓动小民到处开荒，竟然开到御马监地界内。这是侵犯御马监军事重地。耽误了御马饲养，你就是死罪！好你个袁黄，你知罪吗？"王铭的气焰不再嚣张，但是权势带来的霸气还在。

了凡说："王公公，朝廷免除宝坻去年的赋税和以前的逃欠，皇庄和各勋戚田庄竟然还在追缴，下官相信，皇太后一定不知道，也相信王公公您一定不知情。皇庄关押、殴打缴不上地租的佃户，下官相信，王公公您一定不知情。孔圣人和佛菩萨都说，富贵是道德感召来的。王公公地位尊贵，一定是大德之人。大德之人，一定知道积德行善。不积德行善，富贵就不会长久。前司礼监太监冯公公[1]深受皇太后信任，人前尊贵，却因为贪财，被御史三番五次地弹劾，最后被流放，被抄家，实在可惜！王公公，天下人都知道，皇太后一定不贪财。现在，皇庄违背朝廷法令，征缴去年的赋税和以前的逃欠，不明真相的百姓可能误会，误会是您王公公在贪财。老百姓误会不要紧，万一被多嘴多舌的御史误会了，恐怕对您……"

冯宝深受皇太后宠信，却架不住十几个御史连篇累牍地弹劾，架不住太监张鲸和张诚[2]的嫉妒和谗言。王铭心中动摇，眼神散乱。

了凡说："王公公对皇太后大忠大孝，下官敬佩！想让皇庄增加收入，

---

[1] 冯公公：冯宝，曾任御马监太监和司礼监太监，万历初年，担任皇太后与张居正之间的联络人。

[2] 张鲸和张诚：张鲸曾任东厂厂公，骄横跋扈，屡遭弹劾；张诚任司礼监太监兼内官监太监，并兼东厂厂公。两人先后被流放。

有现成的办法，就看王公公愿不愿意采纳。还有，看面相，王公公您善根深厚。下官早年接受世外高人亲传，能够判断人生福祸吉凶，十分灵验，不知道王公公是否想知道一些天机？"

王铭看向了凡，轻轻点下头，然后果断命令道："各勇士，退出大堂！"

了凡笑眯眯地看向王铭说："王公公，可否移步后堂，到书房品茗？"

王铭说："也好！"

来到书房，了凡请王铭上坐。王铭观察书房陈设，首先看到供桌上的一尊普贤菩萨白瓷塑像，菩萨像前供着一碗清水。王铭说："佛菩萨面前不敢无礼！"王铭说着起身，来到供桌前。了凡跟着起身，顺手摆好蒲团。王铭跪下磕了三个头。

王铭回到座位，端正坐好，不再像刚才那样坐得随意。他收摄身心，立即感受到身心清凉，尤其是百会穴处清凉麻酥，如醍醐灌顶。这种清凉从百会穴直灌心底，直透脚心。王铭不由得一激灵，随着这一激灵，喜悦从心底扩散到全身。王铭通身充满喜悦，他的眼窝噙满泪水。泪眼模糊中，普贤菩萨仿佛就坐在对面。王铭从袖口掏出手帕，拭去泪水，定睛再看，对面坐着了凡。

王铭说："袁知县是有德之人！你这书房被菩萨加持[1]，成了一个清凉世界。听前辈太监说过，西方极乐世界就是清凉世界。"

了凡说："王公公孝敬皇太后和皇上，积德行善，善有善报，被皇太后和皇上信任，手握权柄，人前尊贵。"

王铭说："袁知县，我们做臣子的，手握权柄，也不过是替皇太后和皇上看管权柄。这个分寸，咱家还是分明的。"

了凡说："王公公深明大义！为了替皇上分忧，下官……"了凡介绍了开荒增收、引进水稻、多种经营、发展生产的优惠政策，并展望了前景。他说："皇庄和御马监撂荒地很多，荒着很可惜呀！"

王铭说："袁知县，御马监和皇庄荒地多，如果能随着县里，一样开荒种田，收取地租，那就太好了。只是，从哪里招揽这么多人手呢？"

---

[1] 菩萨加持：王铭迷信一尊菩萨塑像，他不知道，这是了凡生命能量的强大感染力营造了身边环境。

了凡说:"王公公,人手问题,下官负责解决。现在逃亡的人回来了,邻近州县的人也吸引来了。"

王铭说:"小民开荒上瘾,不少人把荒开到御马监和皇庄地界内。袁知县,你看?"

了凡说:"县里负责重新丈量,划清地界,立定界碑,写定文书。"

王铭说:"驹子马房地邻葫芦窝,交给县里做水稻试验田如何?"

了凡说:"那太好了!"

王铭说:"这事就一言为定。那个……那个……还请袁知县透漏一些天机,如何?"

了凡报出王铭过去的事情,取得信任,然后教他如何做功过格,如何持诵《准提咒》,如何保平安、保富贵,如何开启生命智慧,如何解脱生死烦恼。

王铭听得入迷,当晚留住县城,第三天递上拜师帖,磕了拜师头。王铭说:"了凡先生,王铭有幸拜在门下,老师给弟子指明了人生道路。在此,弟子保证,以后御马监和皇庄的赋税地租,一律由县衙代为征收,御马监太监到县,不准私自拘押佃户,不准干涉民政。"

临走,王铭给了凡磕了三个头。最终,王铭得到善终,没有像张鲸和张诚那样落得个被流放的下场。

第五十三章

送走学僧迎宝僧

万历十七年秋,幻余和尚从五台山来宝坻,晚上在广济寺挂单[1],白天到了凡书房。

了凡问:"幻余法师,刻印《大藏经》进展到哪一步了?"

幻余说:"了凡居士,万历十五年,咱们在北京商定,僧界由达观法师主持,居士界由您出面召集。三年来,达观法师一直在五台山苦心操办。这些年承蒙僧俗两界高僧大德鼎力支持,佛经、戒律和论著一直在收集、编辑和校对,银子一直在化缘、募集和花费,梨木板准备了五万块,书写手和刻字工雇请有十几个,可谓万事俱备,只欠了凡居士一篇《刻藏缘起[2]》。达观法师安排贫僧,来宝坻求取大作。"

了凡说:"幻余法师,达观法师和您为了刻经大业,多年来多方奔走,四处求告,费心费力,殚精竭虑,袁黄这几年政务缠身,没能插上手,没能操上心,实在是惭愧!劳驾您在宝坻稍微耽搁三五天,等着我写好《刻藏缘起》。刻印《大藏经》,是千秋事业,不敢等闲视之。我要沐浴斋戒,静坐三天,才敢动笔。"

幻余说:"了凡居士有这份诚心,真是无坚不摧,无魔不破。正是因为居士有这份精诚,才能旱田求雨,感动苍龙;才能洪水滔天,野草救命;才能洪水过后,地生野谷;才能监狱倒塌,囚犯不愿逃走;才能感化太监,磕头拜师。达观法师和贫僧,东奔西走,忙来忙去,无非为了帮助世间苦难众生;居士政务缠身,同样是为了救助苦难百姓。寺院里、街市

---

[1] 挂单:四处游学参访的僧人沿途投宿寺院的行为。
[2] 缘起:事物的由来。佛教术语。

上，到处传颂居士求告朝廷、减免赋税、拯救成千上万性命的事迹，传颂居士不畏权势、据理力争、解救被太监关押的苦难百姓的事迹。了凡居士做官，真是大菩萨救世！与您相比，贫僧做得实在太少，真正惭愧的应该是贫僧。"

了凡说："百姓日子太苦，稍微对他们好点儿，他们就谢天谢地、感恩戴德。我觉得自己做得还远远不够，刻印《大藏经》，我做得不够；治理宝坻，让老百姓能够吃饱穿暖，我做得更是远远不够。夜里静坐，一想到这些，我心中就很恐慌，很自责。春天求雨，我许愿做一万件善事，回报上天。一个人的力量有限，天启他娘也跟着做善事，一家人的力量还是有限。这一万件善事，还不知道什么时候能完成！"

幻余说："了凡居士，佛氏门中常说，万法归一[1]，万即一，一即万。居士求告朝廷，为宝坻免除一年赋税，救活上万人，这就是一万件善事，这就是一万件功德。"

了凡说："话是这样说，理是这个理，可总还是觉得自己做得远远不够。"

幻余说："常存惭愧心，这是大居士修学的态度。了凡居士，贫僧打算在宝坻多停留些日子，用来参访广济寺和大觉寺的藏经阁，看看能不能有新的发现。"

一直到冬天，幻余才向了凡辞行。两人在书房话别。

幻余说："在宝坻几个月，我抄录了三个版本的《华严经》，晋代的六十卷本、唐代的八十卷本和四十卷本，与五台山收藏的，在文字上有细微差别。"

了凡说："多亏幻余法师有学问，才能发现各个版本之间的细微差别。这里离五台山太远，编校上我伸不上手。这七十两银子，拜托法师捎到五台山，刻经用也好，斋僧[2]也行。"

幻余说："多谢了凡大施主！"

---

[1] 万法归一：佛教术语，表述个体与整体的关系，比如十四亿人口是一个国家，八十亿人口是一个地球村，天地万物是一个世界，所有世界都一道生成与毁灭。
[2] 斋僧：供养僧人吃饭。

了凡说:"我不能贪人之功,掩人之善。其中,有二十两银子是御马监王公公的拜师费。王公公对宝坻有大恩。天津近海出产银鱼,被内膳监选为贡品。皇庄驻有内膳监采办银鱼办事太监,林亭口设有转运站。银鱼太小、太鲜,不能长途运输,途中腐烂多,损耗大,加上经办人员贪污侵占,过去每年仅银鱼一项,宝坻每个里就要摊派三十两银子。过去有蓟州、三河、玉田、丰润等州县帮衬,每年每州县各帮衬三四百两。现在他们都不再出钱,县里也无权索要。这些银子都摊派到宝坻,全县每年要负担五千多两,每个里分摊近二百两。老百姓说,过去是人吃银鱼,现在变成了银鱼吃人。我托付王公公协调,建议采办的银鱼从天津海口直接运往北京,不必绕道皇庄、林亭口和宝坻县城,这样可以少走二百六十里地,既能保鲜,又减少损耗。王公公把这事办成了。这项供养功德属于御马监太监王铭。有十五两是县丞、主簿、典史三人的供养,有五两是县学几个秀才的拜师费,还有十两是县里几位乡绅供养的,这里有名单。最后十五两是袁黄的供养。"

幻余说:"善心积少成多,善人众志成城,《大藏经》一定能刻成。贫僧告辞。"

了凡、红莲、天启一起把幻余送到县衙大门外。这时,迎面来了一辆马车,车后跟着一位骑马的官员。马上的人远远看见了凡,立即下马,招呼道:"了凡年兄!了凡年兄!"

叶重第一家来了。了凡对幻余说:"故乡来故人了,幻余法师,一起见见吧。"两人迎上前去。

"重第,我正要送幻余法师。让你嫂子接你和家眷先回家,咱们一会儿再叙。"

叶重第看着幻余,眼睛一亮,说:"幻余法师,您稍等,我正好有事请教。"叶重第朝马车上喊道:"宝生[1]他娘,把宝儿抱下来,让幻余法师看看。"

冯氏下车,抱出一个两三个月大的婴儿。

---

[1] 宝生:叶绍袁(1589—1648),天启五年(1625)进士,文学家。其妻女都是才女。为报恩,改名绍袁,把女儿嫁给了凡孙子。明末战乱,逃亡奔波;明亡后,出家为僧。有《甲行日注》传世。

叶重第说:"幻余法师,这孩子是不是不愿意来我们家,出生三个多月,也不哭,也不笑,也不闹,一直沉着个脸。我找瞎子算了一卦,说是个出家的命。"

冯氏说:"老法师,求您给想想办法。俺这身子骨生养不利,前几个孩子都没留住。俺总不能让叶家断了香火呀!佛祖法力无边,您一定有办法!"

幻余定睛一看,与婴儿对上了眼。婴儿一咧嘴,笑了。

冯氏高兴坏了,激动地说:"俺就说嘛,老法师一定有办法。阿弥陀佛!阿弥陀佛!"

叶重第吓了一跳,脸上露出惊异的神色,紧张地说:"幻余法师,我尊重出家僧人,但是,叶家要后继有人,这孩子要娶妻生子,要为叶家延续香火。您得给想想办法!"

幻余说:"这孩子有来历,天赋异常。孩子太聪明,必须有深厚的道德,才能承载得住,才能托举得起。不出家,免不了一生漂泊,辛苦异常。你刚才喊他什么?"

叶重第说:"宝生,宝贝的宝,生生不息的生。"

幻余说:"佛家有三宝,佛宝、法宝和僧宝。贫僧理解叶知县你们的心情,有两个建议,供你们选择。宝生,最好改名为宝僧,僧人的僧;出家,也不一定非得进寺院。宝僧可以出了你们叶家,进了……"幻余看着叶重第,微微一笑,又看向了凡,"两位居士,你们老友重逢,不必相送。贫僧告辞!"

了凡和叶重第坚持把幻余送到城外。

四年不见,了凡与叶重第两人在书房彻夜长谈。

叶重第说:"万历十四年,吏部任命我去浙江山阴做知县,还没来得及赴任,家母去世,在家守孝三年。这几年,太湖周边日子不好过,万历十五年夏天发大水,秋天刮大风;万历十六年大饥荒,饿死的人成千上万;今年太湖水干,闹瘟疫,庄稼绝收,土匪刘汝国煽动饥民四处作乱。你们嘉善在家养病的丁御史[1]向我们吴江和青浦捐献大米两万石,救人无

---

[1] 丁御史:丁宾万历九年在都察院山东御史任上回家为父守孝,在家养病十一年。

数，功德无量。"

了凡说："丁家是积善人家。"

叶重第说："了凡年兄，袁家也是积善人家。重第有一事相求，您看？"

了凡说："重第，咱们什么关系！有话你就直说。"

叶重第说："了凡年兄，您比我年长二十七岁，以前我称呼您学长，后来称呼您年兄。您说咱们是亦师亦友，这是您谦虚。小弟在心里一直把您当师长。俗话说，长兄如父。"

叶重第说着，起身跪了下来。

了凡说："重第，你这是干什么？快起来！"

叶重第说："您等我把话说完。您答应了，我再起来。"

了凡说："你快说吧！"

叶重第说："我自觉福德浅薄[1]，不好养活宝儿。我想把宝儿托付给您，过继给您。您把宝儿养大，叶家给他娶妻生子。以后算作咱们叶袁两家的儿子。"

了凡说："天启九岁，有个弟弟做伴也好。只是宝儿这么小，你嫂子没有奶水。养孩子还要靠你嫂子，我要和你嫂子说一声。重第，我先答应你，起来吧。"

叶重第磕了两个头，起身说："嫂子吃斋念佛，一定会答应的。"

叶重第住了三天，向了凡请教治理县政的经验后，前往宝坻东邻的玉田县去当知县。冯氏舍不得吃奶的娇儿，在宝坻住了半个月，又挂念丈夫的穿衣吃饭，狠狠心，擦擦泪，去玉田和叶重第团圆。

在了凡家，笑嘻嘻的宝僧在一天天长大。

---

[1] 福德浅薄：儿子十一岁时，叶重第去世。了凡养大宝僧，辅导他读书，为他娶了媳妇。

第五十四章
写书劝民种庄稼

万历十八年秋，葫芦窝水稻试验田喜获丰收。三月插秧，八月收获，从头到尾，了凡一直参与其中，紧盯每个环节，了解每个细节，熟悉每项关键技术。宝坻与嘉善，南北相距两千多里，气候不一样，水土有差异。从嘉善聘请的水稻种植技术员甄有福和胡先进，两个老农民遇到新问题，不敢拿主意，总是请求了凡做决定。了凡查阅古代文献，走访当地老人，观察水稻长势，认真思考，详细记录，不到一年时间，记录了一大本。水稻丰收，他有了信心，稍加整理，写成一本书，命名为《劝农书》。

他要劝农民种水稻。

三十个里长各带一名种田能手，集中到葫芦窝村的稻田边，参加水稻种植技术学习班。会议日程安排：

第一天，葫芦窝村现场会
　一、鱼米之乡宝坻：品尝宝坻大米、宝坻红烧带鱼、宝坻银鱼汤
　二、种植水稻有奔头：葫芦窝村民兰有青分享水稻丰收喜悦
　三、水稻种植讲道理：知县主讲《劝农书》
　四、水稻高产有技术：专家甄有福主讲

第二天，参观城东洼地改造
　五、观摩水利沟渠建设，参观水稻种植成果
　六、会议代表分享感想

了凡开讲："刚才诸位代表品尝了咱们宝坻自己生产的大米，香喷喷的，比高粱香，比大麦香；白生生的，比玉还白，像雪一样。一位里长对

我说，他含在嘴里，嚼来嚼去，细细地嚼，慢慢地咽，舍不得一口咽下去。他说，今天吃了这顿白米饭，下顿还不知道猴年马月才能再吃上。说这话的是宁海里陈里长。"了凡看向陈里长，"陈里长，今天咱们开这个会，就是给你吃定心丸的。本县是江南嘉善人，那里是鱼米之乡，那里的人几乎天天吃白米饭。只要大家愿意干，本县是下了决心的，咱们宝坻土地多，又不缺水，为什么不能像江南一样，天天吃白米饭，顿顿吃白米饭？陈里长，你愿不愿意种水稻？"

陈里长说："回禀大老爷，俺一百个愿意！一万个愿意！谁不愿意谁是龟孙！"大家哄堂大笑。

了凡说："刚才葫芦窝村兰有青介绍，他家种了二十亩水稻，亩产一石八斗。这个产量高不高？陈里长，你们里小麦平均亩产是多少？"

陈里长说："回禀大老爷，俺们里小麦平均亩产八斗，只有他们老吕家，是种田能手，亩产高到一石。"陈里长指着坐在身边的吕积肥。

了凡问："这位姓吕的种田能手，你说说你们家小麦高产的秘诀。"

吕积肥一直在回味米饭的清香，陶醉在米饭的清香里，猛然听到陈里长说起他们老吕家，有些莫名其妙，又突然被知县大老爷问起来，有些惊慌失措。陈里长用指头戳吕积肥，催他回答。吕积肥紧张得满脸通红、一头大汗，张嘴说不出话。

陈里长说："大老爷，他叫吕积肥。我替他说吧。他们老吕家，全家爷儿们不管老少，每天天不亮，就挑着篮子到村里转悠。干啥呢？拾粪。老吕家把粪看得主贵着呢。这个吕积肥，有一次去邻村看他老丈人，正吃着饭呢，想屙屎。大家猜猜，怎么着？这个吕积肥，顾不上吃饭，放下饭碗就往家跑，一心要把这泡屎屙到他自家田里。结果，丢人了！半路上屙到裤裆里。哈哈哈！"

吕积肥羞得两手捂脸，把头埋在两腿间，委屈得"呜呜"地哭了起来。

了凡说："庄稼人看重粪肥，这才是农民本色！吕积肥，你不要哭，不要害羞，本县会后要问问你，还要奖励你。"

陈里长用指头戳戳吕积肥，说："你哭啥？大老爷夸你呢！你听听！"吕积肥肩膀不再耸动，支棱着耳朵听。

了凡说:"吕积肥,本县和你一样哩。本县也喜欢粪肥。本县这本《劝农书》共分八章,第一章《天时》,第二章《地利》,第三章《田制》,第四章《播种》,第五章《耕治》,第六章《灌溉》,第七章《粪壤》。粪壤什么意思?就是你吕积肥做的事,用粪肥给土壤增加营养。土壤有营养了,才能让庄稼稳产和高产。怎么积肥,怎么施肥,这里面有大道理。可不能像有的人那样,见识短浅。刚才吃饭时,我偶尔听到有人说,这次来开会,算是免费旅游,吃了白米饭,喝了银鱼汤,看了大老爷长什么样,心满意足了。他说什么,庄稼活儿,不用学,别人咋做我咋做。大家想想,同样种小麦,为什么吕积肥家亩产一石,为啥有的人家连麦种都收不回来?怎么积肥,怎么施肥,咱们老祖宗积累了丰富的经验。粪不仅仅指人和动物拉的屎,还有苗粪、草粪、火粪、毛粪、灰粪、泥粪。怎么施肥?粪不在多,在于如何用。动物粪如何用?需要煮熟,煮熟的粪耐旱。如何煮?马粪要与马骨头一起煮,羊粪要与羊骨头一起煮。煮人粪没有骨头怎么办?用头发。播种前,选取田间的土晒干备用。把鹅肥草、黄蒿、苍耳三种草烧成灰,掺上晒干的土,拌上煮好的粪,晒干。洒上煮过的粪水,再晒干。播种时,下面用晒好的粪铺底,上面用晒好的粪覆盖。这样积肥、施肥,一亩庄稼能收获三十石。如果只用熟粪,不用草灰,能收获二十多石。如果不煮粪,不用草灰,庄稼收成只能和平常一样。本县曾在小地块上试验过。"

听到亩产二十多石、三十石[1],有听众惊得半天合不拢嘴。

了凡朝向一个人问道:"那位说过'庄稼活儿不用学,别人咋做我咋做'的,你现在说说,庄稼活儿需不需要学习?"

那人羞愧中有惊慌,张口结舌地说:"学……学……学!"

了凡说:"兰有青说,他家稻谷还没拉回家,就被皇庄来人买下了。价格呢,一斤大米顶一斤半小麦。水稻比小麦产量高,价格又比小麦贵,大家愿不愿种水稻?"

---

[1] 亩产二十多石、三十石:出自《袁了凡文集·劝农书》第156页,书中用大写"三十""二十余",显然不是误写。第184页,春谷因使用草肥而"亩收十石"。了凡在书中说,煮粪施肥方法由世外高人传授,他"亲曾试验"。

不少听众喊道:"愿意!愿意!"

了凡说:"宝坻荒地多,闲地多。过去不知道种水稻,现在知道了,就赶紧种。"

儒林里杨里长喊道:"大老爷,俺们也想种水稻。俺那里都是盐碱地,有法种吗?"

了凡说:"盐碱地可以改造。《劝农书》第二章《地利》中,介绍了方法。明天大家去城东洼地参观。谭典史在那里改造了一年,今年种的水稗长势很好。盐碱地,要挖沟排水,排出碱水,引进淡水,种上水稗,养养土壤。明年,最迟后年,城东洼地就可以种水稻。"

新安里刘里长问:"大老爷,俺们那里不缺水,有的地块离水远,能种水稻吗?"

了凡说:"《劝农书》第六章《灌溉》,介绍了引水、浇水的多种水车和各种方法,各种水车都画有图。河里水浅,可以用木栅栏拦水,抬高水位。你们看,这里画有木栅栏拦水图。可以在河里修建水闸。这里有水闸图。可以在田间修筑陂塘。什么叫陂塘?就是水塘比一般地面高。这里有图。没有陂塘,一般的水塘也可以。从水塘里引水,可以用翻车。你们看,这是两个人在用脚踩踏翻车,从水塘往田里浇水。这也是翻车,不用人踩踏,而是借用水流的力量,自动从水塘里取水浇田。这样的水车也可以浇水,是用牛拉的。这样的水车,叫筒车,也是靠水流的力量自动浇水。这张图是把竹筒挖通,连接起来,往远处浇水。这张图画的是高车,可以把低处的水送到高处浇水。只要愿意干,愿意动脑子,总会有办法。"

有人忍不住摩拳擦掌。

了凡说:"要吃饱穿暖,要生活富裕,不只有种水稻一件事。要多开荒,要多种田。不要让地荒着、闲着,该种果树的种果树,该种莲藕的种莲藕,适合种啥就种啥。这里面的意义远远超出你们的想象。"

听众疑惑地睁大眼睛。

了凡说:"从皇庄往南到海边,南北一百一十里,东西一百二十五里,归属御用监,由司礼监直接管辖。司礼监张公公愿意把这大片地方交给县里,由县里开荒种田,以后由县里包税,交给御用监,连续三年。这么大的地方，往年每年只能收一千九百两的芦苇税。三年后，超出一千九百两的收入，由县里和御用监平分。你们算算，划算不划算？"

几个里长掰着指头算利润。

了凡说："这么多土地，建好水利后，即便拿出一成的土地种庄稼，每年也可以收获一百多万石粮食。我们宝坻做好了，北京周边武清、蓟州、永平、玉田、丰润、遵化等州县这么多荒地，一年能不能收获四百万石？四百万石粮食有什么意义？大运河从江南往北方运输的北京用粮和整个北方军队的军粮，每年满打满算也就四百万石。做好开荒种田，大运河不用运粮，北方军队再也不会缺粮了。在座的各位，咱们开荒种田做试验，意义大不大？"

反应快的里长吃惊地张大嘴巴。有里长问："朝廷会不会封我们个百户做做？"有里长说："百户不一定，总旗[1]有可能。"

了凡说："奖励一定会有，但必须先把活儿干起来，干好！"

应听众要求，了凡补充整理了《劝农书》，于万历十九年刻印出版。

---

[1] 总旗：明代军事编制，每50人一总旗，头目即为总旗。

第五十五章

夫妇孕育有秘方

弟子王肯堂在万历十七年考中进士后,被选为庶吉士,要在翰林院跟着老翰林深造三年。然而,他官场得意,闺房失意。四十一岁的王肯堂膝下空虚。在他这个年龄,有的人儿子已经考中进士,他却连爹都还没当上。王肯堂本身是医生,在金坛老家小有名气,却不能协助自己老婆生个一男半女,原以为老婆是只不下蛋的母鸡,后来纳了一个小妾,几年时间过去,小妾也没下一个蛋。在北京,他求教过太医,拜访过名医,一年过去,老婆和小妾的肚子还是没有丝毫变化。照照镜子,两鬓斑白,王肯堂经常对着老婆叹气。有一次,老婆说:"夫君,您别泄气。您不是说过吗,您了凡老师四十八岁才有儿子,才当上爹。"

王肯堂兴奋地一拍脑门,说:"你这婆娘,做啥都是慢吞吞的,一句有用的话一直憋着,为啥不早说!"

万历十八年秋,王肯堂从北京来宝坻。师徒在书房长谈。

王肯堂说:"老师,肯堂不孝,年过不惑,还让老父亲天天操心,时常写信催问。俗话说,不孝有三,无后为大。弟子这次来看老师,实在是想请老师指点指点!"

王肯堂起身跪下。

了凡说:"肯堂,老师四十八岁立子,你才四十一岁,不用发愁!老师四十八岁立子后,遇到不少人请教秘方。我思考总结,写成一本《祈嗣真诠》。县学韩教谕在组织刻印,已经印出来了,正在装订。你走的时候,捎走几本,送给有需要的人。"

王肯堂说:"弟子还是更想听听老师亲口传授的秘方。"

了凡说:"这是当年云谷禅师传给我的。这个秘方,别说生儿育女,它甚至可以改变命运。落魄的人,照着做可以发达;没有功名的人,照着做可以考来功名。我总结为十条:第一,改过;第二,积善;第三,聚精;第四,养气;第五,存神;第六,和室;第七,知时;第八,成胎;第九,治病,第十,祈祷。最要紧的是前两条。你起来吧!"王肯堂坐了回去。

了凡说:"越是秘方越简单,相信才灵。"王肯堂两眼虔诚。了凡说:"第一条是改过!心狠的男人,难生育;好杀生的男人,难生育;有洁癖的男人,难生育;阴险的男人,难生育。脾气大的女人,难受孕;贪心重的女人,难受孕。这样的女人,受孕了,也会流产;生产了,也会夭折。只有大爱,才能生养万物。改过,要树立三心:一是耻辱心,二是敬畏心,三是勇猛心。改过,分三个层次,最低从事上改,高一点从理上改,最高从心上改。从心上改,这是阳明心学的真传。当下改,当下清净。一念清净,一念圣贤。真改假改,自己一清二楚。改没改,自己做梦会知道。肯堂,你信吗?"

王肯堂说:"弟子信!"

了凡说:"改过,求的是心地清净,这叫功德。求儿女,求的是世间福德。求福德,必须积善。第二条是积善。积善之家必有余庆,余庆是什么意思?就是自己积德行善,求来的福德太多了,自己享用不完,留给儿孙享用。福德多的,能保证十代儿孙享用;福德少的,能保证五代儿孙享用;福德再少的,只够自己一代享用;没有福德的,自己都没得享用。肯堂,你们金坛王家是名门望族,自然是积善之家。可是你想过没有,你们家享受的福德足够多了。你祖父进士,你父亲进士,你堂叔进士,你还是进士。这既是享福,也是消福。你们王家积善多,消耗也大。"

王肯堂说:"老师一句话点醒了弟子。"

了凡说:"说个与你们金坛有关的故事。镇江一位姓靳的私塾先生,在金坛教书。老翁年过五十,没有儿子。老妻买来邻家闺女,给老翁当小妾,当晚收拾好洞房,把老翁锁在洞房里,老翁却从窗户逃了出来。老翁说:'我老了,又有病,不能辱没女孩子。只希望她能嫁个如意郎君。'老翁当晚把女孩送回家。第二年，老妻怀孕，生了儿子。儿子乡试解元，会试第二，殿试第三，后来做了阁老。"

王肯堂说："老师说的是正德年间文渊阁大学士靳文僖[1]。"

了凡说："再讲一个舒芬[2]状元家的故事。舒家老翁在外地当了两年私塾先生，与同乡结伴回家，中途上岸，听到一个妇女痛哭，就问原因。妇女说：'我男人欠债还不上，要把我卖了还债。我孩子还在吃奶，把我卖了，孩子一定会饿死。'老翁问她欠了多少债，妇女说：'十三两。'老翁安慰妇女说：'我们船上正好有十三个教书先生，每人给你凑一两，就够你还债了。'老翁回船上一说，没一个人响应。这老翁就掏出自家两年挣来的薪水，一股脑儿给了妇女。他在船上，饥一顿饱一顿，回到家，本想大吃一顿，结果家里早就断了粮。听老翁说了挨饿的原因，老妻没有抱怨，到山里挖来野菜，老夫妻吃了一顿野菜饭。第二年，老妻老蚌怀珠，生了舒状元。"

王肯堂说："这故事由老师说出来，我信。"

了凡说："肯堂，当官最容易作恶，也最容易积善。我们嘉兴屠康僖[3]公在刑部时，上奏建议废除对老年、少年、残疾人这三类犯人的酷刑，得到皇帝恩准。当晚做梦时，有个声音告诉他：'你本来命中没有儿子，因为这份奏疏积了阴德，上帝奖励你三个儿子，而且将来都能金榜题名。'康僖公三个儿子应埙、应坤、应埈都是进士出身。肯堂，积善，首先要明白什么是善。"

王肯堂说："老师，世上的善恶有时候还真不好分辨。"

了凡说："善有真有假，有端有曲，有阴有阳，有是有非，有偏有正，有半有满，有大有小，有难有易，必须分辨明白。做善事不明白道理，是自以为善，很可能善心办恶事，不仅没福，还可能惹祸。

---

[1] 靳文僖（1464—1520）：靳贵，江苏丹徒人，谥号"文僖"。正德九年（1514）以礼部尚书兼文渊阁大学士。

[2] 舒芬（1484—1527）：江西进贤人，文学家、经济学家。

[3] 屠康僖（1446—1516）：屠勋，浙江平湖人，做过刑部郎中、大理寺少卿、刑部尚书，谥号"康僖"。

"真善假善，怎么分辨？利人，这是真善；利己，这是假善。

"端曲怎么分辨？爱人敬人、奉献社会，这是端；行为像君子，内心是小人，这样的伪君子就是曲。

"阴阳怎么分辨？做善事，被人知道，这是阳；不被人知道，这是阴。阳善积阳德，在世间享有美名。如果是伪君子享有美名，名不副实，一定大祸临头。积有阴德的人，子孙往往突然发达。

"是非怎么分辨？子贡从齐国赎回被抢的鲁国人，官府发奖金，子贡不要奖金。孔子说，子贡做了个坏榜样，以后谁还愿意从齐国赎买被抢的人呢？子路救了一个快被淹死的人，被救的人送子路一头牛，子路收下了。孔子说，这下好了，鲁国人都会向子路学习，见了落水的人，一定会积极搭救。

"偏正怎么分辨？真善为正，伪善为偏。善心做恶事，这是正中偏；恶心做善事，这是偏中正。

"半满怎么分辨？穷人进寺院，布施二十文，这是满善；富翁进寺院，布施二十两，这是半善。

"大小怎么分辨？为天下国家考虑，善虽小，也是大善；一切为自己考虑，善虽大，仍是小善。

"难易怎么分辨？穷人布施难，正是因为难舍的时候能舍，难忍的时候能忍，上帝奖励的福分也就大。

"求儿求女的秘方，前两条是灵魂，后七条属于技术。老师给你简单介绍，更具体的你明天去看书。"

王肯堂说："老师，声音比文字更入心。"

了凡说："如何聚精？一、化解欲望；二、不过分劳累；三、不生气；四、不喝酒；五、饮食清淡。老师传授你一个方法，每天半夜子时，披上衣服坐起来，把两手搓热，一手兜住两个外肾，一手捂住肚脐，注意力关注内肾。天长日久，肾精旺盛。

"如何养气？气，需要炼。书中介绍了多种呼吸方法。

"如何存神？聚精是为了养气，养气是为了存神。记住，没有思虑时，神才灵。道家守窍观窍，那是训练意念专注的方法，不是存神的方法。生育,也是一样,有意播种,难成胎;无意下种,反倒成胎。

"和室,即夫妇和睦。

"知时,即选择受孕时机。妇人经血过后有几天,时机最佳。有一个标志,妇人子宫内有像莲花花蕊的,这时候像莲花绽放,挺出在阴道中。让妇人洗净下体,伸指头一摸,她自己能知道。女人害羞,不好意思说。你预先说给她,到时候一次就成。

"《成胎》这一章,写得很多,老师就说一条:妇人怀孕后,不要再行房事,以免影响胎气。

"第九章《治病》。病,最好是调养,能不吃药尽量不吃药。调养元气,病自己就好了。如果以毒攻毒,会伤到元气。

"第十章《祈祷》。改过积善,这是祈祷的根本。根本做好了,适当注意技术,没有不应验的。古有孔子父母在尼山祈祷,生了孔子;今有倪岳父母在泰山祈祷,生了倪岳[1]。这倒不是尼山和泰山有多灵,这是祈祷的人心诚则灵。我是如何祈祷的呢?我每天念诵《观音灵感真言》和《准提咒》,向天地神灵祈祷。肯堂,这个秘方,你照方吃药,一定会有求必应。"

王肯堂说:"今天听老师一席话,胜过我读十年医书。"

了凡说:"肯堂,明天到县学给学生讲一天学,积善就从讲学开始吧!"

---

[1] 倪岳(1444—1501):南京上元人,天顺八年进士,官至吏部尚书。

第五十六章

县学考中双举人

万历十九年八月初一一早,了凡来到县学。四年来,每逢初一、十五,了凡一定来县学讲学。今年八月初一,不同往年。明天,县学十八个考生要去北京参加乡试。

教谕韩初命、训导郑一贵和刘相卿早早迎候在大门外。三人陪着了凡走在泮桥上。韩初命指着泮池[1]中盛开的两朵荷花说:"了凡先生,您看,这两朵荷花绽放得多么舒展!多么纯洁!多么鲜活!昨天下午还是含苞待放的样子。"

韩初命山东掖县人,举人出身,万历十七年接替广东人吴璋出任教谕。他敬佩了凡的学问人品,磕头做了弟子。

县学十五年来连续五届没考中一个举人。了凡修整了县学的风水,垒起假山,镇定文风;凿池通水,联通文脉;植柳栽荷,涵养灵气。

了凡说:"好花知时节,每逢喜事开。"

十八个学生恭候在明伦堂。韩初命简单做了开场白,邀请了凡开讲。

了凡说:"诸位考生,刚才本县来县学,路过南北街口,遇到大觉寺老和尚。老和尚知道本县每逢初一、十五都要来县学,一大早特意在街口候着。老和尚邀请本县去大觉寺观赏灵芝,见证祥瑞。大觉寺里,盛开了两株灵芝。"

学生都知道,灵芝是祥瑞,是吉兆。大觉寺里的两株灵芝主什么吉兆呢?他们不知道,因此一个个睁大眼睛。

---

[1] 泮池:文庙大成门前的半月形水池。水池上的石桥称泮桥。

了凡说:"今天清晨,本县做了一个梦,梦到公差来报喜,一下送来两份大红喜报。本县心中欢喜,却也纳闷,不清楚是什么喜报。在大觉寺时本县猜想,两份喜报难道与两株灵芝有关?刚才在大成门前,看到泮池内两朵盛开的荷花,本县心里豁然开朗。这两份喜报与县学有关,与你们在座的十八个考生有关。"

坐在前排的王好善、刘邦谟、王溥、刘廷元四人是了凡的弟子,是十八个考生中最优秀的。四个学生八只眼睛同时变得亮晶晶的。

韩初命与了凡心有灵犀,他会心地微微一笑。朝廷对县学的考评标准是,三届乡试考中两个举人,县学教谕工作称职,可以升官;考中一个举人,县学训导称职,训导可以升官,县学教谕工作平常,平级调动;一个举人都考不中,教谕降为训导,训导调到边远地区。郑一贵和刘相卿也瞪大眼睛。

了凡说:"县学就像一座大花园,本县和韩教谕、郑训导、刘训导就像辛勤的园丁。四年来,本县每月两次讲学,风雨无阻,雷打不动。王好善、刘邦谟,你们成立的登龙读书会,本县不仅亲自制定会约,而且你们每旬一次的聚会,本县也尽可能地到会指导。本县在科举考试中,摔了那么多跟头,一定会警醒你们,不要再摔同样的跟头。本县文章语言精练,论证犀利,逻辑清晰,天下闻名。天下闻名,是从殚精竭虑、默默无闻中苦熬出来的;语言精练,是从勤动手、勤动笔中磨炼出来的;论证犀利,是从多读书、多动脑中沉淀下来的;逻辑清晰,是从心地清明、思维敏捷中流露出来的。本县编著科举辅导书,天下能读到书的人多,能见到编书人的少,能听到编书人讲学的更少,能经常听编书人讲学的只有咱们宝坻的读书人。再好的书,也是死的;再笨的写书人,也是活的。活的写书人,用鲜活的生命,讲出鲜活的学问。只有鲜活,才最能感染人,最能教育人;只有真诚,才最能感化人,最能同化人。"

弟子韩初命、王好善、刘邦谟、刘廷元、王溥,与师父同频共振,心思在一处,他们同时感受到了了凡身心营造出的清凉世界。

了凡说:"你们这一届考生真幸运!不仅有文章名家经常讲学,还遇上韩举人和郑举人做你们的教谕和训导。这是多大的福分呀!举人当教授，在府学、州学都很难遇到举人教官。咱们小小的宝坻县学，朝廷开恩，一下子派来两位举人教官。举人，有中举的经验和教训。刘训导贡生出身，道德纯粹，言行谨严，也是一位难得的良师。"

刚才塌腰驼背的刘相卿胸背立即挺了起来。

了凡说："你们二九一十八位，是从县学六十多个廪膳生、增广生、附学生中，优中选优，选拔出来的。韩教谕、郑训导、刘训导了解你们，从品德方面推荐你们；本县慎之又慎，认定你们；提学官考察你们的道德文章，最终选定你们。这么多人为你们层层把关！你们，一定要自信！还要知道感恩！你们多是廪膳生，官府给你们提供学习经费。少部分选自增广生和附学生。为了让增广生和附学生安心学习，几位乡绅捐献了三百亩学田。知道感恩，才不会抱怨。不抱怨，才能心平气和。心平气和，才能出智慧。有智慧做指导，才能顺利通过乡试。多年来，铁杵磨成绣花针，诸位考生对四书五经熟读成诵。像王好善，十六岁入县学，在县学苦学十七年。本县测试过，随便抽出四书五经中的哪一句经典，王好善都能解题清晰，作文明白。你们中，有五六位，都有这个水平。"

几个考生会心地笑了。

了凡说："这些功夫不是一朝一夕学来的，功夫下在平时，是一点一滴积累起来的。知识的积累、技巧的训练，过去讲得多了。几天后就要上考场，今天主要讲考前如何养心和考场如何用心。韩教谕组织刻印了本县编写的《祈嗣真诠》和《诗外别传》，为了帮助诸位考生，本县让韩教谕摘出《祈嗣真诠》中的第三章《聚精》、第四章《养气》、第五章《存神》，装订成一册，命名为《摄生三要》，早已发给你们。你们这些日子照着做了没有？没有做的举手！"

没人举手。

了凡说："只要真照着做，一定会受益。精气神，在人很重要，在文章中同样重要。你修出了精气神，你才能写出精气神。精气神，从哪里来？从立志上来。立志，怎么立？从心上立。立什么样的志，就有什么样的精气神。立什么志呢？嘉靖元年秋，本县的钱师伯要到浙江省城杭州参加乡试，出发前，请师公阳明先生讲几句话。阳明先生告诫钱师伯：'要有圣人大舜的气象，哪怕是天下江山也不放在心上。'当时，钱师伯没听懂。刘邦谟，你替阳明先生给钱师公解释一下。"

刘邦谟说："阳明先生告诫钱师公，考场上保持一颗平常心，不要患得患失。平，指心平，心平则气和；气和，则妙笔生花。常，指亘古不变，亘古不变的只有良知；良知发散，形成文章，必然具足精气神。回答完毕！"

了凡说："刘邦谟说得好。摄生，即养生。养生包含养身和养心，以养心为主。这其中包括，饮食清淡，作息规律。这两个月，安排你们演习乡试时的作息制度，你们照做了没有？"

斋长[1]刘廷元起立说："回禀了凡先生，十八个考生严格遵守乡试作息制度，不敢懈怠！"

了凡说："好！在学校封闭训练两个月，习惯成自然，到了考场，和在学校时一样，马上就能适应。《诗外别传》，你们都读过很多遍吧？谁能说说，诗外别传，传的到底是什么？"

四个弟子一起举手。了凡点名后排的张奇勋。

张奇勋说："古代诗人常说，'功夫在诗外'，意思是诗的意境和神韵不在文字中，而在文字外。读了《诗外别传》，学生终于明白，先生在《诗外别传》中传的是精气神，传的是智慧，传的是心，传的是良知。"

了凡赞许地说："张奇勋，年纪轻轻，能领悟这么深刻，你这一生注定是要建立奇勋[2]的。好好磨炼，不要急。坐下吧。有封信，你们很熟悉。正德二年秋，阳明先生的妹夫徐爱参加乡试，阳明先生写信指导徐爱，进考场十日前如何做准备，进考场两日前如何做准备。进了考场如何做呢？这封信没有说。今天本县告诉你们，在考场如何用心。心，用好了，文章才有神，文字才有灵气。用心，也可以说是用神。神如何用？神无形无相，没有方位住所，怎么用它？写文章离不开思考，但是妙笔生花却从来不是苦思冥想来的，这被称为神来之笔。这里的神，不是传说中的神魔鬼

---

1 斋长：学生宿舍寝室长。
2 奇勋：张奇勋万历二十九年中举。崇祯九年，清兵破城，人多逃窜，张奇勋逼迫妻子投井，自己投奔知县抗敌，被捕就义。清兵为恐吓抗清义士，把他剁为肉酱。

怪，而是心神，是良知。如何致良知，本县讲得多了。在考场上，用良知作文，就是用神作文，就是用心作文。绞尽脑汁，那不是用神；搜索枯肠，那不是用神；呕心沥血，那不是用神。怎么用神？拿到题目，放在心中，不能太用心，不能不用心，若有思虑，若无思虑，若即若离间，若有若无间，必有灵光闪现。这个灵光就是题眼。有了题眼，才好立意。有了立意，才好布局。有了布局，才好谋篇。整个构思过程，看似不用心，恰是最用心。这个心神，你捆绑约束它，它不灵；你放纵放逸它，它丢了魂。要把握得恰如其分，放它像风筝一样自由地飞翔，又要牵着一根线。"

……

中午，了凡在食堂为考生践行。

月底，喜报传来，刘邦谟和王好善双双中举，刘邦谟高居乡试榜第二名。

第五十七章

马知州磕头拜师

万历十九年，了凡刻印《劝农书》《皇都水利考》《静坐要诀》《摄生三要》后，分别向通州、顺天府、永平府、河间府、密云道、蓟州道、驻遵化的巡抚衙门、驻密云的总督衙门、户部、兵部、太仆寺等衙门，以及玉田县衙，各寄送五十册；向座师王锡爵、杨起元，向老师陆光祖、李世达、潘季驯，向朋友黄洪宪、冯梦祯、焦竑[1]、汤显祖[2]，向同年陈于王、袁宗道，向弟子项德祯等各寄赠两册。河间府交河县[3]知县马中良[4]拿到《静坐要诀》后，比葫芦画瓢，天天静坐，一心盼着修心成道。马中良在交河做了六年多知县，劳苦有功，被朝廷提升到云南省曲靖府沾益州做知州。上任前，马中良到宝坻拜访。

马中良说："了凡先生，中良拜读大作《静坐要诀》，受益良多。中良多年来静坐，一直不得要领，上下坐不稳，气脉不通畅，身姿不柔软，心脑不清凉。一册薄薄的《静坐要诀》，用短短的六章文字，把静坐过程从前到后说得一清二楚。先生在《序》中说，宋代学者陈烈[5]记性不好，静坐百日后，能够过目不忘。中良静坐百日后，不敢说过目不忘，但记忆力比年轻时还要好得多，现在身心轻便，气脉通畅，心神清安。请恕中良妄言，有时候我有飘飘欲仙的感觉，有时候我觉得自己是一个新生的中良。

---

1 焦竑（1540—1620）：江苏南京人，万历十七年状元，阳明后学，居士。
2 汤显祖（1550—1616）：江西临川人，万历十一年进士，戏曲家，居士。
3 交河县：今河北泊头市。
4 马中良：号瑞河，建昌（今四川西昌）卫军籍，福建福清人，贡生，万历十三年至万历十九年任河间府交河县知县，后升云南省曲靖府沾益州知州，居士。
5 陈烈（1012—1087）：福建长乐人，著名儒学践行者。

有时候我就想，这个新生命是了凡先生赐予的。这样一想，就觉得您了凡先生一定是中良的师父。了凡先生，中良就要去云南上任，交河离宝坻远不过五百里，离开交河前，中良不来宝坻一趟，总觉得心中不安。不给了凡先生磕个头，是中良不知道感恩；不拜了凡先生为师，中良对以后修行心里不踏实。这是中良的拜师帖！"

了凡迟疑一下，接过拜师帖。

马中良顺势下跪，磕了两个头。

了凡起身扶起马中良，请马中良坐回去，然后说："瑞河先生不耻下跪，实在令袁黄敬佩。试看今日天下，人来人往，真心学道的能有几人！当年王阳明在吏部做主事时，吏部员外郎方文襄[1]官位比阳明先生高，却甘愿磕头拜师，至今传为美谈。过去，阳明先生是方文襄的前辈；今天，瑞河先生做官早于袁黄，官位高于袁黄，却甘愿拜袁黄为师。袁黄接下瑞河先生这份拜师帖，正是为了成全瑞河先生的贤名，好给世人做一个榜样，提醒世人尊师重道。"

马中良说："谢谢了凡先生成全。弟子在读书和修养中，有些疑惑，请先生指教。第一个疑惑，《静坐要诀》写得全面、高深、透彻，但是文字有自身的局限性，文章永远代替不了真相，永远传递不了全部的真实，不可能描述出所有的奥妙。先生，是否有不能写到书上的秘诀，需要师徒之间口耳相传，容不得第三人在场？"

了凡笑着说："孔孟没有不可告人的心事，这才叫至诚如神。上不欺天，中不欺人，不欺骗别人，更不欺骗自己，这叫诚。诚，是天地的道德；恢复心中本有的诚，彻底合乎诚，这是做人的道德。道德，没有静坐不能深入；智慧，没有静坐不能发动。要静坐，必须身心清净。心中起疑，这不是身心清净，这不是至诚。什么叫秘诀？修养方法藏在心中不说，这叫秘诀；说了出来，写了出来，听不懂，看不懂，这叫秘诀。四书五经中，处处是这样的秘诀。一个'诚'字，是儒家的无上秘诀；致良知，是儒家的无上秘诀。一册《静坐要诀》，看懂了，做到了，悟透了，

---

[1] 方文襄（1485—1544）：方献夫，谥号"文襄"，广东佛山人，官至吏部尚书兼内阁大学士。

是静坐要诀；看不懂，做不到，悟不透，就变成了静坐秘诀。任何字眼，都含藏着阴隐阳显两方面，阳显的一面是要诀，阴隐的一面就是秘诀。瑞河先生，袁黄说明白了吗？"

马中良说："谢谢先生！中良第二个疑惑是，静坐修心，必须遵守戒律吗？"

了凡说："做人有做人的规矩，做官有做官的规则，静坐修心当然要遵守静坐修心的戒律。五条戒律：第一不杀生害命，第二不偷不抢，第三不睡别的女人，第四不说假话、空话、大话，第五不酗酒、不醉酒。袁黄每天都这样做，每天晚上都要认真检讨。没有规矩不成方圆，不守戒律难静坐，不严守戒律成道无门。"

马中良说："弟子第三个疑惑是，先生在书中介绍了每层功夫每层境界，每个人静坐中见到的光景都一样吗？"

了凡说："静坐中的光景，或者说禅定[1]中的景象，千差万别。你从交河来宝坻，另外一个人也从交河来宝坻，两人看到的沿途风光并不完全一样。看到什么好光景，不要贪爱；出现什么不好的光景，也不要讨厌。无论光景好与坏，统统不理睬它们。阳明先生说过，光景只会扰乱精神。"

马中良说："弟子第四个疑惑是，《静坐要诀》第五章介绍的白骨观，观想过程很恐怖，一旦观想成功，这种景象留在心中，撵不走，化不掉，反而成了心病，这可怎么办？"

了凡说："一把钥匙开一把锁，一个方法对治一种心病。淫欲心重，就修白骨观。愚痴心重，就数息[2]。修白骨观，如果害怕，就换成数息。数息，如果自觉淫欲心重，就继续修白骨观。修白骨观，心生恐惧，不见得是坏事。越恐惧白骨观，淫欲心越淡。这正是怕处有鬼！既然心中有鬼，就要生勇猛心！勇猛心生起后，自然不再惧怕一架白色骷髅。不怕它，不理它，它自然就消失了。"

马中良说："弟子第五个疑惑是，静坐养心，一个'静'字，意味着远离人世，要么藏在密室，要么躲进深山；一个'佛'字，由一个'人'

---

[1] 禅定：佛学术语，超越现象世界的一种心境。
[2] 数息：静坐中观察呼吸的修行方法，只关注入息或出息，从一到十，周而复始。

字加一个'弗'字，意味着否定人性，才能成就佛性；一个'仙'字，由一个'人'字加一个'山'字，意味着躲进深山才能成为神仙。一个人究竟怎么成道成圣，中良很疑惑。"

了凡说："静坐，坐的是心，目的是静心，心静世界静。王阳明当年平定叛乱，指挥千军万马，环境乱不乱？身手忙不忙？王阳明却一边指挥打仗，一边安静地讲学。环境再乱，修学人的心要静。养心可以在安静的地方，调心必须在热闹的地方，越热闹越能检验修心功夫。王阳明说，要在事上磨炼心性。不在事上磨炼和检验，怎么知道修心的效果！怎么检验养心的成色！成佛，不是否定人性，而是否定兽性。人性，包含良知德性和动物兽性，否定动物兽性，剩下良知德性，就等于成就了良知德性，在佛家等于成佛，在儒家等于成圣，在道家就是成仙。成佛、成圣、成仙，与躲进深山没有关系。成佛、成圣、成仙，都要在做人做事中成就。"

马中良说："谢谢先生开示[1]。请先生因材施教，指示中良最适合的修心方法。"

了凡笑着说："说话听音，见人知心。调息法门[2]最适合瑞河先生。"

马中良神秘兮兮地笑着说："这里没有第三人，请先生亲授秘诀！"马中良起身下跪。

了凡正色说道："马中良，既然拜师，就要互相信任。袁黄做人做事，心中不存秘密，也没有秘密不能对人言说。静坐的重要口诀，都写在书中。如果真心寻求秘密，就向自己心中寻求。每个人的内心都是一座秘密宝藏。向别人寻秘、问秘、求秘，别人说出来的已经不是秘密。秘密就在你自己心中，瑞河马中良先生！"了凡说到"你"字时，特意加重语音和语气。

最后这句话，直刺马中良内心深处。他一激灵，心中生起无法言说的喜悦，眼窝涌满泪水。

马中良情不自禁地连磕三个头。

辞别时，马中良说："拜读《静坐要诀》，中良在修学上有了拐杖；拜

---

1 开示：揭开秘密，展示给人；在佛门指高僧大德讲学。
2 法门：方法门径，佛家术语。

见了凡先生,中良在修学上有了主心骨。匆匆拜见,一别长远,弟子此去云南,一任三年、六年,再见先生,不知何年何月,想起来让人无限惆怅。"

了凡安慰说:"当年聂双江见王阳明,没有及时拜师。后来想拜师,可惜王阳明已经辞世。聂双江只好对着王阳明的牌位,磕头拜师。聂双江拜师后,自律自觉,刻苦修学,学问越来越精,心性越来越明,最后成了王门重要弟子。反观王阳明生前,一些当面拜师的弟子,中途或者最后,竟然背叛师门,背叛良知。聂双江的贤名传颂至今。"

马中良说:"请先生放心,中良明白了。自信自心是宝藏,《静坐要诀》就是开启宝藏的金钥匙。"

第五十八章
考察边境谋军事

万历十九年正月，通政使[1]穆来辅[2]被朝廷任命为检阅使，检阅蓟州镇[3]边境防务。出巡前，穆来辅要求顺天巡抚衙门、昌平道、密云道、蓟州道、永平道、顺天府、永平府以及两府下辖各州县，写出详细书面报告。顺天巡抚王致祥[4]和密云道副使王见宾[5]各自要求了凡提交一篇高质量的报告。

了凡开始考察蓟州镇各防区，第一站来到宝坻境内的梁城千户所。

掌印官张忠说："了凡先生为全所官兵做了不少好事，不仅重新丈量了所里的屯田，帮助降低了赋税，还帮助申请、免除了全所军官的额外负担，免除了全所军余[6]的劳役。水道沽百户所郑节百户听说您来考察，专门来看您。"

郑节说："了凡先生是水道沽百户所官兵的大恩人。过去，百户所每兵每月六斗口粮，要到密云领取。水道沽离宝坻县城二百八十里，县城离密云二百四十里，一来一回一千多里，口粮还没运费贵。全靠了凡先生帮忙，水道沽百户所全所官兵，每人多了三十八亩土地，日子好过多了。"

了凡说："这本来就是你们应得的。"

张忠说："一百多份屯田是从梁城所屯田总额中清查出来的，分给水

---

1 通政使：通政司衙门长官。
2 穆来辅（生卒不详）：宁夏银川人，万历八年进士。
3 蓟州镇：明朝北部边境九大军事防区之一，西起居庸关，东到山海关。
4 王致祥（1544—1593）：山西忻州人，隆庆五年进士。
5 王见宾（1536—1607）：山东济南人，万历二年进士。
6 军余：世袭军人家庭子弟，随时准备接替战死或病死的父兄当兵。

道沽百户所，是对他们口粮的补偿和额外奖励。了凡先生申报，巡按和巡抚批准，把水道沽百户所应该在密云申领的口粮，就地转化为梁城所的赋税和贡银[1]，这一善举功德无量。了凡先生，您是名人，说话有人听。张某还要拜托先生，为梁城所呼吁和申请。嘉靖二十九年，全所官兵被抽调到石塘岭驻守；隆庆年间，五百多军余被抽调到边境最前线。现在，张某名为千户，实际上是个光杆千户，手下没兵，万一海上有警，怎么办？通州太仓储粮几百万石，梁城所是海防第一线。这件事，只有蹇总督[2]、王巡抚和王兵宪有权解决。张某说不上话，只好拜托了凡先生！"

了凡考察了石塘岭、古北口、界岭口等要塞，巡察了密云前卫、镇朔卫、抚宁卫等卫所，走访了平谷、密云、蓟州等州县，最后带着上万字的《边关十议》，到达顺天巡抚衙门驻地遵化，向王致祥汇报。

了凡说："王抚台，卑职遵从宪命，一路考察，一路访问，针对发现的问题，拟定了十项针对性措施。第一，边防，首先要兵员充足，前提是军饷充足。蓟州镇主兵、客兵[3]总共十二万人，一年军费高达一百五十万两[4]。朝廷一年总收入才三百万两，这样下去，难以为继。承蒙抚台器重，卑职得以登场检阅部队，在检阅中发现的问题触目惊心。出操军人与名册上的年龄、相貌多不相符。卑职私下查访，名册上人员充足，领军饷的军人多，实际上缺额很大。很多细节，卑职一一写在第一项"革养军之虚费"中。卑职提出了精兵减费办法，照此实行，不仅兵员充足，而且每年可以节省九十万两军费。"

王致祥惊讶道："能节省这么多！"

了凡说："第二，淘汰守护边墙[5]的那些多余军士。蓟州镇边墙全长二十二万四千九百丈，其中需要防守的总共十四万二千一百八十四丈，十万兵力防守，每人只防守一丈四尺，造成很大浪费。应按原计划，建

---

1 贡银：梁城所每年按例两次孝敬皇帝、皇太后和皇后的贺礼银。

2 蹇（jiǎn）总督：蹇达（1542—1608），重庆人，嘉靖四十一年进士。

3 客兵：戚继光时代从浙江招募来的守边军人，以及定期轮换守边的河南、山东等省军队。

4 一百五十万两：戚继光主政蓟州镇时，张居正为树立改革典型，在财政上向戚继光大力倾斜。

5 边墙：长城在明代的称谓。

筑两千座敌台[1]，每座敌台只需五人驻防。现在只有一千三百座，还需再建七百座。这样每年能节省几万两军费。"

王致祥回应道："嗯嗯！"

了凡说："第三，安抚、赏赐、分化鞑靼人要讲究时机和策略。卑职报告中写得很详细，请王抚台明察！"

王致祥回应："好好！"

了凡说："第四，重新制定军马寄养和买卖政策。蓟州镇多山，骑兵作战施展不开，只方便步兵作战；土马不能作战，一听到胡马嘶鸣就吓破胆。而且，蓟州镇以防守为主，很少出击边墙以外。卑职建议，民间替朝廷养的种马和寄养马，统统卖给民间，如此可以增收七百万两。蓟州镇通过边境贸易，购买一万八千匹胡马，用作战马；另外采买八千匹土马，用作驮运和骑乘马。这样，民间免除了养马困苦，边军有了好战马，朝廷增加了收入，蓟州镇每年可以节省二十万两养马银。"

王致祥回应道："哦哦！"

了凡说："第五，开荒屯田。聚集十万军队，不实行屯田，全靠南粮北运，历史上没有成功先例。隆庆以来，鞑靼人投诚，边墙内外荒地多，都可以开垦。边墙内各处撂荒地，卑职报告上一一记录在案。边墙外开荒，有五方面利益。"

王致祥浏览着报告说："一、二、三、四、五。"

了凡说："第六，广泛种植枣栗、桃杏等树，三年成片成林，既能阻挡鞑靼人骑兵入侵，又能增加官兵收入。

"第七，境内多座山峰是多条河流的发源地，兴修水利，既防御骑兵入侵，又方便防洪，还有利于农业生产。修水利的方法、效果，卑职在报告中写得很详细。

"第八，提高各级军官待遇，减轻贫穷军士杂役。

"第九，山地作战，离不开战车。永平道前任兵备副使叶梦熊设计的战车，最适合山地作战，全镇需要配备三四千辆。

---

1 敌台：长城上每隔一百丈建筑的用于瞭望和防御的碉楼。

"第十，严明制度，精制器械。防御作战，武器非常重要，最重要的是火炮。现存器械粗制滥造，损坏严重，原因是责任不明，管理不善。如何解决，卑职报告中有详细措施。

"以上十条，是卑职一个月来实地考察，加上多年深刻思考后的结论，请王抚台参考采用。"

王致祥说："袁知县果然没有辜负本院[1]信任。这份报告有战略有战术，有技术有细节，有史料有成例，有军事有农业，涵盖军费和军粮，包括将官和军士，包括车马炮，防御上具体到边墙敌台、山地树林和河道水利，全面具体。本院要细看几遍。袁知县，本院很好奇，你一介书生，对军事为何这么熟悉？"

了凡说："卑职二十年来，处处留心，见人就请教；十几年前，在终南山拜师刘隐士，学习兵法，总盼着有机会为朝廷尽一份心、出一份力。"

王致祥说："袁知县，本院要保举你到兵部任职。"

了凡以密云道的视角写了一篇五千字的《军民利病[2]议》和一篇三千字的《营马[3]议》，到密云向王见宾汇报。

王见宾赞许地说："袁知县这篇《营马议》分析透彻，蓟州镇易守难攻，养一个骑兵，不如养两个步兵；养两匹土马，不如买一匹胡马。这篇《军民利病议》，四条谋略，细节清楚，切实可用。袁知县，密云道缺一个兵备佥事，本道有意保举你，不知袁知县意下如何？"

了凡说："谢谢王道尊抬爱！一切听从王道尊和朝廷派遣。"

五月，朝鲜国王向天朝报警，有倭寇侵犯边境。密云道和顺天巡抚衙门不约而同地指名了凡，巡视海防，写出报告。了凡向密云道和顺天巡抚衙门提交了两篇万字报告《倭防初议》和《防倭二议》，详细提出了九条谋略。

十月，穆来辅召见了凡。穆来辅哈哈大笑后说："本使几个月巡视下来，从西到东一千多里，看了许多地方，听了多人汇报，读了不少报告。

---

[1] 本院：巡抚由都察院派驻各地，代表都察院。
[2] 军民利病：军民政策利弊。
[3] 营马：军营马政的略称。

各级衙门中，报告写得最好的是密云道和顺天巡抚衙门；各级官员中，报告写得最好的是袁知县了凡先生。这篇《阅视八议》一万三千余字，八条谋略：积钱粮、修险隘、练兵马、整器械、开屯田、理盐法、收胡马、散逆党，清晰明白。本使认真阅读了三遍，八条战略，条分缕析，战术详细。本使相信，这些战术，拿来管用，用了见效。袁知县，本使很好奇，你一介书生，怎么会胸藏军事谋略、战略战术、地形地貌、历史典故、各代阵法、各家枪法、兵法心法，了然于胸，信手拈来。这一切，袁知县是如何做到的？"

了凡说："卑职年轻时，狂放不羁，心粗胆大，以拯救天下为抱负。幸运的是，一路走来，挫折连连，卑职只好闭门清修，静养心性。心性稍定，探访海岛，拜访名山，四处拜师求教。书生读书多，思考多。中举后，卑职走访过九大边防重镇；中进士后，卑职考察过京郊山水；做官后，卑职一直关注蓟州镇防务。"

穆来辅说："了凡先生屈居在宝坻县，实在可惜！"

了凡说："谢谢检阅使信任！卑职有两条计策，思谋已久，近可富民强兵、充裕财政，远可长治久安、天下太平。等卑职详细写出来，请检阅使上达天听！"

穆来辅惊讶道："有这等计策！穆某一定代为上达天听。"

第五十九章
宝坻万民送了凡

万历二十年，了凡在宝坻做知县近两个任期。五年来，他政绩显著。

万历十九年，全国各省、府、州、县普查人口，重编户口本。户口本每十年一次隆重新编，内容包括人口、田产、住宅、资产等详细资料，用作每家每户交赋税和服劳役的凭证。总户口本黄色封面，又名"赋役黄册"。了凡选用精干人员，丈量土地，入户调查，公示结果，招标采买纸张等物料，快速、俭省、准确、精美地编制出《万历辛卯宝坻赋役黄册》。万历二十年二月，宝坻编制赋役黄册的经验被密云道、顺天巡抚、北直隶巡按监察御史衙门推广到密云道和顺天巡抚全境。

赋役黄册显示，了凡上任以来，宝坻新开垦耕地一千五百九十九顷，逃亡人口重返家园，还另外新增三千九百九十多户。耕地多了，人口多了，税收也多了。葫芦窝周围四十三顷水稻田和城东洼地改造成的一百二十三顷水稻田连年丰收。各处莲藕、瓜果果实累累，粮食多，赋税低，劳役少，百姓安居乐业。养马户不再困苦，煮盐户日子好过。县学年年有秀才被选贡上去。宝坻处处洋溢着欢声笑语。

密云道、顺天巡抚、蓟辽保总督、巡学御史、巡青[1]御史、巡关[2]御史、巡盐御史、太仆寺、户部福建司[3]等各衙门先后举荐了凡。协理京营戎政[4]尚书张国彦和通政使穆来辅不约而同地举荐了凡。工部侍郎潘季驯和都察

---

1 巡青：巡视庄稼和牧草长势。
2 巡关：巡视边境关隘。
3 户部福建司：福建司代管顺天府境内赋税、朝廷粮仓、盐税、军粮供应等。
4 协理京营戎政：官职名，驻京最精锐部队的二把手，负责操练，以兵部侍郎或者尚书充任。

院掌院李世达先后举荐了凡。前后举荐了凡的有二十七人。

二月，已退休的宁夏副总兵哱拜叛乱。从万历十九年五月以来，倭寇频繁侵扰属国朝鲜边境。兵部需要充实精干的人才。吏部尚书陆光祖总结了凡六大政绩，在三月退休前，把了凡安置到兵部职方司[1]做六品主事。

四月十五日，了凡赶在五更天，打算趁天未亮时，悄悄离开宝坻。宝坻百姓哪能轻易让了凡孤零零地离开！几天来，送行的大小船只早就停满河面。

弟子韩初命、刘邦谟和王好善等，趁着夜色，护送师父一家来到码头。守夜人朦胧中发现了凡上船，立即呼唤："袁大老爷来了！青天大老爷要走了！父老乡亲们，快来送袁大老爷呀！"

四乡各里各村百姓派出的代表早守候在码头周围。县城各界人士提前多日安排多人在码头值守。呼喊声惊醒整座码头，很快传遍整座县城。码头上的人向官船围拢，县城里的人向码头涌来。

送行人多，官船上没地方落脚。船只密集，人们在小船间奔跳，船摇人晃，天色又暗，有落水的危险。了凡索性回到岸上。杂乱而拥挤的百姓，哭诉的多，磕头的多。了凡耐心安慰，不时弯腰扶起磕头的。

这些日子，了凡有空就去县学讲学，弟子找机会就到县衙请教。师娘沈氏把他们当子弟一样。昨晚上，了凡和师娘整理行李，县学教谕韩初命在场。师父一家的行李，除了换洗衣物，就是几大箱子书，根本没有任何金银细软。师父把银子用来印书和资助公益事业，师娘把银子用来帮助缺吃少穿的人。师徒一起喝酒时，师父总说："为善最乐！"这时，看师父一直站立，不停地弯腰，韩初命喊道："快拿把椅子来！"

五年来，户房司吏钱得正每天记录《功过格》，身心清净。前几天，他向了凡汇报，银库结余一千多两银子。根据惯例，这些账外结余由知县全权处置，绝大部分由知县拿走，一小部分奖励户房司吏，户房司吏再奖励银库保管几两零碎银子。了凡正色说："钱司吏，五年来，我袁黄清白做官，只喝宝坻一口水，不拿宝坻一根线！要离任了，我怎么会拿宝坻的

---

[1] 职方司：兵部四司之一，主管地图、制度、城防、训练、征讨等。

结余银子！这些银子用来冲抵宝坻的赋税！"这时，钱得正见了凡身边人挤人，不时冲撞到了凡，心里着急，吆喝道："宝坻百姓们，我是县衙户房司吏钱得正。所有人听我指挥。送别大老爷，按顺序来，四乡各里各村，听我喊号，喊到号的，到跟前来！"

最初，礼房司吏严谨怨恨了凡。了凡为县迎宾馆制定了严格的接待标准，亲手书写《迎宾馆敬告宾客》，让人贴到迎宾馆。了凡从不到迎宾馆蹭吃蹭喝，私人朋友来访，食宿费用了凡自己花钱。严谨敬佩了凡的人品和官品，也学了凡每天记录《功过格》。严谨和钱得正的进步，了凡看在眼里，大力举荐他们。严谨随后要到通州衙门做礼房司吏，钱得正马上要到密云道做户房司吏。这时，严谨对了凡说："大老爷，百姓心情激动，顾不上礼仪。让严谨来做司仪吧。"见了凡应允，严谨高声喊道："父老乡亲们，我是礼房司吏严谨。所有近前送别大老爷的，行礼进退，听我唱礼。"

广孝里萧家口的五个村民跪在了凡脚前，哭诉着："大老爷，俺们舍不得您走呀！那年大旱，您给俺们求来大雨，救活全村庄稼，救活全村男女老少。俺们萧家口，家家户户，都在堂屋正墙上，贴着大老爷的画像。每逢初一、十五，都要给大老爷上香、上供。俺们萧家口，都把大老爷看作神仙下凡，遇到什么难处，总要在大老爷画像前求告。大老爷这一走，俺们少了主心骨。俺们以后再遇到难处，可咋办呀！"

了凡扶起五个村民，安慰道："朝廷派来的父母官，都把百姓看作儿女。有什么难处，就到县衙击鼓求告。一定要记住，求人不如求己。要积德行善，善人必有善报。"

养马户单忍高、张兔子等人跪着说："大老爷，您是俺宝坻养马户的大救星！您老要走了，俺一定要来，当面给您磕三个头。"

了凡说："好好养马，马通人性，人对马好，马也会对人好。好好做人，人心都是相通的，你给人家一个笑脸，人家一定还你一个笑脸。老天爷帮助善人。"

葫芦窝兰有青等人抬着一袋大米，送别了凡。了凡说："今天我破例，收下你们一升米，收下你们这份情谊。"

萧大银、杨黑毛等十二个死刑犯，五年间先后出狱。五年来，宝坻犯罪的人越来越少，监狱的牢房长年空无一人，地面长出荒草，一把把铁锁生了锈。十二个获得第二次生命的人，家家把了凡当祖宗一样，供着了凡的牌位。几天前，十二个人就约好，要结伴给了凡送行，要一起给了凡磕头，要像给祖宗磕头一样行三跪九叩大礼。在十二个人执意恳求下，了凡同意了。严谨庄重地主持了这场三跪九叩大礼。

骄阳晒人，了凡移坐到凉亭下。

苑囿、牛拱室一起来送别，三人对坐交谈。苑囿说："了凡先生，宝坻设县三百多年来，有文字记载的父母官有五十多位，其中最尽职尽责、最爱民如子、最卓有成效、最受百姓爱戴的父母官，非了凡先生莫属。了凡先生的盛德不仅感动了宝坻人，还感动了邻近州县。去年，了凡先生路过蓟州，百姓纷纷跪在路边，敬献茶果。蓟州百姓羡慕宝坻，三河百姓羡慕宝坻，香河百姓羡慕宝坻，他们羡慕宝坻有了凡先生这样的父母官。了凡先生没给蓟州、三河、香河百姓减免过赋税，没给蓟州、三河、香河百姓送去过一毫银子好处，这纯粹是以德服人呀！老朽和宝坻所有读书人一样，舍不得了凡先生离开宝坻。但是，了凡先生高升兵部，可以为朝廷做更多的事，为天下做更大的事，老朽虽然舍不得，也由衷地替了凡先生高兴。"

牛拱室说："了凡先生，牛某先替老家翁向您道贺。不是我们做晚辈的坚决拦着，老家翁就要亲自来送别老父母了。"

了凡赶紧起身，高高拱手，说道："感谢老仙翁挂念！"几天前，了凡登门向九十一岁的牛夐辞行。五年来，每年重阳节，了凡都要拜望这位老教授。

下午，送别的人流还在涌向凉亭。县学六十多位学生集体话别后，舍不得离开。他们站在远处，排成三排六列，高举着六列竖联，向了凡致敬。竖联上写着："访贫问苦，流涕请命，这是廉惠；破旧立新，百业兴旺，这是廉能；明察秋毫，扬善去恶，这是廉明；不畏权贵，不怕豪横，这是廉直；勤俭持身，慷慨助人，这是廉善。具足智仁勇，大儒袁了凡！"

秀才芮质田见苑囿离开凉亭，跟过去说："苑老先生，全县秀才有个构想，恳请苑郎中指示。了凡袁知县对宝坻恩重如山，宝坻人知恩感恩，应该为袁知县建立一座祠堂。苑郎中德高望重，晚生请求由您老先生牵头，晚生听您号令，负责具体奔走和操办。您看？"

苑囿略一沉思说："为生人建祠堂？世上少有。为了凡建生祠？理所应当。好！今天送别，明天启动。"

弟子刘邦谟、王好善瞅准空隙，向了凡请求道："先生五年来实行仁政、善政，弟子想把这些政策、政令汇编成册，供世人借鉴。我们打算命名为《了凡仁政》，或者《了凡善政》，您看是否合适？"

了凡说："事是好事。书名最好改为《宝坻政书》。"

远处的百姓还在涌来，送别过的百姓不愿离去。延迟到半夜，了凡的官船才起航。

天上，一轮明月，照耀着起航的官船，照耀着宝坻。宝坻一条条河流、一处处湖淀、一片片池塘、一个个水洼中，都映射出一轮明月。

第六十章
朝鲜日本报警讯

兵部工作很紧张。他们要时刻睁大眼睛，对内镇压民变，对外严防强敌侵犯。大明的强敌主要在北方，西北和正北是鞑靼，东北是女真，去年又增加一个隔海相望的日本。

万历十九年八月，大明属国朝鲜汇报，日本扬言，要借用朝鲜道路，征服大明，在大明土地上建立政权，推行日本风俗文化。朝鲜使者献上日本写给朝鲜的国书，落款是"日本国关白[1]秀吉[2]"。

严重警讯！

嘉靖年间，倭寇在福建、浙江、南直隶烧杀抢劫，祸害几十年，围攻过浙江省会杭州，骚扰过留都南京，攻陷过几十座城市。倭寇野蛮、凶残、狡诈、顽固、贪婪，烧杀抢劫，无恶不作，战斗力强，破坏力大。嘉靖年间，倭寇像一群群鲨鱼，虽然凶残贪婪，还仅限于在沿海抢劫，属于强盗。现在，倭军竟然妄图大举入侵大明，要消灭大明政权，要在大明建立日本政权，危害已经远远超过昔日的倭寇。

嘉靖年间，通过审理俘虏，兵部积累了有关日本的资料。兵部还曾多次派遣间谍，扮作商人，进入日本搜集情报。

从成化[3]年间开始，日本进入战国时代，各家封建领主争夺土地人口，互相拉帮结派，打打杀杀，养成嗜血抢劫的习性。日本最南端的九州岛，

---

[1] 关白：日本官职名，类似宰相。当时天皇属摆设，关白掌实权。
[2] 秀吉：丰臣秀吉（1537—1598），日本著名政治家，统一日本，结束日本战国时代，挑起万历朝鲜战争。
[3] 成化（1465—1487）：明宪宗朱见深年号。

离朝鲜两百多里，日本西南的对马岛离朝鲜只有一百里。对马岛和九州岛上的岛民习惯性地到朝鲜边境，有时去做贸易，有时公然抢劫。养成抢劫习惯的日本岛民，一路抢劫到大明沿海。

中国经历过战国时代，战国诸侯们不信仁义礼智信，只信刀枪剑戟和拳头。嘉靖末年，胡宗宪、戚继光和俞大猷等抗倭英雄们用刀枪剑戟和火炮打跑了倭寇。

从隆庆到万历，又过去二十多年，兵部收藏的日本资料已经陈旧。

万历十年，日本仍然延续着战国时代，本州、四国和九州三个岛上，并存着六十六个各自为政的大小封建领主。大领主爵号大名，小领主爵号国众。在打打杀杀中，一个叫秀吉的人脱颖而出，经过八年苦战和巧战，利用阴谋和阳谋，在万历十八年统一日本三岛。秀吉被赐姓丰臣，被封为关白。

秀吉出身卑贱，身材矮小，相貌丑陋，最初连姓氏都没有，他渴望功名荣身，企图万世留名，身边对中国历史一知半解的人奉承他，说他智慧气度远胜霸王项羽，雄才大略超过秦始皇和汉武帝。万历十四年，刚刚统一日本半壁江山的秀吉就野心膨胀，先后对妻子、家臣、葡萄牙传教士扬言，要征服朝鲜和大明。

万历十五年，秀吉派出使者，要求朝鲜称臣纳贡，被朝鲜拒绝。秀吉忙着统一日本，顾不上计较。

万历十七年六月，秀吉派出使者，威胁朝鲜，如果不称臣纳贡，就要发兵讨伐。使者哄骗朝鲜派使者出使日本，并说这是国与国之间的平等交流。万历十八年七月，朝鲜使者到达日本。秀吉刚刚统一日本三岛，自以为老子天下第一，面对朝鲜使者，狂妄傲慢，为凸显自己的尊贵和对方的卑贱，只用一杯浊酒和三张大饼招待朝鲜使者。

在给朝鲜的国书中，秀吉吹嘘说，他是太阳的儿子，他投胎时，他母亲梦见一轮红日落入怀中。他还说相面的说，他的威名会传遍阳光照耀的所有地方。

万历十九年一月，朝鲜使者回国。日本给朝鲜写信说，日本出征大明，要借用朝鲜的道路和向导。朝鲜拒绝了日本，却建议日本渡海，从浙江入侵大明。日本使者到朝鲜，要求朝鲜警告大明，避免战争杀戮的唯一办法是，大明向日本称臣纳贡。

要不要向大明报警？几年来，作为属国，瞒着宗主国私自交往日本，朝鲜担心大明怀疑它的忠诚度。不报警，有亡国的危险。争论！犹豫！一直拖到万历十九年八月。

日本同时威胁大明属国琉球，威逼琉球称臣纳贡并派兵参加侵犯大明的军事行动。琉球在万历十九年四月，立即把情况汇报给明廷。

明廷奖赏过琉球和朝鲜使者，立即下旨，督责两广、福建、浙江、南直隶、山东各省，蓟州、辽东各镇，加强海防，巩固要塞，选拔将领，训练军勇，增添战船，制造火器，并限期汇报战备进展情况。

万历十九年八月，秀吉命令西笑承兑和惟杏永哲两个僧人起草对大明的宣战书。九月二十四日，秀吉下达军令，出征大明的时间定在万历二十年三月。十一月，朝鲜向明廷报告日军出征时间。

隆庆五年，江西人许仪后在广东被倭寇劫持到日本，在九州岛萨摩[1]大名岛津义久家当医生兼谋士。九月，他得到消息，急着把情报传回祖国。华侨中的汉奸举报了许仪后。在岛津义久的营救下，秀吉审问后释放了许仪后。万历二十年二月二十八日，五千多字的详细情报通过福建漳州商人呈报到福建衙门。

兵部确认了日本进犯大明的图谋，严厉要求各地，严格海防，严密侦察，严整军勇，要把日军堵截在外海，歼灭在境外。

兵部正忙海防时，宁夏突然爆发严重叛乱。

多年来，了凡一直关注北疆和沿海边防建设。在万历五年会试中，他因妄议朝廷边境政策名落孙山，但这并没打消他对军事的关心。他一直跃跃欲试，渴望把自己的军事思想落实到朝廷的边防建设中。当知县时，他的老师兼好友李世达、老师兼长辈陆光祖、座师兼老乡王锡爵，在答复皇帝咨询军事之前，都曾写信征询过了凡的意见。

不少官员都知道，了凡能够观察天象，预判世事；掐算八字，预测人

---

[1] 萨摩：日本封建领地，在今鹿儿岛县西部。

事。经常有官员写信，问他事业吉凶。

万历二十年正月十三日，了凡观察天象，预测西北将有兵乱，写信提醒都察院掌院李世达和兵部尚书石星[1]。二月十八日，退休的宁夏副总兵哱拜[2]父子叛乱，袭杀巡抚和兵备副使，逼死总兵官，盘踞宁夏城，勾结外敌，攻城略地，封官称王，割据一方。今年五月，了凡观测天象，预测东北边境将有严重兵乱。当月，朝鲜使者报警，几百艘倭船侵犯釜山，焚烧房屋，击杀朝军。

了凡一到兵部，立即投入到繁忙的工作中。

兵部内分四个司：武选司、职方司、车驾司和武库司。武选司负责各级军官的选任和赏罚。职方司负责地图绘制、制度建设、城市警备、要塞防守、军事训练和出征讨伐。车驾司负责皇室、宗室和朝廷日常活动的仪仗和守卫，以及全国的马政和邮政。武库司负责军事装备、官兵军饷、士兵军籍和军校教育等。

职方司配属正五品郎中一人，从五品员外郎二人，正六品主事二人。了凡品级略高于如今的处长，手下有几个没品没级的书吏和几个从国子监来实习的监生。

了凡收集整理西北、东北、沿海三个方向的边境地图、部队配属、将领组成、军械配备、粮饷供应、敌军战力、敌酋特点等资料，研究攻防战略战术，制定应对措施。

重大军事行动，由皇帝召集九卿[3]和兵科都给事中[4]讨论决定后，由内阁指导，兵部负责具体实施。在九卿会议上，兵部尚书提供的资料和拿出的建议，主要出自职方司。

宁夏叛军猖獗，难以扑灭，朝廷不得不大动干戈，先后派遣四镇总督

---

1 石星（1537—1599）：山东东明人，嘉靖三十八年进士。在朝鲜战争中主导议和失败，死在狱中。
2 哱（bā）拜（1526—1592）：鞑靼酋长，归顺明朝，因功升副总兵。叛乱失败后自杀。
3 九卿：明代九卿包括六部尚书、都察院掌院、通政使、大理寺卿。内阁大学士一般由吏、礼、户三部尚书兼任。
4 兵科都给事中：兵科首官，正七品，和九卿一起参与朝廷重大军事决策，有监督、否决和弹劾权。

魏学曾[1]、宁夏巡抚朱正色、陕西巡抚沈思孝、甘肃巡抚叶梦龙组织围剿。四月,叶梦龙接替魏学曾总督战事,山西总兵官李如松[2]任总指挥,率领宣府镇、大同镇、山西镇、辽东镇等八镇边军和浙江募兵[3]、南方苗兵[4],阻击鞑靼援军,围攻叛军。

前线战况紧急,汇报与指示、请示与答复的公文往来频繁,虚岁六十的了凡像年轻人一样,经常在衙门值夜。了凡打坐修心三十多年,精气神充沛,晚上静坐一个时辰,可以精神抖擞一整天。

宁夏平叛战事,是现在进行时,该准备的都准备过了,来了公文就处理公文,遇到问题就解决问题,剩下的,就是等待胜利。其他时间,了凡忙着呢。

了凡年轻时,倭寇在了凡家乡烧杀抢劫,两次攻破嘉善县城,祸害东南沿海十几年,这些血海深仇[5]深深地刻在了凡心中。多年来,他对倭寇的作战特点进行过深入的研究。现在竟然有机会与倭寇较量,了凡心中铆足了劲。

---

1 魏学曾（1525—1596）：陕西泾阳人,嘉靖三十二年进士。时以兵部尚书衔总督陕西、延绥、甘肃、宁夏四镇军政。
2 李如松（1549—1598）：辽宁铁岭人,晚明名将,在宁夏和朝鲜立下大功。在辽东总兵任上战死疆场,朝廷赠谥号"忠烈"。
3 募兵：朝廷因事临时招募训练的民兵。
4 苗兵：湘西地方土司领地内的半职业化军人,常被朝廷征召剿匪、平叛、驱逐倭寇。
5 血海深仇：修到了凡这个境界,心中已生不起仇恨,只有对善恶的理性判断。这里从俗。

第六十一章
日军屠杀占朝鲜

万历二十年五月十日，朝鲜连续向明廷报警：倭奴侵犯朝鲜釜山，焚烧房屋，杀戮军民，兵马船只数目不详。

两百多年来，每年元旦、中秋、皇帝万寿节、太后和太子千秋节，朝鲜都铭记在心，一次不漏地派遣贺节使到北京朝贺；皇帝和太后驾崩，朝鲜的吊唁使披麻戴孝；一年四季，朝鲜都派遣进贡使敬献地方特产；明廷每一次派使节到朝鲜颁布诏书、册封爵位、走访慰问后，朝鲜都立即派出谢恩使进京谢恩。正月、二月、三月，朝鲜使者连续进京，汇报倭情，表示忠心，誓与倭奴不共戴天。大明有责任保护恭顺的朝鲜。

综合各路情报，看来和日军大战一场，难以避免。东西两线作战，让兵部尚书石星很为难。什么时候能平定宁夏叛乱，不知道。为了尽快平定宁夏叛乱，兵部不得不抽调八个边镇的精兵。

哱拜一个退休副总兵为什么能兴风作浪？宁夏边军发不下军饷，连棉衣都买不起，被哱拜煽风点火，挑拨唆使。因拖欠军饷，去年九月，辽东镇边军发生过几次骚动；今年五月，蓟州镇军人发生过骚动。宁夏打仗，花钱如流水。这几个月，仅仅是加强海防，各省、各镇就纷纷伸手要钱。石星万历十九年八月从户部尚书转任兵部尚书，他深知朝廷家底。怎么办？石星责成职方司拿出可行方案。

这个任务落到了凡头上了。

老祖宗说，打仗前，既要明白自己几斤几两，更要知道敌人的底细，这样才有可能打胜仗。敌人，毫无疑问是日军，是日本；自己，既包括明军、大明，又包括朝军、朝鲜。

了凡仔细研究许仪后的这份情报。情报被许仪后命名为《提报》，署名是"陈情人许仪后、郭国安，报国人朱均旺"。许仪后是读书人出身，屡考屡败后才当医生，现在是日本九州岛萨摩大名的谋士，近距离接触过秀吉。郭国安是萨摩部队的基层军官。朱均旺是许仪后的弟子。三人都是被倭寇劫持到日本的。万历十九年九月，许仪后先后两次请托商船捎带情报回国。为万无一失，万历二十年正月十六日，许仪后派弟子朱均旺藏在商船底舱，秘密回国。

《提报》分六个部分：一、日本国情，二、犯明理由，三、抗日策略，四、秀吉其人，五、六十六国介绍，六、其他补充。

日本战国时代有六十六个地方割据政权，他们习惯性地称其为六十六国。

另有浙江一个叫苏八的口供记录。苏八是浙江台州人，万历八年在海上打鱼时被倭寇劫持到日本，参加过日本战争，见过秀吉。他万历十八年九月回国，向台州衙门报到，被带到杭州录口供。

这样的口供记录，兵部存档很多。

综合分析，了凡得出以下结论：一、日本经过一百多年的割据混战，被秀吉统一，出兵侵犯朝鲜和大明，必定会全国动员。二、秀吉豪气冲天像项羽，雄霸日本；雄才大略像秦始皇，统一日本，因统一而野心膨胀。三、六十六个大名和国众，六十六条心，统一局面不稳定，秀吉召集六十五家大名和国众的儿子或弟弟，集中到秀吉府中学习，实际是把他们扣作人质。四、为转移国内矛盾，统一全国斗志，日本需要大明做敌人，用大明的资源笼络野心勃勃的有功将士和不安分的大名和国众。五、在日汉奸说，大明人像害怕老虎一样害怕日本人，攻占大明易如反掌；从朝鲜叛逃日本的读书人说，朝鲜国小兵弱，不堪一击，因此，日本侵犯大明，借朝鲜为跳板。六、秀吉要求萨摩国出兵两万，据此判断，侵略军至少三十万。七、日军久经战阵，战斗力强悍，有秀吉做总指挥，可谓主雄兵强。

嘉靖三十七年到嘉靖三十九年，唐顺之指挥抗倭时，了凡在军中当过很长一段时间的文书，见识过倭寇的凶悍，观察过倭寇的作战风格，研究过倭寇的组织形式，领教过师父的抗倭思想。结合多年的研究和思考，去年秋，遵照密云道布置，实地考察宝坻沿海后，了凡写出六千字的《倭防初议》《防倭二议》，分别就要塞、工事、陆军、水师、布防、武器、陆战与水战特点、倭寇作战特点做了详细的总结。许仪后等人也提出了打击日军的战术。

有宗主国大明罩着，朝鲜两百多年没有发生过大的战争，过惯了和平日子，武备松弛。国王李昖[1]四十岁，在位二十六年。李昖喜欢舞文弄墨，文武百官也跟着写诗作文，闲日子多，分成了不同的文学流派，各派为诗文好坏而吵架，吵架上瘾后，分化成不同的政治派别，其中最大的两派是东人党和西人党，两派在朝中斗得你死我活。朝鲜在日本豺狼面前是一只小绵羊。

大明有大明的难处。一缺兵，精兵被滞留在宁夏，天子脚下的蓟州镇多是老弱残兵，其他八镇可想而知；二缺钱，张居正十年间积攒的银子被挥霍完了，都知道边军应该开荒屯田，就是开展不起来。北方鞑靼各部落，每年需要大笔银子安抚，当官的说它是抚赏银，当兵的说它是贿赂银。蓟州镇每年支付抚赏银五万九千两，对面的鞑靼部落嫌少，不时地骚扰侵犯边境。现在即将面临几十万日军，兵呢？钱呢？

历史是一面镜子，嘉靖三十一年到四十三年，北方鞑靼人频繁侵犯边境，各边镇防不胜防；东南倭寇烧杀抢劫南直、浙江、福建和广东沿海，各省官兵疲于奔命。大明财政几乎被拖垮。最后怎么办？隆庆年间，大明封鞑靼酋长俺答为顺义王，允许开展边境贸易。从隆庆至今，北方边境大体安定。倭乱东南时，中间也曾安定过一段日子，安定的原因是大明默许倭奴开展海上贸易。了凡理出了头绪，鞑靼犯边，倭寇入侵，都与封禁贸易有关。

鞑靼人天天与狼为伍，野蛮凶残；倭奴天天和鲨鱼厮混，嗜血好斗。他们畏威不畏德，对付他们，必须一手扬着大棒，一手举着胡萝卜。你不打痛他们，多少根胡萝卜也满足不了他们的贪婪。

---

[1] 李昖（yán，1552—1608）：朝鲜李氏王朝第十四代国王。

了凡草拟方案如下：

第一项，严防边境，好好备战。一、屯兵辽东边境，威慑敌军；二、盯防山东沿海，防备日军借道朝鲜，渡海登陆；三、警惕日军声东击西，偷袭东南沿海。

第二项，选将帅，集钱粮，预备船只、军械。一、统筹兵马、钱粮，做好入朝作战准备；二、举荐主帅，统领蓟、辽、保、山东战备；三、选用智勇双全、声望卓著的主将充任入朝作战总指挥。

第三项，悬重赏，招勇士。一、擒斩关白秀吉，封伯爵；二、在日华人，擒斩倭奴、递送情报，赦免通倭重罪，奖官职、赏银两。

第四项，派出间谍，潜入日本，刺探情报，联络在日爱明人士，策反秀吉的政敌。

第五项，招募精通倭事又有智有勇的人，深入朝鲜，接触日军，摸清日军企图，拖延日军行动，甚至说退日军，也未可知。

了凡详细论证后，每一项都给出了具体操作建议。

石星说："袁主事所拟对策，与本部不谋而合。前两项，本部根据形势逐步安排。第三项和第四项，任务布置给福建和浙江两省。第五项，你推荐的这两个人，再严加考察，然后报来。民间人士出任兵部使者，不能不慎重。"

被推荐的这两个人都是浙江人，是了凡在嘉禾[1]会馆认识的，一是平湖沈惟敬[2]，一是山阴冯仲婴。

朝鲜对日情报工作既被动又迟缓。万历二十年正月，秀吉动员三十万兵力，留足十万驻守日本，另二十万集结在壹岐岛和对马岛待命，大本营设在名护屋[3]。第一批侵略军十五万八千人，分九个兵团，以小西行长[4]和加藤清正[5]为先锋，以宇喜多秀家为总指挥。小西行长率领第一军团

---

1 嘉禾：嘉兴府的别称。
2 沈惟敬（1537—1599）：浙江平湖人，号宇愚，有功于平壤大捷和收复王京，因和谈最终失败，被判死刑。
3 名护屋：当年专为侵略朝鲜和中国而修建的大本营。
4 小西行长（1558—1600）：日本大名。
5 加藤清正（1562—1611）：日本大名。

一万八千七百人，分乘七百艘战船，于四月十三日上午从对马岛出发，下午在朝鲜釜山登陆。万历朝鲜战争[1]正式拉开帷幕。

第九军团做预备队，其他八个军团对应朝鲜八个道。八道沿西海岸，从北到南分别是平安道、黄海道、京畿道、忠清道和全罗道；沿东海岸，从北到南分别是咸镜道、江原道和庆尚道。

四月十四日上午，仅仅两个小时，小西行长就攻占了庆尚道釜山重镇，屠杀全城军民三万多人。十多天时间，小西行长率领第一军团，加藤清正率领第二军团两万二千八百人，黑田长政率领第三军团一万一千人，毛吉利成率领第四军团一万四千人，占领庆尚道所有城市。随后，日军兵分三路，直插西北，进军王京[2]。李昖半夜逃难，守军天亮逃跑。五月二日，日军进驻空城王京。五月二十九日，日军攻陷开城。之后，第一军团进攻平壤，第二军团进攻咸镜道。六月十五日，日军占领空城平壤。朝鲜国王李昖失魂落魄，如惊弓之鸟，一路北逃，徘徊在鸭绿江边。

日军占领王京后，秀吉任命了大明关白和朝鲜关白，按地图分封了大明土地，计划把天皇迁往北京，自己坐镇宁波，将来进占天竺。

仅仅两个月时间，人口近千万人、常备陆军八万人、在役水军四万人的朝鲜竟然一败涂地，几乎亡国。

---

[1] 万历朝鲜战争（1592—1598）：万历年间日军大举入侵朝鲜，图谋中国，明朝联军抗击并驱逐日军的战争，分第一次战争和第二次战争两个阶段，朝鲜史称"壬辰倭乱"，日本史称"文禄之役"。
[2] 王京：今首尔。

第六十二章
将军舌战立军功

六月,辽东镇副总兵祖承训[1]率领精兵驻防在鸭绿江边待命。接到朝鲜请兵奏疏后,万历皇帝下旨,大明援军进入朝鲜。抗倭援朝战争正式开始。

受虚假情报误导,七月十七日,祖承训指挥三千五百名骑兵,突击攻入平壤,遭到城内上万日军阻击和围攻。戴朝弁、史儒、张国忠和马世隆四名军官战死,三百多名军士牺牲,一千多匹战马死伤。明军被迫退出平壤,并直接退回辽东。

日军一旦一鼓作气渡过鸭绿江,这可怎么办?宁夏还在交战,明军主力分身无术。必须派人直接接触日军,查明情况,尽可能拖延日军进攻,为战备争取时间。

在嘉禾会馆,了凡再次面试沈惟敬。

了凡五十九岁,沈惟敬五十五岁。两人相似之处:嘉兴府人,鬓发灰白,修炼家,眼神明亮,面颊清秀,身躯清瘦而挺拔,忠君爱国。不同之处:一是佛家居士,下巴光洁,一是道家信士,白须飘飘;一炼内丹,靠修心而养生修道,一炼外丹,服食铅汞而益寿延年;了凡眼神清澈而坚毅,惟敬眼神灵活而坚定;了凡因心净而面色纯净,惟敬因丹药而面色鲜红;了凡因内气充盈而端坐,惟敬因有意巴结而前倾。

了凡说:"沈宇愚,这次使命非同小可,一定会有上刀山、下火海的考验,即便刀架在脖子上,也要心如磐石不动摇,要维护朝廷的体面和尊

---

[1] 祖承训(生卒不详):辽宁兴城人,防蒙和抗倭名将。

严;即便光脚站在火炭上也要耳聪目明,仔细观察,查明真相;即便黄金铺地,也要保持大明豪杰的坚贞。你能做到吗?"

沈惟敬挺直腰身,笑着说:"了凡先生,咱平湖沈氏同魏塘袁家一样,也是书香门第,祖上出过七个进士。书香人家,知书明理,豪侠义气。"说到"豪侠义气",沈惟敬双手高拱,"胡总督抗倭时驻扎在平湖,征召勇士,先君子自荐应召。嘉靖三十四年五月,在王江泾大战中,惟敬跟随先君子,划着小船,拿着公文,假装去犒劳官军。船划到倭寇营寨前,遇到倭寇盘查,我们父子装作胆小怕事,丢下船只,潜水撤退。一船毒酒被倭寇抢光喝净,一次毒死倭寇三百多人。当年九月,胡总督在陶宅抗倭失利,受伤落水,整个身子沉到水下,就剩胡子漂在水面。官长有难时,是我,沈惟敬,一个二十岁的年轻人,挺身而出,和先君子一起,划着小船救出胡总督。胡总督知恩图报,为先君子请封,先君子被封千总[1],手下领兵三千。"

沈惟敬正说得眉飞色舞,了凡打断他说:"沈宇愚,王江泾大捷,是胡总督指挥的吗?"

沈惟敬说:"王江泾大捷是兵部侍郎张总督高坐中军帐,副总兵余大老爷亲自指挥。胡总督当时是巡按御史,我们父子当时在胡御史帐下听命。"

了凡再问:"你说自己是平湖人,有同乡却说你是嘉兴人,这怎么解释?"

沈惟敬说:"惟敬远祖世居嘉兴府嘉兴县,近祖迁居平湖。在北京说平湖,很少有人知道,我就索性说嘉兴,嘉兴府大家都知道。"

了凡问:"为啥离开家乡远来京城?在京城做何营生?在倭国有何关系?对倭国都知道什么?"

沈惟敬的父亲沈坤年轻时去日本做过生意,沈惟敬的养子沈嘉旺幼时被劫持到日本,在日本生活十多年,万历十八年九月才回国。沈惟敬行侠仗义,平湖祖产被花费一空后,寓居北京,用养生丹药做媒介,结交做官

---

[1] 千总:武官职,对应五品千户。

人家，前店售卖浙江丝绸，后店倒腾日本私货。

了凡最后说："沈宇愚，这是为朝廷招聘仁人志士，为朝廷办事，为大明办事。宇愚先生年轻时勇敢，年长后睿智，堪当大任！我把你推荐给大司马，由大司马做最终决定。至于以后，一旦出使朝鲜，甚至出使倭国，事关军国机密，你只与大司马单线联系。"

兵部尚书石星见了沈惟敬的面，听了沈惟敬的话，吃了沈惟敬的丹药，气力足了，心情好了，为他申请了一个游击将军[1]名分，派他前往朝鲜前线，刺探军情，游说日军。

沈将军带着十名随从和护兵，于八月十七日进入朝鲜，到达义州[2]。迎候在西门外的李昖热泪盈眶，谦恭又隆重地向沈将军行了四拜[3]礼。

七月二十九日，黄海道的民间义军进攻平壤，被日军打败。八月二日，朝鲜官军围攻平壤，再次战败。李昖哭诉道："小王无能，不能守土；小邦国弱，不能御倭，让天子担忧。小王请兵奏疏已经上呈，敢问天使，天朝何时发来天兵，驱逐倭奴，恢复故土？"

沈将军豪气万丈，安慰道："圣天子知道大王恭顺忠诚，已经发兵七十万，很快就要到达，不仅要替大王恢复故土，还要直捣倭奴巢穴，彻底荡平倭害。本使这就前往倭营，替朝鲜向倭酋问罪。"

沈将军迅速南下，来到平壤郊外，入驻斧山院，写好书信，派沈嘉旺骑马进入平壤，送交小西行长。小西行长派随军翻译张大膳回访斧山院，送达回信。双方约定，二十九日在郊外降福山会谈。

会谈这天，沈将军带着沈嘉旺和四名随从。小西行长布置了隆重的欢迎仪式。在山下，两百名武士分列两队，各自双手握刀，竖立胸前。在一片寒光闪闪的刀林中，沈将军骑在马上，气定神闲。山路狭窄，上山途中，两百名武士分列两队，各自双手举刀，用刀林架起廊棚。日本兵个子矮，倭刀长不过五尺，沈将军骑着高头大马，没办法通过廊棚。沈将军下马，徒步进入廊棚，目不斜视，脚步稳健。沈嘉旺浑身哆嗦，接过父亲递

---

1 游击将军：武官职，对应从二品、正三品武官。
2 义州：今新义州。
3 四拜礼：四次作揖和跪拜。

过来的缰绳，停留在廊棚外。四个随从被拦在廊棚外。

沈将军穿过刀林搭建的廊棚，面不改色，心平气和。小西行长、宗义智等第一军团六位将领和僧人景辙玄苏迎候在廊棚尽头外。

明军对平壤的进攻，让小西行长亲眼见识了明军的战斗力。受大明援军入朝鼓舞，各地纷纷成立义军，四处骚扰日军。日军出城征粮困难重重。从名护屋到釜山，从釜山到各道，日军后勤供应紧张。八月，各军团头目在王京会议上争吵不休，有的主张南撤，固守王京；有的建议全线收缩，退守釜山；加藤清正等死硬分子坚持要进攻大明。争论交给太阁[1]秀吉最后裁决。

小西行长是秀吉的亲信，他爹是商人，他的骨子里流着商人的血。从釜山到平壤，每进攻一座城池前，他都要给朝鲜官员写信，要求和谈。他女婿宗义智是对马岛岛主，垄断着利润丰厚的日本对朝鲜贸易，为了利润，他在交往中对朝鲜称"臣"。这翁婿俩只想挣钱，不想打仗。

沈将军径直入座贵宾席位。日本僧人一直垄断着对明外交关系，加上识文断字，被秀吉和一些大名礼聘为文书和谋士。日本僧人的祖师爷都在中国，他们对中华文化心存敬仰。景辙玄苏见了威风凛凛的沈将军，心中有愧，眼中露怯。沈将军目光威严，直视着景辙玄苏，问罪道："佛祖心肠慈悲，你一个光头僧人，为何是非不分，跟着一群武夫杀人放火！"

景辙玄苏一脸惊恐，连磕仨头，说："小僧的祖师是天朝中峰禅师，中峰四代孙四明禅师是小僧师公。嘉靖十八年，小僧师父朝拜四明师公，做了入室弟子。天子赏赐袈裟一领，如今传到小僧这里。鄙邦本意是借道朝鲜，到天朝朝贡，受到朝鲜阻拦，这才刀兵开路。还请天使体谅！"

小西行长咳嗽一声说："沈将军，正像法师说的，丰臣太阁派我们来，正是要前往天朝朝贡。"

沈惟敬说："岂有此理！朝贡首先需要天朝册封，只有册封过的属国才有资格。朝贡天朝，是来向天子进贡特产和宝物的，岂能像强盗一样明火执仗，打上门来！既然来朝贡，为何袭击天朝来此巡视的祖总兵？"

---

[1] 太阁：秀吉把关白位子让给外甥秀次，自封"太阁"。

小西行长说:"沈将军,您误会了!这里是朝鲜地面,没有什么大明祖总兵来此巡视,日本军队也没有袭击过大明祖总兵。"小西行长拿出朝鲜地图,展示给沈惟敬。

沈惟敬说:"天朝在这里向朝鲜颁发诏书,才在这里建设宫殿楼宇。虽是朝鲜地面,却是天朝国界。你们侵犯天朝国界,袭击天朝军队,天子龙颜大怒,兴师百万,正要前来征讨。此地不得留驻,否则必将粉身碎骨!"

宗义智心中着急,问道:"沈将军,到天朝朝贡,这事怎么说?"

沈惟敬爽朗一笑说:"天朝威德传四海,豺狼来了有火铳;大明仁义行天下,朋友来了有好酒。你们既然恭顺天朝,天朝何必拒绝远方的朝贡呢!"

只要不拒绝做生意,不耽误挣钱,小西行长和宗义智翁婿就满心欢喜。终于可以去大明朝圣祖庭,景辙玄苏合掌赞叹:"我佛慈悲,阿弥陀佛!"

第二天,小西行长派使者回访沈惟敬,转达小西行长的敬佩之情:"昨天,将军在刀锋丛林中行走,面不改色,令人敬佩!"

沈惟敬花一锭银子,从使者口中打听出不少情报。

沈惟敬与小西行长约定,接受日本朝贡。沈惟敬要把和谈结果上奏朝廷,来回需要五十天。他要求,五十天内,平壤日军不得出城,伙夫砍柴、马夫割草不得跨越城外十里地界。

九月七日,沈惟敬收到小西行长签名的保证书。

第六十三章
抗倭援朝做高参

祖承训突袭平壤失利后，朝野震动，北京戒严。

朝鲜八道，只剩下靠近大明的平安道义州，供国王李昖存身。日军扒了朝鲜国王的祖坟，俘虏了李昖的两个王子。日军扬言，要攻破义州，攻打大明。辽东连连告急。朝鲜不停地派使者到北京请兵救援。

八月二十四日，朝廷任命兵部侍郎宋应昌[1]经略备倭军务。

在明代，经略职务这是第二次出现。第一次是封给郑洛[2]。万历十八年，郑洛总督甘肃、宁夏、延绥、山西、陕西、大同、宣府七镇军务。七个军镇大领导中，有总督陕西、甘肃、延绥和宁夏四镇军务一人，有总督宣府、大同和山西等处军务兼理粮饷一人。为区分大小总督，大总督改称"经略"。

宋应昌万历十九年四月任大理寺卿，六月任工部侍郎，八月以兵部侍郎衔出任经略。他之前做过山东巡抚，在巡抚任上，走访沿海，调研海防，上奏《海防事宜》，提醒朝廷预防日本渡海入侵，提出选将、练兵、积粮三条应对战略方针。这封奏疏让宋应昌脱颖而出。另外，辽东是一个军事管理区，军事上归属辽东都司，行政上归属山东省，境内六个道署衙门，名义上由山东省布政司和按察司派遣官员。宋应昌经略蓟州、辽东、保定、山东等处海防御倭军务，管辖蓟辽保总督、顺天巡抚、保定巡抚、辽东巡抚、山东巡抚，以及各镇守总兵官，拥有战时军法处罚权，可通过兵部尚书统筹、调用大明将领军兵、骡马粮饷、车船军械等。

---

1 宋应昌（1536—1606）：号桐冈，浙江杭州人，嘉靖四十四年进士。
2 郑洛（1530—1600）：号范溪，河北徐水人，嘉靖三十五年进士。

了凡大传

宋应昌没领过兵，没打过仗。他精心挑选了两位赞画[1]，一位是职方司主事了凡，另一位是武库司主事刘黄裳[2]。刘黄裳做后勤参谋，了凡做作战参谋。三人组成经略兵部。

宋应昌五十六岁，了凡五十九岁，刘主事六十三岁，三人召开第一次军事会议。

宋应昌说："承蒙大司马抬爱、二政府[3]举荐，九卿和科道信任，圣天子看重，宋某勉为其难，承担海防御倭这一重任。宋某一人才智有限，好在有二公做左膀右臂，了凡袁公胸有韬略，玄子刘公文武双全。袁公与刘公又是进士同年，你们二公携手，咱们三人同心，尽心尽力，绝不辜负圣天子的重托。"说到"圣天子"，宋应昌起身，拱手齐眉。

了凡和刘黄裳起身挺立，各自拱手齐眉，齐声说："袁黄（刘黄裳）绝不辜负宋经略桐冈先生的信任和期望，定将殚精竭虑，甘愿肝脑涂地，上报皇天重托，下报知遇之恩！"

了凡和刘黄裳出任赞画，由宋应昌上奏申请，经皇帝亲自批准。宋应昌比两位赞画年轻，却早二十一年考中进士。他们三人，一个是正三品侍郎，另两个是正六品主事，中间隔着好几级。宋应昌做人谦虚。

宋应昌说："二公请坐！海防御倭军务，浓缩为两个字，就是'战守'，守在前，战在后。守，要做好海防和边防。海防广义地说，包括从南到北整个沿海，具体来说，侧重在蓟辽保和山东沿海。陆地边防主要在辽东，随着大军出征，辽东边防不必费心。战，既包括迎击倭奴入侵大明本土，又包括入朝抗倭，驱逐倭奴。战守，可分四事：一、做好海防，后顾无忧；二、选举将领，专职专责；三、选调精兵，能征善战；四、出征倭奴，救援朝鲜。

"本部与二赞画，各有专责。本部负责上奏朝廷，申奏政策，回奏进

---

[1] 赞画：军事辅助谋划人员，即今参谋长，战时职务，没有品级。
[2] 刘黄裳（1529—1595）：字玄子，河南潢川人，万历十四年进士。
[3] 二政府：内阁大学士赵志皋和张位。当时内阁与六部争权，内阁被称为政府，内阁大学士也自称政府。

展；向大司马申请指令与汇报进度，向蓟州、辽东、保定[1]、山东等处下达军令，征调大明各镇和各省兵马钱粮、军用器械，联络大明与朝鲜关系，经略全局，最终统率大军，决战朝鲜。

"袁赞画负责：一、划分蓟州、辽东、保定、山东海防区域，部署将领和军士，各守阵地。缺将领的选调将领，兵员不足的选调和招募。城堡荒废的抓紧重建，各河口必须修筑要塞，沿岸必须修筑碉堡和敌台。沿岸乡村组织民壮，联防联动。海边渔民、盐户，组织起来，做好警戒。每个防区设置什么将领，布防多少人马，多远建设一座碉堡和敌台，如何组织乡村民壮和海岛渔民、盐户，标准、规格、模式，具体怎么做，多看、多听、多问、多思考，尽快制定政策，本部审定后，迅速落实到位。二、随时关注、捕捉塘报上有关奏疏，搜集、掌握相关信息，归类整理，供本部决策。安排专人，进入朝鲜，打探朝鲜和倭奴情报。三、拟定出征朝鲜路线图，制定援朝抗倭战略战术，列举依据，比如倭奴有什么特点，倭奴作战有什么特色，倭刀、倭枪、倭炮有什么特征。四、东有倭奴磨刀霍霍，北有鞑虏虎视眈眈，九边重镇需要多少精兵留守防虏、东征倭奴需要多少精兵入朝作战、某镇可抽调多少精兵、某省可选调多少精壮，要一一摸清情况，拿出方案。五、总共和各处需要多少马匹、多少战车、多少战船、多少运船、多少弓箭、多少火铳、多少大炮，福船、仓船、沙船、哨船各需要多少，弓需要配备多少张、箭需要预备多少支，百子铳、三眼铳、快枪、鸟枪各需要多少，大将军炮、灭虏炮、虎蹲炮、佛朗机[2]炮各需要多少，要一一拿出清晰数据。

"刘赞画负责：一、筹集粮饷。出兵十万，用兵半年，需要多少钱粮？这些钱粮从哪里筹集？从户部可以筹集多少，从太仆寺可以筹集多少？粮食从哪里起运，运到哪里？如何运到前线，海运还是陆运？每月能运多少？二、尽快筹备马匹、战车、战船、盔甲和刀剑枪炮。马匹，找太仆寺专人对接；战船，从南直、浙江、福建、广东征调；战车，与永平兵

---

1 保定：北直隶被分为顺天和保定两个巡抚区，这里指保定等处巡抚区，下辖有滨海的河间府。

2 佛朗机：明代对葡萄牙的称谓。

备道对接。不足之数，对接工部，就地建造。枪炮，从京营和各镇借用，不足之数，对接工部，直接制造。制造地点选在哪里，天津还是辽东？

"两位赞画像左右两手，看似各有专责，各忙各的，实际上是共忙一事。遇到疑难阻塞，要及时禀报，由本部出面协调解决。人手不够不要紧，全大明战将、谋士听凭征调和招募。以最快的速度，把班子建起来，把事做起来。第一步，袁赞画，把圣旨附上经略告谕，下发蓟辽保、山东等处各督抚、各道、各府、各州县和各镇守、各卫所、各屯堡，限期半月，提交各衙门海防和备倭详细情况。第二步，三天之后，随本部巡视通州，前往三河，约见蓟辽保总督郝军门，了解蓟州、辽东和保定三镇海防。随后，分段检查海防。"

了凡检查从山海关到宝坻再到天津海岸线，刘黄裳检查辽东海口到鸭绿江等处海岸线。了凡组建起自己的团队：通过嘉禾会馆，招募山阴人冯仲婴和金相做幕宾；邀约两个在兵部见习的监生做文书；兵部从京营派来六个军士做通讯员和随从。

朝廷每年通过大运河南粮北调的四百万石粮食，六成储存在通州大运南仓、东仓、中仓和西仓。通州城防薄弱，离渤海湾又近。万一日军登陆，奔袭通州，火烧粮仓，后果不堪设想。

九月二十六日，了凡第一站来到宝坻梁城所。密云道副使王见宾、天津道副使梁云龙、游击将军吴惟忠[1]和新任宝坻知县张兆元陪同了凡巡视。宝坻地处密云道与天津道接壤处，需要两道协防。吴惟忠是浙江义乌人，二十六岁时开始跟随戚继光南征北战，现率领三千浙江募兵驻防宝坻。

梁城所掌印官张忠说："感谢袁赞画一直挂念着梁城所。只是，下官现在还是光杆千户、空头指挥，被抽调到石塘岭的军队还没归队，被派遣到古北口的军余还没回归。倭寇侵占朝鲜，这里海防风声很紧，听说吴将军麾下的南兵只是暂驻和路过。恢复和充实梁城所的兵力，事关通州大运仓和皇城安危。下官还请，"张忠起身抱拳当胸，"袁赞画玉成！这，绝非下官的私人请托！"

---

[1] 吴惟忠（1533—1611）：浙江义乌人，武举人出身，官至都督佥事，抗倭名将。

了凡说:"张指挥操心王事,本赞画这就禀报宋经略。非常时期,岂能拖延!半月之内,必须回防本所。谁敢贻误军机,定当军法从事。"

宝坻正在组织全县民工修筑海岸防御工事。了凡检查墩台、炮位是否合格,兵员是否足额,兵种配备是否适当,重点检查和规划几道入海河口的防御工事。

从宝坻到山海关,一路检查后,了凡向宋应昌写出汇报,提出:

一、在蓟州、辽东、保定镇守衙门设置专职备倭副总兵。

二、在京东和辽东各兵备道添设专职备倭佥事。

三、在顺天巡抚区域内现有的四道外,新设置海防道,道署衙门驻宝坻或丰润,专职负责海岸、海岛、外海的巡逻、侦察、缉捕。

四、镇守保定总兵官移驻天津。

五、规范海岸墩台、敌台等海防工事的规格、间距、配备兵员员额、器械标准等。

六、兵部记录在案的蓟州镇三千火枪手部队,属于挂名虚设。

七、集训中的抗倭援朝部队,掺杂有老弱病残。

第六十四章

冰天雪地过辽东

沈惟敬争取到五十天战备时间。宋应昌留在通州督促兵马调拨、钱粮筹措、军械筹备等，要统筹全局事务。他派了凡和刘黄裳先期赶往山海关，验收各地兵马后，前往辽阳设立抗倭援朝大本营，统一接收各地兵马。

备战时期，一切雷厉风行。

十月八日，宋应昌行文蓟辽保总督衙门，立即安排宝坻梁城所的官兵和军余回防宝坻。蓟州镇和辽东镇设置了备倭专职副总兵。蓟州镇备倭专职副总兵驻防梁城所。镇守保定总兵官倪尚忠移驻天津。蓟州海防道兵备佥事杨镐到任。

了凡起草的《设置蓟辽、保定、山东等镇兵将防守险要计划》和《海防战守计划》等文件，经宋应昌审定后，上奏朝廷。根据日军特点，了凡制定的骑兵、步兵、水兵装备标准，被经略兵部下发各督抚、各镇守、各兵备道、各领兵官。了凡制定了调兵方案，计划从辽东、蓟州、宣府、大同、陕西、延绥等军镇选调官军，从浙江、四川征调募兵，一共七万三千八百人。方案经宋应昌审核批准，上报兵部后，十月二十一日作为军令下达各地。招募的对日军进行侦察与交涉人员陈申、朱均旺、伍应廉、王宗圣等前来报到。宋应昌虚怀若谷、从善如流，让了凡年轻时的军事抱负得到部分实现。

九月十八日，宁夏叛乱被平定，提督陕西[1]讨逆军务总兵官李如松立下

---

1 陕西：明代在今甘肃、宁夏设置陕西行都司，作为军事管理区，行政名义上归属陕西省。

首功，由都督[1]佥事升为都督同知。十月十七日，朝廷任命李如松提督蓟辽、保定、山东军务，充任防海御倭总兵官。大明军事体系有三套系统：一、和平时代，兵部通过五个都督府，分管各省都司，都司下辖各卫、所，主要任务是养兵和练兵。二、战争时期，九卿和科道官员集体推荐兵部侍郎或都察院各级都御史出任经略、总督、提督、巡抚，做统帅；都督、伯爵、侯爵、公爵出任总兵官，做主帅。总兵官统辖副总兵、参将、游击将军、守备、把总，各官无品级，无定员，因事设置。边境守卫部队按战时配置武官。三、各省按察司派出的兵备道，参与辖境内军事管理和协调，负责战时后勤供应。

文官出身的巡抚、提督、总督、经略与总兵官会面，文官正坐，总兵官侧坐，无论品级高低。

武官出任提督，从李如松开始。他三十四岁当宣府总兵官，后转任山西总兵官。万历十五年在宣府总兵官任上，他坚持与巡抚许守谦平起平坐，遭到弹劾，被扣发俸禄。战功赫赫的从一品都督同知李如松，不想在正三品经略宋应昌座下委屈自己，借口有病，两次上奏辞职。石星提醒宋应昌尊重李如松。宋应昌答应尊重李如松，同时要求得到官场体面。经石星奏请，皇帝赏赐宋应昌穿戴一品官服，赏赐了凡和刘黄裳穿戴四品官服。宋应昌率领了凡和刘黄裳，摆设香案，朝北京方向，磕头谢恩。

六品官的乌纱帽有两道帽梁，四品官的乌纱帽有四道帽梁；六品官的官服是青色的，四品官的官服颜色和一、二、三品官一样，都是红色的；六品官的补子上绣着鹭鸶，四品官的补子上绣着云雁。穿戴四品官服，出乎了凡的意料，他有些兴奋，瞬间浮气上扬，情不自禁。了凡立即警觉，恢复了平静。

十月二十七日，是沈惟敬与小西行长的约定到期的日子。十月二十五日，在山海关，了凡陪同宋应昌接见沈惟敬，确定与日军下一步交涉的目标：一、日军退出朝鲜，第一步先退出平壤与王京；二、继续拖延日军进攻行动。沈惟敬领取一千两银子，用以贿赂小西行长。

---

[1] 都督：都督分正一品都督、从一品都督同知、正二品都督佥事，类似于今正职、副职和助理。

了凡派出郑文彬、陈申、伍应廉等入境朝鲜，深入了解朝鲜形势，侦探日军情报。

十一月十三日，在山海关，了凡和刘黄裳验收各地报到的兵马和装备，淘汰老弱病残后，接收兵力不到两万名。同日，宋应昌给李如松的父亲李成梁[1]写信，且先后两次给李如松写信，邀请和督促李如松就任。

兵部尚书石星三番五次催促，朝鲜使臣屡屡求告，宋应昌原计划利用天寒地冻，便于骑兵奔驰和车炮行进的天时，在十一月中旬誓师开战。了凡劝阻说，应等候提督大将军到任。

了凡访问祖承训、朝鲜使臣等，搜集情报，制定作战计划。他起草三十条军令，内容包括赏罚标准和钢铁军纪。其中提到，擒斩平[2]秀吉，赏银万两，封伯爵并世袭；擒斩小西行长、平秀嘉、平秀次、景辙玄苏，赏银五千两，升指挥使并世袭。军令中强调，朝鲜是大明属国，对朝鲜百姓要一视同仁，杀戮和奸污朝鲜百姓者斩。

十一月三十日，万历皇帝担心官兵天冷受冻，专旨下发十万两银子，慰问全体官兵。

综合各路情报，平壤城内日军上万人，王京日军两万多人，平壤到王京之间有日军近万人。朝鲜使者保证说，朝鲜储备的粮草足够五万明军食用两个月。

十二月三日和四日，经略兵部派发五千兵马，渡过鸭绿江，进驻义州。

十二月八日，辽阳集结部队三万五千二百人，骑兵与步兵各半。最关键的是，李如松已到达辽阳。

宋应昌主持召开大明抗倭援朝战前会议，辽东巡抚赵耀、辽东巡按御史李时孳、提督李如松、赞画员外郎[3]刘黄裳、赞画主事袁了凡、管粮户部主事艾维新、辽东总兵官杨绍勋、辽海道参议荆州俊、中军都督佥事杨元

---

1 李成梁（1526—1615）：辽宁铁岭人，任辽东总兵官，镇守辽东三十多年，因军功封宁远伯。

2 平：大明公文用"平"称"丰臣"。

3 员外郎：刘黄裳从刑部主事转兵部主事，按年资升员外郎。

等参加会议。会议决定：一、经略宋应昌坐镇辽阳大本营，继续督促调集各地兵马、钱粮和军械。二、提督李如松统一指挥左、中、右三路大军，进军朝鲜。中军一万零六百三十九人由副将都督佥事杨元统率，左路一万零六百三十二人由副总兵都督佥事李如柏[1]统率，右路一万零六百二十六人由参将张世爵统率。三、发兵时间定在十二月十三日。

会前，宋应昌与李如松两人对天盟誓，共同约定，文武同心，赤诚相待，忠君爱国，共谋成功。会后，宋应昌、李如松、刘黄裳、袁了凡在密室讨论由了凡起草的攻取平壤作战计划。

十二月十二日，了凡替宋应昌起草奏疏《请加将领职衔疏》，为杨元、李如柏、张世爵申请中、左、右副总兵职衔，奏请皇帝亲自签发委任书，激赏主要将领。

十三日，李如松检阅部队后，举办抗倭援朝宣誓大会。宋应昌亲自主持，首先宣读万历皇帝慰问官兵的圣旨，公布慰问银发放标准。李时孳宣读三十条军令。李如松发布提督令，当场处斩五个违反军令的官兵与五个倭奴，最后宣布出征令。

当天，了凡、刘黄裳陪同宋应昌，设宴为四十三名主要将领饯行。连续多日，各兵营发放慰问银，大办宴席，犒赏三军。

十六日，沈惟敬归属李如松提督军门。同日，宋应昌签发经略兵部令，了凡和刘黄裳正式加入提督军门，赞画作战和后勤等一切军务。

中路军、左路军、右路军分别于十三日、十六日、十九日相继出发，陆续渡江。

辽东只有广宁[2]和辽阳两大军事重镇。辽东总兵官镇守衙门驻广宁，辽东都司和辽东巡抚衙门驻辽阳。整个辽东没有府、州、县，只有二十五个卫。从辽阳往东南，沿着朝鲜进贡路线，人烟越来越稀少，地面越来越荒凉。

夜晚，寒风刺骨，滴水成冰，大地和山林白茫茫一片。了凡在行军帐篷外，仰望星空，观察天象。今夜木星拖着一条长尾巴，色泽不青而泛

---

[1] 李如柏（1553—1621）：李如松的弟弟，官至都督，曾任辽东总兵官。
[2] 广宁：今辽宁北镇市。

白，这象征着战争，兆应着倭奴侵略朝鲜。但是明年朝鲜将走旺运，而于倭奴不利。从天象看，朝鲜必然光复，但是光复过程充满曲折。了凡回到帐内，卜算吉凶，预测到，此次出征朝鲜，大捷在前，小败在后，但是因为倭奴内乱，明军最终得胜。只可惜，是惨胜。明军兵力不足，军械不全，军粮接济不上。征调七万官兵，除了蓟州、天津防海的兵外，只接收了不到四万名。了凡在山海关和辽阳两次验收部队，他发现，即便是蓟州镇和辽东镇，派出的也不全是精兵，其他军镇多拿老弱病残充数。被要求向辽东海运粮食的山东省，多次上奏，说他们本省缺粮。

沈惟敬十一月二十六日在平壤约见小西行长，贿赂对方一千两银子，并于十二月七日回国。他说，日本只求通贡，小西行长愿意退出平壤，以大同江为界。祖承训攻打朝鲜后，死人、死马腐烂引发传染病，日军死了不少人，城内粮食也快吃完了。小西行长的第一军团都是九州人。他们南方人怕冷，都想早些回家。沈惟敬探听出来，平秀吉传位给外甥平秀次，以亲信平秀宗（宇喜多秀家）守王京，以亲信平秀忠（毛利辉元）守庆尚道，自己驻守对马岛[1]。由此看来，倭奴并没有侵占大明的野心，其最大企图还是通贡。如果兵不血刃，通过谈判就可以收复朝鲜，这是大吉大利。

但是，李如松软禁了沈惟敬，因为担心他走漏风声，泄露明军入朝的消息。李如松准备强攻平壤。

了凡在草铺上打坐，下丹田生起生命之火，身上不觉得冷，心中却有些落寞。

---

[1] 驻守对马岛：情报有误，秀吉在日本名护屋。

第六十五章
了凡惹怒大将军

　　了凡晚上口诵佛咒，白天心念佛号，一副菩萨心肠。他认为，打仗免不了杀人死人，能不打仗最好，能少打一仗就少打一仗。沈惟敬说，小西行长同意让出平壤，甚至让出朝鲜三个道。了凡打算再劝劝李如松，争取和平收复平壤。

　　了凡和刘黄裳两位花甲老人，名闻天下，又是内阁首辅王锡爵的门生，宋应昌写信嘱咐李如松，保护好两位赞画的生命安全。了凡被李如松留在部队最后面。

　　二十五日，了凡渡过鸭绿江。在义州，了凡和刘黄裳会见李昑，详细询问朝鲜答应为明军准备的两个月军粮和草料，具体储存在哪里，各处存放多少，组织了多少运输人员，准备了什么运输工具。李昑和朝鲜官员一问三不知。入朝部队每人随身只携带了五天口粮。朝鲜市场以货换货，不流通银子。了凡心中忧急。

　　正月初四，小西行长派二十三人前来迎接沈惟敬，并刺探明军情报。在招待日军使者时，李如松的亲信李宁带兵斩杀十三人，活捉三人。日军使者跑了七个。

　　了凡急忙去见李如松。李如松请了凡坐下后，继续处理军务。

　　"带张三畏进来！"张三畏是辽东都司都指挥同知，从二品，专职管理辽东地区的军人屯田和军粮供应，被经略兵部临时任命，负责为入朝明军运输军粮和草料。

　　"张三畏，你竟敢谎报军情！朝鲜答应供应两个月军粮和草料，军粮在哪里？草料在哪里？你知罪吗？"李如松一声断喝，声音不高，威势压人。张三畏瞅一眼李如松，见李如松一脸怒容，脸黑如墨，虽然坐着，气势像铁塔一样矗立着。张三畏两膝一软，跪了下来，冷静地说："回禀李提督，卑职失职失察，确实有罪。"

李如松斥责道："军国大事，军粮如天，你竟敢敷衍塞责！不责罚不长记性，念在正是用人之际，免予参究。你要用心办事，否则定当重罚不饶！来呀，重责二十军棍！"

朝鲜国王的使者来为张三畏求情。李如松接过求情书，瞥见公文抬头"朝鲜国呈平倭提督李……"，随手扔还公文，不悦道："你们给宋爷公文用'咨'，给本督用'呈'，是藐视本督吗？"

咨，是省部级平行衙门公文来往格式。提督，职权高于巡抚，等同于拥有军法处罚权的巡抚。宋应昌给李如松行文用"檄"，"檄"即军令，令李如松不高兴，又没办法，这是朝廷制度。最初，李如松被任命为提督蓟辽、保定、山东等处军务防海御倭总兵官，职位高于辽东、顺天、保定、山东四地巡抚。入朝后，他被改称"平倭提督"。朝鲜山河破碎，国王卑微到极点，见到大明文官，一律尊称"大人"，对武官一律尊称"老爷"。李如松忍不住怒火，怒喝道："回去告诉你们大王，以后对提督军门行文，必须用'咨'。滚！"

李如松是大明武官出任提督第一人，朝鲜不知道给武官提督的公文格式。

李如松忙完，平淡地问道："袁赞画不待在后方，来到生死之地，有何见教？"

李如松师从文学家、书法家和军事家徐渭[1]，文武双全。他来到朝鲜，与朝鲜君臣李昖、柳成龙见面时，可以即兴赋诗，随手题写扇面。他的父亲是老功臣、老伯爵，他是典型的名将二代，早早出任高官，难免自负。尽管他多次被御史弹劾，但万历皇帝爱护他。宁夏大捷更给了他自信。李如松气势如虹，威势笼罩着整座提督大帐。身心虚弱的人能明显感受到这种威势对头顶的重压。了凡放空身心，化解李如松气场释放的压力。他

---

[1] 徐渭（1521—1593）：浙江绍兴人，抗倭名将胡宗宪的军师，诱擒倭寇头子徐海和汪直的策划人。

说："袁某有两事相商。一、朝鲜军粮缺乏，后方运输缓慢，能否暂缓进攻？二、袭杀倭奴使者，有失天朝信义。袁某建议，放出沈惟敬，令他去往倭营谈判，能兵不血刃收复平壤，最为上策。文武两手准备，并不妨碍李提督随时下令进攻。"

兵部尚书石星主张和谈，内阁大学士张位[1]和兵科都给事中许弘纲坚决主战。宋应昌最初附和石星主张和谈，后来劳心费力，招兵买马，惊动举国上下，不大战一场没法对朝廷交代。李如松新立军功，意气风发，一心想打仗。这是了凡第三次劝李如松。他不知道，李如松与宋应昌已达成一致。

李如松说："大军兵临城下，如箭在弦，不得不发。倭奴不打不长记性！沈惟敬就要陪同本督察看平壤地形。"

了凡掏出一封信说："这是袁某建议的进攻阵法。"

李如松收下书信，吩咐道："送袁赞画回后方。"

攻城作战计划有三个主要特点：一、用火攻，攻城前，用明火、毒火箭点燃房屋并熏晕熟睡中的日军，用佛朗机、虎蹲、灭虏等各种大炮远距离炮轰；进城后，焚毁沿街房屋，焚烧日军兵营和防守阵地。二、围攻六门，留出东门，供日军弃城逃跑，削弱日军守城斗志。三、最先登上城头者，赏银万两，封正三品都指挥使并世袭。

作战计划最初由了凡起草，融合了内阁大学士张位、经略宋应昌、左路军副总兵李如柏等人的建议。

正月初六，明军对平壤进行侦察式攻击。

初七，李如松派人劝降。

初八黎明，明军发起进攻，下午两点攻入平壤。晚上，小西行长率领残兵败将，从东门逃窜，逃往王京方向。

明军斩杀日军一千六百四十七名，烧死和淹死约一万名，在城头施展妖法的景辙玄苏被毒箭射死。明军七百九十六人牺牲，一千四百九十二人受伤。

---

[1] 张位（1534—1610）：江西南昌人，隆庆二年进士。

十一日，明军隆重祭奠阵亡将士，李如松痛哭流涕。当天，李如松把立功人员名单上报经略兵部。中、左、右三路大军副总兵中，李如柏是李如松的亲弟弟，张世爵是李如松父亲的老部下，杨元是宋应昌从京营中挑选带来的。杨元单独上报了中路军的立功人员名单。

宋应昌安插赋闲的原山西潞安府同知郑文彬和原山西壶关县知县赵汝梅到提督军门当参军[1]。郑文彬和赵汝梅为官复原职，他们不怕死，一直活跃在最前线。二人上报了单独的立功人员名单。

在李如松的报告中，张世爵是登城首功；在杨元的报告中，杨元是登城首功；在郑文彬和赵汝梅的报告中，骆尚志是登城首功。

十五日，宋应昌两次发文，命令了凡和刘黄裳深入调查，明确军功，好尽快为立功人员向朝廷请求封赏。

参战部队主要由北方世袭军人和南方浙江募兵组成，北兵骑马拿刀，靠体力和武术打仗；南兵擅长火器，属于技术兵种。在大明，南兵月饷比北兵多五钱银子，北兵嫉恨南兵。战前，李如松明令禁止割取首级。南兵最先攻进主城，北兵在后面大肆割取死人首级。论功行赏时，一颗首级五十两银子。北兵不仅屠杀说汉语投降的华人日军，还妄杀朝鲜百姓。南兵将领本该是登城首功，被北兵将领抢去了。南兵群情激愤，都憋着一肚子火。

了凡到提督大帐对质。

李如松发现他本人排第一位，谦让了一下。看到三路大军副总兵列在第二位，他点头赞许。看到登城首功不是张世爵，而是骆尚志，他面露不悦之色，以犀利的目光问询了凡。

了凡说："李提督横刀立马，一战轻取平壤，令倭奴失魂丧胆，可喜可贺！平壤一战死伤近两千人，都是精兵，令人痛心！为了凝聚军心、鼓舞士气，封赏必须及时，以利再接再厉，乘势进攻，收复王京。鼓舞士气，赏罚必须公平。北兵违令割取首级，滥杀俘虏，甚至妄杀百姓，南兵愤愤不平，不知李提督可曾知道，又将如何处置？"

---

1 参军：参谋军务。

第六十五章　了凡惹怒大将军

土木堡兵败[1]后，文官日益轻视武官，武官一直忍气吞声。在李如松看来，了凡打仗时躲在后方，打胜后却跳出来指手画脚。战前，了凡写信指责李如松放弃和谈是"执迷不悟"，李如松一直忍着。李如松以提督身份给经略宋应昌签送咨文时，宋应昌杀鸡给猴看，把使者杖打三十。宋应昌不懂军事，征兵征粮做后勤还算称职，却硬要虚张声势、装模作样地下达作战命令，李如松也一直忍着。战前，朝廷派锦衣卫指挥使黄应旸到朝鲜发放百姓免死牌。黄应旸说，李如松是辽东人，喜欢杀人，不分青红皂白。这是哪个卑鄙小人在背后偷射毒箭？在宁夏，李如松屠杀了两千多投降叛军。是宁夏的事被人恶意举报，还是被宋应昌、了凡、刘黄裳三人中的哪一个恶意中伤？

在战斗中，李如松的战马被打死，人被摔下来，又被毒气熏得鼻血直流。弟弟李如柏的头盔被打穿，幸亏命大没被打死。兄弟俩在前线拼命时，这些文官只会在后方耍嘴皮子和摇笔杆子。

李如松越想越生气，不由得怒喝道："呸！怕死的老和尚！本督与倭奴拼命时，你在哪里？兄弟们在战场流血时，你又在哪里？你从哪里听来这些流言蜚语？"

了凡在哪里，在干什么？了凡一心想促成和谈，战前多次劝说宋应昌和李如松，发现没效果，便连续给樊玉衡、吴崇礼、毛寿南三个御史等官员写信，说日军虽然狡诈却没有侵犯大明的野心，反映大明兵力不足、官军疲弱，抱怨李如松骄傲轻敌、喜欢战争。了凡企图制造舆论，影响决策。

---

[1] 土木堡兵败：1449 年，明英宗统率五十万大军亲征瓦剌，兵败被捕，众多高级将领战死。

第六十六章
提督坠马碧蹄馆

　　李如松像狮子一样的怒吼声惊醒了了凡。了凡立即觉醒，自己又犯了圣贤常犯的错误。圣贤日常以严格的标准要求自己，习惯成自然，总是下意识地以圣贤标准看待和要求别人。不应该以这样的态度对待出生入死、战功显赫的大英雄。了凡眼含歉意地静静看着李如松。

　　静气如水，生于肾；愤怒如火，起于心。心火遭遇肾水，冷静战胜浮躁。了凡平静地坐着，冷静地观照，心无杂念，以静制动，以静待变。

　　李如松气势如虹，根源于他的官职和战功。大将军杀人如麻，一身杀气，威震四方。提督有权处斩违反军纪的三品以下武将和五品以下文官，这种权势自带黑云压顶一样的气场。李如松刚刚统率三万大军，消灭上万倭奴，骄胜气焰直冲云霄。了凡心静如虚空，他的强大源自内心，源自虚空。

　　面对虚空一样的了凡，李如松愤怒的拳头像砸向虚空一样。他安静下来。战功评定，他确实动了私心。围攻平壤时，李如松率领两百名亲兵绕城奔驰，来回督战。原副总兵查大受率领游击将军吴惟忠强攻倭奴盘踞的城北制高点牡丹峰。戴罪立功的原副总兵祖承训率领游击将军骆尚志攻击南门。攻击南门的明军化装成朝鲜军人，被日军轻视。结果，骆尚志最先登上城头，攻入南门。骆尚志和吴惟忠两位浙江人率领的都是浙江兵，骆尚志一只脚被砸烂，吴惟忠胸口被打烂。战前，李如松严禁割取首级，战后，为了笼络北兵，自己朝令夕改，允许以首级论功。这里有说不出口的原因。杨元自恃有宋应昌做靠山，不尊重他。吴惟忠、骆尚志有时候直接向宋应昌汇报。了凡要求为沈惟敬记功，不无道理，他确实为战备争取了时间。

第六十六章 提督坠马碧蹄馆

武将只会在前方打仗，在朝中说不上话。李如松想，自己在宁夏打胜仗，仍免不了被文官弹劾。这些文官得罪不起，每个文官背后都有二百九十九个进士同年，再好的武官也架不住三个文官多嘴多舌。赞画刘黄裳、了凡，参军郑文彬、赵汝梅既是宋应昌派来的帮手，也是监督自己的耳目。

李如松冷静下来说："袁赞画，本督两只眼睛看不到三万将士。战功统计，难免有遗漏，有出入。赏罚分明，三军用命。来呀，传令下去，三路大军，重新调查、核实、甄别军功，三日内上报军门。袁赞画，及时赏功鼓舞士气很重要，乘胜进攻，一鼓作气夺取开城、王京更重要。宋经略传令，督促进兵，早日收复王京。不待宋经略督促，在会见朝鲜国王时，本督就有言在先，正月夺取平壤，二月收复王京，三月光复朝鲜。雄心壮志不缺，现在一缺兵马，二缺粮草，赞画可有妙策？"

三万六千明军半天打破一万八千日军和五千朝鲜伪军防守的平壤，令日军闻风丧胆，从平壤到开城的四百里以内，日军纷纷弃城南逃。开城离王京一百里，如果乘胜进攻，收复王京指日可待。王京有多少日军，不知道。明军一万精兵死伤两千多，进攻兵力远远不够。李如松多次向宋应昌催促援军。可是，女真寇贼乘虚入侵，辽东总兵官杨绍勋答应的第二批三千精兵一直脱不开身。四川五千募兵、浙江两千募兵、山西镇两千兵马和蓟州镇三千援军，二月中旬才能到朝鲜。

辽东粮草充足，但是运力不足。威力巨大的大将军炮，因运输迟缓，没能赶上平壤战役。

了凡作为赞画，代表经略兵部，参与提督军门军事部署，有监军性质。他说："先说声势，大军对外号称二十万，拖延日久，被倭奴看破，倭奴难免会反扑。再说天时，很快就要开春，一旦冰雪融化，道路泥泞，不利于大军骑兵奔驰。第三说局势，大军南下，敌众我寡，孤军深入，怎么办？驻守东北咸镜道的倭奴偷袭平壤怎么办？最后说粮草供应，这只能指望辽东后方运输。袁某建议：一、利用倭奴胆寒时机，派出沈惟敬，前往王京，乘胜游说倭奴退兵；二、派出侦察部队，在前方游弋，威慑倭奴，摸清开城、王京守军情况，寻找战机，当进则进，应守则守；三、借鉴三国曹孟德，长途奔袭、火烧乌巢粮仓、逼退敌军战术；四、敦请朝鲜国王移驾平壤，既能防守平壤，又能鼓舞朝鲜军心、民心；五、发动朝鲜义军，外围袭扰王京，城内接应大军；六、从朝鲜部队中选择不能上阵杀敌的一万军人，交由张三畏都司指挥，承担从鸭绿江到开城、到王京一千二百里的运送粮草任务；七、袁某派出谋士，前往咸镜道，游说倭奴。李提督，您看如何？"

李如松点头说："了凡先生考虑周密，目前也只能这样。"

李昖既怕开城日军北上反扑，又担心咸镜道日军从东北方向偷袭，死活不愿移驾平壤。了凡对李如松说："大将军放心南下，平壤有袁某在，一定想方设法保障后方安全。"了凡率领三千朝鲜部队和大明守城军人，抢修平壤城墙，承担起平壤防守任务。

李如松再次审问日军俘虏："倭贼精兵在哪里？"

俘虏说："第一军团驻守平壤，第二军团驻守咸镜道，这是两支先锋，也是最精锐部队。"

"咸镜道有多少倭贼？"

俘虏说："第二军团有两万多人，到处和朝鲜人打仗，死伤一半都不止。"

李如松说："本督率领天兵天将二十万，杀向王京，倭贼谁能阻挡？"

俘虏说："老爷威名震天下，咸镜道和王京的日本人一听老爷名号，早就吓跑了，根本用不着那么多天兵天将！"

朝廷封赏还没到，经略兵部赏金先到了。提督李如松赏金一百两，赞画刘黄裳和了凡各五十两，三路大军副总兵杨元、张世爵、李如柏各三十两，骆尚志、吴惟忠十三位参将和游击将军各二十两，参军郑文彬和赵汝梅各十二两。

正月十三日和十八日，李如柏和张世爵率领本部骑兵先后南下。侵占黄海道的日军第三军团两万多人，由黑田长政率领，南逃开城。驻守开城的日军第七军团一万五千多人由小早川隆景率领。正月十九日，第三军团和第七军团屠城、焚烧城后，向王京撤退。二十日，李如柏进驻开城。

正月二十二日，驻守王京以北的日军第三军团、第七军团和第八军团总计六万多日军退守王京。李如柏率领四千五百骑兵渡过临津江，进驻京畿道坡州，离王京八十里，威逼王京。

正月二十三日，李如松进驻开城，在残垣断壁中，从本不充足的军粮中，拿出一百石大米和一百两银子赈济朝鲜饥民。二十四日，为接应明军，王京朝鲜人民暴动，被日军屠杀数万人。当天，李如松在开城部署侦察和火烧王京龙山仓的作战计划。

二十五日黎明，查大受率领五百骑兵往龙山仓侦察，抵近王京西大门时，与一支一百五十人的巡逻队遭遇，斩杀六十三人后，迅速撤退。龙山仓位于王京西南，查大受没能靠近龙山仓。查大受退回临时驻地碧蹄馆。碧蹄馆在一座小山上，是朝鲜迎送大明使节的宾馆，南离王京四十里。碧蹄馆成了明军进攻王京的前线基地，部署有神机箭和大将军炮。

二十六日，李如松率军进驻坡州。当天半夜，查大受率领五百精兵，带着朝鲜向导，再次前往龙山仓。明将孙守廉、祖承训、李宁、张应种率领三千骑兵，随后跟进。二十七日寅时，在王京城北二十四里的砺石岭，先锋部队遭遇一支六百人日军巡逻队。明军利用骑兵优势，砍杀三百日军后，继续前进。打了胜仗的查大受派人向李如松报捷。朝鲜官员误报[1]军情，说日军逃离王京。李如松改变计划，率领一千骑兵前往王京，察看形势。

日军误以为明军主力进攻王京，出动四万一千日军，分作前军和后军，迎战明军。敌众我寡，三千五百明军不敢恋战，后撤至碧蹄馆。李如松得到消息，与李如柏、张世爵一道，快马加鞭，向碧蹄馆疾驰。途中，战马蹶倒，李如松坠马受伤。巳时，李如松赶到碧蹄馆，发现正在与日军对峙的明军迟疑不前，厉声喝叫："两军相遇，勇者胜。前进一步生，后退一步斩！"李如松分派李如柏和张世爵各领一支兵马，两路进攻。

两军对阵，明军大将军炮、神机箭、三眼铳火力强大，压制住日军火绳枪的火力和朝鲜伪军的片箭[2]射击。明军铁盔铁甲制作精良，耐击打。日军第一梯队、第二梯队连续向后逃窜。日军后军四个梯队迂回包围明军。

---

1 误报：明朝官员怀疑是谎报。
2 片箭：朝鲜军用箭，箭杆短，依靠竹筒发射。

李如松沉着冷静，指挥有度，明军一直保持着顽强的战斗力。从上午巳时激战到午时，仍然不能击退日军。实在寡不敌众，李如松命令撤退，自己亲自断后。

三千日军团团围住李如松。亲兵指挥使李有升、部将李宁率领数百人保护李如松。亲弟弟李如柏、李如梧、李如梅和义弟李如楠贴身护卫。明军且战且退，混战中，李如松再次坠马。日军将领见状，跃马刺杀李如松。李有升拼死护卫李如松，被日军用铁钩子拉下马，惨遭肢解。李如松身边八十多名护卫战死。

经过拼死奋战，明军突破重重包围。日军紧紧追击。在碧蹄馆以北的惠任岭，杨元率领一千骑兵前来接应。明军退守坡州。途中，李如松为李有升壮烈牺牲号啕大哭。

碧蹄馆一战，明军四千五百骑兵参战，二百六十四人牺牲，四十九人负伤，损失战马二百六十七匹。日军出动四万一千人，一千多人战死，七百四十三人受伤。

打仗亲兄弟，上阵父子兵。夜晚，王京城内，哭声一片……

第六十七章
和平解放咸镜道

平壤位于平安道，平安道东邻咸镜道。侵占咸镜道的日军第二军团时刻威胁着平壤。了凡决定采用离间计和调虎离山计。

俘房中有三个日军翻译，是浙江人，其中张大膳是小西行长的首席翻译。正月初四日，张大膳和二十二个日本人到明军营中迎接沈惟敬时被扣留，经过教育，做了明军翻译。与张大膳一起被扣留的还有日本人吉兵和霸三郎。

了凡安排谋士冯仲婴、王宗圣和侠士金相、朱均旺分组提审俘房，重点了解第二军团大将加藤清正和第一军团大将小西行长两人信息和他们之间的关系。

审讯结束，四人一起向了凡汇报。

冯仲婴说："袁赞画了凡先生，经过几天详细审问，幕下[1]已经摸清平清正和平行长两个倭贼底细，也掌握了两个倭贼之间的关系。先说平行长，该倭贼是药材商人小西隆佐的养子和女婿，年轻时跟着老丈人做生意，后来被平秀吉收编为水军将领，因军功被赐姓平并封赏肥后国[2]的南半部领土。该倭贼会说朝鲜话，他女婿宗义智是对马岛岛主，翁婿两人一直在和朝鲜做生意。平行长信奉佛朗机国传来的上帝教，喜欢在胸口画十字。

平清正三十一岁，比平行长小四岁。该倭贼五岁时被平秀吉收养，是平秀吉养子。该倭贼擅使一把片镰枪，在平秀吉统一倭国三岛战争中，屡

---
1 幕下：幕宾自谦。
2 肥后国：封建割据领地，约相当于今日本熊本县。

立战功,被赐姓平并封赏肥后国的北半部领土。

两个倭贼都是平秀吉心腹,因出身不同,祖上曾经阔过的平清正看不起商人出身的平行长。平行长领地内发生过暴动,镇压不住,请求平清正出兵支援。平清正更加轻视平行长。这次侵略朝鲜,平秀吉命令两个倭贼每隔一天轮流做先锋。去年,两个倭贼因争抢侵占王京功劳闹矛盾。

当时,朝鲜军队弃城逃跑,王京成了一座空城。五月三日晚上,平行长为争第一,丢下大部队,和女婿宗义智率领几十个将领,从东门进入王京。第二天一早,平清正率领大部队从南门进入王京。平清正指责平行长不遵守平秀吉军令,暴怒之下,刀劈平行长视若珍宝的天主像。被激怒的平行长挥刀要砍平清正。更令平行长气恼的是,明明他最先进入王京,平清正却抢先向平秀吉报功并受到平秀吉嘉奖。

在开城,两个倭贼为谁进攻平壤发生争吵,最后通过抓阄,平行长抓到进攻平壤的机会。咸镜道是朝鲜流放罪犯的苦寒之地,意外的是,朝鲜的两个王子逃难到咸镜道,被平清正抓为俘虏。平行长在平壤一败涂地,幕下估计,平清正只会更加瞧不起平行长。袁赞画,这是幕下四位幕友一致得出的结论。"

了凡说:"古今战争,智者用智,勇者用力,智勇不能偏废。能不流血、不牺牲打胜仗,最好。为消除咸镜道倭贼对平壤的威胁,我们最好文武双管齐下。从平安道到咸镜道,从平壤到咸兴,中间隔着千山万峰,山路崎岖,骑兵不能奔驰,炮车不便运送,粮草驮运困难,而且,我们有限的精兵都用在王京方向。如果……袁某打算挑选两位有勇有谋之士,前往咸镜道游说平清正,吓之以兵,晓之以理,动之以情,激之以怒,威逼利诱,令其退出咸镜道,以减轻我军东北方向的压力。如果成功,必将是奇功一件。袁某将向经略兵部申请悬赏标准,正使封正三品指挥使,赏金一百两,副使封正五品千户,赏金五十两,随行勇士三十人,每人赏金十两。朝鲜向导由袁某安排。四位幕宾可自荐,可推荐。"

不等话音落地,冯仲婴说:"冯某愿意前往。封赏在其次,首先不能辜负了凡先生信任。幕下抛家舍业、千里迢迢来到这人生地不熟的冰天雪地,正是为了这报效朝廷、报恩知遇、建功立业的机会。袁赞画?"

了凡微笑着说:"仲婴,袁某没看错你!人员你自己挑选和组织。"

金相说:"袁赞画,金相愿做副使,定当不辱使命,上报朝廷,中报知遇,保护冯先生。"

了凡问:"仲婴,你看?"

冯仲婴说:"袁赞画,毛遂自荐比挑选的更好。欢迎金侠士加入!"

朝鲜给每位大明在朝官员配备一位接伴使,了凡的接伴使是兵曹参判金宇颙[1]。了凡要求金宇颙推荐两名向导。金宇颙得知消息,立即报告李昖。李昖嘱托领议政[2]崔兴源拜访了凡。

崔兴源说:"赞画大人,小邦两位王子落难咸镜道,恳请赞画大人修书一封,托付冯公带往倭营,敦促倭贼放还两位王子。小邦大王拜托袁赞画!下官拜请了凡先生!"崔兴源跪了下来。

了凡扶起崔兴源,说:"即便大王不说,即便领相不跪,冯仲婴此去咸镜道,也同时负有解救两位王子的使命。"

二月十五日,冯仲婴到达咸镜道安边府。安边府是日军第二军团大本营。加藤清正派人远出城外五里迎接。在欢迎仪式中,武装军人耀武扬威,文官谋士彬彬有礼。冯仲婴把金相等人留在城外,自己一人一马进入安边城。

当天晚上,加藤清正迫不及待地把冯仲婴请入密室。参加密谈的有军师明琳和尚和日军翻译唐宗麟。唐宗麟万历三年被倭寇劫持到日本。

冯仲婴递上信件,信件抬头是"钦差经略兵部赞画、加四品服、兵部主事袁致日军平先锋官清正大将"。

冯仲婴觉察到加藤清正眼神中的失落,解释说:"袁赞画是钦差四品主事,钦差代表天朝天子,赞画谋划重大决策,主事决定重大事务。"加藤清正点头认可。听完翻译内容,加藤清正"哑"了一声说:"退出咸镜道,为什么?送还两位王子,凭什么?大日本丰臣太阁委任的先锋官清正大将就要统率十万铁兵,进攻大明,占领北京,在北京迎接丰臣太阁。"

---

[1] 兵曹参判金宇颙(yóng):相当于兵部侍郎。
[2] 领议政:朝鲜议政府的首官,相当于宰相,辅助国王,统领百官,下属有左、右议政,雅称"领相"。

冯仲婴仰头哈哈大笑起来。冯仲婴和了凡一样,每天打坐修炼,丹田气足,声音如铜钟般浑厚清脆,具有强大的穿透力。加藤清正发愣地盯住冯仲婴的眼睛。

冯仲婴直视着加藤清正,两双眼睛电光直射,对射碰撞后,冯仲婴看穿加藤清正眼神中强硬背后的虚弱。他再次朗声大笑起来。刚才的笑声如疾风暴雨、泰山压顶,直透胸肺;这次的笑声如春风化雨,清清爽爽、沁人心脾。加藤清正恼羞成怒,一脸狰狞,习惯性地伸手去抽腰间的倭刀,发现腰间没有佩刀。加藤清正咆哮道:"大胆明虏,休得猖狂,看我大日本军队西向平壤,打碎李如松的头颅!"

冯仲婴平静地说道:"想来清正大将还不知道,天朝天兵天将已经攻破平壤,打败平行长,打碎了妖僧景辙玄苏的头颅。"冯仲婴直视明琳和尚一眼,"天朝大将军李提督率领二十万天兵,就要东征咸镜道,天朝大将军麻贵[1]提督四十万天兵,正在渡海东征京畿道。清正大将,朝鲜好欺负,天朝难欺负;朝军好打败,天兵难打败。识时务者为俊杰,请清正大将三思!"

去年,第二军团快速侵占咸镜道,迅速安置了伪官、伪军。明军援朝后,朝鲜受到鼓舞,各地义军纷纷起义。驻守吉州和端川的日军被围困两个月。如今,咸镜道的日军只能龟缩在北青、咸兴、安边等南部几座孤零零的城市里。

庆尚道是日军侵朝的前进基地,釜山港是补给线的总枢纽。庆尚道的晋州城一直攻不下来。晋州东距釜山两百多里。从庆尚道釜山港到王京的补给线随时有被义军切断的危险。

日军各军团领兵大将都是各地大名,互不隶属,宇喜多秀家名义上是总大将,却缺乏威信。秀吉派出三个特派员协调指挥。去年十二月,三个特派员命令加藤清正撤往釜山,保护后勤补给线。平壤失守后,三个特派员命令加藤清正撤往王京,协守王京。

加藤清正问:"以冯公之见,识时务的俊杰应该怎么做?"

---

[1] 麻贵(1538—1616):山西大同人,著名抗倭将领。

冯仲缨说:"天朝仁义行天下,不忍心看着生灵涂炭。经过平行长屡屡请求,天朝恩准和谈。但是,天朝不愿与平行长这样的败军之将和谈。不知清正大将有什么想法?"

加藤清正说:"呸,行长这样的小商人,唯利是图,斤斤计较,不能代表日本大将,更不能代表太阁本人。本大将愿出面和谈,条件是,朝鲜南四道归属日本。"

冯仲缨说:"冯某被授权许诺,册封平秀吉为日本国王,允许与日本通商。割地求和,冯某无权答应,天朝也没这种习惯。只是,和谈这种军国大事,最好在王京举办。清正大将,您看?"

加藤清正说:"退出咸镜道,本大将现在就答应你。冯公此次出使,可谓不辱使命。释放两位王子,要等进一步谈判结果。怎么样?"

冯仲缨说:"天朝就喜欢与清正大将这样的人打交道。"

加藤清正说:"大军撤退时,烦劳冯公护送出咸镜道边界。不知冯公意下如何?"

冯仲缨说:"冯某不怕辛劳,甘愿护送一程。"

加藤清正得意地哈哈大笑起来,说:"真是大明侠士!"说着脱下身上的锦袍,亲手披到冯仲缨身上。

日军第二军团在冯仲缨的护送下,在狂风暴雪中南下江原道,月底撤到王京。

第六十八章
朝鲜开坛讲圣学

二月二十六日，了凡和朝鲜领议政崔兴源、礼曹判书[1]权协、兵曹判书李恒福等人，在义州迎接经略宋应昌，然后陪同宋应昌到达定州。在定州，了凡陪同宋应昌会见李昖。之后，在宋应昌下榻的宾馆，了凡详细汇报了朝鲜的情况。

听完汇报，宋应昌说："袁公和李提督、刘员外，三公奋战在异域，一战收复平壤，再战收复开城，三战取胜碧蹄馆[2]，一封书信收复咸镜道，劳苦功高，战绩卓著。眼下战事受阻，一阻于天时，二阻于地势，三阻于人事。沿途所见，一片混乱，明显可见朝鲜官员荒政、懒政、怠政、庸政。不是亲眼所见，宋某没法想象诸公在文书中汇报的实情。大明官员总是要走的，朝鲜的事最终还是要靠朝鲜人。这样吧，明天上午宋某接见前来欢迎的朝鲜文武官员，接见后，请了凡先生给他们讲讲万物一体和知行合一，训导他们如何做一个合格的父母官。"

讲学安排在定州州学的明伦堂。

朝鲜方面安排前来听训导的听众有朝鲜王世子光海君[3]，宗室人员唐陵君、熙丰君、熙元君，领议政崔兴源、左议政尹斗寿、右议政沈喜寿，都体察使[4]柳成龙，吏曹判书李山甫，户曹参判闵汝庆，礼曹判书权协，兵曹判书李恒福、兵曹参判金宇颙，都元帅金明元，平安道兵使李镒，理学家

---

[1] 礼曹判书：对应大明礼部尚书。
[2] 取胜碧蹄馆：李如松虚报开城战功，隐瞒碧蹄馆失利。
[3] 王世子光海君：王世子，属国朝鲜的储君；光海君是封号和爵位。
[4] 都体察使：总监军。

成浑，陪臣[1]郑昆寿、韩应寅、尹又新、柳梦鼎，以及定州牧使和州学学正等。

宋应昌和了凡最想训导的是李昖，李昖却借口有病而逃学。李昖沉迷于写诗作文，忠实地继承了与中国的诗赋外交传统。洪武二十九年，朝鲜上表祝贺元旦，表文中竟然出现侮辱性字词，朱元璋勃然大怒，扣留使者，要求朝鲜解释。朝鲜派出最有学问的权近，权近在南京作诗二十一首，讨得朱元璋欢心。从此，中朝往来，写诗作文，你唱我和，成为传统。李昖会见大明官员，作诗唱和是一个保留节目。因了凡和刘黄裳在工作中三次指责李昖，李昖就不准朝鲜官员与了凡和刘黄裳作诗唱和。

正月初六日，了凡和刘黄裳求见李昖，了解朝鲜形势，要求李昖组织平壤城内百姓和伪军做好内应。李昖说，城内的百姓和伪军都是叛徒，死有余辜。

收复平壤第二天，明军人缺粮食、马缺草料，实在没办法，只好痛心地杀马吃肉。李昖亲口答应过的粮草还是没有着落，了凡和刘黄裳再次求见李昖。李昖说，朝鲜八道陷落是在替天朝挡刀，天兵救朝鲜实际上是在救天朝。

碧蹄馆失利后，李如松留查大受驻守坡州，自己驻守开城。

进入二月，春雨连绵，江水暴涨，大军没法渡江；道路泥泞，泥水陷没马腿，骑兵无法奔驰，炮车无法移动；从鸭绿江到开城一千一百里，粮草运输艰难，军中缺粮严重，军人吃不饱肚子，战马吃不到草料。日军南逃时，洗劫了从平壤到王京之间的中和、黄州、凤山、开城等城市，焚烧了沿途的山林草坡。被屠杀的人和烧死的动物尸体，有被草草埋葬的，还有没被及时掩埋的，在天气变暖下，腐烂的尸体污染了环境。明军中流行瘟疫，过半明军病倒。了凡组织医生，经过大量诊治实践，开出圣散子和消毒饮两张药方。宋应昌在辽东组织配制了四千包药丸。瘟疫还没被彻底控制，祸不单行，军中暴发马疫，战马倒毙一万二千多匹。加上这次随宋经略入朝的两千兵马，明军实际入朝兵力三万八千五百三十七人，步兵和

---

[1] 陪臣：属国和诸侯国的臣子。

骑兵各半，其中伤亡二千六百七十四人。

二月十七日，李如松回平壤养病。俘虏供称，八道日军退守王京和釜山，王京城内外聚集了十一万日军[1]。凭目前的兵力，明军没法进攻王京。宋应昌、李如松、了凡和刘黄裳达成共识，要计取王京。了凡派出的王宗圣和朱均旺等人已到达开城，在伺机进入王京，策反小西行长。

李昖不管不顾，三番五次发送咨文，催促提督和两位赞画进攻王京。都体察使柳成龙多次当面讥讽、指责李如松、了凡和刘黄裳。朝鲜官员纷纷当面抱怨、背后指责明军。了凡认为，李昖当国王，写诗作文，只会动手；发布命令，只会动口，缺乏万物一体的仁爱之心，缺少知行合一的踏实功夫。他爱江山，爱权力，爱美女，就是不爱百姓，更不知道仁爱明军。朝鲜存在着大量的农奴和奴婢，正是这些农奴和奴婢，在李昖逃离王京后，哄抢了他的宝库和官仓，烧了王宫和官衙。宋应昌和了凡想通过讲学给李昖对症下药和扎针治病。

各级官员不愿亲力亲为，只会养尊处优和发号施令，以为吩咐下去就万事大吉，认为贱民才干具体的事。

主管粮草供应的户部主事艾维新在辽东筹集了足够的粮草，来到朝鲜发现，因运输不力，明军饿病了，军马饿死了，气得杖罚了知中枢府事金应南、户曹参判闵汝庆、义州牧使黄琎。

了凡看了一眼在座的金应南和闵汝庆，心生悲悯。

柳成龙是东人党领袖。万历十九年，出使日本的朝鲜使者回国，正使黄允吉汇报说，丰臣秀吉是个奸雄，铁定会进犯朝鲜；副使金诚一当场反驳说，丰臣秀吉目光如鼠，他不敢侵犯朝鲜。黄允吉是西人党人，金诚一是东人党人，时任领议政的柳成龙不管青红皂白，坚决附和金诚一。朝鲜因此放松警惕，被日军打得措手不及。柳成龙现在当着都体察使，天天在后方花天酒地，和歌妓鬼混。看着这位朝鲜著名文学家，了凡心中感到悲哀。

在座的李镒，在平壤战役时，被安排在城南策应明军进攻，堵截日

---

[1] 十一万日军：这是按日军番号估计的数字，日军减员一半，实际日军六万左右。

军，结果他心生畏惧，西退十里避战，日军逃远后才装模作样地追击。这样的武将平时忠君爱国不离口，战时却贪生怕死。

明军大将军炮、喷火神筒和神火飞鸦没赶上平壤战役，现在这些武器与虎蹲炮、灭虏炮一起驻防在临津江北岸。明军缺少人手，让朝鲜组织一千人，学习火器维护和操作。朝鲜兵部勉强凑够四百人，后来说要春耕，又解散了这四百人。了凡看向兵曹判书李恒福和兵曹参判金宇颙，有种恨铁不成钢的怜悯。

朝鲜君臣这种等、靠、要思想不转变，如何配合明军行动，如何驱逐倭奴，如何收复朝鲜，如何治理朝鲜？

看样子，王世子李珲[1]谦虚好学。去年六月，李昖准备到辽东避难，恩准李珲摄政。十八岁的李珲学好了，将来一定是一位明君。文武官员学好了，起码可以踏实做事。

了凡开讲："今天从'明伦堂'三个字开讲。堂，有三层含义：一、看得见的大殿厅堂，二、看不见的方寸之心，三、天地宇宙。天在上，地在下，人在中间，上下贯通天地人，这是一个'王'字。贯通天地人，才有资格称王做王。"了凡看着李珲，一手指天，一手指地。李珲专注的眼神中充满了好奇和渴求。

"每个人都要明白自己的身份和责任。君王有君王的使命，文臣有文臣的担当，武将有武将的职责。君王的使命是爱护百姓，不能只爱美女；文臣的担当是规劝和辅助君王，治理好国家，不能只会写诗作赋，不能只爱歌妓和美酒；武将的职责是保卫君王，保护百姓，打仗不能贪生怕死。君王做到这些，才称职；文臣做到这些，才尽责；武将做到这些，才尽忠。做到了，才叫真明白，这叫'明伦'。心中明白，道理明白，做事明白，这叫'明伦堂'。

"心中明明白白，没有丝毫疑惑和障碍，这叫通了天道。这时候人心与天心合二为一，天人合一，这叫万物一体。这样的人才是真正的大人、真正的君子、真正的王。"李珲眼神中洋溢着对万物一体的憧憬和对了凡

---

[1] 李珲（1575—1641）：李昖次子，1608 年继位，朝鲜第十五代君主。珲：音 hún 或 huī。

的崇敬。

"这时候的心就叫良心,这时候的知就叫良知。一个人良心发现,一个人良知显现,做人做事一定会知行合一、脚踏实地,这叫通了地道。做人做事,明白自己的本分,忠实履行自己的使命、担当和职责,这叫通了人道。三道贯通,做王一定是圣王,做臣一定是大臣,做将一定是良将。"

李珲心潮澎湃,满脸涨红,按捺不住,起身高揖,声音颤抖着说:"天朝来的了凡先生,本世子,啊不不,学生李珲今天深受启蒙、深受启迪、深受教诲。学生李珲愿学、愿做这样的王,啊不不,愿做这样的王世子。请尊师明示,如何做到万物一体,如何做到知行合一,如何发现良心,如何显现良知?"

了凡示意李珲坐下,说:"良心就是正心。如何正心?念头不正纠正它,心意不诚纠正它。君王迷美色,文官贪金银,武将怕死伤,这就是心不正,这就是意不诚,必须纠正。心正意诚,良知显现。良知显现,万物一体、知行合一,都在其中。"

柳成龙突然问道:"敢问袁赞画,袁大人,您这讲的是哪家学问?"

了凡说:"袁某讲的是孔孟学问,是阳明学问。"

柳成龙说:"小邦只信朱子学问……"柳成龙担心自己要说的话影响与天朝的关系,突然捂嘴,假装咳嗽起来。

第六十九章
忍辱负重担使命

三月三日，了凡和刘黄裳陪同宋应昌，宴请李如松和提督幕府中的谋士、书吏。晚上，宋应昌召见了凡。

宋应昌说："袁公，将士们奋勇作战，流血牺牲，早就应该封赏，为平衡各方利益，一直拖延至今。白天，宋某和李提督达成共识，明天就要上奏。出征以来，袁公顶风冒雪，缺食少睡；修复城墙，防守平壤；出谋划策，选派间谍；协调中朝，督促后勤；化解矛盾，抚治病伤；百般辛苦，军功显著。军功奏疏中，袁公的大名本应排在前列，只是……"宋应昌眼含歉意地看着了凡，"遵照王相公的意思，军功奏疏中不出现袁公的名字。"

了凡出任赞画是由王锡爵推荐的。今年二月在辽东时，宋应昌就接到兵部尚书石星通报，了凡被给事中弹劾，当时处理结果还不明朗。

因为什么被弹劾，了凡心中疑惑。平壤大捷后，李提督认定擒斩了六千五百六十颗首级。南兵对此愤愤不平，说北兵收割了朝鲜百姓首级，甚至还有明军牺牲士兵的首级。了凡当面质问后，李提督让北兵将领磕头认错，晚上亲自提着酒找了凡喝。此后，李如松对了凡态度非常亲热。后来有人对了凡说，李如松密奏了凡十大罪状。为自证清白，了凡向宋应昌和王锡爵写信说明过情况。

正月里了凡给朱熙庵写信说，他可以和大家一起成功收复朝鲜，绝不和大家一起接受军功封赏。他说，收复朝鲜后，他要隐居修道。这也算他心想事成。但是被弹劾，被取消军功，总要明白原因吧。

了凡问："难道真是李某人背后诬陷？"

宋应昌轻轻摇摇头，说："阁部相争，殃及无辜。"

内阁最初是皇帝的秘书顾问班子，阁臣从正五品翰林院学士中选拔，入阁后称内阁大学士，仍是正五品，品级远远低于正二品的六部尚书。嘉靖以后，内阁地位逐渐高于六部。张居正当首辅时，剥夺六部的部分权力，内阁权力达到顶峰。六部中，吏部排在首位。吏部最重要的权力有两项，一是对重要官员的推荐主导权，二是对其他官员的任用权和考核权。万历二十年三月，孙鑨[1]接任吏部尚书后铁了心要恢复吏部权力。以前在路上相遇，吏部尚书要避让内阁大学士，要么改道而行，要么把车马停在路右边。孙鑨在路上不再避让，惹怒了内阁大学士张位。

万历二十一年是六年一度的京察年份，吏部会同都察院考核在京任职官员。孙鑨、李世达和吏部考功司郎中赵南星六亲不认，孙鑨罢免自己外甥，李世达罢免自家亲戚，赵南星罢免自己亲家公。吏部清理了不称职官员，其中有内阁大学士赵志皋[2]的亲弟弟和内阁首辅王锡爵的五个苏州同乡，这得罪了赵志皋和王锡爵。京察结束后，有御史和给事中弹劾吏部员外郎虞淳熙、兵部郎中杨于庭和主事袁黄。他们是吏部考核合格的官员，吏部极力为三人辩护。御史和给事中揪住不放。吏部力保虞淳熙和杨于庭，放弃了袁黄。袁黄是内阁首辅王锡爵的门生，两人都是虔诚的佛弟子，交往密切。王锡爵当了十年内阁大学士，很有势力。王锡爵的门生、袁黄的同年进士、刑科给事中刘道隆等继续追究虞淳熙和杨于庭，并弹劾吏部庇护同僚、拉帮结派。虞淳熙既是孙鑨的同僚，又是同乡。最忌讳官员拉帮结派的万历皇帝，罚了孙鑨两个月俸禄，罢免了虞淳熙，降了赵南星、杨于庭和袁黄的职。王锡爵上奏说，赵南星对官员的好评和恶评都太过分，虞淳熙和杨于庭必须罢免，但袁黄出征在外，留待以后处理。

都察院掌院李世达等十人上奏为赵南星辩护。皇帝被激怒，把赵南星、虞淳熙、杨于庭和袁黄全部削职为民。杨于庭在宁夏平叛中立有军功，但照样保不住自己的官职。

---

1 孙鑨（lóng，1525—1594）：浙江余姚人，嘉靖三十五年进士。
2 赵志皋（1524—1601）：浙江兰溪人，隆庆二年进士，官至内阁首辅。

第六十九章　忍辱负重担使命

吏科都给事中李汝华弹劾了凡的理由是，了凡以添注[1]主事的身份出任赞画。当时，职方司两个主事，一个在宁夏平叛战争前线做赞画，一个跟着经略郑洛做赞画，职方司备倭军务需要主事，却没编制。了凡以添注身份先行做事，等两个主事立功升官后，腾出编制再转正。宁夏平叛结束后，了凡成了正式主事。

宋应昌说："王相公托我转达他的慰问，袁公蒙冤受屈了！"

正月里，了凡在给御史樊玉衡的信中说，大年初一日，从早到晚，白气漫天，日色无光，他由此断定在今年的京察中，小人得志，正人君子受欺辱。了凡有先见之明。

了凡平静地说："军功不足惜！只可惜袁某不能继续辅助宋公，尽心尽力光复属国。"

宋应昌说："袁公虽然不再是兵部主事，但仍然是经略兵部赞画。袁公懂军事，经略兵部需要袁公继续出谋划策；沈惟敬、冯仲缨、王宗圣这些谋士侠客是袁公选拔的，袁公熟悉情况，策反工作需要袁公继续做；袁公懂医术，军中救死扶伤需要袁公。往小处说，作为知己，宋某需要袁公鼎力相助；往大处说，作为仁人志士，朝廷需要袁赞画忍辱负重，担当使命。袁赞画？"宋应昌也是王畿弟子。

了凡点头说："为公为私，袁某答应宋经略！"

三月初，明军战马倒毙累计一万六千匹，骑兵接近丧失战斗力。了凡派出冯仲缨和金相南下开城，计划策反加藤清正。然后，了凡约谈沈惟敬。

了凡问："宇愚先生对时局有什么看法？"

沈惟敬说："眼下春暖花开，阴雨连绵，又闹瘟疫，军中人病马死，粮草困难。进攻王京，近期……"沈惟敬摇摇头，"不过，一样的天，一样的地，倭奴那里也会闹瘟疫。倭奴运粮食要漂洋过海，比我们更难。正面明军打它，背后朝鲜官军、义军骚扰它，倭奴在哪里都不安全。出国一年，打仗一年，可想而知，将领士兵疲惫不堪。一句话，倭奴日子更难过。"

---

[1] 添注：登录姓名，拟定官职，以备任用。

了凡说:"宋经略和李提督要委派宇愚先生南下寻找机会。袁某考虑到平壤战败后,平行长恼羞成怒,有可能加害宇愚先生。不知宇愚先生意下如何?"

沈惟敬笑着说:"沈某南下是在解救倭奴。谅他也不敢怎么着沈某。再说了,将军战场流血牺牲,是本分之事,沈某有何畏惧!"

了凡说:"那好,沈将军要准备随时南下。"

三月三日,驻守王京的日军将领召开军事会议,一致同意撤离王京,退守釜山等沿海地区。日军一面派人向丰臣秀吉汇报,一面放出求和信息。小西行长寻找沈惟敬,加藤清正寻找冯仲缨。

日军最初的战略目标是借道朝鲜,进攻大明,主战线从朝鲜半岛东南端庆尚道的釜山向西北直插京畿道的王京,从王京再向西北占领平安道的平壤。位于朝鲜半岛西南端的全罗道基本没遭受日军侵略。为配合明军进攻王京,全罗道巡察使权栗率领四千官军北上,处英和尚率领由僧人组成的一千义军在王京附近接应权栗。他们在王京附近袭扰日军。全罗道左水使李舜臣指挥舰队时常袭扰驻守庆尚道的日本水军。

明军收复平壤后,侵占咸镜道和江原道的日军退守王京。从釜山到王京一千多里的后勤补给线上,只有六千日军防守,补给线不时遭受朝鲜义军袭扰。平壤攻防战和碧蹄馆遭遇战后,日军清醒地认识到,明军的火器、战马和战斗力强于日军,进攻大明的梦想破灭了。

几万日军像蚂蚁一样聚集于王京,为防备明军攻城,日军屠杀了城内所有朝鲜成年男人。被屠杀的几万尸体,有被掩埋的,有被抛于荒野的。春暖花开,尸体腐烂,日军中闹起瘟疫。王京粮食只够维持到四月十日。

日军士气低落,士兵逃亡,将领想家。三月七日,日军把求和信系在箭头上,分别射向明军和朝军军营。两封求和信被火速转交驻守坡州的副总兵查大受。

三月八日,宋应昌接信后,立即向朝廷汇报,同时向小西行长发出告谕。日军的撤军条件是:一、准许与日本通商;二、册封丰臣秀吉为日本国王。宋应昌的告谕内容是:一、日军退出朝鲜;二、释放朝鲜两位王子;三、丰臣秀吉上表向大明天子谢罪。

第六十九章　忍辱负重担使命

朝廷下拨的抗倭援朝直接军费累计六十五万两，加上间接军费，已突破一百万两。去年九月结束的宁夏平叛战争花费一百八十万两。兵部尚书石星和内阁大学士赵志皋主和，兵科都给事中许弘纲等给事中和御史纷纷主战。最终，主和派占了上风。三月十五日，沈惟敬一行二十三人前往王京，与丰臣秀吉的三个特使、总大将宇喜多秀家和小西行长开始正式谈判。

三月二十五日，沈惟敬在了凡陪同下向宋应昌汇报谈判结果：一、日军四月八日撤离王京，撤退时，明军和朝军不得袭击日军；二、日军留下龙山仓两千石粮食给明军；三、日军留下一个将领作人质；四、明使前往日本见丰臣秀吉。

宋应昌说："沈游击功劳显著，经略兵部已经向朝廷报功，等收复王京后，一并封赏。宋某已经为沈游击请封参将。这次出使倭国，接收平秀吉降表，功劳更大。宋某一定再为沈参将请封。"

对日和谈成功，和平曙光显现。

三月二十六日，了凡离开朝鲜回国，结束了他的抗倭援朝赞画工作。

第七十章
应邀主编嘉善志

六月二十八日，了凡到嘉善县城为陈于王送行。陈于王与了凡既是同年进士，又是儿女亲家，他女儿许配给了凡的儿子天启了。陈于王在北直隶魏县做知县时，父亲去世，在家守孝三年后，要去北京接受吏部重新分配的工作。饯行宴由嘉善知县章士雅[1]主持，盛唐、李自华、支大伦、钱吾德、丁寅、沈大奎、钱天胤、沈道原、李奇珍、冯盛典、庄则孝、沈万珂、钱士升等名流才俊参加。

送走陈于王，大家送盛唐回家，顺便在盛唐家聊适园的宛在亭下品茶。

八十四岁的盛唐说："章侯到任三年，做人公正，做事公平。章侯要重修《嘉善县志》，委派老朽做主编，老朽不敢以年老力衰推辞。其实，在座中有更好的主编人选。"盛唐捋着自己的白胡须，笑盈盈地看着章士雅。

章士雅笑看着了凡说："嘉靖二十七年，于侯重修《嘉善县志》，至今快五十年了。五十年来，人世沧桑，世事变化。县志典籍，辅助县政，塑造世风，不能缺少。嘉靖年间，倭寇两次焚烧县城，很多资料被毁。了翁学富五车，您可是咱嘉善会走路的藏书阁。了翁刚东征归来，章某本想等了翁休息一段日子再上门拜请，没想到，在城里能见到了翁，真是缘分到了！今天在此借盛老先生一杯香茗，聘请了翁出任重修《嘉善县志》主编。盛老先生年高德厚、阅历丰富，了翁学识渊博、笔力雄壮，两翁主

---

[1] 章士雅（生卒不详）：江苏吴县（今苏州市吴中区）阳东人，万历十七年进士。

编，必出佳章。"章士雅捧起一杯茶，敬献了凡。

了凡老宅在嘉善，新家在吴江，田产分布在嘉善和吴江。章士雅到任当年就给了凡写信，请教当知县的经验。了凡接过茶水，捧在胸前，向上一举，表示谢意，然后随手放在石桌上。

了凡说："谢谢章侯美意！首先，袁某不敢称翁，一是有盛老前辈在，二是袁某德薄学浅。重修县志是大事，袁某一个被朝廷驱逐的贱臣，应该好好在家闭门反省，不敢出任主编。请章侯谅解！袁某手里收藏有不少资料，愿意贡献出来。"了凡端起茶杯，放在鼻前，静静嗅闻后轻啜一口，闭目品茶。

盛堂说："袁主事不必挂怀，黑白对错，自古难说。比如喝茶，章侯喜欢喝绿茶，老朽喜欢喝红茶，习惯不同，爱好不同，见识不同，无所谓对错。无愧天地，无愧良知，让做官就做官，让做民就做民。做再大的官，做再久的官，最终还是要做一个老百姓。做官，就治理国政；做民，就治理家政；做人，就治理身心；像老朽，只治理这聊适园。过去，老朽当过推官、御史、副使，此后几十年，老朽就安心当好这座聊适园的园丁、园头。多逍遥！多自在！说起逍遥自在，还有他们几位！"

盛唐一一看向李自华、支大伦、钱吾德、丁寅和沈大奎。

李自华当了六年官，早早辞职了。支大伦试用期间就被张居正先降职后罢官，在家闲住七年，后来做奉新知县时与上级领导闹别扭，干脆辞职。钱吾德中举后当过教谕、知县和知州，现在退休在家。丁寅国子监毕业后，挂一个从七品光禄寺署丞的头衔，一辈子在家奉养老人、研究心学。沈大奎五十一岁到江西益王府当教授，干够两任六年，辞职回家。

钱天胤是了凡大姐的孙子，他的秀才父亲钱承恩已经去世。沈道原是了凡表兄沈科的儿子，他的父亲被张居正由从三品官降为正四品官，最后干脆被罢官，他的叔叔沈称一辈子功名仅限于国子监监生。如今沈科、沈称兄弟已经去世。

想到罢官，了凡联想到好朋友冯梦祯和黄洪宪。在万历十五年的京察中，冯梦祯在编修任上被罢官。万历十六年，黄洪宪在詹事府少詹事任上被罢官。罢官原因各不相同，有的触怒龙颜，有的招惹虎威，有的贪污腐败，有的工作失误，有的仅仅因为个性突出。罢官与辞职不同。当知县时，了凡给李世达写信说，任期结束就退休。宋应昌提拔他当赞画，他多次推辞。到朝鲜后，他给多人写信，说收复朝鲜后就退休。四月二十二日，明军和平收复王京。同年进士刘黄裳因军功升郎中，宋应昌、李如松、刘黄裳三人的书吏都升了官，许多不相干的人挂名军功升了官。在最初的军功奏疏中，宋应昌建议朝廷提拔了凡做员外郎。去年给做御史的同年进士毛寿南写信时，了凡兴奋地公布了就要升官的消息。他真正立了功，却被罢官。官可以不做，自己辞职，那是高洁；被罢官、被驱逐，那是羞辱。

五月十八日回家一个月以来，了凡闭门静坐。吴江知县祝似华和嘉兴府同知张时珍关照过了凡家族。回乡后，祝似华和张时珍派人慰问。了凡在感谢信中说，本应该登门致谢，但是一个被罢官的人，最应该做的是在家闭门思过。黄洪宪和冯梦祯派人慰问。钱吾德、沈大奎等亲戚朋友纷纷登门看望。

今年被罢官，明年还可以再当官。冯梦祯闲居六年后，刚刚被起用为南直隶广德州判官。

章士雅一拱手说："县志的事改日再说。今天章某特意叫来县学几个后起之秀。盛御史、李翰林、支进士、钱太守，他们都到县学讲过学。了凡先生，您可是天下闻名的文章大家，趁您这次回县，章某想请您到县学说法传道，您看？"章士雅说完，看向几个年轻人。

侍立在一旁的几个秀才一齐鞠躬高揖，朝了凡行礼。

秀才中，钱士升[1]是了凡大姑家表哥的玄孙，沈万珂是了凡好朋友兼亲戚沈大奎的儿子。了凡笑着说："提携后学，袁某岂敢推辞！"

章士雅说："你们这些县学秀才有福了！"

几个秀才齐声说："多谢章父母、了凡先生和各位前辈栽培！"

晚上，了凡住在半村居老宅。三个哥哥、三个嫂嫂已经去世，弟弟袁衮在县里当儒官[2]。父亲袁仁被朝廷赠宝坻知县，大母王氏和生母李氏被赠

---

1 钱士升（1575—1652）：万历四十四年状元，官至内阁大学士。

2 儒官：管理全县文化教育，没有品级。

孺人[1]。过去，朝廷只封赠七品官的一位母亲，要么封赠嫡母，要么封赠生母。了凡申诉后，吏部修改了规则。这样，了凡对从未见过面的大母尽了孝心。第二天，全家人上坟，祭祀爷奶、父母、哥嫂。

第三天上午，讲学结束后，章士雅正式邀请了凡出任重编《嘉善县志》主编。下午，章士雅主持召开《嘉善县志》编辑会议，盛唐、了凡两位主编和沈道原、沈万珂、冯盛典、庄则孝、李奇珍等八位秀才参加了会议。

章士雅说："县志荟萃古今典籍和文献。去年的田亩、人口账簿和赋税、徭役额度，可以作为明年的依据和参考；风土人情、地方特产和名胜古迹、湖泊河流，可以彰显家乡的特色和名望；先贤牌坊、淑人碑志和名流文章、骚客诗赋，是地灵人杰的实物和见证；名宦名儒、仁人志士和节妇烈女、孝子贤孙，为后人树立典范和榜样。文章和数字是死的，只有人才能赋予它们生命力。盛御史见证了正德、嘉靖、隆庆、万历四朝风光，胸藏典籍，这是活生生的文献；袁主事收藏有嘉善历代文章，手绘有各乡各里政图和河流湖泊地图，这是活生生的文献。今天，咱们把体例和结构落实下来，把职责确定下来。盛御史、袁主事？"

盛唐说："老朽接受章侯委托后，初步拟定了结构和纲目。自古以来，制礼作乐，这是主政者的权责。县政评价和人物褒贬，一切听从章侯定论，老朽不敢妄加评判。"

了凡说："对照盛老前辈拟定的纲目，袁某收藏的资料可以提供七成的内容。县志作为史书，贵在语言明白，讲究简洁实用，不追求文辞华丽。章侯定方向，老前辈列纲目，袁某分门别类整理材料，八个秀才分章分卷编辑。整理材料，袁某不敢自以为是，不敢夹杂个人好恶。"

秀才说："学生一切听从章父母、盛御史、袁主事吩咐，多学习，多出力。"

章士雅说："盛御史德纯寿高，老先生多保重，有事只需动动口。袁主事学识渊博、智慧高远，重编《嘉善县志》，就请了凡先生多操心，多

---

[1] 孺人：明代朝廷对七品官母亲和妻子的封号。

谋划，多指导，多动手。八个秀才，年轻力壮，多学习，向两位主编学习做人、做文章；多做事，向两位老前辈学习做事、做学问。"

在了凡的指导下，表侄儿沈道原当年考取贡生，到国子监读书，第二年考中举人，第三年金榜题名，脱离了县志编辑工作。李奇珍和沈道原同年中举。

万历二十四年十月，《嘉善县志》刻印成书。万历二十五年，编辑沈万珂、庄则孝考中举人，钱士升考中贡生。第二年，李奇珍和庄则孝双双考中进士。新举人、新进士说，在编辑《嘉善县志》中学会了做学问和写文章。

章士雅万历二十五年十月离任。嘉善为章士雅建了生祠。在生祠建成庆典上，新任知县余心纯请了凡写文纪念。了凡写了《阳东章侯生祠碑记》，从做事公平、做官勤劳、廉洁自律、深谋远虑、忠信正直、礼贤下士、惩治恶霸、严于治吏、救民疾苦、建设水利、做人温良、忠孝双全、教化有方、仪容端庄、平易近人等十五个方面赞颂章士雅的功德，弥补了《嘉善县志·名宦》没能收录章士雅的缺憾。

第七十一章
教育儿子立大志

万历二十二年，了凡六十一岁，天启十三岁。天启参加了吴江县学选拔考试。吴江知县祝似华亲自测试后，对天启的评价是"聪慧异常，万里挑一"。

前年八月，红莲领着天启、宝生回到吴江。了凡担心她们孤儿寡母，先后从辽东和朝鲜给祝似华写信，托付祝似华关照妻儿。天启参加吴江县学选拔考试，了凡为避嫌，事先没去拜访祝似华。考试结束，祝似华约见了凡。

祝似华说："袁主事，令郎耳聪目明，阅读一目数行，写作才思敏捷，真是可造之才！真是有其父必有其子！作为知县，祝某没有理由不录取令郎。但是，从有利于令郎成长方面说，从为朝廷培养栋梁方面说，县学今年对他不予录取。"

祝似华是四川内江人，万历十七年考中进士，在南直隶天长县做过一任知县，万历十九年来吴江，在两个县都有良好的声誉。祝似华比了凡年轻得多，了凡却非常尊重他，尊重他的人品和官品。了凡庄重地点了一下头。

祝似华说："不录取天启有三个方面的考虑：一、天启年龄尚小，心智初开，品性未定，过早地与形形色色的成年秀才为伍，容易受污染；二、吴江和嘉善分属两省，天启是嘉善籍，将来乡试资格选拔时，难免受影响；三、袁主事是修道之人，德性纯粹，学识通达，与天启父子心性相通，便于熏染，天启跟着袁主事再学习三两年，会成长得更快。您看？"

了凡送天启参加吴江县学选拔考试，一是让儿子见见世面，二是试试儿子的水平，没想着拔苗助长，也没指望他这么早当秀才。

了凡活了几十年，见得多了，心中明明白白，知道年轻人没有道德，涵养不住先天智慧；成年人没有道德，承载不住功名富贵。天启需要涵养道德，宝生也需要涵养道德。宝生才五岁，天资聪明，已经会背诵《百家姓》《千字文》《大学》《中庸》。

回到赵田，了凡规划了今后的人生：修养身心，尽享天伦；写书教学，培育英才。

赵田在汾湖北岸，汾湖是吴江和嘉善的南北界湖。赵田村东西依水而居，春赏芦苇翡翠绿，夏观菱花满湖雪，金秋果蔬鱼米香，腊月梅树吐金黄。赵田，真是人间天堂！

宝生被送进私塾，天启被留在身边，了凡要当儿子的师父。

了凡在宝坻做了四年多知县，没存下钱。当抗倭援朝凯旋后，他攒下了一笔银子。从万历二十年九月二十六日到第二年三月二十六日，每天一两银子，半年俸禄一百八十两，加上出征朝鲜安家费二十两，平壤大捷奖金五十两，宋应昌、吴惟忠、沈惟敬等战友和朝鲜国王赠送的回国路费三十两，合计近三百两。家里一百多亩水田每年都有田租收入。了凡在赵田建起藏书楼，起名"万卷楼"。

万卷楼既是了凡的书房，又是天启的学堂。

今天是天启的第一堂人生大课。一大早，父子沐浴更衣，在祠堂禀告祖宗并在学堂祭拜孔子和王畿后，天启向父亲行了拜师礼。

了凡开讲："你今年十三岁，明年虚岁十五。当年孔子十五岁树立志向。笨鸟先飞，你应该早立志。立志，就要立大志，立志就要立做大人的志向。要做大人，就要做大人学问。大人学问，《大学》第一章说得清楚明白，'在明明德，在亲民，在止于至善'。这不但是孔门学问的真正方法，也是历代圣贤修养的标准方法。我年轻时从王龙溪先生那里学到这个方法，参悟七年后，才开始明白这个方法。

"明德，就是你的良知心体。良知心体，在孔子身上一个样，在天启身上一模一样，在孔子身上没有多一丝一毫，在天启身上没有少一丝一毫。这个良知心体，你让它大一丝一毫，它大不了；你让它小一丝一毫，它小不了。它一直就在那里，既没出生过，也没死亡过，既没干净过，也没污秽过，谁也没法打开它，谁也没法遮盖它。宿命拴不住它，欲望捆不住它。它万古长明，所以叫明德。你现在还小，自认离圣人十万八千里。实际上，你心头知道是非对错的那个东西，就是你的明德。这颗知道是非对错的心，只要不被遮蔽住，这就是明明德。天启良知的一念明白，与圣人良知的全体明白，没有丝毫差别。今天立志做大人，如果不明白这一点，就会头上安头、心上生心，就会两眼向外，向外求道。记住，向外求道，越求越远。明德本来就明明白白，根本不需要求，根本不需要修，所以说明明德。

"明德不是一个人的私事，百姓万民与天启有着一样的明德，因此，要明明德，就要亲民。把万物作为一个整体，这叫亲民；把中国当成一家，这叫亲民；百姓走到我面前，我把他当亲生儿女一样，这叫亲民。你现在没做官，与人交往，就把人当作亲人，像敬父母一样敬他，像亲兄弟一样亲他。明德和亲民，要知行合一。

"做大人要求道。道，在天叫天命，在人叫天性，或者叫心性。天命、天性、心性都是天生的，道理本来是现成的、自自然然的，一切求呀、修呀，这都是造作。一切造作，就像下雨天在万卷楼里打伞一样，多此一举。能做到无心，就是得道，就是大人。善，是良知心体的自然属性；至善，是良知心体的终极属性。至善，就是明德像虚空一样明白无瑕。良知心体像虚空一样，人一起心动念，就会干扰良知心体。出门在外，不坐船不能过河，不行动不能到家，不下船照样不能过河，不下路照样不能回家，所以要止于至善。止，什么意思？止是自自然然，不造作。

"明德、亲民、止于至善，它们其实是一回事。做大人学问，只有两个修养方法，一个叫渐修，一个叫顿悟。不学就会，不考虑就知道，良知本来光明，智慧本来通达，这是顿悟；先学习方法，后勤学苦练，最后明白道理、知行合一，这叫渐修。有人不相信顿悟，盲修瞎练，被功夫困住，有人迷信良知现成，放纵放任自己，被欲望困住，这都不是中庸之道。你怎么做？先顿悟，认识良知心体本来现成，然后老老实实做渐修功夫，保护它，涵养它。

了凡大传

"《大学》《中庸》，你早就会背，今天才算给你说明白、讲透彻。不仅给你讲透了《大学》《中庸》，还给你说透了天机。立志，就这样立；做大人学问，就这样做。当年，龙溪王先生教我入门第一课这样教；早年，阳明王先生教王龙溪入门第一课也这样教；今天，我教你入门第一课仍然这样教。这叫师承，这叫传承，这是一代代先贤亲身验证过的，这叫口传心授，这叫心心相印，这是生命的传承，这是智慧的传承。天启，你感受得到吗？你明白吗？"了凡直视着天启的眼睛。了凡纯粹的、清澈的、锐利的生命之光、智慧之光直贯天启心底。一瞬间，天启浑身战栗，两眼涌出热泪。

天启说："父师的教诲如醍醐灌顶，从上到下，直透天启心田。天启今天有脱胎换骨的感觉，只觉得连天地都变了样。"

了凡说："父母给了你生命，师父给了你慧命。今天只是人生立志第一课。这一课的内容需要用一生来学习。这一生，这个志向立定了，大人学问也就做成了。这一生，真正做到大人，今天的志向才算彻底立定！"

天启说："感恩父母赐予天启生命，感恩师父开启天启慧命。天启要用一生来报答父母、报答师父！"

了凡说："我要用三年时间，教授你如何做人和做文章。做人，立志是第一课。做文章，讲经是第一课。三年时间，你要把四书和《尚书》学透。"

万历二十五年春，十六岁的天启成了嘉善县学秀才。当年秋，天启第一次参加浙江省乡试，去见识大场面。

十月十五日，天启成人礼在万卷楼举办，沈大奎做主礼嘉宾。沈大奎为天启取表字"若思"。仪式结束时，天启收到父亲三份礼物：一套明军武将盔甲、一副朝鲜弓箭和一册《训儿俗说》。了凡曾身披这套盔甲、手执这副弓箭，骑马领兵在冰天雪地中，巡逻在平壤城外，提防日军从咸镜道偷袭。《训儿俗说》是了凡三年来教训儿子如何做人的教学大纲。

天启兴奋地穿戴上盔甲，领着家族兄弟到院子里试射弓箭。

沈大奎翻阅《训儿俗说》后说："这册训儿宝典，像八卦一样分八章，第一立定志向，第二本分做人，第三尊敬老师，第四亲爱众人，第五技艺养身，第六信守礼仪，第七祭祀祖先，第八道德治家。一册八章说尽做人的根本和准则：身上饮食起居和言语动静，心上性情意念和好恶喜怒；堂上祭祀、宴会节日礼仪，堂下洒扫、应对日常细节；大到官场交际，小到家仆管理；行住坐卧不厌其烦，拉屎撒尿不嫌琐碎，事无巨细，统统说到了。大奎从没见过说得这么详细、这么明白的家训。切实践行这八章内容，就像文王演绎八卦一样，可以八八六十四，可以变化无穷，熟练应对三千大千世界。这册《训儿俗说》，应该成为后世所有家庭的家训。"

了凡笑着说："既然大奎兄这么认可，我就把《训儿俗说》刻印成书，公之于众，希望它能够利益更多的家庭。那就劳驾大奎兄写篇序文吧！"

这年腊月二十六日，天启把媳妇娶进门。

第二年，在万卷楼琅琅的读书声中，时不时掺和进婴儿元气饱满的笑声和啼哭声。

第七十二章
辅导考生透秘诀

了凡隐居在乡下湖畔的小院里,学生们从陕西、湖广等地来磕头拜师。今天王学生走了,明天李学生来了,了凡把四书五经讲了一遍又一遍,把万历年间的乡试题和会试题解析了一次又一次。学生们一门心思想着怎么考举人中进士,往往忽略了怎么做人做事,忽视了怎么修身养性。了凡决定把学生们召集起来,封闭几天,做一次总辅导。

学生们会聚一堂。了凡开讲:"世俗认为,科举是为了获取功名,写好文章是获取功名的手段;圣贤认为,科举是道德事业,科举文章是道德文章,科举功名是道德开出的花、结出的果。科举考试,考的是对四书五经的理解和运用,考中后用四书五经的道理做官理政。考生考场上写圣贤文章,考中后做圣贤事业。一般考生是在代表圣贤写文章、做人做官,我们呢,如果我们本身就是圣贤,我们写文章、做人做事,不就是我们在写自己的文章、做自己的事业吗?

"圣贤也是常人做的,不要把圣贤看得高高在上。圣贤和凡人最大的不同在于心,自私自利就是凡人,大公无私就是圣贤。一念自私时就是凡人,一念清净时就是圣贤。我们的心是圣贤心,我手写我心,从我们心底流出来的文章一定是圣贤文章。士升,打坐时眼睛微闭,不要睁大眼睛盯着我。眼睛微闭,放下思虑,保持觉知,用耳朵、用心,若有若无地捕捉我的声音。"

指点过二十岁的钱士升后,了凡继续说:"我们这三天是专题讲学,结合如何做道德文章、如何考取功名来讲如何涵养道德、修养圣贤。分三步走,第一要立命,第二要积德,第三要谦虚。

"第一步立命。立命即立志改命,具体说,叫立志改过。我是如何立志改命的?我在宝坻县学讲过,在赵田家里讲过,天启有笔记,记得很详细。天启,你给各位学兄传阅、传抄一下。"天启答应了一声。

"第二步积德。积德又叫积德行善,或者说行善积德。一个人不积德,连行善的机会都不会有。没有智慧怎么行善?没有资格怎么行善?没有财物怎么行善?行善才能真正积德。心善积功德,行善积福德。

"积德不是一个人的事情,是一个家庭、家族的事业。《易经》'积善之家必有余庆',说得很明白,祖先积德行善,庇护他们自己,也为后代子孙培补福报。

"我们看看嘉兴府、苏州府这些科举世家,哪一家不是祖宗积德行善而子孙科举绵延的!

"我以前在平湖陆吏部家当先生,他们家中堂挂着一轴文字,是别人送的,文中记述了他们两代祖先捐赠粮食赈济灾民的事迹。文中预言陆家子孙一定会兴旺发达。结果我们已经看到了,陆家连续几代科举兴盛,两代都出了公卿。

"科举世家包家积德行善,祖上进士,子孙进士。包凭与我父亲是好朋友,我父亲准确地预见到包家子孙一定发达。

"平湖孙尚书的祖父做生意时,收到二两假银子,他担心假银子流入市场祸害人,就在夜里扔到湖中。

"嘉善卞家,卞三韭先生在姓怀的人家做私塾先生时,婉拒女人引诱,找借口辞职离开。卞三韭与我祖父是好朋友。我祖父说:'卞家道德深厚,子孙必定兴旺。'卞家儿子和曾孙都中了进士。

"我大母姓王,我外祖父三个闺女,没儿子。外祖父给大姨招了上门女婿邹某。外祖父晚年收了个丫鬟,生了儿子。外祖父老来得子,担心儿子看不住家业,临终时把家业给了邹某,同时写首藏头诗给我父亲收藏。邹某阴险,屡屡派婢女勾引我舅,我舅坚决不做伤风败俗的事。我舅成年后,我父亲拿着藏头诗找到知县,为舅舅收回家业。我舅孝敬生母,同样孝敬嫡母。嫡母有一次害伤寒,拉痢疾,病得很厉害,在我家治病。舅舅和舅母两人侍候在床前,整夜不敢脱衣服睡觉,夫妻两人轮流睁眼看着,喂药先尝烫嘴不烫嘴,有屎就观察颜色,随时报告我父亲。我舅的儿子、儿媳也很孝顺。我舅的孙子慎德万历八年中进士,现在做御史。

"我曾外祖父朱凤当教谕时,他有个学生在浙江当巡按御史。家乡有人蒙冤被判死刑,曾外祖父写信说明情况,救下一条人命。被救的人家拿着银子感谢救命之恩,曾外祖父谢绝了。我两个舅爷朱贤、朱愚都当过训导,我表叔朱建侯当过教谕,我表弟朱廷益和我同年中举,万历五年考中进士。

"我二姑家,姑父当提学道衙门吏员时,帮助嘉善张旦考入县学。张旦拿着十两银子感谢姑父。姑父说:'我在提学道帮助的人多了,从来不收一文钱,只求儿孙能够读书上进。'有一次,我在我二姑家厨房亲眼看到三件事,让我一生受益。我表兄沈称有病,医生要用好酒配药。我二姑拿来一碗酒,放在桌上,有事出去了。有个叫文成的仆人进厨房来,端起酒碗,把酒泼到院子里。我二姑回来问:'酒呢?'我说:'文成倒掉了。'我二姑说:'他一定是误会了!'文成又进厨房时,我二姑问文成,文成说:'我以为是水呢。'我二姑说:'你是误会犯错,这不怨你。以后做事要小心,一千粒粮食难酿一滴酒,哪能不爱惜呢!'

"有个亲戚来看望病人,要招待亲戚。一个童子端着盘子到厨房,盘子脱手掉到地上,摔碎了。童子的母亲在做饭,她当即训斥儿子。我二姑听见,马上制止她说:'孩子不是有意的,为啥要责备他!'我二姑走到灶前察看后对童子母亲说:'你把碎片扔得远远的,别割着谁的脚。'我二姑对童子说:'以后端盘子,不要盛太满,走路时要慢一些、稳一些。'

"有个佃户乘亲戚的船来看望病人,亲戚要去别的地方,佃户没船回家。我二姑送给佃户坐船的钱,让他雇船回家,还比照佃户送的两样礼物,加倍回赠佃户半袋大米。我二姑对我说:'穷人看望病人,这是好心。我们不能让好心人不得好报,不能让他亏本。'从此以后,我再遇到男女仆人做出什么不如意的事,想到我二姑,我就不生气。如今二十多年,我没有生过大气。我表兄沈科嘉靖二十三年中进士,我表侄儿沈道原万历二十三年中进士,嘉善父子进士从我二姑家才开始有。

"我大姑家,几代人做医生,救死扶伤,功德深厚,子孙怎么会不兴旺发达呢！从我表侄儿钱贞开始，钱贺、钱采、钱吾德、钱吾义、钱继登、钱继科、钱士升、钱士晋，几辈人先后都有了科举功名。

"从这些亲耳听到的、亲眼看到的、亲身经历过的事例中，我们坚信，一个人、一个家庭、一个家族积德行善，上天一定会有回报，或者回报在自身，或者回报在儿孙身上。祖宗有德，我自己不积德，一念邪恶，就会损毁家族百年的道德。祖宗没有积德，我自己积德行善，一定会感动上天，为祖宗增修道德，为自己培补福报，为儿孙栽培福报。求功名，当秀才、考举人、中进士，积德行善才是真秘诀。

"第三步谦虚。谦虚的人容易高中。《易经》六十四卦中，只有谦卦六爻有吉无凶，最吉祥。谦虚，是美德；能谦虚，是积德。举子高中前，身上都会散发出谦虚的道德光辉。隆庆五年在丁宾身上，万历五年在冯梦祯身上，万历二十年在夏九鼎身上，我都有这种发现，而且都提前预知到他们能够高中。丁宾、冯梦祯，会试前被人当面指责，不管冤枉与否，都能够不生气、不辩解，心平气和、默默承受，这是我亲眼所见。

"万历十六年，山东冠县人赵光远的父亲在嘉善当主簿，他慕名前来请教钱吾德。吾德用红墨水把他的文章批驳、涂抹得一塌糊涂。钱吾德是举人，赵光远也是举人。赵光远不仅不生气，还心悦诚服地当场修改。第二年，赵光远考中进士。这是吾德亲口告诉我的。

"万历二十年，我到北京述职，见到赶考的嘉善同乡夏九鼎，亲眼看到夏九鼎身上谦虚的道德光辉。

"骄傲自满，人神讨厌；谦虚谨慎，上天保佑。

"改命、积德、谦虚都需要立志。立定志向，就像大树有了根，根深才能枝繁叶茂。念念立志、念念积德、念念谦虚，自然感天动地，自然心想事成。"

三天的辅导课，学生们受益匪浅。

万历二十五年，庄则孝、沈万珂、冯盛典考中举人，钱士升考入国子监。

万历二十六年，李奇珍、庄则孝考过会试，没参加殿试。

万历二十八年，钱士晋等嘉善五个秀才中举，天启名列乡试副榜[1]。

万历二十九年，冯盛典、庄则孝、李奇珍、钱天胤考中进士，弟子刘无执、顾曾璘考中举人，周祖考进国子监。

书商慕名出版了《游艺[2]塾文规》十卷，这三天讲授的内容被编排在第一卷。万历三十二年，书商又出版了《游艺塾续文规》十八卷。两书收录了从万历八年到万历三十二年间的会试题和各省乡试题，了凡对每道题都做了详细的解析，并摘录了明代三十六位文章大家的语录。王阳明语录排在三十六位名家语录之首。

书商重刻《谈文录》《举业彀率》《心鹄》《四书删正》《书经删正》《训儿俗说》《静坐要诀》，新刻《四书疏意》《袁氏易传》《诗经袁注》《尚书大旨》《春秋义例》《礼记略说》《群书备考》《河洛图书解》等。这些科举辅导书统一传扬着由"仁义礼智信"五个音符合奏出的旋律。

---

1 乡试副榜：备选人员榜，可以免试参加下一届乡试。
2 游艺：修学传统技艺。当时科举文章被称为"时艺"。

第七十三章
洪应明拜师赵田

万历二十九年秋，南京栖霞寺僧人如敬来赵田拜访了凡，洪应明[1]与如敬同行。如敬是真节的出家弟子，了凡是真节的俗家弟子。

如敬说："师父发愿为寺院化缘三百亩水田，圆寂前一直未能如愿。师父曾托袁居士写一篇劝募文，贫僧是来求取劝募文的。这是洪居士，与贫僧一起到杭州拜访过冯居士。"

洪应明说："学生洪应明，早年读书求官，从四川成都府新都县到南京拜师学艺，投在冯大司成门下，这些年见多了官场丑恶，慢慢淡泊了求官心思。万历二十六年，大司成辞官[2]后，学生留在南京参禅修道，四年来参悟出一点心得，编著一册《仙佛奇踪》。书稿分上下两部，"洪应明说着，把书稿呈递给了凡，"上部四卷介绍道家从老子到张三丰六十三位神仙，下部四卷介绍佛家从释迦牟尼到船子和尚[3]六十一位佛菩萨。大司成不喜欢道教，只为下部四卷写了序。学生受大司成推荐，专门求请了凡先生为上部四卷写序。"

书稿扉页署名"洪应明自诚、还初道人编著"。了凡翻阅书稿，浏览文字，欣赏着人物绘画。了凡说："袁某答应你。"

万历十七年，册页版《大藏经》在山西五台山妙德庵开始刻印，万历二十一年转移到浙江径山寂照庵刻印。万历二十年，主持刻印《大藏经》的达观和尚在北京受到太后和皇帝尊宠，受赐一领金丝袈裟。达观从皇

---

[1] 洪应明（生卒不详）：四川新都人，编著有《仙佛奇踪》《菜根谭》。
[2] 辞官：万历二十六年，冯梦祯在南京国子监祭酒任上被罢官。
[3] 船子和尚：唐代高僧。

帝表扬他的一句话中提取"真可"两字为号。真节曾参与新刻《大藏经》的编校。冯梦祯被罢官后，在径山脚下安家。了凡问如敬："真可师在径山吗？"

如敬说："真可师新取'紫柏'为号。紫柏师现在在北京。万历二十七年，南康吴知府得罪收税的太监李某，被逮入诏狱。为搭救吴知府，紫柏师进京奔走，一直没回来。紫柏师进京前发下誓愿，朝廷一日不废除矿税，他一日不离开北京。"

了凡轻轻叹口气。这几年世道越来越乱。人事上，万历二十一年，宋应昌被弹劾辞职回乡，李如松被弹劾回到北京。万历二十五年，日军再次侵略朝鲜，主张和谈的兵部尚书石星和谈判代表沈惟敬被判处死刑。军事上，抗倭援朝战争又打了三年，四川播州土司杨应龙叛乱，平叛战争打了四年。国运上，北京连年地震，黄河去年断流、今年决口；万历二十四年春，乾清宫和坤宁宫失火；万历二十五年夏，皇极殿、中极殿和建极殿失火。财政上，宁夏平叛、抗倭援朝和播州平叛三场战争花费一千一百六十万两白银，修复五座宫殿仅从南方采办和运输楠木就花费九百三十万两白银。万历二十七年，五个皇子结婚，皇帝向户部索要两千四百万两白银。朝廷财政枯竭，皇帝向各省派出太监勒索税收，命令多个省份开采银矿。社会上，因加收战争税和开矿税，各地民众纷纷暴动。就在五月，苏州纺织工人暴动，杀死太监孙隆的多个狗腿子。驻守鄱阳湖湖口税关的太监李道勒索运粮军人，遭到南康知府吴宝秀抵制。吴宝秀被逮捕，其妻子上吊自杀。吴宝秀被救出狱后，紫柏还在为废除矿税奔走呼号。真可新取"紫柏"为号，发誓要像柏树一样不怕严寒冰霜，要为天下苍生废除矿税。

冯梦祯和了凡比紫柏了解皇帝。冯梦祯派人到北京劝说紫柏。了凡打算写信劝说紫柏。

了凡送走了如敬。洪应明恳求留下来，他要拜师。

洪应明说："几天时间，学生拜读了先生部分著作，瞻仰了先生做人做事。先生衣冠简朴，万卷楼装修简陋，学生却在这里领悟到了神圣和庄严。"

了凡说:"还初道人自谦过分,赞誉过分。《仙佛奇踪》上部附录《长生诀》,说透了道家长生不老的真诀;下部附录《无生诀》,揭示了佛家不生不死的真谛。修学人据此修学,必定成功。"

洪应明说:"学生笔下的《长生诀》和《无生诀》,一半从内心流露,一半从外面搬运,而先生的著作都是从心底流淌出来的,都是生命的凝聚和呈现,都是生命的真实写照。"

了凡问:"为什么会有这种差别呢?"

洪应明说:"第一,先生用生命践行学问,用学问滋养生命,而学生修学还仅仅执着在文字上,停留在道理上。先生把自己的学问活了出来,先生的学问已经变成了生命。先生眼神清澈、深邃、敏锐、犀利,透人心魄;先生声音清脆、纯粹,感人肺腑;先生脚步稳健、轻盈,令人景仰;先生气质清净、轻扬,如杨柳春风;先生气场清凉、舒适,像慈母怀抱一样给人甜蜜安详。先生回归了真、善、美,活出了真、善、美。

"第二,先生活在真实中,在滚滚红尘中活出了神仙的逍遥快乐,在污浊世界中活出了佛菩萨的清净自在,在酸甜苦辣柴米油盐中活出了圣贤的喜悦安详。学生活在幻想中,讨厌官场黑暗,追求虚无缥缈;逃避现实压力,向往神话传说;压抑儿女情长,沉迷参禅打坐;在俗世烟火中,总想着深山老林;静中见到一点光景,就贪着这些海市蜃楼。

"第三,先生身不出家,却修出了佛家的般若和道家的玄智[1],实现了儒释道三教合一。学生最初在老家当秀才,后来到青城山学道,再后来到南京学佛。几年来,学生一直在寻找最终归宿,是归隐茅山洞中,还是剃光头发穿上僧衣?结果,学生发现出家人在忙红尘里的勾当,倒不如了凡先生,身不出家,心却出尘,做出儒家事业,安享佛道快乐。"

了凡说:"还初道人,你名应明、字自诚、号还初,你的名、字、号透露着你见识高明。人心本来光明,人心本来自诚,只要回归本来,就回归了真善美。大道本来不需修,一个人不知道回归,就与大道远远隔着一层。知道需要回归,不知道怎么回归,仍然与大道隔着十万八千里。怎么

---

[1] 玄智:道家语境中的根本智慧,同佛家语境中的"般若"与儒家语境中的"良知"。

回归，怎么还初？需要真学、真修、真行。知道人心本来光明，这算顿悟；不知道真学、真修、真行，仍然不算真悟。

"以前，我也多次萌生过出家念头，想躲到寺院当和尚，想逃进深山当道士。几十年来走了不少弯路，后来发现，出家只是一个方便说法。人人都有身体，人人都有家庭，身体怎么会成为人的拖累呢？家庭怎么会成为人的累赘呢？你把身体看成拖累，它就成了拖累；你把家庭看成累赘，它就成了累赘。身体和家庭是什么，在于你的见识，在于你的心。世俗人私心太重，欲望无穷，穷人每天为吃饱穿暖奔走不停，富人天天算计怎么赚得更多、穿得更奢华，人人费尽心机，得不到清闲。一个人如果化解自私自利，用天地眼光看自身、看家庭，这时候粗茶淡饭有粗茶淡饭的乐趣，锦衣玉食有锦衣玉食的乐趣，怎么活怎么快乐。

"几十年修学后我发现，佛家有极乐世界，道家有逍遥天堂，儒家也有自己的大同世界。孔孟有自己的通天心法，化解名利心的四书五经，经经都是通往身心自由的捷径。一个人根本不需要躲到寺院、逃进深山，根本不需要讨厌身体、仇视家庭，佛道两家有的，儒家丝毫不缺。读书做官救助苍生，是更好的菩萨行，是更好的神仙行。

"见识与真行，要知行合一。人心本来光明，把遮蔽光明的心思和行为修正过来，这就是真行。改正错误要彻底，限定一个期限改正一个错误。改正了大的，还有小的；改正了小的，还有细的；改正了细的，还有微的；改正了明的，还有暗的。错误一丝一毫都不能放过。一直改到心上晴空万里，你才能体会到真正的'明'。

"怎么改正？根据儒家日常衣食住行生活需要，我结合《法华经》编写了四卷《袁生忏法》，你好好照做；我结合《华严经》编写了《净行别品》，你可以参考着做。我修学从来不耍小聪明，一定要落实到每一件具体事情上，贯彻到每一个念头上。从每天早上睡醒第一个念头到晚上睡前最后一个念头，我制定了二十六条规范；从每天每一次饭后漱口剔牙到每一次翻书写字等日常活动，我制定了三十七条规范；每天如何接待各色人等，包括妻儿、奴仆、学生、弟子、官差、僧侣、乡邻、同宗，我制定了四十一条规范；出门在外如何对待看到的事事物物，比如进寺院怎么想、过桥梁怎么想、骑马怎么想、走小路怎么想、看花怎么想、见喜事怎么想等等，我制定了三十五条规范。这一百三十九条每时每刻都规范着我，从做人做事上用心修心，从修心用心上做人做事。大千世界，不止有这一百三十九件事，明白道理后可以举一反三，目的只有一个，化解自私自利，端正身心，实现万物一体的仁爱。你这样做了，开始是情怀，慢慢就成了胸怀；开始是功夫，慢慢就成了境界；开始是习惯，慢慢就成了自然；开始是凡俗，慢慢就成了圣贤；开始是红尘，慢慢就成了天堂。这不就一步步回归了本来吗！这不就是还初道人的自诚而应明吗！

"应明，你愿意这样学，愿意这样做，你就留下来。"

洪应明喜不自禁，迫不及待地磕下头去，嘴里说道："谢谢师父，弟子一万个愿意！"

第七十四章
指导进士做新官

万历二十九年，新科进士庄则孝、冯盛典、钱天胤、李奇珍上任前回乡探亲期间，结伴来赵田看望了凡。三十一岁的庄则孝被分到布政司理问所[1]当从七品副理问，三十岁的冯盛典被分到刑部当主事，二十九岁的钱天胤被分到湖广省长沙府攸县做知县，二十四岁的李奇珍被分到福建省福州府长乐县做知县。钱天胤捎来宝坻王好善一封信。王好善被分到河南省开封府做七品推官。刑部主事、府推官、理问所副理问的职责主要是审理案件，他们请教如何审案。钱天胤和李奇珍请教如何做知县。

了凡说："你们五位进士问了两个问题，看似两个问题，其实是一回事。我分三部分来回答。

"知县官职不大，责任不小，每天迎来送往、公文纷飞、事务缠身，大到人命关天，小到酱醋油盐，事无巨细，全凭知县一人决断。知县官职卑微，几乎见官都要弯腰，做事经常被干扰。当知县不容易，一定要学会变通。但是，腰可以弯，方法可以变，初心不能变，只有心心念念想着，待人宽厚和气，做事利益大众，这样才不辜负自己的职责。

"前辈说，官场是毒蛇聚会的场所。又说，做知县是做官路上的第一大坑。知县称职与否，具体表现在如何待人接物，或者说如何做人做事上。知县做事有三个原则，第一防微杜渐，第二分别轻重缓急，第三画定底线。

"为什么要防微杜渐？任何重大事故都是从细微地方萌芽的，要善于

---
[1] 理问所：省布政司内设的从六品机构，负责审核案件。

深入观察，做到早期发现。自己的性情也要从细微的地方修养，比如就要大喜大悲还没有大喜大悲时，这种情绪刚露头时比较容易控制和化解，一旦形成大喜大悲再想控制和化解就很困难。

"为什么要分别轻重缓急？县衙每天一开门，大事小事纷涌而来，千头万绪，知县没有三头六臂，一时间不可能处理这么多事。选择最重要的、最急迫的亲自处理，其他的，可以批转的就批转，可以缓一缓的就缓一缓。事情再多，心头总是一清二楚。

"为什么要画定底线？万事都有原则、底线。坚持原则，把握底线，其他细枝末节可以灵活处理。比如读书做官的人与百姓闹矛盾，事上秉公处理，情上要稍微顾及读书做官人的体面；弟弟与兄长闹矛盾，即便弟弟有理，也要劝弟弟尊重兄长，照顾兄长的体面。

"知县做人也有三个原则，第一谦卑忍辱，第二恭敬礼让，第三收罗豪杰。

"什么是谦卑忍辱？谦虚自己、尊重别人，很难很难。心里想谦虚，如果没有良好的修养，身形一定谦虚不下来。心里的算计放不下，身形就谦虚不下来。平常的谦虚退让还可以勉强做到，遇到忍辱，必须时刻牢记孟子的教导。遇事要做三次反省，首先检讨自己，再次检讨自己，最后还是检讨自己。不仅在长官面前要忍辱，在刁民、恶民面前，也必须容忍他们的无礼冒犯，这时候更需要谦虚谨慎、冷静忍耐，要慢慢观察、仔细判断。稍微不能忍耐，就会酿成大错。

"什么是恭敬礼让？身心恭敬，礼仪周到，这是人与人交往的准则。在正人君子面前，要言语谨慎、神色庄重、规规矩矩，把正人君子当榜样，做一个正人君子；在世俗小人面前，要衣帽整齐、神色庄严、身形端正，把不怒之威当刑具，威慑世俗小人。做官前，我受到了李世达老师教诲，当知县时，不管是三伏酷暑还是三九严寒，不管是坐堂断案还是出外巡察，我都坚持衣帽整齐。在宝坻五年，我常年不动刑罚，不判人坐牢，全县却平安无事。

"什么是收罗豪杰？知县无论如何深得民心，也做不到人人都称心如意。一旦有头有脸、有见有识、有信有威的豪杰信服，大众百姓也就心悦诚服了。不仅读书人中有豪杰，百姓大众中同样有豪杰。对豪杰要分辨明白和礼貌周到。

"钱知县、李知县，审理案件，不仅仅是你们知县的职责，更是冯主事、庄理问和王推官的主要职责。"

钱天胤说："谢谢舅爷教诲！甥孙一联想，审理案件不仅是知县的职责，不仅是司法官的职责，更是每个人做人的责任。审理案件的实质是判断是非、善恶、对错，需要一双明亮的眼睛和一颗明白的良心。请舅爷详细说一说。"四个进士同声请求。

了凡说："天胤说得对。法官判案，贵在一个'明'字。这个'明'不是指耳聪目明，而是指心明不明。同一案子，同案犯不一定适用同样的刑罚，必须仔细分辨其中的情节。情节相同的犯人，也不一定适用同一刑罚，还要分辨犯人年龄的老少和身体的强弱，同样的刑罚，年轻力壮的犯人只受点皮肉之伤，年老体弱的犯人就会送命。同样的年龄和身体状况，也不一定适用同样的刑罚，还要充分考虑时令和节气。三伏酷暑、三九严寒和天气温和，时节不同，同样的罪犯也不适用同样的刑罚；清晨、中午和晚上，神经、气脉和肌肉状况不一样，同样的罪犯也不适用同样的刑罚。即便用刑时节相同，还要考虑身体差异。同一罪犯，用刑时要考虑是从上半身开始还是从下半身开始。先处罚上半身后处罚下半身，气血就会奔流到腰和脊梁骨之间，这样气血容易消散，不至于瘀滞得病；如果先处罚下半身后处罚上半身，气血就会奔流到心胸之间，这样容易出人命。当法官不敢良心不明白，不敢不全心全意，不敢不用心尽心。

"如何做知县？如何做法官？以身作榜样，教育先导，移风易俗，百姓能够安居乐业，境内能够长治久安，这是善政；如果不注重教化，一味通过酷刑罚人、死刑吓人，这是恶政。

"知县、主事、推官、理问，都肩负对下属考评的职责。考评要早做、早上报。考评的目的是保护合格和优秀官员。对合格和优秀官员要及时赞扬，对问题官员更要详细甄别。自己看到的可能只是表面现象，自己听到的可能只是谣言。对自己的眼睛和耳朵也不敢轻易相信，更何况对诬陷和诽谤。

"刑部主事、府推官、理问所理问,每年都要审核各地案宗,重点在于审核有没有被冤枉的,而不是为了多问罪。即便罪责铁证如山,也要抱着万物一体的仁爱之心,怜悯罪犯,稍微发现丝毫可以从宽的情节,就要想方设法减轻处罚。审理案件,凭的是天理良心,凭的是朝廷王法,应不滥施刑罚,不冤枉善良,上报朝廷信任,下培子孙福德。如何审案用刑,里面涵养着深厚的道德。"

庄则孝说:"了凡先生,做理问比做知县还难,做副理问比做知县更难。请先生指点则孝如何做副理问。"

了凡说:"理问和知县一样,官职卑微,俸禄微薄,见官就磕头,做事经常受干扰。副理问比理问更难一些。不同的是,知县自己做主的时候多,副理问大事小事都要看长官脸色。副理问再难,总是科举出身,总比靠父祖官荫做官的有体面。常熟严天池比我小十四岁,不耻下问,两次写信垂询如何做官。"

严天池名澂[1],字道澄,号天池,他的父亲是前吏部尚书兼内阁大学士严讷。吏部尚书的儿子请教了凡如何做官,这令四个新进士很好奇。他们不由得瞪大眼睛。

了凡说:"做官如同修道,修道要穷究根源,做官要透过现象看本质。日常看到什么、听到什么,要深究源头,不能被表面现象迷惑住。恪守原则不一定就对,灵活处理不一定就错;奉公守法的不一定是圣贤,通融人情的不一定是坏人;任劳任怨不一定有用,无为而治不一定无功。

"正德年间,金坛于湛公把女儿嫁给无锡秀才华某。于公对女儿说:'我做了十七年都宪,从不敢轻易判人死刑。我不担心女婿考不上举人、中不了进士,只担心女婿做官时太苛刻。'后来华某在江西某府做推官,三个月判了三个人死刑。于氏转述父亲的话给华某,华某说:'我秉公执法,绝不拿国法卖人情。'就这样,华某判了不少人死刑。结果呢,华某绝户,于公子孙兴旺,儿子于业、孙子于文熙、于孔兼都是进士,后代举人、秀才一大群。这是酷刑不如宽仁的例子。

---

[1] 澂(chéng、dèng):同"澄",水清澈而平静。

"海瑞公做巡抚时在东吴兴修水利,迷信古书上的话,不顾众人反对,坚持在吴淞开挖河道。结果挖好后没多久,河道就淤塞废弃。劳民伤财,民众抱怨,有害无利,这样的任劳任怨不如无为而治。

"台州黄绾公既不是举人又不是进士,竟然出任皇帝的讲经官,却没人怀疑他德不配位。黄公做官后,拜师阳明先生,与大学者王畿公、王艮公结为学友,天天学习,日日进步。这是做官后继续学习、继续进步的例子。

"我学了几十年,总觉得学无止境、道无穷尽。做人贵在修心,做官贵在养气。修养仁爱,涵养和气,一腔浩然正气充塞天地,一片仁爱之心贯通古今,内润泽身心,外弘扬事业,这是我们儒家的实在学问。则孝、盛典、天胤、奇珍,这是我的一点做官心得,希望对你们能有些许帮助。"

万历三十二年,三十四岁的吴江新科进士毛以焞[1]被分到河南陈留县[2]做知县,上任前请教了凡,了凡再次传授自己的做官心得。

---

1 焞(tūn):光明。
2 陈留县:今开封市祥符区。

第七十五章
安详从容辞世间

万历三十四年农历七月初，了凡在一次静坐中预知到自己阳寿将尽，他没有丝毫恐惧。

谁能不死呢？父母死了，哥嫂死了，第一个妻子死了，姐姐死了，李世达、潘季驯、陆光祖、杨起元等老师死了，丁寅、支大伦、李自华、朱廷益等学友死了，黄洪宪、冯梦祯、叶重第、项德祯等朋友死了，宋应昌、李如松、杨元、刘黄裳等同僚死了，真节师父圆寂了，达观大师圆寂了，紫柏大师圆寂了，血肉之身都是要死的。

血肉之身的使命完成了吗？了凡已经千百次地思考过。当年孔先生掐算，自己只有五十二岁阳寿，最高功名是贡生，最高官职是七品知县，无儿无女。自己通过努力奋斗，改变了命运，考中了进士，做到六品主事，有了儿孙，已经活到七十三岁。

几十年人生，兴奋多，痛苦更多，兴奋总是一晃而逝，痛苦总是刻骨铭心。记忆最深的痛苦有哪些？五次乡试失利时，五次会试失利时，那真是痛彻心扉、撕心裂肺，当时简直觉得就要活不下去了。现在回想，那些悲痛在哪里，如今竟然找不到一丝痕迹！什么时候兴奋过？考中秀才时，第一次出书时，第一次洞房花烛夜，被选为贡生时，考中举人时，有了儿子时，考中进士时，初当知县时，如今那些兴奋在哪里，竟然也找不到一丝痕迹！

感谢痛苦！正是有了这些痛苦，自己才对人生有了刻骨铭心的认识，才会因为害怕痛苦而走上修道路子，才因品尝痛苦而解脱痛苦。

人生中遇到的每一个人都帮助过自己。殷迈宗师提携过自己，唐顺之、薛应旂、瞿景淳等老师指点过自己，云谷、真节、达观等法师点化过自己，陆光祖、潘季驯、王锡爵等老师推荐过自己，张四维、马自强、李如松等老师磨炼过自己。

别人帮过自己，自己也帮过别人。仗着有些名气，当年多次向陆光祖、李世达、王锡爵等推荐叶重第、陈于王等进士同年，多次向李世达、潘季驯、冯梦祯等推荐困顿在科举路上的读书人，多次写信给嘉兴府和苏州府请求资助自己的穷学生。亲戚许登瀛到外省当教谕，亲戚夏宣纪到外省当主簿，自己给多人写信，请求关照他们。云南按察使李材[1]被判死罪，自己向刑部尚书李世达写信营救。李贽[2]被判死罪，尽管自己与李贽不认识，尽管自己被罢官，仍然向做官的朋友写信营救。

由自己最早倡议、由达观大师主持的册页版《大藏经》刻印已经完成三成。

自己发的是善心，做的是善事，写的是善书，教的是善学，自己一直在积德行善，在宝坻是这样，在朝鲜是这样，在嘉善和吴江还是这样。

修道后，自己重新规划了自己的使命：一、开启本心根本智慧，解脱一切人生烦恼；二、养成万物一体之仁，奉献家人、族人、众人；三、活着光明磊落，死时无牵无挂。

使命完成了吗？十四年来，自己解脱了一切烦恼。多年来，自己心中没有恨，只有爱，而且是博爱，是慈悲，是无缘无故的、不讲条件的爱，不仅爱人，不仅爱牛马、猪狗，不仅爱乌鸦、喜鹊，不仅爱蝈蝈、蚂蚁，也同样爱着花草树木、砖石瓦砾，爱着这世上的一切，因为自己活成了爱的本身，活成了慈悲的化身，自己包容整个世界，自己成了整个世界。活着光明磊落，自己做到了，死时无牵无挂？还有没有牵挂？再好好想想！

天启三次乡试失利，今年开始守孝，要耽误一届乡试。他才二十五岁，还年轻，用不着牵挂。

宝生前年考入吴江县学，新娶了媳妇，只等着考举人、中进士，叶重第可以瞑目了。

---

1 李材（1529—1607）：江西丰城人，嘉靖四十一年进士，官至佥都御史，阳明学者。
2 李贽（1527—1602）：福建泉州人，举人出身，官至知府，阳明学者。

哦，想起来一件事。这几年，福建书商刻印了自己三十多种著作。礼部郎中蔡献臣[1]认为《四书删正》《书经删正》内容违背朱文公注疏，建议朝廷列为禁书。书商说，越禁越畅销。随他们去吧，自己问心无愧。还有一件事，四百卷现代史《皇明经世略》部分卷册被李世达等前辈借阅，没能收回来；一千卷古代史《袁氏通史》早年交给曹大章[2]刻印，曹翰林突然去世，书稿再也找不到下落。书商想刻印这两部书，只能留下遗憾了。说遗憾，也没啥遗憾。自己把学问都传授给了弟子杨士范和朱廷旦。弟子活着，自己的学问就仍然活着。只要著作流传在世，自己的学问就仍然在流传。有儿孙在，自己的生命就在延续。思来想去，人生没有丝毫遗憾。还有没有牵挂？有一点。

接下来几天，天启和宝生分头通知族人、亲戚、朋友，来赵田告别。这些日子，了凡不再吃东西，只稍微补充一点水分。他日夜打坐，天启和宝生经常过来陪伴。

月圆夜，在客厅的地铺上，了凡双盘坐着。他脸颊清瘦，面色纯净，眼神空灵，身躯轻柔。月色洒进客厅，仿佛给客厅蒙上一层朦胧的轻纱。了凡背东面西坐着，半边脸和身子在月色中朦胧，半边脸和身子在烛光下清晰。

红莲、天启、宝生、天佑、天与、袁陈氏、叶沈氏、祚雍、祚载、祚鼎、祚亨、祚充，一起陪护着了凡，大家静静地坐了一个时辰。

了凡对儿媳说："天启家的，你嫁到袁家，孝敬公婆，给袁家生了五个孙子，我很知足。以后相夫教子、孝敬婆婆，多积德行善，多为自己、为儿孙积福。孩子小，领着孩子休息去吧！宝生家的，这些日子，你在这里孝敬公婆，我很知足。你也休息去吧！"

五岁的祚鼎早就困得要躺倒睡觉，听说要走，立马站了起来。九岁的祚雍拉住弟弟说："娘说，爷爷要走了！"

祚鼎问："爷爷，你要去哪里？"

了凡说："爷爷要去很远很远的地方！"

---

[1] 蔡献臣（1565—1644）：福建厦门人，万历十七年进士。
[2] 曹大章（1521—1575）：江苏金坛人，嘉靖三十二年会元、榜眼，名士。

祚鼎问："爷爷什么时候回来？"

祚雍说："爷爷不回来了。"

祚鼎问："那我想爷爷时怎么办？"

了凡微笑着说："你想爷爷时就看看月亮，看见月亮就看见了爷爷。"

袁陈氏跪着说："爹，让我和孩子们再陪陪您老人家吧！"

红莲说："天启家的，照顾孩子睡觉去吧！"

袁陈氏磕了三个头，起身带着孩子走了。

红莲说："宝生家的，你也去睡觉吧。"

宝生媳妇沈宜修是吴江大家闺秀。这段日子，小两口在赵田侍候养父。了凡说："宜修这段日子辛苦了，你去休息吧！"

沈宜修默默流着泪，磕罢三个头，起身离去。

了凡平静地说："天启，我有三件事嘱咐你。第一件，你们四个是亲兄弟。我走后，宝生要回家孝养你叶姆母。你和宝生一起生活十几年，一生都要亲如兄弟。天佑和天与是我收养的孤儿，既然收养了，就成了你的亲兄弟。第二件，团结家族，互爱互助，可以像平湖陆氏家族那样成立义仓。团结家族的核心是祭祀祖先和救助贫困。读书缺学费的，娶媳妇没钱的，安葬老人没棺材的，要尽力救助。第三件，救苦救难，积德行善。这些年，我每年从田租和润笔费中拿出三分之一，用来救济贫困。亲戚中吃不饱、穿不暖的，朋友中生活困难的，首先救助；每年给附近乡里的穷困户和要饭户发放两次粮食；不定时买来鱼虾、飞鸟放生，培养慈悲心；每年在嘉兴楞严寺、嘉善三塔寺、苏州灭渡寺布施供养僧人。

"每年乡里修桥铺路，只要有人上门，我从不让人空手离开。积德行善，这个家风要传承。天启，你能做到吗？"

天启跪着，噙着泪说："孩儿一定做到。"

了凡拿起一册《训儿俗说》说："我们父子相处二十五年，心心相印。这册《训儿俗说》，包含着我要嘱咐你的一切话。你真照着做了，孝子贤孙在它，成圣成贤也在它。你真照着做了，我就等于还活在世间。天启，你愿意照做吗？"

天启说："孩儿一定照做！"

了凡说:"宝生、天佑、天与,你们每人都把《训儿俗说》当作座右铭,我就没啥牵挂了!"

宝生哽咽着说:"义父大人,孩儿已长大成人,现在自己做主,改名绍袁,一定牢记您的嘱托,继承您的道学,弘扬您的善学,努力活成像您一样的圣贤。"

了凡说:"我这一生活得光明磊落、坦坦荡荡,我这一生要走得无忧无虑、无怨无悔、无牵无挂。你们今晚都不要哭!我浑身充满喜悦。"

红莲握着了凡的手,一脸平静,眼中噙着泪水。

了凡说:"他娘!红莲!你陪伴我二十六年,生育了天启,养育了宝生、天佑、天与。以后有儿孙陪着你,我放心。我放心走了,你安心活着。今晚都不要哭,不要打破这份宁静。月最圆时,我就走了。以后每逢月圆夜,我都会在月亮上喜悦地看着你们。你们娘儿五个,静静地陪伴我最后半个晚上吧。"

了凡两眼喜悦、一脸安详,他笑着看过每个亲人后,柔柔地从红莲手中抽回自己的手,轻轻解开盘着的双腿,缓缓地侧身向右,躺成吉祥卧姿。他静静合上双眼,静候身心分离。

红莲嘴唇不动,心中不停地念诵阿弥陀佛。突然间,只见满屋光明,满室洋溢着檀香。门外一轮明月高悬中天,屋内一片光明照彻客厅,了凡彻底融入了大光明。

第七十六章
了凡精神永流传

祖宗积德，子孙沾光。天启元年（1621），天启避讳新皇帝年号，改名袁俨。天启四年，四十三岁的袁俨中举，第二年中进士，被分到广东省高要县当知县。叶绍袁与袁俨同年中举、同年中进士，被分到南京武学[1]当教授。了凡五个孙子中，一个府学秀才，四个县学秀才。了凡的孙女嫁给了国子监生。改朝换代后，曾孙中出了两个举人、一个秀才。了凡子孙繁衍至今。

了凡在世时名扬天下，他的影响主要来自他的著作。其中，科举辅导书影响最广泛。明晚期，读书人多，考生多。明中前期，一个中等县份县学的秀才不超过六十人，明晚期，一个中等县份县学的秀才能达到八百到一千人。明代有一百四十个府、一百九十三个州、一千一百三十八个县，一百四十所府学、一百九十三所州学和一千一百三十八所县学的学生几乎都会读了凡的辅导书。北京和南京两个国子监的监生有的要准备乡试，有的要准备会试，他们也会读了凡的辅导书。

了凡的著作几乎都以科举考试为中心。他说，读他的书，考试时可以写出好文章，做官时可以做个好官。他这样说的出发点是，他的著作永远立足于做人的根本，这个根本是修身养性，目的是改造命运、再造生命。再造生命的标准和目标是成为圣贤。圣贤的主要标准是具有万物一体之仁。万物一体之仁和自私自利相对立，二者是你死我活的关系。自私自利和生命中的先天智慧也是你死我活的关系。万物一体之仁和人的先天智慧

---

1 武学：即今军事学院。

相伴相生，有你就有我，有我也就有你。先天智慧，又叫根本智慧，在佛家叫般若，在儒家叫良知。良知可以彻底改造一个人的命运，可以彻底再造一个人的生命。如果要彻底改造一个国家，需要各种综合因素。老子、孔子、释迦牟尼在世时改造的也只有他们自己的生命和身边有限的人。

了凡改变了自己的命运，再造了自己的生命。他生前身后影响了许多仁人志士。

万历三十年，福建书商余象斗[1]刻印十卷《游艺塾文规》，在第一卷末尾收录《科第全凭阴德》《谦虚利中》和《立命之学》。

万历三十五年，晏然居士抽出《科第全凭阴德》《谦虚利中》《立命之学》三篇，刻印了《立命篇》单行本。

崇祯三年，青莲居士从《祈嗣真诠》中抽出《改过》《积善》，与《科第全凭阴德》《谦虚利中》《立命之学》，合编为《立命之学》《谦虚利中》《积善》《改过》，刻印成《因骘[2]录》。

了凡积德行善的改命方法最先在江南产生影响。陈龙正[3]是了凡亲家陈于王的儿子，他小时候，了凡就对他寄予很高的期望。陈龙正捐出五百亩地，成立陈氏义仓，资助家族中的贫困人口。陈龙正是江南慈善事业组织化、规范化、规模化的先行者。崇祯五年，陈龙正牵头成立嘉善同善会，崇祯十四年设立同善会馆，作为慈善事业的常设机构和办公场所。这是江南最早的民间慈善组织。同善会这一慈善组织形式很快风行全国，在明末政权风雨飘摇中，在救灾、救荒中发挥了巨大作用。

明末，了凡的善学思想影响到全国，一直延续到清代。清代出现了《了凡四训》单行本，内容和排序是《立命之学》《改过之法》《积善之方》和《谦德之效》，成为如今的通行本。

苏州进士彭绍升[4]出身名门望族，族中出了十四个进士、三十六个举人，他曾祖父和父亲都是状元。彭绍升尊崇了凡，精通儒释道，编著《袁

---

1 余象斗（约1561—1637）：福建建阳著名书商。
2 因骘（zhì）：阴德。
3 陈龙正（1585—1645）：浙江嘉善人，崇祯六年进士。
4 彭绍升（1740—1796）：乾隆三十四年进士，一生不做官。

了凡居士传》。他一生刻印、发放善书，先后牵头成立施棺局等慈善组织，助贫救困。

苏州举人潘曾沂[1]出身名门望族，族中出了二十多个举人、进士，父亲是状元。潘曾沂居士以自家两千五百亩田产为基础成立丰豫庄，仅道光十一年就资助四千多从江北逃难来的灾民。潘曾沂办义学，移风易俗；办义校，传授种田方法；收养弃婴，资助抚养；救济病困，赡养孤老；兴修水利，开河挖井。

佛教界有一本《安士全书》很有名，编著者周梦颜是清代苏州人，精通儒释道。他说，立命这个说法出自孟子，历史上能够知行合一并且行之有效的人，也就了凡一人。他把《了凡四训》附录进《安士全书》。

曾国藩[2]青年时期受《了凡四训》影响，特意取号"涤生"，意思是向了凡学习，清除自身以往不良习气，再造自己崭新的生命。曾国藩自己受益后，把《了凡四训》列入子弟必读书目。

了凡的影响一直延续到民国。佛教界印光大师为《了凡四训》作序后，印刷、发送上百万册。弘一大师幼年就会背诵《了凡四训》。

日本阳明学大师安冈正笃[3]赞扬《了凡四训》是一本伟大的书，建议日本当权的人把它当作治国宝典，要熟读、细读、精读。

日本著名企业家稻盛和夫[4]说，他严格按照《了凡四训》《菜根谭》以及佛教的六波罗蜜[5]修炼自己和管理企业。他说，读《了凡四训》后才明白人生原来是这样的，有种顿悟的感觉。

人生原来是什么样的？人生命运掌握在自己手中，自己想要什么样的人生，只要肯奉献、能自律、愿努力、能忘我、能坚持不懈、时刻保持头脑清晰，一定能心想事成。

了凡这样做到了，曾国藩这样做到了，弘一法师这样做到了，稻盛和

---

1 潘曾沂（1792—1852）：嘉庆二十一年举人，辞官回乡。

2 曾国藩（1811—1872）：湖南人，道光十八年进士，官至直隶总督。

3 安冈正笃（1898—1983）：日本著名阳明学家，被四任日本首相视为精神导师。

4 稻盛和夫（1932—2022）：创办两家世界五百强企业，救活一家世界五百强企业。

5 六波罗蜜：佛学术语，波罗蜜是梵语音译，意为到彼岸，六波罗蜜即六种到彼岸的方法：布施、持戒、精进、忍辱、禅定、智慧。

夫这样做到了。他们是人，我们也是人！

2009年，浙江省嘉善县成立袁了凡研究会。

2013年，天津市宝坻区成立袁黄研究会。

2016年，江苏省苏州市吴江区成立了凡文化研究会。

《了凡四训》在，《功过格》在，了凡精神在，各地研究会在，还有本书在，真想改变自己命运，真要再造自己生命，我们还缺什么？

从心开始，知行合一！

行在当下！

生命就在当下！

附录一　了凡四训[1]

第一篇　立命之学

余童年丧父，老母命弃举业学医，谓："可以养生，可以济人，且习一艺以成名，尔父夙心也。"

后余在慈云寺遇一老者，修髯伟貌，飘飘若仙，余敬礼之。语余曰："子仕路中人也，明年即进学，何不读书？"余告以故，并叩老者姓氏里居。曰："吾姓孔，云南人也。得邵子皇极数正传，数该传汝。"余引之归，告母。母曰："善待之。"试其数[2]，纤悉皆验。余遂起读书之念，谋之表兄沈称，言："郁海谷先生，在沈友夫家开馆，我送汝寄学甚便。"余遂礼郁为师。

孔为余起数：县考童生当十四名，府考七十一名，提学考第九名。明年赴考，三处名数皆合。

复为卜终身休咎[3]，言：某年考第几名，某年当补廪[4]，某年当贡[5]，贡后某年，当选四川一大尹，在任三年半，即宜告归。五十三岁[6]八月十四日丑

---

1 了凡四训：以上海三联书店2021年版《袁黄传》附录三为底本，参核线装书局2006年版《袁了凡文集》第1函第7册所录，个别地方重新进行了标点。

2 数：术数。

3 休咎：吉凶善恶。

4 补廪：获得朝廷的助学津贴。

5 当贡：县（州、府）学推荐多年考不中举人的优秀学生，由吏部考选后，或分配到各地做教官，或进入国子监深造。

6 五十三岁：指虚岁。文中涉及此内容用周岁，说五十二岁。

时，当终于正寝，惜无子。余备录而谨记之。

自此以后，凡遇考校，其名数先后，皆不出孔公所悬定者。独算余食廪米九十一石五斗当出贡，及食米七十余石，屠宗师即批准补贡，余窃疑之。后果为署印杨公所驳，直至丁卯年（1567），殷秋溟宗师见余场中备卷，叹曰："五策，即五篇奏议也，岂可使博洽淹贯之儒，老于窗下乎！"遂依县申文准贡，连前食米计之，实九十一石五斗也。余因此益信进退有命，迟速有时，澹然无求矣。

贡入燕都，留京一年，终日静坐，不阅文字。己巳（1569）归，游南雍[1]，未入监，先访云谷会禅师于栖霞山中，对坐一室，凡三昼夜不瞑目。

云谷问曰："凡人所以不得作圣者，只为妄念相缠耳。汝坐三日，不见起一妄念，何也？"

余曰："吾为孔先生算定，荣辱生死，皆有定数，即要妄想，亦无可妄想。"

云谷笑曰："我待汝是豪杰，原来只是凡夫。"

问其故，曰："人未能无心，终为阴阳所缚，安得无数？但惟凡人有数；极善之人，数固拘他不定；极恶之人，数亦拘他不定。汝二十年来被他算定，不曾转动一毫，岂非是凡夫？"

余问曰："然则数可逃乎？"曰："命由我作，福自己求。《诗》《书》所称，的为明训。我教典中说：'求富贵得富贵，求男女得男女，求长寿得长寿。'夫妄语乃释迦大戒，诸佛菩萨，岂诳语欺人？"

余进曰："孟子言：'求则得之'，是求在我者也。道德仁义可以力求，功名富贵如何求得？"

云谷曰："孟子之言不错，汝自错解了。汝不见六祖说：'一切福田，不离方寸；从心而觅，感无不通。'求在我，不独得道德仁义，亦得功名富贵；内外双得，是求有益于得也。若不反躬内省，而徒向外驰求，则求之有道，而得之有命矣，内外双失，故无益。"

因问："孔公算汝终身若何？"余以实告。云谷曰："汝自揣应得科第

---

[1] 南雍：南京国子监。

否？应生子否？"余追省良久，曰："不应也。科第中人，类有福相，余福薄，又不能积功累行以基厚福；兼不耐烦剧，不能容人，时或以才智盖人，直心直行，轻言妄谈。凡此皆薄福之相也，岂宜科第哉！地之秽者多生物，水之清者常无鱼；余好洁，宜无子者一；和气能育万物，余善怒，宜无子者二；爱为生生之本，忍[1]为不育之根；余矜惜名节，常不能舍己救人，宜无子者三；多言耗气，宜无子者四；喜饮铄[2]精，宜无子者五；好彻夜长坐，而不知葆元毓[3]神，宜无子者六。其余过恶尚多，不能悉数。"

云谷曰："岂惟科第哉？世间享千金之产者，定是千金人物；享百金之产者，定是百金人物；应饿死者，定是饿死人物；天不过因材而笃，几曾加纤毫意思？即如生子，有百世之德者，定有百世子孙保之；有十世之德者，定有十世子孙保之；有三世、二世之德者，定有三世、二世子孙保之；其斩焉无后者，德至薄也。

汝今既知非，将向来不发科第，及不生子之相，尽情改刷；务要积德，务要包荒[4]，务要和爱，务要惜精神。从前种种，譬如昨日死；从后种种，譬如今日生；此义理再生之身也。夫血肉之身，尚然有数；义理之身，岂不能格天。太甲曰：'天作孽，犹可违；自作孽，不可活。'《诗》云：'永言配命，自求多福。'孔先生算汝不登科第，不生子者，此天作之孽，犹可得而违；汝今扩充德性，力行善事，多积阴德，此自己所作之福也，安得而不受享乎？

《易》为君子谋，趋吉避凶；若言天命有常，吉何可趋，凶何可避？开章第一义便说：'积善之家，必有余庆。'汝信得及否？"

余信其言，拜而受教。因将往日之罪，佛前尽情发露，为疏一通，先求登科；誓行善事三千条，以报天地祖宗之德。

云谷出功过格示余，令所行之事，逐日登记；善则记数，恶则退除，且教持《准提咒》，以期必验。

---

1 忍：残忍。

2 铄：耗损。

3 毓：养育。

4 包荒：扩充心量，包容万物。

语余曰:"符箓家有云:'不会书符,被鬼神笑。'此有秘传,只是不动念也。执笔书符,先把万缘放下,一尘不起。从此念头不动处,下一点,谓之混沌开基。由此而一笔挥成,更无思虑,此符便灵。凡祈天立命,都要从无思无虑处感格。

孟子论立命之学,而曰:'夭寿[1]不贰。'夫夭与寿,至贰者也。当其不动念时,孰为夭,孰为寿?细分之,丰歉不贰,然后可立贫富之命;穷通[2]不贰,然后可立贵贱之命;夭寿不贰,然后可立生死之命。人生世间,惟死生为重,曰夭寿,则一切顺逆皆该之矣。

至修身以俟[3]之,乃积德祈天之事。曰修,则身有过恶,皆当治而去之;曰俟,则一毫觊觎[4],一毫将迎,皆当斩绝之矣。到此地位,直造先天之境,即此便是实学。

汝未能无心,但能持《准提咒》,无记无数,不令间断,持得纯熟,于持中不持,于不持中持。到得念头不动,则灵验矣。"

余初号学海,是日改号了凡;盖悟立命之说,而不欲落凡夫窠臼也。从此而后,终日兢兢,便觉与前不同。前日只是悠悠放任,到此自有战兢惕厉景象。在暗室屋漏中,常恐得罪天地鬼神;遇人憎我、毁我,自能恬然容受。

到明年(1570)礼部考科举,孔先生算该第三,忽考第一,其言不验。而秋闱[5]中式矣。然行义未纯,检身多误;或见善而行之不勇,或救人而心常自疑;或身勉为善,而口有过言;或醒时操持,而醉后放逸;以过折功,日常虚度。自己巳岁(1569)发愿,直至己卯岁(1579),历十余年,而三千善行始完。

时方从李渐庵入关,未及回向。庚辰(1580)南还,始请性空、慧空诸上人就东塔禅堂回向。遂起求子愿,亦许行三千善事。辛巳(1581),

---

[1] 夭寿:短命与长寿。
[2] 穷通:困顿与发达。
[3] 俟:等待。
[4] 觊觎:企图。
[5] 秋闱:乡试。

生汝天启。

余行一事,随以笔记;汝母不能书,每行一事,辄用鹅毛管,印一朱圈于历日之上。或施食贫人,或买放生命,一日有多至十余圈者。至癸未(1583)八月,三千之数已满。复请性空辈就家庭回向。九月十三日,复起求中进士愿,许行善事一万条。丙戌(1586)登第,授宝坻知县。

余置空格一册,名曰《治心篇》。晨起坐堂,家人携付门役,置案上,所行善恶,纤悉必记。夜则设桌于庭,效赵阅道[1]焚香告帝[2]。

汝母见所行不多,辄颦蹙曰:"我前在家相助为善,故三千之数得完;今许一万,衙中无事可行,何时得圆满乎?"

夜间偶梦见一神人,余言善事难完之故。神曰:"只减粮一节,万行俱完矣。"盖宝坻之田,每亩二分三厘七毫,余为区处,减至一分四厘六毫。委有此事,心颇惊疑。适幻余禅师自五台来,余以梦告之,且问此事宜信否?

师曰:"善心真切,即一行可当万善,况合县减粮、万民受福乎?"吾即捐俸银,请其就五台山斋僧一万而回向之。

孔公算予五十三岁有厄,余未尝祈寿,是岁竟无恙,今六十九矣。《书》曰"天难谌[3],命靡常",又云"惟命不于常",皆非诳语。吾于是而知,凡称祸福自己求之者,乃圣贤之言。若谓祸福惟天所命,则世俗之论矣。

汝之命未知若何?即命当荣显,常作落寞想;即时当顺利,常作拂逆想;即眼前足食,常作贫窭想;即人相爱敬,常作恐惧想;即家世望重,常作卑下想;即学问颇优,常作浅陋想。

远思扬祖宗之德,近思盖父母之愆;上思报国之恩,下思造家之福;外思济人之急,内思闲己之邪。务要日日知非,日日改过;一日不知非,即一日安于自是;一日无过可改,即一日无步可进;天下聪明俊秀不少,所以德不加修、业不加广者,只为因循二字,耽阁一生。

---

1 赵阅道:北宋名臣赵抃(1008—1084),字阅道,号知非。

2 帝:上帝。

3 谌(chén):相信。

云谷禅师所授立命之说，乃至精至邃、至真至正之理，其熟玩而勉行之，毋自旷也。

第二篇　改过之法

春秋诸大夫，见人言动，亿[1]而谈其祸福，靡不验者，《左》《国》诸记可观也。

大都吉凶之兆，萌乎心而动乎四体，其过于厚者常获福，过于薄者常近祸。俗眼多翳，谓有未定而不可测者。至诚合天，福之将至，观其善而必先知之矣。祸之将至，观其不善而必先知之矣。今欲获福而远祸，未论行善，先须改过。

但改过者，第一要发耻心。思古之圣贤，与我同为丈夫，彼何以百世可师？我何以一身瓦裂[2]？耽染尘情，私行不义，谓人不知，傲然无愧，将日沦于禽兽而不自知矣；世之可羞可耻者，莫大乎此。孟子曰："耻之于人大矣[3]。"以其得之则圣贤，失之则禽兽耳。此改过之要机也。

第二要发畏心。天地在上，鬼神难欺，吾虽过在隐微，而天地鬼神，实鉴临之。重则降之百殃，轻则损其现福，吾何可以不惧？不惟此也。闲居之地，指视昭然，吾虽掩之甚密，文之甚巧，而肺肝早露，终难自欺；被人觑破[4]，不值一文矣，乌得不懔懔？不惟是也。一息尚存，弥天之恶，犹可悔改；古人有一生作恶，临死悔悟，发一善念，遂得善终者。谓一念猛厉，足以涤百年之恶也。譬如千年幽谷，一灯才照，则千年之暗俱除；故过不论久近，惟以改为贵。但尘世无常，肉身易殒，一息不属，欲改无由矣。明则千百年担负恶名，虽孝子慈孙，不能洗涤；幽则千百劫沉沦狱报，虽圣贤佛菩萨，不能援引。乌得不畏？

1　亿：臆测。
2　瓦裂：像瓦片一样碎裂。
3　耻之于人大矣：羞耻心对于人而言关系重大。
4　觑破：看破。

第三须发勇心。人不改过，多是因循退缩；吾须奋然振作，不用迟疑，不烦等待。小者如芒刺在肉，速与抉剔；大者如毒蛇啮指，速与斩除，无丝毫凝滞，此风雷之所以为益也。

具是三心，则有过斯改，如春冰遇日，何患不消乎？然人之过，有从事上改者，有从理上改者，有从心上改者，工夫不同，效验亦异。

如前日杀生，今戒不杀；前日怒詈，今戒不怒；此就其事而改之者也。强制于外，其难百倍，且病根终在，东灭西生，非究竟廓然之道也。

善改过者，未禁其事，先明其理；如过在杀生，即思曰：上帝好生，物皆恋命，杀彼养己，岂能自安？且彼之杀也，既受屠割，复入鼎镬，种种痛苦，彻入骨髓；己之养也，珍膏罗列，食过即空，疏食菜羹，尽可充腹，何必戕彼之生，损己之福哉？

又思血气之属，皆含灵知，既有灵知，皆我一体；纵不能躬修至德，使之尊我、亲我，岂可日戕物命，使之仇我、憾我于无穷也？一思及此，将有对食伤心，不能下咽者矣。

如前日好怒，必思曰：人有不及，情所宜矜；悖理相干，于我何与？本无可怒者。又思天下无自是之豪杰，亦无尤人[1]之学问，行有不得，皆己之德未修，感未至也。吾悉以自反，则谤毁之来，皆磨炼玉成之地；我将欢然受赐，何怒之有？又闻谤而不怒，虽谗焰熏天，如举火焚空，终将自息；闻谤而怒，虽巧心力辩，如春蚕作茧，自取缠绵；怒不惟无益，且有害也。其余种种过恶，皆当据理思之。此理既明，过将自止。

何谓从心而改？过有千端，惟心所造；吾心不动，过安从生？学者于好色、好名、好货、好怒，种种诸过，不必逐类寻求；但当一心为善，正念现前，邪念自然污染不上。如太阳当空，魍魉潜消，此精一[2]之真传也。过由心造，亦由心改，如斩毒树，直断其根，奚必枝枝而伐，叶叶而摘哉？

大抵最上者治心，当下清净；才动即觉，觉之即无。苟未能然，须明理以遣之；又未能然，须随事以禁之；以上事而兼行下功，未为失策。执

---

1 尤人：怨恨人。
2 精一：惟精惟一的缩写。

下而昧上，则拙矣。

顾发愿改过，明须良朋提醒，幽须鬼神证明；一心忏悔，昼夜不懈，经一七、二七，以至一月、二月、三月，必有效验。

或觉心神恬旷，或觉智慧顿开，或处冗沓而触念皆通，或遇怨仇而回嗔作喜，或梦吐黑物，或梦往圣先贤提携接引，或梦飞步太虚，或梦幢幡宝盖，种种胜事，皆过消罪灭之象也。然不得执此自高，画而不进。

昔蘧伯玉[1]当二十岁时，已觉前日之非而尽改之矣。至二十一岁，乃知前之所改未尽也。及二十二岁，回视二十一岁，犹在梦中。岁复一岁，递递改之，行年五十，而犹知四十九年之非。古人改过之学如此。

吾辈身为凡流，过恶猬集[2]，而回思往事，常若不见其有过者，心粗而眼翳也。然人之过恶深重者，亦有效验：或心神昏塞，转头即忘；或无事而常烦恼；或见君子而赧然[3]消沮；或闻正论而不乐；或施惠而人反怨；或夜梦颠倒，甚则妄言失志；皆作孽之相也。苟一类此，即须奋发，舍旧图新，幸勿自误。

第三篇　积善之方

《易》曰："积善之家，必有余庆。"昔颜氏将以女妻叔梁纥[4]，而历叙其祖宗积德之长，逆知[5]其子孙必有兴者。孔子称舜之大孝，曰"宗庙飨之，子孙保之"，皆至论也。试以往事征之。

杨少师荣，建宁人。世以济渡为生。久雨溪涨，横流冲毁民居，溺死者顺流而下。他舟皆捞取货物，独少师曾祖及祖，惟救人，而货物一无所取。乡人嗤其愚。逮少师父生，家渐裕，有神人化为道者，语之曰："汝

---

1 蘧（jù）伯玉：春秋时期卫国大夫。
2 猬集：像刺猬的刺一样密集。
3 赧（nǎn）然：惭愧得脸红。
4 叔梁纥（hé）：孔子的父亲。
5 逆知：预知。

祖父有阴功，子孙当贵显，宜葬某地。"遂依其所指而窆之，即今白兔坟[1]也。后生少师，弱冠登第，位至三公，加曾祖、祖、父如其官。子孙贵盛，至今尚多贤者。

鄞人杨自惩，初为县吏，存心仁厚，守法公平。时县宰严肃，偶挞一囚，血流满前，而怒犹未息，杨跪而宽解之。宰曰："怎奈此人越法悖理，不由人不怒。"自惩叩首曰："上失其道，民散久矣。如得其情，哀矜勿喜；喜且不可，而况怒乎？"宰为之霁[2]颜。

家甚贫，馈遗一无所取，遇囚人乏粮，常多方以济之。一日，有新囚数人待哺，家又缺米，给囚则家人无食，自顾则囚人堪悯。与其妇商之。妇曰："囚从何来？"曰："自杭而来，沿路忍饥，菜色可掬。"因撤己之米，煮粥以食囚。后生二子，长曰守陈，次曰守址，为南北吏部侍郎。长孙为刑部侍郎，次孙为四川廉宪[3]，又俱为名臣。今楚亭德政，亦其裔也。

昔正统[4]间，邓茂七倡乱于福建，士民从贼者甚众。朝廷起鄞县张都宪楷南征，以计擒贼。后委布政司谢都事，搜杀东路贼党。谢求贼中党附册籍，凡不附贼者，密授以白布小旗，约兵至日，插旗门首，戒军兵无妄杀，全活万人。后谢之子迁中状元，为宰辅。孙丕复中探花。

莆田林氏，先世有老母好善，常作粉团施人，求取即与之，无倦色。一仙化为道人，每旦索食六七团。母日日与之，终三年如一日，乃知其诚也。因谓之曰："吾食汝三年粉团，何以报汝？府后有一地，葬之，子孙官爵，有一升麻子之数。"其子依所点葬之，初世即有九人登第，累代簪缨甚盛，福建有"无林不开榜"之谣。

---

1 白兔坟：①地名。②从西北延伸出两座山岭，或两条河流，或一座山岭和一条河流，在向正东偏南走向或流向时，两两会合，坟地位于即将会合而没有会合的地方。这是辛卯分金型坟地，辛白色，方位在西北，卯为兔，方位在正东，墓葬头枕西北、脚蹬正东偏南。从西北走向或流向正东偏南方向的山岭与河流被风水学家称为金、龙。西北代表祖宗，正东偏南代表子孙。这样的墓葬被称为兴旺子孙的风水宝地。

2 霁：雨过天晴。

3 廉宪：雅称省按察使。

4 正统（1436—1449）：明朱祁镇年号。

冯琢庵太史之父，为邑庠生[1]。隆冬早起赴学，路遇一人，倒卧雪中，扪之，半僵矣。遂解己绵裘衣之，且扶归救苏。梦神告之曰："汝救人一命，出至诚心，吾遣韩琦[2]为汝子。"及生琢庵，遂名琦。

台州应尚书，壮年习业于山中。夜鬼啸集，往往惊人，公不惧也。一夕闻鬼云："某妇以夫久客不归，翁姑逼其嫁人。明夜当缢死于此，吾得代矣。"公潜卖田，得银四两。即伪作其夫之书，寄银还家。其父母见书，以手迹不类，疑之。既而曰："书可假，银不可假，想儿无恙。"妇遂不嫁。其子后归，夫妇相保如初。

公又闻鬼语曰："我当得代，奈此秀才坏吾事。"旁一鬼曰："尔何不祸之？"曰："上帝以此人心好，命作阴德尚书矣，吾何得而祸之？"应公因此益自努励，善日加修，德日加厚。遇岁饥，辄捐谷以赈之；遇亲戚有急，辄委曲维持；遇有横逆，辄反躬自责，怡然顺受。子孙登科第者，今累累也。

常熟徐凤竹栻，其父素富，偶遇年荒，先捐租以为同邑之倡，又分谷以赈贫乏。夜闻鬼唱于门曰："千不诳，万不诳，徐家秀才做到了举人郎。"相续而呼，连夜不断。是岁，凤竹果举于乡。其父因而益积德，孳孳不怠。修桥修路，斋僧接众，凡有利益，无不尽心。后又闻鬼唱于门曰："千不诳，万不诳，徐家举人直做到都堂[3]。"凤竹官终两浙巡抚。

嘉兴屠康僖公，初为刑部主事，宿狱中，细询诸囚情状，得无辜者若干人。公不自以为功，密疏其事，以白堂官。后朝审，堂官摘其语以讯诸囚，无不服者，释冤抑十余人。一时辇下咸颂尚书之明。公复禀曰："辇毂[4]之下，尚多冤民，四海之广，兆民之众，岂无枉者？宜五年差一减刑官，核实而平反之。"尚书为奏，允其议。时公亦差减刑之列，梦一神告之曰："汝命无子，今减刑之议，深合天心，上帝赐汝三子，皆衣紫腰金。"是夕夫人有娠，后生应埙、应坤、应埈，皆显官。

---

1 邑庠生：县学学生。

2 韩琦（1008—1075）：北宋名臣。

3 都堂：雅称巡抚，同都宪。

4 辇毂（niǎn gǔ）：皇帝的车驾，代指北京。

嘉兴包凭，字信之。其父为池阳太守，生七子。凭最少，赘平湖袁氏，与吾父往来甚厚，博学高才，累举不第，留心二氏之学。一日东游泖湖，偶至一村寺中，见观音像，淋漓露立，即解橐[1]中得十金，授主僧，令修屋宇。僧告以功大银少，不能竣事。复取松布四匹，检箧中衣七件与之。内纻褶[2]系新置，其仆请已之。凭曰："但得圣像无恙，吾虽裸裎何伤？"僧垂泪曰："舍银及衣布，犹非难事。只此一点心，如何易得！"后功完，拉老父同游，宿寺中。公梦伽蓝[3]来谢曰："汝子当享世禄矣。"后子汴，孙柽芳，皆登第，作显官。

嘉善支立之父，为刑房吏，有囚无辜陷重辟[4]，意哀之，欲求其生。囚语其妻曰："支公嘉意，愧无以报，明日延之下乡，汝以身事之，彼或肯用意，则我可生也。"其妻泣而听命。及至，妻自出劝酒，具告以夫意。支不听，卒为尽力平反之。囚出狱，夫妻登门叩谢曰："公如此厚德，晚世[5]所稀，今无子，吾有弱女，送为箕帚妾[6]，此则礼之可通者。"支为备礼而纳之。生立，弱冠中魁，官至翰林孔目。立生高，高生禄，皆贡为学博[7]。禄生大纶，登第。

凡此十条，所行不同，同归于善而已。若复精而言之，则善有真有假，有端有曲，有阴有阳，有是有非，有偏有正，有半有满，有大有小，有难有易，皆当深辨。为善而不穷理，则自谓行持，岂知造孽，枉费苦心，无益也。

何谓真假？昔有儒生数辈，谒中峰和尚，问曰："佛氏论善恶报应，如影随形。今某人善，而子孙不兴；某人恶，而家门隆盛，佛说无稽矣。"中峰云："凡情未涤，正眼未开，认善为恶，指恶为善，往往有之。不憾己之是非颠倒，而反怨天之报应有差乎。"众曰："善恶何致相反？"中

---

1 橐（tuó）：口袋。

2 纻褶（zhù dié）：夹袄。

3 伽蓝：寺院的护法神。

4 重辟：死刑。

5 晚世：相比于尧舜禹和周文王时代，明代道德人士称呼他们当代为晚世或末世。

6 箕帚妾：铺床扫地的妾。

7 学博：雅称教谕和训导。

峰令试言其状。一人谓:"詈人、殴人是恶,敬人、礼人是善。"中峰云:"未必然也。"一人谓:"贪财妄取是恶,廉洁有守是善。"中峰云:"未必然也。"众人历言其状,中峰皆谓不然。

因请问。中峰告之曰:"有益于人,是善;有益于己,是恶。有益于人,则殴人、詈人皆善也;有益于己,则敬人、礼人皆恶也。是故人之行善,利人者公,公则为真;利己者私,私则为假。又根心者真,袭迹者假;又无为而为者真,有为而为者假,皆当自考。"

何谓端曲?今人见谨愿[1]之士,类称为善而取之,圣人则宁取狂狷。至于谨愿之士,虽一乡皆好,而必以为德之贼。是世人之善恶,分明与圣人相反。推此一端,种种取舍,无有不谬;天地鬼神之福善祸淫,皆与圣人同是非,而不与世俗同取舍。凡欲积善,决不可徇耳目,惟从心源隐微处,默默洗涤,纯是济世之心,则为端;苟有一毫媚世之心,即为曲;纯是爱人之心,则为端;有一毫愤世之心,即为曲;纯是敬人之心,则为端;有一毫玩世之心,即为曲,皆当细辨。

何谓阴阳?凡为善而人知之,则为阳善;为善而人不知,则为阴德。阴德,天报之;阳善,享世名。名,亦福也。名者,造物所忌。世之享盛名而实不副者,多有奇祸。人之无过咎而横被恶名者,子孙往往骤发,阴阳之际微矣哉。

何谓是非?鲁国之法,鲁人有赎人臣妾于诸侯,皆受金于府,子贡[2]赎人而不受金。孔子闻而恶之曰:"赐失之矣。夫圣人举事,可以移风易俗,而教道可施于百姓,非独适己之行也。今鲁国富者寡而贫者众,受金则为不廉,何以相赎乎?自今以后,不复赎人于诸侯矣。"

子路[3]拯人于溺,其人谢之以牛,子路受之。孔子喜曰:"自今鲁国多拯人于溺矣。"自俗眼观之,子贡不受金为优,子路之受牛为劣;孔子则取由而黜赐焉。乃知人之为善,不论现行而论流弊,不论一时而论久远,不论一身而论天下。现行虽善,而其流足以害人,则似善而实非也;现行

---

[1] 谨愿:乡愿,即伪君子。
[2] 子贡:姓端木,名赐,字子贡。
[3] 子路:姓仲,名由,字子路。

虽不善，而其流足以济人，则非善而实是也。然此就一节论之耳。他如非义之义，非礼之礼，非信之信，非慈之慈，皆当抉择。

何谓偏正？昔吕文懿公，初辞相位，归故里，海内仰之，如泰山北斗。有一乡人，醉而詈之，吕公不动，谓其仆曰："醉者勿与较也。"闭门谢之。逾年，其人犯死刑入狱。吕公始悔之曰："使当时稍与计较，送公家责治，可以小惩而大戒。吾当时只欲存心于厚，不谓养成其恶，以至于此。"此以善心而行恶事者也。

又有以恶心而行善事者。如某家大富，值岁荒，穷民白昼抢粟于市。告之县，县不理。穷民愈肆，遂私执而困辱之，众始定。不然，几乱矣。故善者为正，恶者为偏，人皆知之。其以善心而行恶事者，正中偏也；以恶心而行善事者，偏中正也，不可不知也。

何谓半满？《易》曰"善不积，不足以成名；恶不积，不足以灭身"，《书》曰"商罪贯盈[1]"，如贮物于器。勤而积之，则满；懈而不积，则不满。此一说也。

昔有某氏女入寺，欲施而无财，止有钱二文，捐而与之。主席者亲为忏悔。及后入宫富贵，携数千金入寺舍之，主僧惟令其徒回向而已。因问曰："吾前施钱二文，师亲为忏悔，今施数千金，而师不回向，何也？"曰："前者物虽薄，而施心甚真，非老僧亲忏，不足报德；今物虽厚，而施心不若前日之切，令人代忏足矣。"此千金为半，而二文为满也。

钟离授丹于吕祖，点铁为金，可以济世。吕问曰："终变否？"曰："五百年后，当复本质。"吕曰："如此则害五百年后人矣，吾不愿为也。"曰："修仙要积三千功行，汝此一言，三千功行已满矣。"此又一说也。

又为善而心不著善，则随所成就，皆得圆满。心著于善，虽终身勤励，止于半善而已。譬如以财济人，内不见己，外不见人，中不见所施之物，是谓三轮体空，是谓一心清净，则斗粟可以种无涯之福，一文可以消千劫之罪。倘此心未忘，虽黄金万镒，福不满也。此又一说也。

何谓大小？昔卫仲达为馆职，被摄至冥司，主者命吏呈善恶二录。比

---

[1] 商罪贯盈：商纣王恶贯满盈。

至，则恶录盈庭，其善录一轴，仅如箸而已。索秤称之，则盈庭者反轻，而如箸者反重。仲达曰："某年未四十，安得过恶如是多乎？"曰："一念不正即是，不待犯也。"因问轴中所书何事？曰："朝廷尝兴大工，修三山石桥，君上疏谏之，此疏稿也。"仲达曰："某虽言，朝廷不从，于事无补，而能有如是之力。"曰："朝廷虽不从，君之一念，已在万民；向使听从，善力更大矣。"故志在天下国家，则善虽少而大；苟在一身，虽多亦小。

何谓难易？先儒谓克己须从难克处克将去。夫子论为仁，亦曰先难。必如江西舒翁，舍二年仅得之束脩[1]，代偿官银，而全[2]人夫妇。与邯郸张翁，舍十年所积之钱，代完赎银，而活人妻子。皆所谓难舍处能舍也。如镇江靳翁，虽年老无子，不忍以幼女为妾，而还之邻，此难忍处能忍也。故天降之福亦厚。凡有财有势者，其立德皆易，易而不为，是为自暴。贫贱作福皆难，难而能为，斯可贵耳。

随缘济众，其类至繁，约言其纲，大约有十：第一，与人为善；第二，爱敬存心；第三，成人之美；第四，劝人为善；第五，救人危急；第六，兴建大利；第七，舍财作福；第八，护持正法；第九，敬重尊长；第十，爱惜物命。

何谓与人为善？昔舜在雷泽，见渔者皆取深潭厚泽，而老弱则渔于急流浅滩之中，恻然哀之，往而渔焉。见争者皆匿其过而不谈，见有让者，则揄扬而取法之。期年，皆以深潭厚泽相让矣。夫以舜之明哲，岂不能出一言教众人哉？乃不以言教而以身转之，此良工苦心也。

吾辈处末世，勿以己之长而盖人，勿以己之善而形人，勿以己之多能而困人。收敛才智，若无若虚。见人过失，且涵容而掩覆之。一则令其可改，一则令其有所顾忌而不敢纵，见人有微长可取，小善可录，翻然舍己而从之，且为艳称[3]而广述之。凡日用间，发一言，行一事，全不为自己起念，全是为物立则，此大人天下为公之度也。

---

1 束脩：教学工资。
2 全：保全。
3 艳称：羡慕并赞美。

何谓爱敬存心？君子与小人，就形迹观，常易相混，惟一点存心处，则善恶悬绝，判然如黑白之相反。故曰："君子所以异于人者，以其存心也。"君子所存之心，只是爱人、敬人之心。盖人有亲疏贵贱，有智愚贤不肖，万品不齐，皆吾同胞，皆吾一体，孰非当敬爱者？爱敬众人，即是爱敬圣贤。能通众人之志，即是通圣贤之志。何者？圣贤之志，本欲斯世斯人，各得其所。吾合爱合敬，而安一世之人，即是为圣贤而安之也。

何谓成人之美？玉之在石，抵掷则瓦砾，追琢则圭璋。故凡见人行一善事，或其人志可取而资可进，皆须诱掖而成就之。或为之奖借，或为之维持，或为白其诬而分其谤，务使之成立而后已。

大抵人各恶其非类，乡人之善者少，不善者多。善人在俗，亦难自立。且豪杰铮铮，不甚修形迹，多易指摘。故善事常易败，而善人常得谤。惟仁人长者，匡直而辅翼之，其功德最宏。

何谓劝人为善？生为人类，孰无良心？世路役役[1]，最易没溺。凡与人相处，当方便提撕，开其迷惑。譬犹长夜大梦，而令之一觉；譬犹久陷烦恼，而拔之清凉，为惠最溥。韩愈云："一时劝人以口，百世劝人以书。"较之与人为善，虽有形迹，然对症发药，时有奇效，不可废也；失言失人，当反吾智。

何谓救人危急？患难颠沛，人所时有。偶一遇之，当如痌瘝[2]之在身，速为解救。或以一言伸其屈抑，或以多方济其颠连。崔子曰："惠不在大，赴人之急，可也。"盖仁人之言哉！

何谓兴建大利？小而一乡之内，大而一邑之中，凡有利益，最宜兴建。或开渠导水，或筑堤防患；或修桥梁，以便行旅；或施茶饭，以济饥渴。随缘劝导，协力兴修，勿避嫌疑，勿辞劳怨。

何谓舍财作福？释门万行，以布施为先。所谓布施者，只是舍之一字耳。达者内舍六根，外舍六尘[3]，一切所有，无不舍者。苟非能然，先从财上布施。世人以衣食为命，故财为最重。吾从而舍之，内以破吾之悭，外

---

[1] 役役：奔走钻营，不得安宁。
[2] 痌瘝（tōng guān）：病痛。
[3] 六根六尘：佛学术语，六根指眼、耳、鼻、舌、身、意，六尘指色、声、香、味、触、法。

以济人之急。始而勉强，终则泰然，最可以荡涤私情，袪除执吝。

何谓护持正法？法者，万世生灵之眼目也。不有正法，何以参赞天地？何以裁成万物？何以脱尘离缚？何以经世出世？故凡见圣贤庙貌，经书典籍，皆当敬重而修饬之。至于举扬正法，上报佛恩，尤当勉励。

何谓敬重尊长？家之父兄，国之君长，与凡年高、德高、位高、识高者，皆当加意奉事。在家而奉侍父母，使深爱婉容，柔声下气，习以成性，便是和气格天之本。出而事君，行一事，毋谓君不知而自恣也。刑一人，毋谓君不知而作威也。事君如天，古人格论，此等处最关阴德。试看忠孝之家，子孙未有不绵远而昌盛者。切须慎之。

何谓爱惜物命？凡人之所以为人者，惟此恻隐之心而已。求仁者求此，积德者积此。《周礼》："孟春之月，牺牲毋用牝[1]。"孟子谓"君子远庖厨"，所以全吾恻隐之心也。故前辈有四不食之戒，谓闻杀不食、见杀不食、自养者不食、专为我杀者不食。学者未能断肉，且当从此戒之。

渐渐增进，慈心愈长。不特杀生当戒，蠢动含灵[2]，皆为物命。求丝煮茧，锄地杀虫，念衣食之由来，皆杀彼以自活。故暴殄之孽，当与杀生等。至于手所误伤，足所误践者，不知其几，皆当委曲防之。古诗云："爱鼠常留饭，怜蛾不点灯。"何其仁也？

善行无穷，不能殚述。由此十事而推广之，则万德可备矣。

第四篇　谦德之效

《易》曰："天道亏盈而益谦，地道变盈而流谦，鬼神害盈而福谦，人道恶盈而好谦。"[3]是故谦之一卦，六爻皆吉。《书》曰："满招损，谦受益。"

---

1 孟春之月，牺牲毋用牝（pìn）：正月祭祀，不杀母畜做祭品，怕它怀有幼仔。
2 蠢动含灵：从爬到走的一切生物。
3 天道亏盈而益谦，地道变盈而流谦，鬼神害盈而福谦，人道恶盈而好谦：上天的规律是亏损满盈而补益谦虚，大地的规律是改变满盈而充实谦虚，鬼神的本性是损害满盈而施福于谦虚，人类的本性是厌恶满盈而爱好谦虚。

予屡同诸公应试，每见寒士将达，必有一段谦光可掬[1]。

辛未（1571）计偕[2]，我嘉善同袍凡十人，惟丁敬宇宾年最少，极其谦虚。予告费锦坡曰："此兄今年必第。"费曰："何以见之？"予曰："惟谦受福。兄看十人中，有恂恂款款[3]，不敢先人，如敬宇者乎？有恭敬顺承，小心谦畏，如敬宇者乎？有受侮不答，闻谤不辩，如敬宇者乎？人能如此，即天地鬼神，犹将佑之，岂有不发者？"及开榜，丁果中式。

丁丑（1577）在京，与冯开之同处，见其虚己敛容，大变其幼年之习。李霁岩直谅益友，时面攻其非，但见其平怀顺受，未尝有一言相报。予告之曰："福有福始，祸有祸先，此心果谦，天必相之，兄今年决第矣。"已而果然。

赵裕峰光远，山东冠县人，童年举于乡，久不第。其父为嘉善三尹[4]，随之任。慕钱明吾[5]，而执文见之。明吾悉抹其文。赵不惟不怒，且心服而速改焉。明年，遂登第。

壬辰（1592）岁，予入觐，晤夏建所，见其人气虚意下，谦光逼人，归而告友人曰："凡天将发斯人也，未发其福，先发其慧。此慧一发，则浮者自实，肆者自敛。建所温良若此，天启之矣。"及开榜，果中式。

江阴张畏岩，积学工文，有声艺林[6]。甲午（1594），南京乡试，寓一寺中，揭晓无名，大骂试官，以为眯目。时有一道者，在傍微笑。张遽移怒道者。道者曰："相公文必不佳。"张益怒曰："汝不见我文，乌知不佳？"道者曰："闻作文，贵心气和平，今听公骂詈，不平甚矣，文安得工？"张不觉屈服，因就而请教焉。

道者曰："中全要命，命不该中，文虽工，无益也。须自己做个转变。"张曰："既是命，如何转变？"道者曰："造命者天，立命者我。力行善事，广积阴德，何福不可求哉？"张曰："我贫士，何能为？"道者

---

1 谦光可掬：气质中显现出的道德光辉可以捧出一捧。
2 计偕：赴京会试。
3 恂恂款款：诚恳谨慎。
4 三尹：主簿，在县衙仅次于知县和县丞。
5 钱明吾：又名吾德，字湛如。
6 有声艺林：享誉文学艺术界。

曰："善事阴功，皆由心造，常存此心，功德无量。且如谦虚一节，并不费钱，你如何不自反而骂试官乎？"

张由此折节自持，善日加修，德日加厚。丁酉（1597），梦至一高房，得试录一册，中多缺行。问旁人，曰："此今科试录。"问："何多缺名？"曰："科第阴间三年一考较，须积德无咎者，方有名。如前所缺，皆系旧该中式，因新有薄行而去之者也。"后指一行云："汝三年来，持身颇慎，或当补此，幸自爱。"是科果中一百五名。

由此观之，举头三尺，决有神明；趋吉避凶，断然由我。须使我存心制行，毫不得罪于天地鬼神，而虚心屈己，使天地鬼神，时时怜我，方有受福之基。彼气盈者，必非远器，纵发亦无受用。稍有识见之士，必不忍自狭其量，而自拒其福也。况谦则受教有地，而取善无穷，尤修业者所必不可少者也。

古语云："有志于功名者，必得功名；有志于富贵者，必得富贵。"人之有志，如树之有根，立定此志，须念念谦虚，尘尘方便，自然感动天地，而造福由我。今之求登科第者，初未尝有真志，不过一时意兴耳；兴到则求，兴阑则止。孟子曰："王之好乐甚，齐其庶几乎[1]！"予于科名亦然。

---

[1] 王之好乐甚，齐其庶几乎：大王如果非常喜欢音乐，那么齐国应该治理得很不错了。

附录二 了凡年谱

袁了凡（1533—1606），名黄，字坤仪，号了凡，明代浙江嘉善人，晚年移居苏州吴江，做过宝坻知县和兵部主事，精通儒释道，是明代重要思想家和修行家。知识渊博，著作丰富，涉及文学、历史、哲学、科举辅导、天文历法、农业水利、边防建设、男女生殖、保健养生、参禅打坐等领域；修炼身心，操行严谨，每天记录自己的善恶言行和心念，严守不杀生、不偷盗、不邪淫、不妄语戒律，每天早晚以圣人标准反省检讨自己。

《了凡四训》流传广泛，其积德行善改造命运的思想影响深远。

嘉靖十二年（1533），农历十二月十一日（公历12月26日）出生于浙江嘉善的一个医生世家。

嘉靖十五年（1536），3岁。大姑的孙子钱贞被选为贡生，入国子监读书，第二年中举。

嘉靖十八年（1539），6岁。父亲讲授《颜氏家训》。

嘉靖二十三年（1544），11岁。二姑的儿子沈科考中进士。旱灾。

嘉靖二十五年（1546），13岁。父亲去世，享年67岁，留给了凡两万册藏书。母亲让了凡放弃科举，改学医术。旱灾，瘟疫。

嘉靖二十六年（1547），14岁。刻印父亲诗文集《一螺集》。父亲的二舅朱贤被选为贡生。

嘉靖二十八年（1549），16岁。在慈云寺，孔道人劝了凡参加科举，预告了凡的终身命运：一、在县学入学资格考试中，县考第十四名，府考第七十一名，省考第九名；二、在县学吃够九十一石五斗皇粮后获得选贡资格；三、在四川某县做三年半知县，辞职回乡；四、死于农历八月十四日凌晨丑时，享年52岁；五、一生没有儿子。入私塾读书。

嘉靖二十九年（1550），17岁。考入县学。跟随文章名家唐顺之学习两个月，记录并刻印唐顺之讲稿《荆川疑难题意》。

嘉靖三十三年（1554），21岁。倭寇抢掠嘉善，焚烧县衙和巡检司衙。受邀参加修筑嘉善县城的勘察规划。

嘉靖三十四年（1555），22岁。第一次乡试失利。编著的《四书便蒙》《书经详节》畅销全国。嘉善三个秀才中举。父亲的大舅朱愚被选为贡生。

嘉靖三十五年（1556），23岁。嘉善考中四个进士。

嘉靖三十七年（1558），25岁，第二次乡试失利。

嘉靖四十年（1561），28岁，第三次乡试失利。

嘉靖四十一年（1562），29岁。嘉善考中三个进士。

嘉靖四十三年（1564），31岁。第四次乡试失利。知县邀请了凡到思贤书院讲学。

嘉靖四十五年（1566），33岁。拜师王阳明的重要弟子王畿。

隆庆元年（1567），34岁。第五次乡试失利。被选为贡生，入国子监（北京）读书。

隆庆三年（1569），36岁。转南京国子监。在栖霞寺拜师云谷禅师，接受改造命运的方法，开始做功过格。改号了凡，发心积德行善，改造命运。

隆庆四年（1570），37岁。第六次参加乡试，在南直隶乡试中考取第三十六名。

隆庆五年（1571），38岁。第一次会试失利。

万历元年（1573），40岁。生母去世。发愿刻印册页《大藏经》。

万历二年（1574），41岁。第二次会试失利。

万历五年（1577），44岁。在会试中的答题内容触犯主考官张四维，名落孙山。编著的科举辅导书《举业彀率》畅销。

万历六年（1578），45岁。开始编著工具书《群书备考》。

万历七年（1579），46岁。第一任妻子高氏去世。到终南山归隐，拜师刘隐士，学习兵法。

万历八年（1580），47岁。第四次会试失利。

万历九年（1581），48岁。儿子天启出生。

万历十一年（1583），50岁。第五次会试失利。为考中进士，发誓做一万件善事。

万历十四年（1586），53岁。中进士，到苏州和松江调研赋税。

万历十五年（1587），54岁。在北京龙华寺与十余位信佛官员共同发愿刻印册页《大藏经》。

万历十六年到二十年（1588—1592），55—59岁。出任宝坻知县，政绩卓著。刻印《劝农书》《祈嗣真诠》《静坐要诀》《摄生三要》《诗外别传》等。

万历二十年七月，任兵部主事。八月，出任抗倭援朝经略兵部赞画。为抗倭援朝出谋划策，为解放平壤和收复咸镜道做出贡献。

万历二十一年（1593），60岁。在内阁与吏部争权中成为牺牲品，被削职为民。受知县邀请，主编《嘉善县志》。

万历二十二年（1594），61岁。建万卷楼。很多学生从各地来求学。辅导儿子和求学的学生，编著科举辅导书。编写《训儿俗说》。

万历二十五年（1597），64岁。给儿子举办成人礼和婚礼。刻印《训儿俗说》《庭帏杂录》。

万历二十八年（1600），67岁。撰写《积善立命篇》，教训儿子。次年，以《省身录》为书名出版。

万历三十年（1602），69岁。书商刻印十卷《游艺塾文规》。婉拒嘉善知县邀请他出任乡饮酒礼的主宾。

万历三十三年（1605），72岁。书商刻印十八卷《游艺塾续文规》。

万历三十四年（1606），73岁。七月去世，安葬于今嘉善县惠民街道独社浜。书商刻印《了凡杂著》。

天启元年（1621），88周年诞辰。朝廷平反叙功，赠从五品尚宝司少卿。儿子天启避讳当朝年号，改名俨。

天启五年（1625），儿子袁俨、养子叶绍袁中进士。袁俨出任广东高要县知县。

崇祯十五年（1642），了凡与儿子一起被供奉进吴江乡贤祠。

附录三　主要参考书目

1. 〔明〕袁了凡著、嘉善县地方志编委会收集整理：《袁了凡文集》，线装书局，北京，2006年。
2. 杨越岷：《袁黄传》，上海三联书店，上海，2021年。
3. 〔明〕袁了凡著，黄强、徐姗姗校订：《〈游艺塾文规〉正续编》，武汉大学出版社，武汉，2009年。
4. 〔清〕张廷玉等：《明史》，中华书局，北京，2011年。
5. 〔清〕黄宗羲：《明儒学案》，中华书局，北京，2010年。
6. 黄仁宇：《十六世纪明代中国之财政与税收》，生活·读书·新知三联书店，北京，2007年。
7. 赵子富：《明代学校与科举制度研究》，北京燕山出版社，北京，2008年。
8. 〔明〕宋应昌著，郑洁西、张颖点校：《经略复国要编》，浙江大学出版社，杭州，2020年。
9. 宋毅：《壬辰1592：决战朝鲜》，陕西人民出版社，西安，2012年。
10. 朱尔旦：《万历朝鲜战争全史》，民主与建设出版社，北京，2020年。
11. 梁晓天：《万历朝鲜战争》，现代出版社，北京，2022年。
12. 李勇：《魏大中传》，上海三联书店，上海，2021年。
13. 徐春燕：《了凡四训泽后世：嘉善居士袁黄》，大象出版社，郑州，2022年。
14. 潘麟：《家门没上锁》，复旦大学出版社，上海，2015年。
15. 〔清〕江峰青修、顾福仁纂，嘉善县史志办公室编注：《嘉善县志》，中华书局，北京，2016年。
16. 〔清〕洪肇楙编修、天津市宝坻区档案局点校：《宝坻县志》。

17.〔明〕刘应钶修、沈尧中纂，嘉兴市地方志办公室编校：《万历嘉兴府志》，上海古籍出版社，上海，2013年。
18.〔明〕程楷修、郭杰光整理：《天启平湖县志》，中华书局，北京，2016年。
19.沈定平等：《首届袁了凡思想文化国际论坛学术论文集》，天津，2016年。